U0404563

高等学校法学系列教材
Gaodeng Xuexiao Faxue Xilie Jiaocai

The Essence of Securities Law

证券法要义

郑　彧／著

图书在版编目(CIP)数据

证券法要义/郑彧著.—北京:北京大学出版社,2021.11
高等学校法学系列教材
ISBN 978-7-301-32635-0

Ⅰ.①证… Ⅱ.①郑… Ⅲ.①证券法—中国—高等学校—教材 Ⅳ.①D922.287

中国版本图书馆 CIP 数据核字(2021)第 208059 号

书　　　名	证券法要义 ZHENGQUANFA YAOYI
著作责任者	郑　彧　著
责 任 编 辑	孙维玲　刘秀芹
标 准 书 号	ISBN 978-7-301-32635-0
出 版 发 行	北京大学出版社
地　　　址	北京市海淀区成府路 205 号　100871
网　　　址	http://www.pup.cn　　新浪微博:@北京大学出版社
电 子 信 箱	sdyy_2005@126.com
电　　　话	邮购部 010-62752015　发行部 010-62750672　编辑部 021-62071998
印　刷　者	天津中印联印务有限公司
经　销　者	新华书店
	730 毫米×980 毫米　16 开本　19.25 印张　367 千字
	2021 年 11 月第 1 版　2021 年 11 月第 1 次印刷
定　　　价	58.00 元

目　　录

第一章　市场与证券市场

【本章导言】

在我国，会有人把证券市场视为一个神秘的事物。在监管层面，对于是否应当设立证券市场，一种认知是证券市场可以实现资源优化配置，并由此对证券市场功能的实现寄予太多的期待与价值。然而，我们必须清醒地认识到，证券市场与其他普通市场在本质和功能上并不存在不同的运作机制。如同实物商品交易的市场类型，证券市场只是为交易主体提供一种资源优化配置的机会，而非资源优化配置的必然结果。在此意义上，证券市场的特殊性只是呈现出其交易标的与普通有形商品的不同。因此，本章从市场是什么着手，描绘一幅市场机制运行的全景，作为我们了解证券市场运行机制的前提。

第一节　从"市场"谈起

对于"市场"(market)一词，相信大家都很熟悉。但是，对于到底什么是市场，未必众人皆知。因此，在本节，我们先简单地从经济学意义上回顾一下市场及其运行机制。

一、市场是什么

经济学家通常认为，市场是将某种产品、服务或者资源的买方(需求方)和卖方(供给方)联系在一起的一种机构或者机制。[①] 简单地讲，市场是一个进行商品交换的场所。这里面包括三个要素：第一个要素是要有"标的"，即商品；第二个要素是进行"交换"(即交易)这个活动；第三个要素是在一个特定的"场所"进行交换。其中，对于"交换"一词的含义，亚当·斯密在其著名的《国富论》一书中是这样认识的："任何一个想同他人做交易的人，都是这样提议的。给我那个我

---

① 参见〔美〕坎贝尔·麦克康耐尔、斯坦利·布鲁伊：《经济学：原理·问题和政策》(第14版·上)，陈晓等译，北京大学出版社2000年版，第52页。

想要的东西，你就能得到这个你想要的东西，这就是每一项交易的意义，正是用这种方式，我们彼此得到了自己所需要的绝大部分的东西。”①至于“场所”，则不应局限地认为只是一个有形的“地方”，因为任何无形但可进行商品交换的方式都可以构成“市场的场所”。这也是罗纳德·哈里·科斯在其《企业市场与法律》一书中指出市场“是方便交换而存在的**制度**，市场的存在是为了减少开展交易活动的成本”的原因。由此，更通俗地解释，“市场是买者和卖者相互作用并共同决定商品或者劳务的价格和交易数量的机制”②。

二、市场为何存在

（一）市场存在的形式及变化

在解释市场存在的原因之前，我们先简单地围绕“市场是一个商品交换的场所”这个定义，回溯一下市场的变迁进程。

图 1-1　市场发展路径图

1. 市场进化的开始：路边摆摊

从人类发展的历史来看，很明显，市场并非天然存在的一种交换机制。在远古时代，人类的捕猎与生产活动只是为了解决自身的温饱需求，当时并无剩余产品，尚未出现以物易物的交换活动。随着人类从单纯的“食物采集者”转变为以种植、养殖活动为内容的“食物生产者”，③在解决自身生存需要之外，剩余物品的出现以及为了更好地满足生活需要，使得人与人、部落与部落之间的交换成为可能。

但是，受限于剩余物品的数量与产生的时间，交换活动虽已逐渐开始，但并不是生活的必然场景。此时的交换只是一种随机性的交换。之所以这么说，是因为人类虽然已经成为“食物生产者”，但是这种食物的生产过程并不稳定，食物的产量取决于“大自然的恩赐”。因此，交换的出现仍取决于食物的产量相对于需求是否出现“过剩”，只有存在剩余物品才有进行交换的可能。可交换物品出

---

① 〔英〕亚当·斯密：《国富论》，唐日松等译，华夏出版社 2005 年版，第 13—14 页。

② 〔美〕保罗·萨缪尔森、威廉·诺德豪斯：《经济学》（第十六版），萧琛等译，华夏出版社 1999 年版，第 21 页。

③ 有关此间转变过程及原因，可参见〔美〕斯塔夫里阿诺斯：《全球通史：从史前史到 21 世纪》（第 7 版修订版·上册），吴象婴等译，北京大学出版社 2006 年版，第 7—42 页。

现的不确定性决定了交换的机会并无时间、空间上的约束，呈现出“有剩余物品就寻求交换，无剩余物品就不交换”的特点。在这个意义上，封建社会具有随机性的路边摆摊方式也可被视作最为原始的“市场”表现。

图 1-2　路边摆摊[①]

2. 市场进化的发展：庙会、集市

随着人类生产能力的进一步提高，出现剩余物品的机会越来越多，持有剩余物品的人们产生了越来越多以物易物的需求。此时，以路边摆摊方式虽然可能实现剩余物品的交换，但是这种“守株待兔”式的交换不仅取决于是否有剩余物品出现，还取决于：(1) 是否会在“路边”出现“买家”；(2) 出现的“买家”是否有交换需求；(3) 这种交换需求是否为“摆摊”的“卖家”所需要。只有满足以上三个要件，交换才有可能发生。因此，以经济学的视角观之，路边摆摊方式在寻找交易对象上的成本非常高，并不能满足出现大量剩余物品时进行交换的需求。此时，需要有更为有效(或者说花费更少交易成本)的交换方式，以应对更多的主体对于不同物品的交换需求。庙会、集市的出现正是对此种需求的一种回应。

庙会、集市是在特定的时间、地点进行的重复性交易，其好处在于使任何潜在的交易方有一个可以较为容易地寻找交易对象、实现交换预期的场所。相较于一个一个独自寻找交易对象，通过定期举办庙会、集市这种方式，人们可以比较容易地实现对出售剩余物品或者采购所需物品的需要。定期举办的庙会、集市是人类为了进一步满足自身的交换需求而逐渐自发形成的“市场”的雏形，但是尚不能称之为一种有组织的制度安排。

---

① 图片来源：《清明上河图》(明代仇英摹本)。

图 1-3 赶集图[①]

3. 市场进化的升级:固定市场的形成

庙会、集市只是定期的交换场所,解决的是人们对各自所持有的剩余物品进行交换的需求。但是,随着社会分工的进一步发展,特别是手工业者阶层以及作为一般等价物的货币的出现,以货币为载体的经常性交换成为可能。此时,庙会、集市方式已经不能满足以手工为业的阶层之生活、生存需要,更大范围的交换需要有更为便捷、更节省成本的交易方式,由此在庙会、集市的基础上进一步形成具有固定性、连续性的交易场所,这类场所的出现使得人们可以经常或随时进行物品交换。这类场所可以是专门性的交换场所(如针对马匹等),也可以是综合性的交换场所(如针对大米、蔬菜、手工艺品等),前述经济学意义上的交换安排"机制"开始形成,"市场"作为一种交易机制由此出现。

图 1-4 市场图[②]

① 图片来源:《清明上河图》(明代仇英摹本)。

② 图片来源:同上。

4. 市场进化的定型:有组织性市场的出现

固定市场的形成是具有自发性质的庙会、集市的延伸,是市场机制的自然演化过程。它在经济学上更为重要的意义在于,当人类有意识地组织市场、形成市场的时候,这种有组织的、集中化的市场其实就成为一项人为的制度设计或者制度安排。在此基础上,围绕着固定市场的作用,逐渐形成了组织化的信息收集、信息交换和商品交换活动,出现了专门为交易提供撮合、居间服务的"场地服务商",由此产生了更加有目的、有组织且具备专门中介性质的新型市场。最为典型的就是开始出现以中央化、集中化交易为标志的中央商场、百货公司,以及诸如证券交易所等具有人为组织化特征的交易场所,这些交易场所为交易双方进一步提供了更为便捷、快速且成本较低的交换途径。

图 1-5　百货商店图[①]

5. 市场进化的未来:虚拟化的网络世界

进入 20 世纪 90 年代以来,随着电子计算机技术的日益发展,现代技术的应用也深刻地影响到了市场的存在形式,特别是远程交易和支付系统的支撑,使得交换可以脱离有形的场所进行(如中国的淘宝网、美国的 Amazon),许多金融产品的交易也不需要通过固定的场所进行(或者即便存在固定的场所,交易者也不需要现身进行交易),交易越来越依赖于可远程寻单、下单、交割的电子化系统。由此,市场越来越呈现出一种工具化的色彩,交易双方无须见面,纵使相隔千山万水,交易也能便捷地完成。随着分布式记账凭证技术(Distributed Ledger Technology, DLT)的应用,未来的市场将会呈现一种更加去中心化甚至去组织化的交易结构态势。

---

① 图片作者:陈飞,创作于 1955 年。

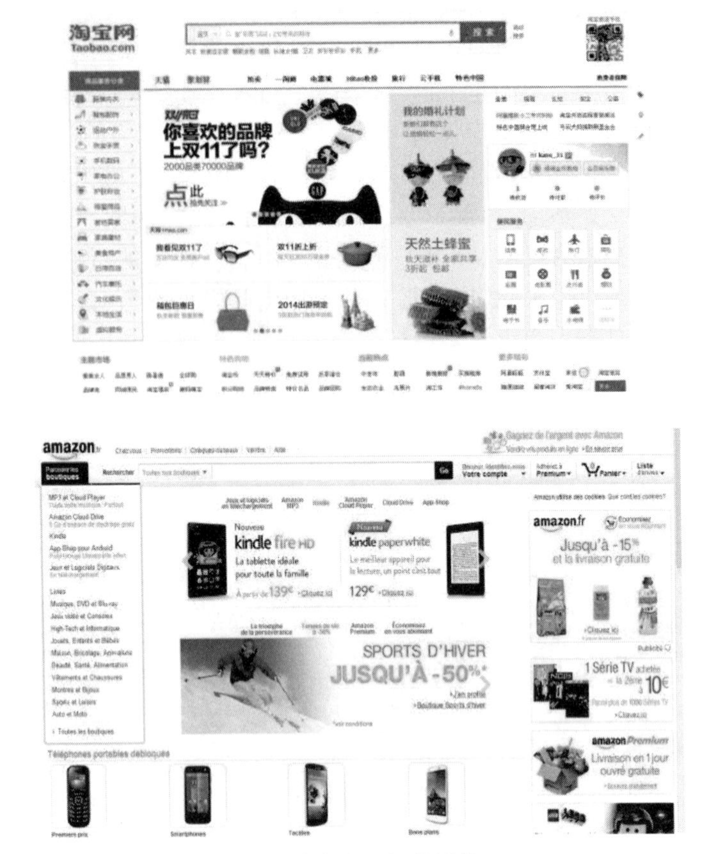

图 1-6　中国的淘宝网与美国的 Amazon

（二）市场存在与发展的经济学解释

从历史上看，商品经济语境下的市场有一个自发的渐进演变过程。在这个过程中，虽然市场的形态与方式不尽相同，但是我们不难管窥其中的共同规律。总体而言，从零散的路边摆摊到区块链市场，市场之所以能够产生并存在的根本原因在于，它为交易双方提供了一种低成本的交易机会。经济学研究告诉我们，任何交易（决策）都是有成本的，人类活动的基本规律离不开“成本—收益”的比较分析。早先路边摊摆的随机性在某种程度上取决于可交换物品在出售者生活中的“富余程度”。在存在超出生活所需的剩余物品时，农闲之余的摆摊不仅不会影响出售者的生产、生活，反倒有可能使其以剩余物品交换到自己所没有的物品（或者货币），从而增加出售者在生产特定物品过程中的“净收益”。此时，生产力的特点决定了路边摆摊的随机性，这对于摆摊人而言是成本最低但收益最高的方式。因为出售人无须为了出售物品而产生四处游荡或四处推销的时间成本和机会成本，也不用担心交换无法完成的后果。但是，在出现社会分工以后，随着社会分工的细化，不同商品之间的交换对于某类主体而言就变得必须且必要（如手工匠人与农民之间的交换）。在这个时候，如果还只靠路边摆摊的随机性，根本无法满足特定人群的需要。因此，他们需要在力所能及的范围内寻找一切可以寻找的交易机会，兜售自己的商品以换取生存所需的物质资料。比如，我们经常在古籍中看到“商贾”一词。“商、贾何谓也？商之为言，商其远近，度其有亡，通四方之物，故谓之商也。贾之为言固，固有其用物以待民来，以求其利者也。行曰商，止曰贾。”[①]“通财鬻货曰商”，这就是中国古代在相互交换和互通有无中[②]出现的商人。这些商人在从事交易的过程中同样面临着如何寻找有效的交易对手、如何快速地买到货物或者出售货物的问题。原本单一的“一对一”方式虽能达成交易，但所要花费的寻找交易对象的时间大大增加了商人们的交易成本。由于无论作为买方还是卖方都存在着前述交易成本问题，因此集中统一的市场能够帮助商人们快速地找到潜在的交易对象，迅速达成交易，从而能够实现买卖双方利益最大化。除此以外，固定交易的场所还有一个显而易见的好处，即能够减少商人们不断搬运、运输、寄存货物所需要花费的其他成本。统一的交易市场的出现大大降低了交易费用。利弊相较，市场能够顺利地出现和发展也就成为历史的必然。

除此以外，历史上，市场大都以一种集中化、中心化的场所形式出现。因为在当时的社会条件下，这能够帮助市场的各方主体实现“成本—收益”最优化。事实上，在实现市场参与个体的“成本—收益”最优化的同时，统一的市场机制也为实现全社会商品流通过程中的“成本—收益”最优化提供了机会。但是，这并不代表未来的市场仍会是一个集中化、中心化的场所。因为随着电子计算机技术、互联网技术等现代技术的应用，信息的网络化、支付的电子化可以使交易在一个大的虚拟空间内完成，线上交易、线下交付的“水泥＋鼠标”方式使得去中心化、去集中化反而成为一种“成本—收益”最优化的交易方式。所以，在这个意义上，如果考虑到市场存在的目的在于降低市场参与主体之间的交易成本，那么以电子商务、区块链为代表的新的交易方式将会是市场形态的一种历史更新和变革，而非代表着具有丰富历史传统的“市场”这一现象的没落。

第二节　市场的基本要素与功能

一、市场的基本要素

如前所述，市场存在与发展的根本动力与基础是为交易各方提供一个成本

---

① 《白虎通·商贾》。

② 《汉书·食货志上》。

更低、效率更高的制度,其基本逻辑在于物的交换的简便性。因此,市场的基本要素也就围绕着人、场所和物三个方面展开。

(一)市场主体

既然市场的本质在于为人类提供一种低成本的交易方式,那么参与市场交易的"人"就成为市场的第一要素。参与市场交易的"人"不仅包括自然人、法律所承认的"拟制法人",还应包括任何从事商事活动和商业交换的其他类型的非法人组织,如早期以商事契约形式存在的非法人形式的合伙组织,以及现代社会以投资契约为载体的证券投资基金、商业信托等非法人组织。[①]

此外,基于不同市场的定位和风险,市场主体还可以分为普通主体、特殊主体和特定主体。普通主体是指市场对于进入市场交易的主体类型、资格不作任何限定,任何"人"都可以进入市场从事交易。特殊主体是指只有满足特定条件的主体才被允许参与市场交易。比如,以会员制形式存在的特别市场只对会员开放,非会员不能"入场"交易,只能通过会员的代理间接参与市场交易。特定主体是指只有具备合适条件的主体才可以参与市场交易,这类主体应当满足法定或者市场自身的"准入门槛"。比如,"合资格投资者""专业投资者""机构投资者"等称谓都是对特定主体的称谓。

(二)地点:场所

作为一种买者和卖者相互作用并共同决定商品或者劳务价格和交易数量的机制,市场的基本要素中少不了交换的场所。在市场的发展过程中,场所并不拘泥于一种完全固定的形态。从历史发展进程的角度观察,"市场"作为一种交易场所的存在形态是会发生变化的,从集市到菜市场,从商场到电商平台。因此,交换的场所应该是一种比有形场所更为广义的制度概念,它可以是有形的,也可以是无形的;在历史上可以是看得见、有组织的,而在未来也可能是看不见、分散化的交易机制。

(三)标的:交换物

由于市场的目的在于通过市场这种制度达成商品的互换,因此理论上所有有人愿意拿出来卖、有人愿意买的物品都可以成为市场的交换物。交换物可以是有形的商品(如粮食、牛、羊等),也可以是无形的商品(如专利、股票、债券);可以是马上交付的现货类商品,也可以是约定在未来进行交割的远期类商品;可以是一些现实的商品,也可以是基于现实的商品所衍生的虚拟商品(如权证、期权、互换交易等)。当然,所有在正规、合法的市场进行交换的标的还需要建立在商品本身具备可交换的合法性基础上,即用以交换的物品不应违反法律的限制性

① 有关契约型商业组织作为商业主体的问题,可参见郑彧:《商法要义》,法律出版社 2014 年版,第 114—116、151—154 页。

或者禁止性规定。比如,枪支、毒品、军火等就不可以成为正规市场的标的。虽然这些违禁品的交换也可能形成所谓的“黑市”,但是“黑市”作为一种特殊的市场形态,不是本书所要讨论的内容,在此予以排除。

因此,有了参与市场的“人”,有了参与交换的物,再加上一个能够进行交换的“场所”,一个完整的市场体系就得以建立,接下来需要考虑市场是如何运作的。

二、市场运行的基本规律

在市场体系中,买家和卖家之所以能够各取所需,除了因为市场参与主体有交换的意愿之外,一个重要的原因是每个主体在交换的过程中其实都会对自己想要出售或购买的物品有一个交换的尺度标杆,愿意在这个标杆的参照下进行商品的交换。这个标杆就是交换的价格,也即物品的货币价值。换句话说,市场上商品的价格其实代表了买方与卖方愿意交换各自商品的条件,双方通过达成对于价格的共识而实现交换的结果。

那么,价格又是如何形成的？接下来,我们举两个假设的例子。

【例 1-1】

鲁滨逊与约翰的故事

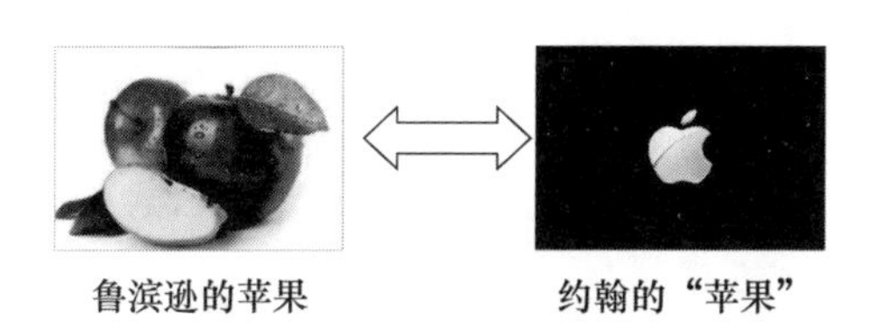

图 1-7　苹果与“苹果”交易

鲁滨逊在荒岛上没有闲着,种了很多苹果,吃不完,每天躺在苹果树下想着“苹果为什么老是掉到地上,不往天上飞”这类问题。约翰酷爱美国Apple公司的产品,是个忠实的“果粉”,只要Apple公司出新品都会排队去抢购。2016年,Apple公司出了一款名为“Apple Watch Series 2”的手表(可惜在24小时的完整日历日内,其电池仅能持续运行18个小时),购买者十分踊跃。约翰也是其中的狂热购买者。很幸运,排了一天一夜的队后,他买到了这款手表,随即美滋滋地戴着手表登上前往阿拉斯加的邮轮。没想到,游轮刚出港没多久就碰上冰山沉没了。约翰得以幸存,他什么都没拿,死命保护着新买的手表漂流到了鲁滨逊所在的荒岛。约翰也不知道自己漂了多久,当他遇到鲁滨逊时已经饿得不行了。看到鲁滨逊悠闲地啃着苹果,已经饥肠辘辘的约翰差点冲上前去抢苹果。但是，受过现代教育的他，知道不能如此野蛮，于是提议与鲁滨逊进行交换。可是，约翰已经身无分文，只能用手表进行交换。他原本认为手表很值钱，按照市价，换得可以吃上几个月的苹果肯定不成问题。于是，他向鲁滨逊提出用手表换1000个苹果的想法。鲁滨逊虽然觉得手表看上去很新颖，但是感觉对自己没有什么用。更为重要的是，他认为约翰用1只手表与自己换1000个苹果，自己吃亏了，因此死活不愿意换。于是，饥肠辘辘的约翰从开始时愿意换1000个苹果慢慢减数，900个、800个、700个……数量一直往下降。然而，鲁滨逊就是对手表不感兴趣，不愿意进行交换。直到约翰开启手表，向鲁滨逊演示“跳跳棋”游戏时，才吸引了百无聊赖的鲁滨逊。鲁滨逊觉得这个游戏很好玩，开始与约翰讨价还价。经过双方你来我往的讨价还价，鲁滨逊最终同意用200个苹果换约翰的手表。约翰靠这200个苹果活了下来，最终等到了救援，逃离了荒岛。鲁滨逊获得的则是玩游戏的满足感，尽管这种满足感只维持了很短的时间。

这个虚拟的案例展示了一个基本的道理，即交换成功的前提条件是必须有需求的产生。如果鲁滨逊始终对手表不感兴趣，那么无论手表在约翰眼里有多好，都无法成为鲁滨逊与他进行交换的理由，鲁滨逊也大可不必用属于自己的苹果与约翰进行交换。只有鲁滨逊对手表动心，愿意与约翰进行关于交换的谈判，才有可能达成交换的条件。同时，交易双方产生交换的需求还仅仅是交换可能完成的第一步，交换是否能够最终完成还取决于有意愿进行交换的双方对于交换物于自身而言有何好处的看法，从本质来说，也就是对于交换物价值的衡量。在人类社会早期，这种价值还不能以马克思在其政治经济学理论中的“劳动时间”予以衡量，而完全取决于交换的人对于交换物价值的判断，由此才会在约翰与鲁滨逊之间产生一只手表能够换多少个苹果的谈判，并在双方都能够接受彼此交换物的使用满足感时达成交易。由此，交换能够完成的第二个要件就显现出来了：一项交换的成败需要依赖于交换双方对于交换物价值的判断，这种价值在交换完成的那一刻就成为交换物的价格。这样，在交换过程中，就分别出现了“商品的交换取决于商品的价格”“商品的价格由商品的价值所决定”这两个经济学的基本定理。

事实上，随着交换活动的日益频繁，当商品的出售或者购买人数众多时，能够达成交换的商品的价格似乎又不是仅仅由商品的内在价值所决定。为了进一步说明价格的变化因素，以下再假设另一种情形。

【例 1-2】

苹果价格的变化因素

需

X：A300斤，19.98元/斤
Y：B600斤，8.02元/斤
Z：B500斤，9.99元/斤
………

供

孤岛A：500斤，10元/斤
远郊B：250斤，11元/斤
雪山A：1000斤，8元/斤
………

图 1-8　市场中的供求关系

在这个例子中，需求方有 X、Y、Z 三方，每一方需求的苹果数量与金额都不相同；供应方分别对应着三个不同的产地，每个产地自然条件、劳动力成本的不同使得苹果的成本不同，其对外的售价也有所不同。虽然雪山苹果比较便宜，但是其总供应量只有 1000 斤，无法满足三个需求方总共 1400 斤的需求，因此必然有来自远郊和孤岛的苹果以各自的价格向市场进行供应。理论上，因为孤岛苹果的价格低于远郊苹果，所以孤岛苹果中的 400 斤会先售罄，而剩下的 100 斤与远郊苹果一样因没有需求而无法售出。但是，因为远郊苹果与孤岛苹果的价格非常接近，如果远郊的果农愿意降低价格到 10 元/斤出售（总比烂在树上好），那么此时孤岛的果农因产生少卖 250 斤的竞争压力而可能也被迫降低价格，以试图全部卖出自己种植的苹果，由此便产生出售价格的波动。当孤岛苹果或（和）远郊苹果的价格降到 8 元/斤时，供应方之间就会开始所谓的“价格战”。同理，当买方的需求超过卖方可供应的数量时，买方为了满足自己的需求（姑且假设买卖双方都存在“刚需”的情形），也会为了得到自己需要的商品数量而提高出价，由此驱动卖方价格的上涨，并最终形成“价高者得”的局面。

将这个价格变动的例子与上文所举鲁滨逊和约翰决定是否交换的例子结合起来看，二者皆体现了马克思主义政治经济学和西方主流经济理论都认同的一个基本的市场运行规律：商品的价格以商品的价值为基础，并围绕供求关系而上下波动。因此，市场的奥秘就是通过市场这种制度帮助买方和卖方以更加容易

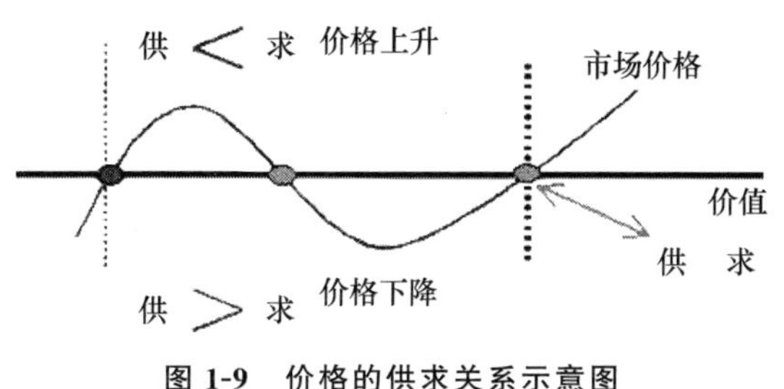

图 1-9　价格的供求关系示意图

的方式、更少的成本发现价格，并在自己愿意接受（或理想中）的价格上达成交易。

三、市场的基本功能

让我们再来看一个中外都存在的现象：奶农倒奶。20世纪30年代，在经济大萧条时期，美国奶农纷纷将牛奶倒入大海。据2004年7月15日中国中央电视台《经济半小时》报道，进入夏季之后，浙江某市160多户奶农频频把鲜奶倒入水沟，有时在一天内倒掉14吨。

对奶农而言，倒奶甚至杀牛都是不愿意见到的局面。之所以会出现需要倒奶的情况，无非是因为农产品会出现产量的周期性波动，需求也会出现周期性波动，今年供小于求，明年就可能供大于求。在供大于求的时候，摆在奶农面前的选择无非有四种：第一种是“捂”。这一点在楼市体现得很明显：如果我有三套房子准备出手，但是突然遭遇了价格暴跌，那么我可以不卖，等价格涨了再说。但是，“捂”显然不适合奶农。因为牛奶保鲜很困难，而且保鲜的成本太高，等到牛奶臭气熏天的时候再倒掉，已经付出了无谓的成本。第二种是选择降价出售。这确实可以是一种方法，但是不难想象，如果牛奶的供应量远远超过市场需求，不仅奶农要通过降价展开竞争，作为买方的消费者往往也会因价格不断下降而产生牛奶会进一步降价的想法，由此导致市场中经常出现的“买涨不买跌”的趋同效应，更会加大牛奶这类需要及时处置的生鲜商品的出售难度。时间拖得越久，牛奶越卖不出去。关于这个结论，从20世纪30年代美国经济大萧条时期牛奶价格的波动中可以得到验证。1927年至1929年间，威斯康星州（当时美国最大的产奶州）的牛奶每百磅4.79美元；而1930年至1933年间，美国牛奶滞销现象严重，于是奶农就把滞销牛奶的价格降到每百磅3.48美元。结果，滞销牛奶的价格直接带动了牛奶整体价格的下降，最后的收入比把滞销牛奶全部倒掉还要低。正是有了这种计算，才出现了之后普遍的“就算倒掉也不送人”的现象。第三种是“送”。有人主张，为了不浪费牛奶，同时为了培养潜在用户，可以把牛奶送给买不起牛奶的人。这个主张看似既照顾到了奶农未来补偿的可能，又照顾到低收入人群的需求，是平衡社会整体利益的好方法。但是，这也只能是理论上的最优选择。因为当牛奶可以白送的时候，得到好处的人们没有动力继续花费“真金白银”购买牛奶。对于消费者而言，对其最为有利的选择就是不买，只要没有人买牛奶，那么多出来的牛奶又可以白送了。因此，对于奶农而言，选择白送的方式并不具备继续生产的激励机制。第四种是在市场机制下奶农普遍采用的一滞销就倒奶。这种做法看似残酷，实际上已经是奶农的最优选择了。因为牛奶属于不易保存的物品，运输、贮存牛奶都需要成本，如果在牛奶卖不出去的时候还白送，那么奶农会亏损更多。如果将牛奶倒掉，不仅节省了运输、贮存的成本,而且市场可以由供大于求朝着供求平衡的方向发展,价格就会止跌回升。降低市场供应是奶农为了改变市场价格所能作出的最好选择。

在经济学上,对于市场的作用,存在着崇尚自由主义的新古典经济学和宣扬国家干预的凯恩斯主义经济学的区别。二者最主要的区别在于,它们对政府与市场在经济增长中的作用有着完全不同的看法。新古典经济学认为,市场是万能和有效的,国家的一切干预都是多余的;而在凯恩斯主义经济学看来,市场本身并不都能确保经济走向繁荣,当居民的储蓄存款不能通过金融市场的运作而被用于生产性投资并创造出更多的就业机会时,就会产生失业,从而造成经济衰退乃至萧条,因此需要国家干预。对此,马克思主义政治经济学在强调市场规律重要性的基础上,意识到市场规律存在的一个严重问题是市场调节功能所呈现的滞后性特征。单纯以供求关系为引导的价格标记容易产生资源的过度配置或者配置不足的缺陷,从而导致生产资料供应过度或者供应不足,并由此主张需要以国家的计划性弥补市场的自由性。无论是新古典经济学、凯恩斯主义经济学还是马克思主义政治经济学,抛开这几种理论的差异性不谈,三者有一个共同的基本前提:市场本身很重要,是经济活动的基础,而价格就是市场的信号。基于此,本书的一个基本观点是:市场作为降低交易成本的一个机制,在本质上只是提供了一个资源优化配置的方式,而且是一个最基本、最重要的方式。值得注意的是,市场机制本身并不能确保一定会实现资源优化配置的最终效果,它只是提供了一个通过价格机制引导资源进行优化配置的机会。如果市场机制发挥得好,市场的确会起到实现资源优化配置的作用。但是,市场也会因过度强调价格因素而导致市场失灵后资源配置的浪费。换句话说,市场只是提供了一个资源交换平台,在这个平台上,基于价格的引导因素,吸引资源往不同方向流动,并最终达到资源流动的平衡。对于市场的此种理解决定了政府对于市场的监管只能建立在市场仅提供资源优化配置的机会而非结果的基础之上。只有建立起这样的理解基础,政府介入市场的理念、方式和效果才会大不相同。我们既要避免市场本身可能存在的问题,也要防止夸大政府在资源配置中的作用。

四、市场运行的基本保障

作为一个有组织的交换制度,一个长久的市场得以维持取决于市场主体在市场中进行交易的便捷、公平和有效程度。其中,一个关键因素是如何通过确保在市场中所出售商品的质量以维护市场的声望,并通过良好的市场声望吸引更多的商户进入市场从事交易。

在价格的发现规律下,商品的价格首先取决于商品的价值,这种价值又依赖于商品的品质与质量。早期的商品交换对于价格的判断首先来源于交换者的经验,特别是在农产品的交易中,不乏像中医的四诊法即“望、闻、问、切”那样对商品的品质进行判断,并对不同品质的商品确定不同的价格。再后来,随着人类经验的提升和科学技术的发展,对于商品质量的判断慢慢发展出科学的检测、检验方法,有了统一的外观、规格和质量的标准,甚至出现了为商品质量进行专门检验检疫的第三方机构,以减少交易双方对于商品质量的争议。在交易双方对商品质量进行判断的基础上,市场的参与者(后来演变成市场的组织者)开始定期收集、交流或者发布相同(似)商品的价格,以供买卖双方定价时予以参考。由此,基于商品价值的价格引导因素开始出现。同时,在有组织的市场中,对于不符合约定品质的商品,虽然可以通过要求退货、换货的方式维护买方的权益,但是如果遇到不良商家“欺行霸市”,这种单一的维权方式存在效果差、成本高且难以复制的负面效应,市场声誉的维持完全依靠入场商户个体的良心与信用。此时,为了防止少数不良商家给整个市场带来不利影响,市场上的商家往往会自发组织起来,以行业协会或者自律组织的方式进行自我管理,要求所有商户遵守市场规则,否则就会面临被从市场“除名”的结果。通过市场自我管束的方式保证商户诚信经营,这就是市场自律管理的雏形。除此以外,行业协会或者自律组织的自律管理机制还有一个非常重要的作用:定分止争。纠纷的裁断者本身就来自市场,了解市场的运行机制,理解纠纷的本质,因此作出的裁断更容易被理解与执行。这也是市场这种组织机制具有的衍生功能,即通过内部性、自生性的市场内部约束机制,保障市场的长久和正常运行。

第三节　证券市场的经济解释

一、何谓资本

(一)有关资本的概念

资本的含义较多。比如,按照马克思主义政治经济学的观点,资本是一种可以带来剩余价值的价值,它在资本主义生产关系中是一个特定的政治经济范畴,体现了资本家对工人的剥削关系;而按照西方主流经济学的观点,资本是投入(生产资料)的一部分,这种投入包括劳务、土地和资本。与证券市场相关的资本概念其实更多是从金融的角度进行理解,即从公司会计的视角去看何谓资本以及资本来源于哪里。从这个意义上讲,本书所述资本是指企业用于从事生产经营活动,以为投资者带来未来经济利益的经济资源,也即企业为购置从事生产经营活动所需的资产的资金来源。

(二)资本的来源

资本是投资者对企业的投入,这种投入可以分为自有资产的投入和负债的投入，也即有权益资本和债务资本之分。权益资本是归属于股东权益的资本，股东对其享有浮动性的收益；而债务资本是归属于债权人权益的资本，债权人对资本的本金及利息享有固定性的收益。在权益资本和债务资本的分类项下，公司资本的来源可以分为间接融资体系和直接融资体系（如图 1-10 所示）。

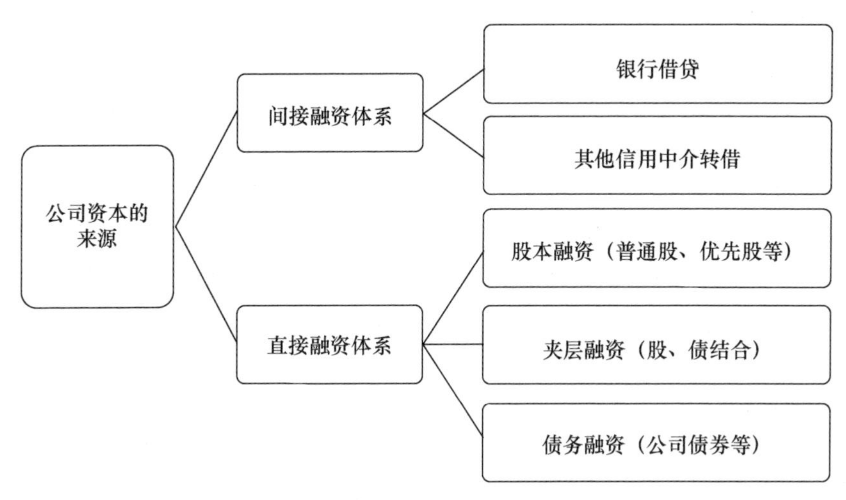

图 1-10　公司的资本来源

所谓间接融资体系，主要是指通过金融机构（通常是银行）充当资金的中介机构，金融机构采用负债的方式从资金供应方处获得资金，然后再通过贷款等方式将资金提供给需求方，金融机构资产端的收益减去负债端的成本即为利润。在间接融资模式下，商业银行具有杠杆放大和信用期限转换的作用，由此使得商业银行在现代金融体系中扮演着重要的角色。[①] 因为银行主要是以别人的钱作为自己盈利的放贷活动基础，所以基于自身盈利的驱动，银行有动机最大化地借用客户对它的信任，利用客户的资金进行对外放贷活动。如何确保放贷机构的信用足以支撑其放贷行为的风险由此就成为监管间接融资行为的主线。所谓直接融资体系，往往是指作为资金需求方的公司（发行人）在中介机构的劳务帮助下，直接从最终的资金供应方获得生产所需资金，而无论是以股权投资还是债权投资的方式。在直接融资的过程中，虽然也会有金融机构提供金融服务，但是这种服务只是一种以信息中介、服务中介为特征的劳务服务，资金的供应方与需求方最终发生直接的交易，资金由供应方直接提供给需求方。同时，资金提供的风险和收益也由供需双方直接依据合同的约定或安排予以分担，金融机构并没有

① 参见〔英〕阿代尔·特纳：《杠杆率、期限转换和金融稳定：超越巴塞尔协议Ⅲ的挑战》，王邦胜译，载《比较》2011 年第 4 期。

充当资金的中介机构。[①]作为中介机构的金融机构也不是直接融资过程中享受融资权利、承担融资义务的主体。因此,直接融资监管就是要防止在直接融资过程中基于信息不对称而可能产生的证券欺诈行为。

二、何谓证券

无论是间接融资体系还是直接融资体系,当融资方从资金供应方获得资金时,需要以一定的对价作为条件。这个对价在法律本质上是一种资金供应方因向融资方提供了资金而对其享有的某种权利。比如,如果股权投资就是股权利益,债权投资就是债权利益,存款就是取款请求权,那么这些权利都需要通过特定的载体呈现,而这类载体就是我们通常所说的"证券"。

普通人对于"证券"一词可能感到既熟悉又陌生。说熟悉,是因为我们经常可以在各类经济生活中看到、听到或者用到它;说陌生,是因为在不同的场合、场景下见到这个词时,其表象并不相同。所以,"证券"一词真正的内涵与外延并不容易准确理解。比如,普通民众可能常常听到股票、债券、国库券等类型的证券,却不常接触票据、受托凭证、基金份额凭证、保单、仓单、提单等类型的证券。事实上,在"证券"这个载体下,交易双方完成围绕资金的信用交换,资金的供应方将资金交由需求方使用,需求方交付收取资金的凭证,供应方以该凭证向需求方主张某项权利。此时,资金供应方获得的是一种有形或者无形的权利凭证,代表着一种看不见、摸不着的权利主张。

在学理上,广义的证券是各类财产所有权或者权利凭证的证明。它有两层含义:(1) 它必须用以证明财产所有权或者权利。如果只是一种身份或者资格(如身份证、选民证、工作证)的证明,则不能算是证券。(2) 它应该是一种对财产所有权或者权利的书面凭证(包括以电子形式为载体的凭证),即通过这种证明反映一定的事实和行为。基于这样的界定,在现实生活中,很多能够反映财产所有权或者权利的书面凭证就是证券。未来,证券必然会以新载体、新方式呈现。总体而言,证券可大致划分为以下三种类型:

第一,权益类证券。

权益类证券是指对某种有价物具有一定权利的证明书或者凭证。它又可以分为三类:(1) 货币证券,如银行券、票据、支票等能够证明对货币金额请求权的凭证;(2) 资本证券,包括无记名的公司股票、公司债券等可对发行人主张行使股东权利或债权权利的凭证;(3) 财物证券,包括提单等能够证明证券持有人对货物所有权的证券。权益类证券最为显著的特征是可流通,因此通常也被称为

---

① 参见邓寰乐:《中式监管乱局》,财新网,2018 年 2 月 11 日,http://m.finance.caixin.com/m/2018-02-11/101210354.html? p2,2020 年 10 月 9 日最后访问。

"有价证券",是一种设权证券。

第二,凭证类证券。

凭证类证券是指持证人是某种私权的合法权利者,以此证明发证人对持证人所负特定义务的文件。股权证、存款单、借据、收据、定期存款存折等就属于这类证券。与权益类证券本身就直接代表所对应的权利不同,凭证类证券实际上只是作为一种表彰权利的证明,即便灭失、损毁,也可以通过补发的方式重新制作和签发。凭证类证券虽然也是指向某种权利的凭证,但是它不能真正独立地作为所有权证书行使权利,只是一种具有宣示意义的证权证券,不能让渡,无法转让。凭证类证券不能使第三者取得一定收入,也不能使持有人取得相应收入,因此也被称为"无价证券",是一种证权证券。

第三,证明类证券。

证明类证券是指单纯地证明某种事实的证券。这类证券只反映一定的法律事实或者确认某类法律行为的完成,其作用是证明某种法律事实或者法律行为曾经发生。但是,这类证券不能直接决定当事人之间的权利和义务的有无,即证书本身是否存在或灭失不会影响其所对应的实质法律关系的存在。因此,证明类证券在更大程度上是作为证据的证明力而不是权利的凭证。[①]

在证券法研究对象层面,更多关注的是证券发行、流通对当事人的影响,因此只有代表权利本身、具备流转性的权益类证券才具有研究价值;而凭证类证券和证明类证券多为商法、民法所涵摄,并不是证券法的研究对象。具体而言,权益类证券在证券法上具有以下几个明显的特征:

第一,权益类证券是彰显证券持有人拥有证券权利的唯一凭证。

权益类证券在本质上体现的是一种具有财产属性的民事权利,它是一种通过发行证券而产生权利的设权证券。[②] 权益类证券的特点是,把权利表彰在证券上,使得权利与证券相结合,权利体现为证券,有权利即有证券,反之亦然,有证券即有权利,占有即所有,是一种权利的证券化。[③] 简言之,法律推定权益类证券的持有人就是权利所有人,谁持有证券就意味着谁可以依照证券发行规则的说明行使权利,"证券债务人并不负有调查该证券持有人是否为真正权利人之

---

① 参见杨志华:《证券法律制度研究》,中国政法大学出版社 1995 年版,第 3 页。

② 在学界,有一种观点认为证券法项下的证券也可以是"证权证券",即证券权利因投资者进行投资而产生,并在证券转让人或者发行人向投资者归还投资等法定情形下丧失,因此这类证券具有相应的转让性。证券权利在发行证券以前就已存在,并在失权情形发生前始终存续。本书认为,作为凭证类证权证券,记名股票、记名债券的转让受到公司法、合同法或者发行规则的限制,也就没有了权益类证券的流通性。以记名股票为例,虽然它也可能通过股票背书方式转让,但是在这个过程中,原记名股东有可能通过宣告除权方式向公司申请换发股票,从而影响被背书人对于公司的权利主张。因此,本书认为,记名股票不是权益类证券的类型之一。

③ 参见符启林主编:《证券法:理论·实务·案例》,法律出版社 2007 年版,第 2—3 页。

义务”[①]。

第二，权益类证券是具有经济利益的凭证。

如上所述，权益类证券是一种设权证券，“设权”是初始的证券持有人与发行人“以资金换权利”的结果。这就决定了权益类证券因为“权利”的存在而具有经济利益，这种经济利益可以是一种“期待权”(如通过股权投资获得分红回报)，也可以是一种“请求权”(如通过债权投资获得利息回报)。因为具有经济利益的属性，所以权益类证券往往具有投资的属性，[②]证券持有人可以持有证券到期行权，也可以通过转让证券获得证券当期收入与先前投资成本的差价。

第三，权益类证券是可流通的凭证。

权益类证券之所以又被称为“有价证券”，一个很重要的原因在于经济利益的流通性，即这种证券具有可变现性。因此，只有具备大规模流通功能的证券才有通过专门性立法对其进行规制的意义，否则那种静态的权利完全可以通过民法、合同法等财产法予以规范。相较于其他类型的证券，权益类证券的流通性表现为证券的权利仅由证券持有人凭借出示证券予以行使，它有两方面的含义：一方面，证券持有人可以不受阻碍地依据自身意愿将所持有的证券对外进行转让、抵押；另一方面，证券持有人也可以自由地决定受让证券，且当其依照法定形式完成证券的受让时，受让方就成为新的证券持有人，从而替代原有证券持有人对证券义务人享有权利，证券义务人不得以其自身记载的权利人登记事项“对抗”新的证券持有人。比如，香港证券及期货事务监察委员会(SFC，以下简称“香港证监会”)用“marketable securities”来指称权益类证券，其中“marketable”一词形象地描述了需受到特别规管的权益类证券的基本特点。另外，对于这种可流通的证券而言，证券格式的标准化是在可流通特征下的另一个重要的附随特征。

第四，权益类证券是一种发行和流通需要遵守规范要求的凭证。

也正是基于前述特征，不是所有的权利凭证都可以被称为“权益类证券”，权益类证券的认定与保护需要遵守特别的规则，其所有权转移(交付)、灭失、权利的行使都有相应的规范性要求，以满足证券权利主张和证券流通的需要。如果参照民法学上的概念体系，则可以把权益类证券的发行、交易行为视为一种“要式行为”，把权益类证券视为一种具有基本发行、转让、交易规则要求的“要式证券”。

有鉴于此，本书所有关于证券法内容的介绍限缩于权益类证券即有价证券

---

① 吴光明：《证券交易法论》(增订五版)，台北三民书局2002年版，第51页。

② 通俗地讲，投资在本质上就是一种以现在的投入价格，通过“以时间换空间”的方式获得未来的溢价收益。

这一范围，对于凭证类证券和证明类证券不予涉及。

三、何谓证券市场

（一）证券市场的形成与功能

18世纪末，美国联邦和州政府为了筹集建设道路、桥梁、运河等土木事业的资金而发行了大量的联邦债券、州政府债券、民间事业债券等。证券发行数量和规模的增加事实上促进了初始证券持有人对外出售证券的转让需求。1860—1870年，因为修建铁路的需要，大量的铁路公司通过发行股票的方式筹集资本，这些股票也存在流通的要求。由此，美国出现了以国债、地方政府债和企业债的交易为主的非集中型交易。这些交易要么是熟人间“一对一”的私下交易，要么需要通过经纪人寻找买方与卖方。为方便交易，经纪人会通过地方性报纸进行证券的报价和客户的招揽，有些报纸开始承接证券的报价信息发布业务。比如，波士顿的报纸1786年就开始刊登政府证券价格，1789年开始定期刊登证券价格。一些报纸还跟踪国际事件，分析这些事件对证券价格的影响。1791年，快递已用于证券交易。有记录显示，当时约有20个快递员在纽约与费城之间来回奔波，传送证券交易信息，使交易者能够进行套利并推动证券价值趋于一致。[①]

早期的股份交易只是一种“一对一”的交易方式，交易是否成功取决于交易双方共同的交易意愿，交易价格的形成需要双方通过谈判形成。由于没有一个集中的交易市场，这种“一对一”的股份交易对于交易双方而言都存在着对交易对象的搜寻、信息不对称、交易违约的风险等一系列成本。另外，“一对一”的交易方式使得对于同一家公司的股份交易价格并不统一，不能形成未来交易的参照。随着股份公司数量的剧增，以“一对一”的谈判方式转让股份已经不能满足市场（投资者）对股份交易数量与频率的要求，阻碍了以自由流通为特征的股份有限公司的股份交易，增加了投资者转让股份的交易成本。此时，专门收集股份转让信息的中介应运而生，其出现如同定期的“集市”，有助于交易者减少买卖资本的成本。随后，这些从事交易服务的经纪商发现，如果能够将各自的信息集中起来进行配对，会比“一对一”的交易要更为有效和节省成本，于是开始固定地、有组织地进行证券的配对活动。这些配对早期是通过咖啡馆（类似于固定交易市场）的方式进行。随着加入咖啡馆队伍的经纪人数量的增加和交易数量的增长，咖啡馆这种业余的交易场所已经不能满足证券经纪人的需求，固定的证券交易场所由此被经纪人提上议事日程。

---

① 参见符启林主编：《证券法：理论·实务·案例》，法律出版社2007年版，第20页；王志军主编：《欧美金融发展史》，南开大学出版社2013年版，第205—206页。

1790年,10位商人创立了费城交易所,开始买卖银行股票和政府债券,成为美国历史上第一个正式的股票交易所。1792年5月17日,24位在街头买卖股票的经纪人聚集在华尔街68号前的一棵梧桐树下,讨论出了举世闻名的《梧桐树协议》(Buttonwood Agreement),从而成就了纽约交易所。

We the Subscribers, Brokers for the Purchase and Sale of Public Stock, do hereby solemnly promise and pledge ourselves to each other, that we will not buy or sell from this day for any person whatsoever, any kind of Public Stock, at a less rate than one quarter per cent Commission on the Specie value and that we will give a preference to each other in our Negotiations. In Testimony whereof we have set our hands this 17th day of May at New York.

图1-11 《梧桐树协议》文本

这是一份被称为包含一切的简短协议,只表达了三个交易守则:第一,只与在协议上签字的经纪人进行有价证券的交易;第二,收取不少于交易额25%的手续费;第三,在交易中互惠互利。

伦敦证券交易所也是在股票转让交易需求的热潮下由股票经纪商自发组织而逐步形成的。1720年6月,为了制止各类"泡沫公司"的膨胀,英国国会通过了《取缔投机行为和诈骗团体法》,即著名的《泡沫法案》(The Bubble Act)。自此,许多公司被解散,公众开始有清醒认识,对一些公司的怀疑逐渐扩展到南海公司。从1720年7月起,南海公司的股价一落千丈,12月更跌至每股124英镑,"南海泡沫"由此破灭。《泡沫法案》及"南海泡沫"事件对英国证券市场的发展造成了重大影响。在此之后的一段时间内,股票发行受到《泡沫法案》的制约,使英国股票市场几乎停滞不前,发展极为迟缓。这种情况一直持续到工业革命时期。18世纪下半叶,随着工业革命的不断深入,大量的基础产业建设需要大量的资金投入,刺激了公司股票发行与交易,股票市场开始逐渐活跃起来。由于工业革命获得成功,英国成为世界上最早的"世界工厂"。为了促进工业品的输出,英国一边对海外进行资本输出,一边在国内发展纺织业等,进而在19世纪三四十年代发展重工业。在这个过程中,为了加强产业基础而进行的国家公共事业投资以及银行、保险等公司的数量开始急剧增加。首先以股份公司形式"登场"的运河公司的股票虽然在股票市场的表现风平浪静,但是其后铁道公司的股票却在全国掀起了投机热潮,各地纷纷开设证券交易场所进行股票交易。[①]1773年,在伦敦柴思胡同的约那森咖啡馆,股票经纪商正式成立了英国第一个证券交易所(现伦敦交易所的前身)。1802年,伦敦交易所新大厦落成开业。从

① 参见上海证券交易所投资者教育中心:《证券市场发展历史简介》,载《中国证券报》2007年7月9日第A21版。

此,英国证券市场走向世界前列。

作为市场的一个类型,以证券交易所为代表的证券市场是指在一个有组织的系统中,为证券的买卖提供一个竞价市场的交易场所。在证券市场发展过程中,集中的证券交易所在很大程度上是为了降低交易成本而进行的制度创新。它的主要作用是,聚集买卖双方的意愿,提供集中撮合服务,以最大限度地增加证券交易的成功率,实现资本在不同的时间、地区和行业之间进行转移,完成资本资源的有效配置。在这个基础上,以证券交易所为代表的资本市场的形成具有两层含义:一是集中交易市场的形成;二是交易所这一经济组织的诞生。[①] 前者是指通过集中统一的市场进行信息、价格的集合和交易撮合。后者则是指这种撮合的功能是通过设立一个有形的组织机构完成的,各市场参与主体围绕着交易场所进行一系列的市场交易行为,因为"集中交易的证券交易场所在实现时间与空间上的集中交易、降低信息费用等方面具有显著优势"[②]。但是,如同提供交易场所的普通市场一样,由于可投资在资本市场上的资金总量、投资者数量有限,因此资本市场并不是一个效率可被无限放大的市场。资本市场对于各市场参与主体提供资源配置的效率仍然取决于在特定市场从事交易可能带来的成本,这些成本大体上包括交易所自身从事交易撮合所发生的运营成本、证券监管机关和证券交易所从事证券交易监管的成本、市场参与者获取潜在交易对象信息的成本、投资者选择交易对象的机会成本、市场参与者投资失败的成本等。基于这些成本的客观存在,为了实现以最小成本、最大效率进行交易的目标,特定的证券交易所可服务的上市证券的数量必然不是无限量的。

(二) 证券市场的基本要素

1. 要有市场参与主体:发行人、投资者

在证券市场中,企业需要通过有组织、有秩序的市场推销其虚拟产品——股票或债券以筹集资金,而投资者通过对虚拟产品的购买或交易谋求获利。这种筹资与交易的过程也是市场规则逐渐形成的过程。由于市场参与者不再以"一对一"的方式进行交易,原先所能依赖的个体信用交易环境已不复存在,在无法亲自了解交易对象信用的情况下,交易只能依赖于证券市场本身信用体系的建立。[③] 因此,早期的证券市场中自然而然就出现以维护市场信用为核心、由各市场参与主体进行自律管理的市场监管雏形。在此基础上,随着市场规模、产品品

---

① 参见施东晖:《证券交易所竞争论:全球证券市场的角逐方略》,上海远东出版社 2001 年版,第 4 页。

② Donald C. Langevoort, Information Technology and the Structure of Securities Regulation, *Harvard Law Review*, Vol. 98, No. 4, p. 747.

③ 比如,在证券发行过程中,购买证券的投资者与证券发行人可能根本就没有接触的机会,只能通过中介服务机构、交易经纪商的帮助和对证券募集说明书的依赖而购买证券;而在证券交易过程中,卖方也不像"一对一"交易时那样可以了解买方的信用情况,只能基于对证券市场的信用依赖进行交易。

种、投资者人数的进一步发展、衍生，形成了包括自律性监管、政府外部性监管在内的多种监管模式。证券市场的基本结构如图 1-12 所示：

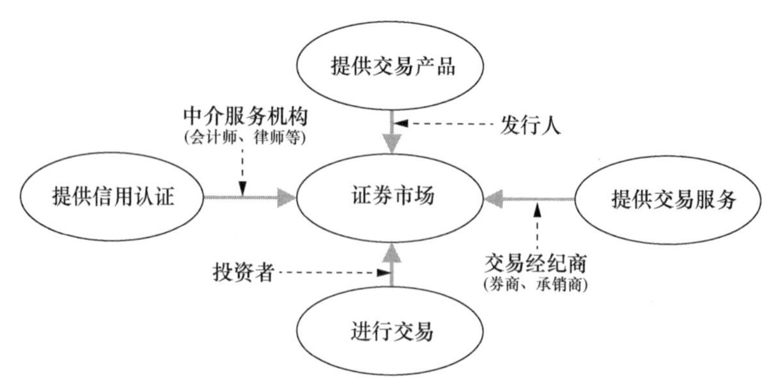

图 1-12　证券市场的基本结构

2. 要有组织交易的平台：证券交易所或交易场所

市场从分散化、偶然化走向中心化、固定化，在本质上是出于减少交易成本、提高交易效率的考虑。因此，有关多层次资本市场的理解也应建立在这个市场的本质基础上。多层次资本市场中的“多层次”，是指能够满足不同主体需求、适应不同交易成本的市场结构。无论是主板市场、创业板市场、新三板市场还是区域股权市场，多层次资本市场的错位发展与有机联系的本质在于清晰地定位市场功能的相同点与不同点。从相同点的角度而言，资本市场的存在都是为了提供高效、快速的交易服务，减少市场参与者的成本。从不同点的角度而言，目标公司的不同会产生不同层次、方面的交易需求，由此出现“合而不同”的市场，各个市场之间呈现一种互相竞争、互相合作的关系。从总体来看，多层次资本市场一定是一个既有竞争又有合作的市场。由于各市场存在的目的、服务的价值不同，因此彼此之间会有竞争。不同层次的市场在满足各自目标的基础上，形成对服务价值的不同理解和认知，从而采取不同的上市标准，形成横向的对于挂牌主体的资源竞争关系，促进市场向纵深发展。资本市场的多层次性与现实生活中的商场结构并无很大的不同。在现实生活中，可以有精品百货店、大卖场，也可以有农贸批发市场、便利店等不同类型的市场。多层次资本市场当然允许赚钱的企业、亏钱的企业、发展成熟的企业、初创企业进入市场，寻求融资机会和交易机会，由发行人与投资者各求所爱、各取所需，自行博弈而达成平衡，这就是市场运行的本质。

3. 要有可被交易的标的：证券

如前所述，证券市场的意义在于，通过有组织的交易平台为市场主体转让手中的证券提供成本更低的流动性可能。因此，理论上，所有有价证券都可以在证券市场上被挂牌交易，任何有组织的证券市场都可以就任何可自由流通的有价证券组织交易。目前，证券市场上主要的交易标的包括股票、债券、存托凭证、证券投资基金、信托受益凭证、集合投资计划、权证、资产支持证券（Asset-Backed Securities，ABS）、个股期权、交易型开放式指数基金（Exchange Traded Fund，ETF）以及与前述基础证券相关的衍生品证券（如股指期货、股指期权）等。

（三）多层次资本市场的基本道理

从一些发达国家的经验来看，其证券市场的结构层次丰富，建立了包括主板市场、创业板市场、三板市场和场外柜台市场（Over the Counter，OTC 市场）在内的、健全的、多层次的市场体系。在分层次的证券市场体系中，不同市场的功能各不相同。场外交易市场主要是为处于初创阶段的企业提供筹集资本性资金的场所，以及解决这些企业在资产价值（包括知识产权）的评价、风险分散和创业者股权变现等方面的问题。创业板市场主要解决的是已经发展到一定阶段且产品或者商业模式受到初步考验的企业在进一步发展过程中筹集权益性资金的难题。主板市场主要是解决已经成形或者已经运营成熟的产业的后续融资问题。多层次资本市场的结构要求各个层次的市场的定位与功能不同，相互之间的分工存在差异，市场之间具有明显的相互承接性，从而形成一种梯状的、能进能退的、体系健全的“梯级市场”体系。比如，20 世纪 70 年代初全美证券商协会推出的纳斯达克（NASDAQ）市场，其定位原本是收集和发布场外交易非上市股票的证券商报价。后来，随着市场的发展，它开始针对创业型、科技发展型企业提供股份转让的报价服务（挂牌交易）。这些初创企业起初并不符合纽约证券交易所（以下简称“纽交所”）对于“优质企业”的选择“胃口”，却成功地建立了创业企业与风险资本之间的联系。纳斯达克为这些风险资本及后续资本提供了退出与购买的机会，从而间接地推动了前端的风险资本对于初创企业的投资动力。随着市场的进一步扩大和初创企业“冒险”成功，纳斯达克在其内部系统中也逐渐分离出针对不同上市资源的纳斯达克全国市场和纳斯达克常规市场（即纳斯达克小型资本市场）。2006 年 7 月，纳斯达克又通过引入更高的上市标准，成立了纳斯达克全球精选市场（NASDAQ Global Select Market），同时将纳斯达克全国市场更名为“纳斯达克全球市场”（NASDAQ Global Market），纳斯达克小型资本市场更名为“纳斯达克资本市场”（NASDAQ Capital Market），由此形成了满足不同投资和上市需求的三个不同层次的市场板块，以满足不同投资者和发行人的融资、挂牌和交易需求。在纳斯达克市场“向上”竞争的压力下，纽交所也呈现“向下”扩张的趋势，它通过 20 世纪前十年的一系列并购，形成了 NYSE（类似于我国的主板）、NYSE Arca（类似于我国的创业板）和 NYSE MKT（类似于我国原先的中小板）三个市场层次，不同交易所之间、同一交易所的不同板块之间互相竞争、互相融合，形成了为发行人和投资者提供最高交易效率和最低交易成本的市场结构，由此实现了多层次资本市场之间资源的互换，各个层次的市场之间可以实现优势互补，形成良性循环。[①]

除此以外，类似于传统市场所存在的“严格的成本劣加性”[②]这一特点，使得现代资本市场到目前为止呈现的仍然是一个从分散化到中心化的集中交易体系，其背后的根本原因无非是基于对外部交易成本内部化的“规模经济”(Economies of Scale)的考虑。但是，随着计算机技术的发展，以服务创新为代表的制度可能促成资本市场类型和结构的进一步转变。特别是以区块链为代表的分布式记账凭证技术，将使得原先那种中心化的多层次资本市场结构被重新打乱成分散的、去中心化的状态。由于投资者之间的“可触及性”机会增加，市场结构很有可能出现扁平化而非层次化的结构，投资者有机会通过更为直接的信息播放、信息传播和信息收集系统了解彼此的交易需求，有着相对于进场交易可能更为便利和节省成本的技术手段进行交易。此时，原来集中、统一的证券交易所可能反倒显出其内部不经济性。所以，当以人工智能、区块链为代表的新技术开始应用于金融领域时，科技对于证券交易方式变革的影响可能再一次得以呈现。

国际货币基金组织(IMF)曾经预测金融科技的发展会对金融市场产生四个方面的影响：第一，金融市场的分工将变得越来越模糊，即市场主体之间的角色边界变得越来越模糊；第二，传统上以资金、专业、网络为特征的市场进入壁垒将会瓦解，产生根本性的变化；第三，信用问题仍将是金融市场发展的重要因素；第四，跨境交易的能力将大大提升。[③] 具有防伪性的分布式账本技术适用于资本市场领域，将使交易成本发生以下两方面的改变：第一，为投资标的从发行到交易无须其他中介的帮助创造了可能性。未来，运用区块链技术，投资标的无须进入集中化的证券市场就可能满足相关主体的融资或者交易需求。第二，拓展了证券结算的时间范围设置。目前，证券结算往往需要 T+n(n 大于等于 1)天，而分布式账本技术在理论上可以实现实时结算的功能。在此背景下，2016 年 6 月，欧洲证券及市场管理局发表了一份报告即《分布式账本技术在证券市场之运

① 在美国，除了 NYSE、NASDAQ 市场外，还有 FINRA 管理的 OTCBB 市场和原来独立于 SEC 与 FINRA 监管的“粉单市场”(Pink Sheet Market，现已更名为“OTC 市场”)。OTCBB 市场是一种非上市的公众公司股份交易市场(类似于我国的新三板)，需要遵守《1933 年证券法》和《1934 年证券交易法》规定的信息报告和注册义务。OTC 市场则是注册为“经纪—交易商”而非“全国性证券交易所”的替代交易系统(Alternative Trading System，ATS)，又分为 OTC QX、OTC QB 和 OTC Pink 三个板块，不同板块对应的服务公司不同，相关监管规则也有所不同。

② “成本劣加性”(cost subadditivity)是指在某个行业中，如果某单一企业生产所有产品的成本小于若干个企业分别生产这些产品的成本之和，则该行业的成本就是劣加的。它表明，由一个主体提供整个产业的产量的成本小于多个主体分别生产的成本之和，其所提供的产品或服务的成本随着数量的增加而具有弱增性，该行业属于自然垄断行业。“严格的成本劣加性”就是强调在产量区间内的任一产出水平上，处处存在着平均成本递减的情况，其成本函数具有严格的弱增性或劣加性。

③ See Dong He，etc.，Fintech and Financial Services：Initial Considerations，IMF Staff Discussion Notes No. 17/05，p. 5.

用》(ESMA/2016/773),从公共政策层面详细分析了分布式账本技术在证券市场(特别是在交易后的过户、结算、支付领域)运用的前景。① 日本交易所(JPX)的一项专题研究表明,分布式账本技术很有可能通过鼓励新业务的发展,提高运行效率,减少成本,从而改变资本市场的现有结构。② 纳斯达克已经于2015年年底通过Nasdaq Linq项目,完成了证券的非公开交易。为实现实时交易的交易效果,2017年12月,澳大利亚证券交易所(ASX)已经在全球第一个于金融市场的清算和结算系统中全面使用分布式账本系统。③ 基于这些发展的事实,我们可以大胆地预测:在不远的将来,不管是传统证券交易场所中出现以私有链为核心的区块链的交易平台,还是在某些技术企业中出现"技术+金融"的公有链形式的分布式账本平台,④多层次资本市场的结构不仅包括以上市标准进行区分的主板、中小板、创业板、新三板,还将涵盖按交易方式划分的线上交易市场和线下交易市场,以中心化和去中心化相区分的场内市场和场外市场,甚至以"7·24"不间断交易为标志的全球化、多元化的资本市场离我们也为期不远。

本章复习要点

市场的运行机制、证券的类型、证券市场的功能、中国多层次资本市场的体现。

课外参考书目

1. 〔英〕亚当·斯密:《国民财富的性质和原因的研究》,郭大力、王亚南译,商务印书馆1972年版。

2. 陈甦主编:《证券法专题研究》,高等教育出版社2006年版。

---

① See ESMA, *The Distributed Ledger Technology Applied to Securities Markets*, available at https://www.esma.europa.eu/system/files_force/library/dlt_report_-_esma50-1121423017-285.pdf, last visited on 2020-6-20.

② See Atsushi Santo, etc., *Applicability of Distributed Ledger Technology to Capital Market Infrastructure*, JPX Working Paper, Vol. 15 (August 30, 2016), pp. 5-6, available at https://www.jpx.co.jp/english/corporate/research-study/working-paper/b5b4pj000000i468-att/E_JPX_working_paper_No15.pdf, last visited on 2020-5-10.

③ 虽然澳大利亚证券交易所的这个试验现在看来不那么成功,但是它代表了一个方向。

④ 区块链技术可以分为全开放(开源)和封闭(闭源)两种类型。开源型区块链也被称为"公有链",即任何参与方都可以随时加入系统,读取数据、发布信息、竞争记账。闭源型区块链也被称为"私有链",即只有获得邀请或者授权的参与方才能加入系统,进行数据的读取、信息的发布、承担记账任务。

第二章　证券法的部门法属性

【本章导言】

证券市场作为市场的一个类型，同样需要遵循以价值为基础、围绕供求关系变化的价格发现规律。在此过程中，基于市场主体的私利性，如同其他市场一样，证券市场也会出现做假、欺诈等误导价格发现机制的“舞弊行为”。考虑到证券市场标的的特殊性，这些“舞弊行为”比以有形物为标的的普通商品市场更难以被投资者发现，因此需要有特别的法律制度以规范、调整证券市场参与主体的行为和规则，从而使得证券法具有国家干预的宏观调控色彩。因此，以维护公平为要旨的证券法就成为经济法这一部门法的一个重要分支。

第一节　证券法的调整对象

一、什么是证券法

法律是一种调整法律关系的规范。比如，民法是调整民事主体之间民事法律行为与民事法律关系的规范的总称；行政法是调整国家机关与行政相对人之间有关行政行为（作为与不作为）与行政法律关系的规范的总称。套用这样一种概念定式，我们也可以将证券法界定为：调整证券的发行、交易、服务以及其他相关活动而产生的社会关系的法律规范的总称。由此可见，证券法的内核有以下三点内容：

第一，它所调整社会关系（调整对象）的指向仅是证券。

第二，它所调整的社会关系产生于围绕证券而发生的一系列行为，也可以说是证券从“生”到“死”的全过程。这些行为包括证券的发行、上市、交易、中介机构服务、保管、评级、市场监管等一系列的活动。

第三，它所调整的是围绕证券而发生的社会关系，这种社会关系是人与人（或者说是主体与主体）之间的社会关系，因此涉及发行人与投资者、买方与卖方、交易者与证券交易所、监管机构与被监管者之间的关系。

二、证券法调整什么

法律的调整对象是某种社会关系。依照法理学上的解释,如果某种社会关系是根据法律规范产生的,且主体之间存在权利义务关系或权力义务关系,则这种关系就上升为法律关系。据此,法律关系通常包括主体、客体(标的)、权利义务三个部分。

(一) 证券法涉及的主体

1. 证券发行人

从广义上看,证券发行人包括自然人、法人、合伙组织、契约型组织等为了募集资金而发行证券充当交换对价的任何类型的主体。从中国证券法的规则看,证券法涉及的证券发行人仅指股份有限公司(股票和债券的发行人)、有限责任公司(债券的发行人)和境外公众公司(中国存托凭证的发行人)。

2. 证券投资者

证券投资者是购买证券的主体。从投资者的角度而言,由于证券市场存在私募市场和公募市场之分,因此投资者也可以分为私募投资者(在有些场合下也称"合资格投资者")和公众投资者。私募投资者和公众投资者在证券法项下是否应该受到特别保护以及保护的力度均是不同的。除此以外,由于外汇管制的存在,在我国的投资者类型中,还有机构投资者、合格境外机构投资者、合格境内机构投资者之分。

3. 证券交易场所

证券交易场所是为证券提供转让、交换的场所,理论上应包括有组织的证券交易所、非集中化的场外交易市场、电子交易系统等多层次的资本市场体系。

4. 证券中介机构

证券中介机构是为证券发行、交易提供中介服务的机构,包括为证券上市提供保荐服务的保荐人、提供承销服务的承销商、提供审计服务的会计师事务所、提供法律服务的律师事务所、提供资产评估服务的资产评估机构、提供财务顾问服务的财务服务机构等。

5. 证券托管、清算机构

证券托管、清算机构是为了减少大规模、有组织证券交易的差错率而提供证券托(存)管、证券所有权过户和交易资金交割服务的第三方机构。从现代证券交易服务机构的发展趋势而言,这些托管、清算机构已经逐渐从证券交易所附属机构中独立出来,从而成为金融市场基础设施的一个组成部分。

6. 证券投资咨询人员

证券投资咨询人员是为投资者提供投资决策分析、建议投资时机和投资对象的"人"。证券法上的证券投资咨询人员必须持牌上岗。为了避免利益冲突,证券投资咨询人员在向公众或者客户提供证券投资咨询服务时，必须遵守和满足特定的行为准则要求，不能利用从事投资咨询的便利实施操纵市场、内幕交易等违法违规行为。

7. 证券监管机关

证券监管机关是为了维护证券市场公平和有效运行、保障投资者利益而专门从事打击证券违法违规行为的监管主体。该类监管主体可以是隶属于政府的行政机关，也可以是由证券市场参与主体自发形成、自我规管的自律性组织(self-regulation organization，SRO)。

(二) 证券法涉及的客体

证券法涉及的客体主要是指证券法作为一部专门的法律所试图调整的对象。这种调整对象主要是围绕证券所可能发生的一系列行为。根据前述证券法主体的分类，证券法涉及的客体主要包括证券发行、证券保荐、证券承销、证券上市、证券登记、证券交易、证券结算、证券服务、证券咨询、证券监管等方面的调整客体。

(三) 证券法涉及的权利义务

证券法涉及的权利义务主要是指围绕证券法的主体在从事证券法所调整的行为客体中发生的具体权利与义务的内容与条件。比如，在证券发行中，证券发行人有什么权利，应该履行何种义务；在证券交易中，投资者的权利、义务为何；证券交易所在组织证券上市、交易的过程中有何权利、义务等。

三、为什么会有证券法

对于证券市场，一些人存在一种误区，认为这是一个有别于普通商品市场的“特殊市场”，因此无法理解有美国学者在论及证券市场时常常将其与大白菜进行类比。事实上，如果将证券市场与普通商品市场相比，其相同点是都遵循“市场”这一交换机制而存在共同的供求关系变化规律、价格形成和运行机制，只不过普通商品市场提供的是“看得见、摸得着”的有形物的交换服务，而证券市场的标的是一种“看不见、摸不着”的无形物——证券权利。证券所代表的无形权利无法通过针对有形物的那种直观的检验方式得以验证，而需要通过其他的证明方式彰显其价值。作为市场的一个子类型，证券交易同样适用“价格取决于证券的内在价值，并随着供求关系的变化而上下波动”的价格定律。此时，决定证券内在价值的是证券权利所对应的发行人的资产价值，相应地，证券价格自然也会受到供求关系的影响。

只要是市场，马克思对于资本主义社会资本家那种疯狂逐利性的批判仍然适用，如马克思转引的源自《评论家季刊》的观点：“一旦有适当的利润，资本就胆大起来。……有 50%的利润，它就铤而走险；为了 100%的利润，它就敢践踏一切人间法律;有300%的利润,它就敢犯任何罪行,甚至冒绞首的危险。"[①]由于证券市场采用未来收益的估值方式(体现为市盈率),投资者通过资本投资获得的收益有可能远远大于普通商品交易,因此同样会出现不法主体为了获取"超额利润"而违反证券市场"游戏规则",进而损害他人利益的情形。比如,在早期的美国证券市场,证券交易方会通过尽量多的内幕交易或者欺骗的方式销售证券。对于证券交易,当时并没有统一的法律规则。如同其他商品交易一样,大家(甚至法院)认为证券交易是一种周瑜打黄盖式的"一个愿打,一个愿挨"的买卖,在证券交易中被欺骗是因为自身的问题,而不是别人的问题。所以,早期证券市场中的法律责任遵循的是"买者自负"(caveat emptor)原则,即买者自己要睁大眼睛判断证券的价值,若买到不值钱的股票,则自己承担责任,与卖方无关。在这样的归责体系下,欺诈、隐瞒等行为因成本低、收益高而大量存在。这种情形一直持续到20世纪30年代初美国经济大萧条时期。至此,上至总统,下至普通老百姓,美国人才认识到有必要对股市进行专门的监管,以避免出现随意"圈钱""骗钱"的行为,由此才有了《1933年证券法》和《1934年证券交易法》这两部可谓"美国证券监管基石"的法律。《1933年证券法》和《1934年证券交易法》要求卖方必须对自己出售的证券具有法定及默示的担保责任,担保所出售的证券及其对应的目标公司的信息是真实、准确、完整的,而买方基于对卖方的依赖而购买证券。这样,就将"买者自负"转变为"卖者责任",保护交易公平的证券法体系逐渐建立起来。

第二节　证券法的经济法属性

由上可见,证券法通过制定某种规则或者赋予政府机关某项权力,介入原本应由交易主体自行调整的交易。这种由国家授权机关代表国家参与、干预证券市场运行过程的活动具有明显的"国家干预市场"的经济法属性。

一、经济法:作为一门"国家干预"之法

起初,我国法学理论研究中对于什么是经济法并没有统一的认识。当时存在的一个如今看来极为明显的认识误区是"与经济生活有关的法都是经济法",即经济法是"经济的法"。这种认识上的误区与我国经济法的产生背景有关。经济法最初出现也是对社会需求的反映,只不过当时的经济法可能未必真实反映社会关系需求或者经济法的本质。事实上,早期的经济法是一个典型的"大箩筐",无论是理论界还是实务部门,对于经济法的认识都比较粗浅,认为只要是与

---

① 《马克思恩格斯选集》(第二卷),人民出版社2012年版,第297页。

经济社会有关的法律调整都是经济法的内容。因此,当时诸如计划法、经济合同法、财税法、海关法等法律都归属于经济法。早先研究经济法的学者还一度与研究民法、行政法的学者发生激烈的争论,争论的焦点仍然围绕经济法是否为独立的部门法这一问题。比如,民法、行政法学者强烈反对经济法,其中民法学者认为所谓的"经济法"只不过是民法的具体体现;[①]而行政法学者认为经济法只是一种经济行政法,因此属于行政法调整的范围,是隶属于行政法的一个分支,不能构成一个独立的法律部门。[②]

随着对国外经济法理论认识的逐步加深,我国学界(主要是经济法学界)对于经济法的范围和调整对象逐渐有了更为科学和清晰的认识。学者们意识到,并不是所有经济领域内的活动都是经济法的调整对象。在市场经济中,市场主体的自我经营、自我决策和自我约束是由市场规则所决定的,因此市场的自由竞争和契约关系应由民事法律和商事法律调整。在市场的自由竞争过程中,市场主体因自身无法避免的趋利性而产生损害消费者、第三方或者合同相对人的动机与行动,这些动机与行动在追求"契约自由"的民商法的视角内具有合理性。比如,在垄断状态下,购买方不得不以垄断价格向出售方购买垄断产品时所反映出的购买的意思表示和意思自治关系。但是,如果从增进全社会的福祉和维护整个国家的利益角度而言,这些民法、商法上看似合理的交易行为会明显呈现交易双方的显失公平或者影响到资源的合理配置,因此需要国家担当某种角色,强行干预原先平等的交易关系,对交易主体、交易行为进行约束和调整。由此,产生了诸如"纵向经济法论""纵横论""经济协调关系说""需要干预说""经济管理与市场运行关系说""国家调节关系说""新经济行政法论"等[③]经济法学说。

二、经济法的价值取向

经济法的价值问题也是近些年经济法学者比较重视的一个理论问题。学者们普遍认同,作为一个独立的法律部门,必然要有其不同于其他部门法之对人的意义、作用或效用,或者存在人们对法律效用的评价。[④] 由于经济法的价值定位取决于对经济法调整对象的定位,因此根据对调整对象的不同认识而产生的"纵横论""需要干预说"等都对经济法的价值取向提出了自己的观点。

(一) 一元论

一元论主张,经济法的价值为一元结构,不应存在两个以上的价值目标。但

---

① 参见佟柔等:《经济法不能作为一个独立的法的部门》,载中国社会科学院法学研究所民法经济法研究室编:《我国经济法理论资料类编》,群众出版社 1984 年版,第 275 页。

② 参见《中国经济法诸论》编写组编著:《中国经济法诸论》,法律出版社 1987 年版,第 144 页。

③ 参见王艳林、赵雄:《中国经济法学:面向二十世纪的回顾与展望》,载《法学评论》1999 年第 1 期。

④ 参见严存生:《法律的价值》,陕西人民出版社 1991 年版,第 28 页。

是，对于何种价值取向应为经济法所采用，一元论又分为“效率优先说”和“公平优先说”，相关观点有：“经济法的价值为效益，而且是整体性的效益”[①]；“经济法的价值目标为满足社会人基于市场上医治无能的需要”[②]等。

（二）二元论

二元论的主要观点有：“经济法的价值在于社会整体效益、公平”[③]；经济法的价值在于实现“社会公平与民主”[④]；经济法是为了实现“工具性价值和目的性价值”[⑤]等。

（三）三元论

三元论主张，经济法的价值取向包括“发展、安全、公平”[⑥]，“政治价值、经济价值和文化价值”[⑦]，以及“实质正义、社会效益和经济自由与经济秩序的统一”[⑧]。

（四）多元论

多元论认为，单一的或双重的价值目标并不足以涵盖经济法的特征。该观点的存在与经济法的体系分类有关。相关学者认为，欲将国家干预经济的相关内容统统纳入经济法的管辖范畴，经济法的价值目标应是多元化的，可以是“秩序、效率、公平、正义”[⑨]，也可以是“存在价值、法权价值、资源价值和社会价值”[⑩]等。

对经济法价值问题的讨论有益于经济法理论的深入研究，因为从法律所要实现的价值角度出发完善了经济法所要探讨的国家涉足经济领域的目的和方向的理论依据，“价值论”的立场能够清楚地解释经济法到底与民法、行政法有什么质的区别。虽然目前学界对于经济法价值的研究成果颇多，但是也存在严重的不足：

第一，在引入价值的取向对经济法进行研究时，只沿用了“价值”这一名词在哲学和法理学上的通用概念，却没有赋予其有别于哲学和法理学的特别意义或属性，价值目标显得零散，未能实现体系化，论证不足，说明力不够。[⑪]

---

① 欧阳明程：《整体效益：市场经济条件下的主导价值取向》，载《法商研究》1997年第1期。

② 钟青：《经济法的价值目标》，载《现代法学》1998年第1期。

③ 徐士英：《经济法的价值问题》，载漆多俊主编：《经济法论丛》（第1卷），中国方正出版社1999年版，第33—38页。

④ 李昌麒、鲁篱：《中国经济法现代化的若干思考》，载《法学研究》1999年第3期。

⑤ 吕忠梅、陈虹：《论经济法的工具性价值与目的性价值》，载《法商研究》2000年第6期。

⑥ 程信和：《发展、公平、安全三位一体》，载《华东政法学院学报》1999年第1期。

⑦ 程信和：《略论经济法的定位与定界》，载《法商研究》1998年第6期。

⑧ 史际春、邓峰：《经济法总论》，法律出版社1998年版，第152—158页。

⑨ 漆多俊：《经济法基础理论》（第三版），武汉大学出版社2004年版，第8页。

⑩ 单飞跃：《经济法的法价值范畴研究》，载《现代法学》2000年第1期。

⑪ 参见吕忠梅、陈虹：《论经济法的工具性价值与目的性价值》，载《法商研究》2000年第6期。

第二，除一元论之外，其他有关经济法价值的观点不能突出反映经济法的核心特点。如果多元的价值取向是经济法的存在意义，那么按照美国经济学家阿瑟·奥肯的观点，“平等和效率之间的冲突是我们社会经济的最大选择……我们无法既得到市场效率的蛋糕又公平地分享它”[①]。之所以存在一元论之外的其他多层次的价值理论，其根本原因在于，先前学者们在建立价值观的基石即调整对象上的界定显得过于宽泛。持多元论的学者把一些原本属于国家经济行政管理职能序列的行政关系和平等民事主体之间进行博弈过程中的民事、经济关系统统纳入经济法的调整范围。这样，为保持调整对象的宽泛性，就必须提出价值的多元化，否则将无法被纳入经济法的调整范围。

本书认为，一个部门法只能有一个核心价值，这个核心价值决定了该部门法的基本理论体系和学科特点，并且只有在该一元价值的统领下，才能涵盖该学科所有的法律规范的特征，由此使一个部门法成为有别于其他法律部门的独立的部门法。多元价值取向会使经济法的定位和发展迷失方向。因此，经济法只能有一个价值取向，那就是公平价值。只有建立在以公平为目标的价值坐标体系下，国家才有理由主动或被动地参与原本只有平等民事主体参与的民事活动，并且体现出国家干预经济的特性。

首先，经济法的价值取向建立在经济法的调整对象范围的基础上，即经济法只是为了保障经济正常有效运行而对平等民事主体或商事主体之间的自由交易活动进行的国家干预。传统民法认为，在这类主体平等的交易活动过程中，因为存在等价有偿和意思自治，所以交易主体之间能够通过双方的自我博弈，自动实现公平交易的结果。但是，事实上，随着现代社会的发展，企业的发展情况不尽相同，导致平等主体之间的力量出现了不均衡和不平等。不仅大企业与小企业之间的力量存在差异，企业与自然人之间的资源占有也发生了变化。在现代社会中，完全依赖一种双方之间达成的契约关系去约束对方，有可能造成强势一方在趋利性的驱动下，滥用自身强势地位侵害另一方的利益，由此产生实质不公平。这种情况显然已违背了传统民法和现代商法的本旨，而且不是民法和商法所能解决的。在这种情况下，为了保持社会正义和实质公平，必须通过第三方的强制力量介入主体之间的博弈，以期形成一种新的主体之间的平衡。由此，调整对象的范围和特点也就决定了经济法的价值取向目标。

其次，经济法的价值取向之所以不是效率优先，是因为效率问题在本质上属于商法在面对经济运行过程中不同利益主体之间的矛盾所要秉持的态度。之所以说应由商法解决市场运行中的效率问题，是因为在经济学理论中，学者们普遍

---

① 转引自〔美〕保罗·A.萨缪尔森、威廉·D.诺德豪斯：《经济学》(第12版)，中国发展出版社1992年版，第127页。

认为市场经济是实现资源优化配置的唯一选择。市场经济的运行需要依靠大量的、平等的商事主体进行套利交易，从而引发价格波动，并通过价格这一杠杆引导资源的配置。就此而言，商法的目标在于维持市场或经济的有效运行，保障市场主体实现利益最大化，并通过商事主体的决策完成资源的配置过程。同时，值得注意的是，商法所保护的这种主体效率只意味着市场局部的效率。因为资源的集中给市场带来的后果可能是优势地位的滥用，而滥用的结果就是市场会在局部出现失衡，从而引发不公平现象。此种社会分配或交换不公的后果反过来又可能使整个市场运行失去效率。此时，必须通过国家这一来自市场以外的力量，主动调节和引导市场资源配置的过程，保证市场经济条件下的公平竞争，通过政府这只“看得见的手”，维持市场运行过程中的公平性，进而保障整个市场效率目标的实现。可见，只有将商法对于效率目标和经济法对于公平目标的保障结合起来，才能构建起市场经济健康运行的完整保障体系。

最后，经济法的公平价值并不排除在公平价值下所衍生的其他相关目标。比如，正是通过公平价值的实现，达到社会经济安全和可持续发展，实现社会的实质正义，保障经济民主与经济秩序等。可以说，公平价值是实现这些目标的基础和核心。在这一前提下，没有必要将价值目标的下位概念上升到与“公平价值”这一上位概念相同的地位。

在此意义上，本书对于经济法作为独立部门法的地位和作用的理解可以归纳为：经济法是对于国家为了保证经济的整体利益和正常运行而对平等民事主体之间一方或多方意思自治原则所作干预的限制，是调整在国家干预社会经济关系过程中发生的各种社会经济关系的法律规范的总称。①

三、经济法与其他部门法的区别

（一）经济法与行政法的区别

第一，经济法并不涉及具体的执法或司法活动。经济法只是一种立法上的预制，它不涉及行政法上为实现政策目标所采取的抽象行政行为或具体行政行为，这就将其与行政法所调整的范围和方式区别开来。

第二，经济法介入的是原来由传统民法所调整的平等民事主体之间的关系，这与行政法所调整的对象具有行政隶属关系的特性区别开来。

第三，经济法的执行需要依靠行政法的手段予以保障。也就是说，如果有主体违反了经济法的有关内容，结果就是导入纯粹的行政程序或其他刑法、民法程序加以规制。因为经济法本身并不具备对行政隶属的依赖性，它与行政法也不

---

① 参见顾功耘主编：《经济法教程》（第三版），上海人民出版社、北京大学出版社 2013 年版，第 38—42 页。

表现为上下的纵向关系。经济法所调整的纵向关系实际上只是行政法对经济法实行的一种保障措施。

第四,经济法的本质在于国家对原本民事主体可依自由意志确定行为的介入和规范。正是通过对原先平等主体之间经济活动的干预(并不表现为国家对违反法律规范行为的惩罚,而是国家预先提供一种状态或标准供当事人遵循),体现国家对社会经济活动的调节功能。这种干预可以表现为动态的,也可以表现为静态的。所谓动态,是指国家一直处于对平等民事主体的交易行为进行协调和干预的过程中。所谓静态,是指国家预先规定了主体的行为准则和模式标准。无论是对于动态干预还是静态干预的违反,均可能引发行政法律规范的约束或惩罚。若此时发挥行政法纵向的干预特性,只不过是经济法的执行手段,而非经济法调整的目的和结果。

(二)经济法与商法的区别

第一,经济法调整的是由国家干预的经济关系,其主要特征是国家介入平等民(商)事主体的经济活动。比如,无论是在美国、欧盟还是中国,在企业合并过程中,都要求对达到法定指标的企业合并进行反垄断审查,只有通过审查才能完成最终的合并。这就对商事活动中原本由企业/股东自由决策的事项进行了限定,国家开始介入企业的自由合并之中。不难理解,国家干预市场主体之间的自由合并是基于对无限制合并会对市场造成垄断的担心,而市场的垄断可能给相关市场的竞争对手和消费者带来严重的损害。例如,在完成合并后,企业利用规模优势、市场优势和成本优势,采取先降价挤垮竞争对手后再大幅提价的方式,获取超额利润。又如,反不正当竞争法是对市场主体在市场竞争中的行为进行限制的法律。《中华人民共和国反不正当竞争法》(以下简称《反不正当竞争法》)限制通过诋毁竞争对手、虚假宣传、有奖销售等方式从事竞争。这些在早期市场自由竞争阶段经常出现的竞争行为之所以被上升到国家法律层面进行限制,是因为国家从监管者的角度认为这些行为的本质破坏了公平竞争的目标,因此需要为了保护真正的公平竞争而介入对于市场主体之间竞争关系的调整。再如,在证券法领域,原本证券的买卖是"你情我愿"的事情。但是,证券市场存在严重的信息不对称。与普通商品买卖不同的是,买方在进行证券买卖时无从知道证券所对应权利的真实价值。因此,为了保护买方利益,国家强制性规定卖方或者发行人在出售证券时要依照特定的程序进行信息披露,如实向公众告知标的证券所对应的公司的经营情况,从而保障买方对于证券价值的自主判断。此时,国家也强制性地介入平等主体之间的证券交易行为。因此,证券法很明显地体现了国家干预的特性,属于典型的经济法范畴。

第二,商法调整平等的商事主体之间基于商业行为而产生的社会关系。例如,公司法调整公司的法律地位,明确公司的法人结构,承认股东权利并保护从事商业活动的主体形态。又如，证券交易法确立证券交易的场所、条件，以保障证券交易的快捷性和安全性。再如，票据法依据商业惯例，规定票据签发、流转的规则，设定不同关系人的票据权利，以法律形式反映商业规则的实践等。商法不能替代经济法，经济法也不能替代商法。商法的产生是因为商业活动具有风险性、规模性、集团性，是对民法一般性调整规则不能适应商业活动简捷、高效、安全、盈利等要求的扬弃和发展。经济法的形成则是对商法强调商事交易自由、安全、迅捷的私益倾向的抑制，是为了防止单纯的竞争自由主义走向垄断、妨碍竞争、滥用权利。因此，在某种程度上，虽然同样调整经济关系，商法对经济关系的调整具有基础性、前置性的特征，而经济法对经济关系的调整具有矫正性、后续性的特征。这是商法与经济法的区别之一。其二，商法的作用在于从保护商人群体的利益出发，维护商事交易的群体性秩序；而经济法的作用在于从保护社会利益出发，维护市场的整体秩序。在此区别之下，商法的作用过程是立足个别，兼顾一般；而经济法的作用过程是立足一般，兼顾个别。[①] 二者在功能上存在互补关系。其三，商法主要包括商人、商行为的原则性规定以及公司法、证券法、票据法、破产法、保险法和海商法等具体的法律制度；而经济法主要包括经济法的实施主体及其经济职能的原则性规定以及宏观经济调控法（主要有财政税收法、中央银行法、产业政策法、国民经济发展促进法等）、微观经济规制法（主要有反垄断法、反不正当竞争法、消费者权益保护法等）、国有经济参与法（主要有国有资产管理法、国有企业经营法、国有投资控股法等）、涉外经济管制法（主要有外商投资保护法、外汇管制法、海关法等）和经济运行监管法（主要有工商行政管理法、金融监管法、会计监督法、审计监督法等）等。二者的法律构成体系不一样。其四，商法调整的对象是商人在现代市场经济条件下从事商事交易活动所产生的社会关系；而经济法调整的对象是国家为了履行经济职能，在宏观调控、微观规制、国有参与、涉外管制和经济监管过程中产生的国家与市场主体之间的关系。二者作用的对象虽同是“企业”，但所调整社会关系的性质迥然不同，其中商法调整的社会关系基本上是横向的（市场主体之间），而经济法调整的社会关系基本上是纵向的（国家与市场主体之间）。所以，简单地讲，经济法可以说是国家干预之法，而商法则是商人商业之法，二者存在本质的区别。

在此意义上，证券法明显是一种由国家介入平等商事主体之间的交易活动，通过预先设置的行为准则、准入标准和要求等，对证券发行的主体、证券交易的市场和规范进行强制性干预的法律规范的总称。同时，从各个国家的证券法制度来看，很多规范是一些程序性要求和条件性要求，多为设置准入规则和管控措施，这就使得证券法具有典型的经济法属性。当然，需要说明的是，从多维角度

---

① 参见覃有土主编：《商法学》，中国政法大学出版社1999年版，第65页。

看，证券法作为国家对市场的干预之法，其前提还是要有市场基础。因此，证券市场的基础交易（涉及交易的有效性、交收制度、融资融券的担保交易等）还是应该属于商法调整的内容。证券法作为经济法，在本质上还是应该主要集中于政府如何介入证券市场，以矫正市场主体之间博弈的失衡，确保证券市场公平的制度设计和执法保障。

第三节　证券法的立法体例与监管方式

一、证券法的立法体例

（一）分立式立法

分立式立法是根据不同类型的证券交易的行为特点，将不同的证券行为或者证券主体分门别类地进行立法规制。常见的分立式立法主要包括按照证券类型、证券交易的不同阶段、证券主体类型的不同，分别采取有针对性的专门性立法。分立式立法的典型代表如美国，其《1933 年证券法》规制的是证券发行行为，《1934 年证券交易法》规制的是证券交易行为，《1940 年投资公司法》和《1940 年投资顾问法》分别规制投资基金的募集、证券投资顾问的服务等行为。不同的证券行为类型可能对应不同的法律规范，受不同法律的规制。

（二）集中式立法

集中式立法是指不再区分证券行为或从事证券行为的主体类型，而是将与证券有关的行为或主体全部纳入一部法律之下进行统一监管。集中式立法的典型代表如中国、日本、韩国等亚洲国家。比如，《中华人民共和国证券法》（以下简称《证券法》）将第三章第一节所述的证券交易对象都纳入其调整范畴；日本的《金融商品交易法》统合了以证券为核心的“金融商品”概念，对金融商品的发行、交易、信息披露、公开市场收购、中介业者、交易所、结算、自律组织等方面进行了规范；韩国于 2007 年将以往分立式规制证券市场的《证券交易法》《间接投资资产运营业法》《期货交易法》《信托业法》《综合金融公司相关的法律》《韩国证券期货交易所法》等六部重要法律进行合并，融入《有关资本市场和金融投资业的法律》（即《资本市场统合法》），实现了资本市场法的统合规制。

（三）分散型立法

分散型立法是指没有专门针对特定证券行为的专门性立法，与证券的发行、交易以及证券主体的规制有关的法律规范分散于各个不同类型的单项部门法之中。在立法方面，英国没有专门的《证券法》或《证券交易法》等证券单行法，其证券立法散见于各种具体的法律规范之中，如《1948 年公司法》中的公开说明条款、《1958 年防止欺诈投资法》中的防止欺诈条款以及《1973 年公平交易法》和

《1986年金融服务法》中的相关规定等。证券发行所涉及的信息披露要求归《公司法》管辖；与证券交易相关的虚假陈述、内幕交易和市场操纵等案件没有直接适用的统一法律，而需要依据成文法[①]和判例法的法源寻求民法和刑法保护，[②]通过"法院造法"和"法院释法"的形式对证券交易行为进行事后的监管；[③]有关证券中介机构的规范则与其他金融机构（如银行、保险公司等）及其金融服务行为一同受制于《2012年金融服务法》对于金融持牌机构的统一规管。

二、证券法的监管模式

（一）集中型监管

集中型监管是指国家通过立法，授权政府专门设立的主管部门对证券发行、交易的整个过程进行监督与管理的一种证券监管模式。这种监管模式的最大特点是，国家通过立法设置一个或多个专门的政府机关作为证券主管机构，由其代表国家对证券市场依法行使全面的管理职权，积极参与和干预证券市场的活动。美国是采用集中型监管模式的典型代表。美国的证券监督管理机构是一个以美国联邦证券交易委员会（Securities and Exchange Commission，SEC）为核心，以若干证券交易所和场外交易商协会为基础的双层监管组织体系。SEC直属于美国总统，兼有立法、执法和准司法权，独立行使对证券市场的全面监管职权；证券交易所和场外交易商协会则通过自律性规则的落实以行使辅助市场的监督职责。此外，还有日本、韩国、以色列、菲律宾、埃及、巴西等国也采用这种监管模式。我国的证券市场监管基本上也采用这种模式，主要由中国证券监督管理委员会（以下简称"中国证监会"）等政府部门负责中国证券市场的监管。

集中型监管模式在强调全国统一立法、统一执法的基础上，也不排除"以行政监管为主，自律监管为辅"的双轨特点。集中型监管模式的优点主要有三个方面：第一，立法、执法全国统一，促使证券行为有法可依，提高了证券市场监管的权威性；第二，能公正、公平、高效、严格地发挥其监管作用，有利于协调不同利益集团之间的矛盾，提高了监管效率，降低了监管成本；第三，监管机构与监管对象分别独立，监管机构及其人员超脱于被监管利益之外，有利于保证监管的公正性，充分保护投资者利益。但是，集中型监管模式在实际执行中也存在一些弊端：第一，证券法规的制定者和监管者往往来自市场以外，从而使得证券监管可能脱离市场实际，造成监管效率下降；第二，监管机构对市场发生的意外情况反

---

① 这方面的成文法主要有《1958年防止欺诈投资法》《1973年公平交易法》《1985年公司法》《2006年公司法》和《1985年内幕交易法》等。

② 参见陈志武：《证券监管的英美路线》，载《财经》2002年第9期。

③ See Stuart Banner, *Anglo-American Securities Regulation*, Cambridge University Press, 1998, p. 111.

应比较迟缓，可能导致处理不够及时；第三，监管机构的权力和监管范围非常广泛，权力相对集中，可能导致监管权力的滥用和监管机构的膨胀。

（二）自律型监管

自律型监管是指国家不设置独立的证券监管机构，而是由非政府组织作为行业自律机构，依照行业或市场的纪律规范，对证券市场予以监管的一种证券监管机制。英国是采用自律型监管模式的典型代表。爱尔兰、挪威、瑞典等许多英联邦国家受这种模式的影响较大。英国证券市场的监管几乎完全由证券商协会、证券交易所等自律机构负责，政府对证券交易所及其会员的一线监管采取放权的政策。

英国证券市场的自我监管主要由证券交易所、收购与合并委员会、证券业理事会等机构实施。根据英国政府1984年颁布的《交易所上市规则》，证券交易所是证券市场的法定主管机关，负有审核上市公司的上市说明书和监管上市公司信息持续公开的职责。收购与合并委员会是一个研究性机构，制定了《收购与兼并守则》《大量购买股份规则》，其中有专门用于调整公司股份收购的一系列条款。证券业理事会是1978年为协调非法定证券监管机构的主要工作而成立的一个机构，它是由十多个专业协会代表组成的自愿性组织，其职能是制定、解释和执行有关条例等。

自律型监管模式的优点主要表现在四个方面：第一，监管人员通常是证券行业专家或具有丰富监管经验者，故对违法违规行为反应灵敏，应对措施的可行性较高；第二，监管规则与措施大多是在长期的实践中总结出来的，实用性与灵活性都较强；第三，监管机构与监管对象具有一定程度上的利益一致性，故监管措施易于被市场接受和理解；第四，因专门的监管机构少、监管人员也较少，故监管成本较低。但是，自律型监管模式也存在明显的缺点：第一，立法、执法不统一，监管的分割特征较为明显；第二，监管机构及其人员与市场存在千丝万缕的关系，容易受到市场主体利益的影响，有时无助于预防损害投资者利益的情况发生；第三，无法代表政府机关，因此在跨境证券监管合作上不如集中型监管模式来得有效。

（三）综合型监管（中间型监管）

综合型监管是指既注重自律监管，又强调立法监管，即行政监管与自律监管并重的监管模式。德国是这一模式的典型代表。在证券监管上，德国一方面非常注重自律的传统，另一方面不断加强行政监管。1994年前，德国证券市场具有以下三个特点：第一，没有建立统一的证券法体系，证券法无论是在实践还是法理上都从未被认为是一个统一的、独立的法律部门，有关证券的法律规定散见于民事、商事、金融等多种法律之中；第二，没有一个对证券市场进行监管的中央机构，各州独立行使对证券市场的监管权，法律规定的监管在全国范围内难以得到统一和协调;三是自律管理是市场管理的基本形式,市场运作、风险控制和投资者保护等方面的规范大部分属于自律管理性质,不具有法律约束力。[①] 1994年后,德国依据《第二部金融市场促进法案》,颁布了《有价证券交易法》,并设立了联邦证券交易监管局,对内幕交易和上市公司的信息披露等行为进行联邦监管。2002年,德国为适应对金融混业经营的监管,成立了联邦金融监管局(BaFin),从总体上负责对银行、保险公司、证券市场以及政府资产进行监管。随后,市场操纵等原本由各州自行承担的监管职责被交予联邦金融监管局。

当前,德国证券监管机关和监管体系的特点是存在三重监管结构。除联邦金融监管局外,各州都设有各自的监管机构,加上在证券交易所内设置的监管办公室,形成了德国证券市场监管的三层构架。[②] 这三个层次的监管机构的职权范围彼此有别,同时又相互合作。证券交易所的监管办公室处于证券监管体制的最前端,是一线监管者,负责管理证券发行、上市和交易等具体业务,履行对证券交易的一线监管职能;各州政府设立的监管机构负责监管本州辖区内的证券交易所和证券交易行为,对交易所实施法律监督,对辖区内的交易、结算和其他证券活动进行监管;联邦金融监管局是联邦直属的公法上的行政机关,履行对包括证券市场在内的金融市场的国家监管职能。联邦金融监管局与各州政府设立的监管机构之间不是隶属关系,而是相互合作、密切配合的关系。[③]

除德国外,原来一些以市场自律为主的监管模式也在朝着中间型监管模式靠拢。以我国香港特别行政区为例,其早先的证券监管跟随英国的自律型监管模式,主要以证券交易所对会员、上市公司及失当行为人的纪律处分作为监管方式。但是,随着20世纪70年代中期股市的震荡以及内幕交易丑闻的频发,香港当局为保护投资者利益而被迫采取了一系列监管股市的措施,颁布了《证券条例》《商品交易条例》和《公司收购及合并守则》等监管条例,并建立起相应的证券事务监察委员会、商品交易事务监察委员会以及相应的监理专员办事处。[④] 1989年,为进一步适应证券市场的监管需要,香港立法局依据《戴维森报告书》(*Davison Report*)的建议,通过了《证券及期货事务监察委员会条例》,建立了一个独立的法定监管机构——香港证券及期货事务监察委员会(以下简称"香港证监会",SFC)。从监管分工的实践而言,在香港证监会建立后的很长一段时间内,作为证券上市及交易撮合主体的各交易所仍掌握着对证券监管的更多监管权限。1991年11月,香港证监会与当时的香港联合交易所有限公司(以下简称

① 参见高基生:《德国证券市场行政执法机制研究》,载《证券市场导报》2005年第4期。

② 参见郇公弟:《德国:三层构架对国内证券市场实施监管》,载《经济参考报》2007年9月13日第3版。

③ 参见盛学军:《法德英证券监管体制研究》,载《西南民族大学学报》(人文社科版)2006年第5期。

④ 参见郭琳广、区沛达:《香港公司证券法》,刘巍、李伟斌等编译,法律出版社1999年版,第3页。

“香港联交所”,SEHK)签订谅解备忘录,把对上市规则的日常管理以及监管上市公司的直接责任移交给了香港联交所。因此,香港的交易所(1997 年前以香港联交所为主)承载多项监管职能,更多地承担一个类似于俱乐部的自律性组织的管理职能,而香港证监会只承担对交易所、金融中介人、监管投资产品的销售、收购及合并活动的监管职责。为弥补自律组织监管的不足,1999 年 3 月,香港财政司公布了香港证券与期货市场的全面改革计划,在完成香港联交所、香港期货交易所有限公司和香港中央结算有限公司的合并后,交易所对券商监管的工作正式移交香港证监会。[①] 2003 年 4 月 1 日,两部在香港证券历史上具有重要意义的法规《证券及期货条例》和《证券及期货(在证券市场上市)规则》同时生效。这两部法规重新确定了香港证监会与交易所对上市及上市公司进行信息披露的“双重存档”制,由此重新构建了香港证券市场“双重监管”[②]的主要制度框架。

新加坡在脱离英联邦体系后,其证券市场的监管也走上了“自律监管+行政监管”的中间型监管道路,由新加坡交易所(SGX)和新加坡金管局(MAS)按照《证券与期货法案》分别行使相应的监管权:SGX 负责证券市场的日常监管,它通过交易所的交易规则确定证券交易监管标准,通过上市守则规定上市标准和上市公司的义务,通过交易所的章程及公司备忘录约束交易所的内部管理;而作为混业经营型的全能监管机构,MAS 只重点处理对内幕交易、虚假信息披露的调查与处罚,通过对违反《证券与期货法案》行为的执法间接行使监管权。

总体来说,在综合型监管模式下,行政监管与自律监管并重,可谓较好地结合了前两种监管模式的优点,弥补了它们的一些不足。但是,在实践中,这种监管模式比较难以把握行政监管与自律监管实施的程度,在大多数情况下总是以一种监管力量为主,而以另一种监管力量为辅。

(四)不同监管模式的融合趋势

上述三种监管模式的差异主要来自不同国家和地区对证券市场监管理念的不同。例如,英国一贯崇尚市场自由,尽量减少或避免政府对市场不必要的干预,因此着重强调证券业的自律管理。在 1923—1933 年经济危机之前,美国也崇尚市场自由而放任证券市场不管。但是,经济危机的沉重打击使罗斯福政府认识到政府监管的必要性,转而逐步强化政府对证券市场的干预。德国存在崇尚社会市场经济的传统,希望在市场的自由与国家的干预中寻找一条中间道路,因此采取了自律监管与政府监管并重的措施。尽管集中型监管模式与自律型监

---

① 参见卢彦铮、徐可、季敏华、郭琼:《香港新舞步》,载《财经》2007 年第 13 期。

② 即证券交易所在单一法定监管机构的监督下从事日常上市审批、信息披露等监管工作。法定监管机构只负责对证券交易所的监管,不具体干预证券交易所对于在证券交易所上市主体的日常监管工作。

管模式之间存在着不小的差异,但是各国和地区都充分认识到了加强证券市场监管的必要性,而且不同监管模式在国际合作和国际竞争中也相互影响、相互作用。例如,英国政府于1996年宣布,要彻底改变证券市场的传统监管方式,加强政府监管力量;1997年,成立了现行金融行为监管局(FCA)的前身——金融服务局(FSA),以对金融机构建立起一种集中、统一的监管机制。2002年,德国设立了联邦金融监管局,享有较大的证券市场监管权。其他如意大利、泰国、约旦等国家也逐步从以自律为主的监管模式逐步向集中型监管模式靠拢,开始加强政府监管的力度。

第四节　证券法与公司法的联系与区别

一、证券法与公司法的联系与区别

顾名思义,公司法是与公司有关的法。公司融资也与公司有关,那么与融资相关的公司证券事务是否也属于公司法的管辖范围?

首先,从大的方向上看,公司法主要调整的是公司设立、存续、解散期间股东、董事、管理层之间的关系。现代公司法理论涉及公司与债权人、公司与地方居民、公司与员工之间的关系,认为公司在运营过程中需要平衡公司的利益与利益相关人的利益。但是,目前的公司法治理结构理论通常承认公司对利益相关人的保护最终还是为了公司的利益,最终为股东谋福利。公司法以一种预设的规则规定公司股东、董事、监事及管理层之间的关系,以减少设立和运营公司的成本。其中,在资本方面,涉及公司在什么时候、按照什么程序、满足什么条件、以什么方式向股东(投资者)募集资本。按理说,公司在募集资本时只涉及公司与股东(现有股东或潜在股东)之间的投资与被投资关系,二者依据公司法现有的规则执行即可。但是,一旦公司需要的资本巨大,在小规模范围内无法满足公司的资本需求,而需要向公众募集时,由于信息不对称的存在,公众无法得知公司具体的财务或者经营情况。此时,如果仅仅依据公司法上的"契约关系"认定公众投资者与公司之间的关系,那么导致的结果就是投资者对于所有的欺诈、虚假行为只能受到私法上的保护,而无法得到国家层面(即公法)的保护。因此,为了保护大多数投资者的利益,净化市场环境,证券法以强制信息披露的方式,要求发行人在以公开发行方式募集资本时,必须将法定的信息对外披露,而不仅仅是向特定的潜在投资者披露。这样,发行人保证所披露信息真实、全面、有效就上升为法定义务,违者要受到国家法律的惩罚。

其次,从证券交易层面看,交易主体是投资者与投资者,原本与发行人无关。但是,基于证券价格产生的机理(价格以价值为基础,伴随供求关系变化),如果出现发行人对公司价值判断因素的错误或虚假陈述，或者投资者被其他投资者误导而进行交易，则证券市场交易的公平性就无法得到保障。此时，证券法就要确保在交易过程中，投资者所获得的证券价值、价格信息和成交信息真实、准确和有效，这也是国家强制性干预的基本要求。在此背景下，对于可能引起成交价格变化的供求关系变化，因为它会严重影响市场参与主体对于证券价格趋势的判断，所以国家通过法律强制性地要求收购方对于大额购买行为进行披露。这种法定披露要求并不是为了保护股东的平等性，而是为了保障交易的公平性，防止内幕交易和信息不对称。由此可见，证券监管的总体目标并不是保护公司股东之间的股东权利公平，而是保护作为证券市场参与人的投资者在交易过程中的公平待遇，这是证券法与公司法非常重要的区别。

二、证券法与公司法的功能区别

第一，在"公司合同束"理论下，在尊重合同自治的基本原则下，公司法是一种旨在减少当事人交易成本的制度安排。公司章程是"公司合同束"的一个组成部分，其条款的设置是为了发挥标准合同的功能，减少当事人之间的谈判成本；同时，提供一个缺省规则，以便就当事人在组建公司时未加考虑、未能讨论或者未能达成合意的事项，以强制性规范的形式施加于当事人。[①] 因此，作为一种标准化的合同，在当事人具备自我谈判、自我约束能力的情况下，公司法当然没有理由拒绝当事人通过谈判，以"选出"(opt-out)或者"选入"(opt-in)的方式重新约定公司章程的内容，重新配置股东与公司之间的权利义务关系，或者以个体谈判的意志替代集体行动的意志。

第二，就证券监管而言，证券交易是公司融资交易之后的自然延伸。证券市场存在的价值在于减少"一对一"的交易方式对交易对象的搜寻、信息不对称、交易违约风险等一系列事项所产生的成本。以证券交易所为代表的统一证券市场的形成在很大程度上是为了降低股份的交易成本而进行的制度创新，[②]其主要作用是聚集买卖双方的意愿，提供集中撮合服务，以最大限度地提高证券交易的成功率，从而实现资本在不同的时间、地区和行业进行的大范围转移，最终完成资本的有效配置。在此背景下，证券交易不再是市场参与者以"一对一"的方式进行的，原先所能依赖的个体信用交易环境已不复存在，在无法了解交易对手信

---

① 参见徐菁：《公司法的边界》，对外经济贸易大学出版社 2006 年版，第 29—40 页。

② See Matthew J. Clayton, Bjorn N. Jorgensen & Kenneth A. Kavajecz, *On the Formation and Structure of International Exchanges*, available at https://citeseerx. ist. psu. edu/viewdoc/download?doi=10. 1. 1. 200. 953&rep=rep1&type=pdf, last visited on 2020-6-10.

用的情况下进行，交易只能依赖于证券市场本身信用体系的建立。[①] 因此，证券市场需要呈现以维护市场信用为核心的市场监管特点。在此基础上，随着市场规模、产品品种、投资者人数的进一步发展，形成了包括自律性监管、政府外部性监管在内的多种监管模式。[②] 在这个过程中，证券监管虽然也会对发行人的上市条件（如公司治理结构）提出要求，但是这种要求与公司法上的公司治理结构的标准契约不同。公司法上的公司治理结构可以由当事人经过一一谈判的方式选出，公司可以对权利配置进行个性化的设计，只要当事人各方达成合意并接受此等安排即可。所以，公司法上的标准契约（公司章程）能够以“选入”或者“选出”的方式同时存在，有关权利结构的安排可以向上或者向下调整，这取决于当事人在谈判中的地位及谈判结果。但是，与公司法的做法不同，作为证券监管项下的标准契约，发行人对于监管规则的满足只有“选入”的机会，而不存在“选出”的可能。其根本原因在于，证券在流转过程中需要有一个统一的预期和标准，这将有利于标准化的证券价格的形成（因为证券的权利需要被计算并反映到证券交易的价格之中）。可以“选入”而不能“选出”的监管制度的安排将有利于稳定公众投资者在投资标准化产品时对于权利配置的预期，以此实现对公众投资者权益的基本保障。因此，我们必须清楚地意识到，证券监管在功能定位上应该起到一个对于公众公司的最低要求而非最高要求的作用。“最低要求”并非一个贬义词，而是一种通过标准化的要求提高对于投资者权益之保护的基准。它意味着，无论投资者是否关注公司章程或者股东之间的约定，都有机会获得较高程度的权益保护。通过在最低保护标准（但不代表差的保护）基础上鼓励“选入”更高的保护标准，可以提升标的证券对于更多投资者的吸引力，进而实现比谁更好的“向上竞逐”（climb to the top）而非比谁更坏的“向下竞逐”（race to the bottom）的制度效果。

三、证券法与公司法的二元划分意义

多年以来，即便是在美国，也存在是否需要维持证券法与公司法的二元结构的讨论。同时，对于证券法是否应当越过公司法去保护投资者这一问题，也是争议不断。但是，总体而言，就证券法与公司法的规制目的而言，二者之间的区分清晰可见：证券法保护的是作为交易者的投资者，而公司法保护的是作为公司所

---

① 比如，在证券发行过程中，购买证券的投资者与证券发行人可能根本就没有接触的机会，只能通过中介服务机构、交易经纪商的帮助，凭借对证券募集说明书的依赖而购买证券；而在证券交易过程中，卖方也不像“一对一”交易时那样可以了解买方的信用情况，只能通过对证券市场的信用依赖进行交易。

② 参见郑彧：《证券市场有效监管的制度选择——以转轨时期我国证券监管制度为基础的研究》，法律出版社 2012 年版，第 10—11 页。

有者的投资者;证券法具有统一性和强制性,公司法则呈现赋权性和权利的多样性。[①] 因此,证券法在本质上基于证券的内在价值和供求关系的影响而注重投资者之间交易的公平性,而作为私法的公司法注重的则是围绕公司独立性的公司内部管理权力与外部股东之间权利的配置,二者在致力于良好公司治理结构的要求和贡献方面有同有异。从这个意义上说,我们还是应该认识并尊重证券法与公司法之间的监管边界:一方面,在公司监管的方式上,应该逐渐认识公司的本质,清楚地区分股东、董事、公司三者之间的关系,鼓励通过私法的救济手段寻求股东之间的利益救济,让法院、公司法成为公司治理结构(包括表决权纠纷)的准据法基础。另一方面,在证券监管的理念上,我们要对证券监管的对象、领域、手段有清醒的认识,不能动辄使用公司法或者其他限制私权的方式进行证券法项下的监管,证券监管在公司治理结构方面既不错位也不越位,由此在公司治理结构方面形成良好的公私二元互动结构。

本章复习要点

证券法的经济法属性、证券监管的类型、证券法与公司法的区别。

课外参考书目

1. 顾功耘主编:《经济法教程》(第三版),上海人民出版社、北京大学出版社 2013 年版。

2. 〔美〕詹姆斯·帕克:《重估公司法与证券法的相异性》,薛前强译,载蒋锋、卢文道主编:《证券法苑》(第二十七卷),法律出版社 2019 年版。

---

① 参见〔美〕詹姆斯·帕克:《重估公司法与证券法的相异性》,薛前强译,载蒋锋、卢文道主编:《证券法苑》(第二十七卷),法律出版社 2019 年版,第 479—537 页。

第三章　证券法的目标、基本原则与监管方法

【本章导言】

任何一个部门法都有其追求的目标以及实现这些目标的基本原则与方法。就证券法而言，作为经济法的一个组成部分，其基本目标是实现对投资者利益的公平保护。在此前提下，证券法形成了公开、公平、公正的“三公”原则，并以“监管成本—监管收益”为指引，从而实现监管的有效性目标。

第一节　证券法的目标

就词义而言，目标是指“想要达到的境地或标准”[①]；而就某项法律的目标而言，就是其所应达到的效果。通常，我国成文法律的第1条都会明确指出其立法的目标与目的。例如，《中华人民共和国民法典》(以下简称《民法典》)第1条规定：“为了保护民事主体的合法权益，调整民事关系，维护社会和经济秩序，适应中国特色社会主义发展要求，弘扬社会主义核心价值观，根据宪法，制定本法。”又如，《中华人民共和国刑法》(以下简称《刑法》)第1条开宗明义：“为了惩罚犯罪，保护人民，根据宪法，结合我国同犯罪作斗争的具体经验及实际情况，制定本法。”

依据前述惯例，我国《证券法》第1条规定的“为了规范证券发行和交易行为，保护投资者的合法权益，维护社会经济秩序和社会公共利益，促进社会主义市场经济的发展”，就是证券法的目标。如果再浓缩一下，中国证监会经常提及的一条监管誓言“保护投资者利益是我们工作的重中之重”完全可以被看成对前述法条所展现的目标的浓缩。由此可见，“保护投资者利益”就是证券法一个基石性的目标。

值得一提的是，由于经济法作为一个部门法并不指向具体的法律，因此经济法本身不存在具体的法律(如税法、反垄断法)那种开宗明义的目标。但是，如果

---

① 中国社会科学院语言研究所词典编辑室编：《现代汉语词典》(第7版)，商务印书馆2016年版，第928页。

就经济法所处理的社会关系的特点而言，经济法成为一个独立部门法的目标（包括价值目标）在于实现社会整体均衡的公共利益，以维持社会经济的均衡和稳定发展。在这个意义上，证券法的目标即“保护投资者的合法权益”可以被看成经济法的这个大部门法总体目标下的一个具体表现。

第二节　证券法的基本原则

原则是指“说话或行事所依据的法则或标准”[①]。根据《布莱克法律词典》（*Black's Law Dictionary*），原则可以指法律的基础性真理或原理，它为具体规则提供基础性或本源性的综合规划或原则，是法律行为、法律程序、法律决定的决定性规则。因此，原则可谓一种行动准绳，即应该在什么标准下制定、实施与解释法律。比如，民法中常讲的“平等原则”“公平原则”“公序良俗原则”，刑法中的“罪刑法定”“法律面前人人平等”“罪责刑相适应”等原则，都贯穿于相应法律的具体条文（款）中。在证券监管领域，已经被普遍认可和接受的是“三公”原则，即公平、公开、公正。“三公”原则之所以成为证券监管的基本原则，与证券市场本身的博弈特征息息相关。

一、证券市场的零和博弈特征

（一）发行人与投资者的零和博弈过程

证券市场用于交易的证券产品的制造者是发行人，发行人通过向投资者发行证券以募集资金。在这个过程中，作为社会资源的资金是从一个闲置的场所（投资者）转移到另一个可被利用的场所（发行人）。此时，资源配置体现为从金融资本向产业资本转移，资源从投资者手中的资本变为发行人手中的货币或实物资产（通过募集资金的使用过程）。在此等资源配置形态转移的过程中，对发行人而言，希望的是在对外发行证券越少的情况下获得越多的资金收入；而对投资者而言，则希望在投入资金越少的情况下获得越多的证券，此时就存在发行人与投资者博弈的过程。同时，在这个过程中，抛开投资者提前转让证券收回投资成本的情形（可能亏损或盈利），在一个特定周期内（即投资回收期），投资者表现为资产的净支出，发行人则表现为资产的净流入，投资者的回报取决于发行人利用投资进行生产所得的利润分配。如果发行人亏损，则意味着投资者的投资预期落空，发行人不承担赔偿损失的责任（投资者的投资最终体现为资源在不同主体之间的转移或资源数量的整体性减少）；发行人只有持续盈利才有机会通过分

---

① 中国社会科学院语言研究所词典编辑室编：《现代汉语词典》（第7版），商务印书馆2016年版，第1611页。

配利润的方式返还投资者的投资成本。因此，在投资回报期届满之前，投资者的资本只从形式上转变为发行人的收入并最终转化为资产投入。此时，社会资源从一方转入另一方，从一种形式（货币）转化为另一种形式（资产），并不存在社会资源（财富）总量增加或减少的情形。由此可见，发行人与投资者之间的交易存在明显的“彼之所得为己之所失”的零和博弈特征。这种零和博弈建立在投资者希望通过发行人的经营行为获得资本增值，然后发行人再将盈利的成果以分红的方式重新转为货币形式，并向投资者进行利润分配的预期之上。在此过程中，只有在原先的投资成本被收回并开始产生额外的剩余利润后，投资者对证券的投资才会产生回报。也只有在此时，投资者的投资才开始产生社会财富增加的正面效果，即社会财富总量开始发生变化，发行人与投资者之间超越零和博弈的界限，产生“正的博弈效应”，否则发行人与投资者之间只存在零和博弈的关系。

（二）投资者与投资者之间零和博弈的特点

正是基于在投资回报期内投资者与证券发行人之间零和博弈的特点，那些因为各种原因希望退出的投资者企图通过公司以外的市场转让所持证券以收回投资成本，围绕证券产品进行二手交易的市场由此开始形成。由于资金成本、利益偏好、风险承受度的不同，股份转让成为一种需要。伴随着这种需要，证券产权转让交易应运而生，而这种市场的形成进一步促使原本依赖于从发行人处获得回报的证券产品由静止的、长期的产权持有状态向流动的、取决于短期获利的动态交易状态发展。在产权流动过程中，产权转让的价格是通过投资者与投资者之间对证券产品价值的博弈所形成的。买方与卖方博弈的是对证券产品价值的估量。无论以何种方式衡量证券产品的价值，仅就资源配置与转移的指向而言，在证券成为连续交易的标的后，资源（体现为资金）只是从一个交易方转移到另一个交易方。单个市场主体看似因证券的交易而出现利润或损失，但是在排除证券本身的利润分配或公司资产增值的因素后，[①]所有投入市场的资源配置只存在主体之间的移转，其资源总量并没有发生变化，[②]卖方（最初的买方）的损失或利润就是买方（最后的卖方）相对应的利润或损失。由此可见，围绕证券的交易其实就相当于一种“击鼓传花”式的资源传递接力，交易双方传接的是各自因资金成本、风险喜好而对于证券“回报期”与“回报率”的忍受。

---

① 正是因为存在利润分配以及通过募集资金扩大生产，使得资产产生增值的预期因素，才可能形成维护股票市场投资价值的游戏规则。投资者在这一游戏规则下从事投资、估值和交易行为。在这一预期实现时，股票市场才是“正的博弈市场”（即存在资源增量而非单纯等量交换），这也是在股票市场中奉行长期投资的理论之本。

② 市场资源总量＝发行人原始资产价值＋初始募集资金（认股人在首次公开发行时认购的资金）＋市场增量的买入资金－市场退出的卖出资金。

二、零和博弈下的证券监管需求

在零和博弈特征下，证券市场参与主体难免存在为避免己之所失或增加己之所得而在交易中不择手段地获取最大化利益的动机。若没有一定的规则对市场主体的行为进行约束，则市场主体具有实施诸如获取内幕消息、操纵市场、进行虚假披露等欺诈行为以牟取博弈利益最大化的动机。因此，就证券市场的秩序维护而言，监管制度的设计与完善都应针对这种零和博弈下的"私利性"行为。大多数经济学家主张依靠市场博弈力量即可实现对发行人全面披露信息的激励作用，他们认为强制性监管具有"负的外部性"，对于证券发行的管制无助于投资者，[①]因此反对政府以强制性披露的立法与执法方式进行信息披露。但是，支持政府监管的理由在于：第一，信息具有公共物品属性，只有依靠强制性披露才有效率；第二，依靠私人获取信息的成本巨大，不可能达到充分获取的效果；第三，自我披露的效果有限，容易忽视因市场主体私利性而导致的不对称披露；第四，有效市场理论中理性投资者优化股票池的信息分析需要强制性披露的信息。[②]因此，主张政府监管的学者认为：(1) 缺乏强制性披露的监管，将会使发行人隐瞒或误导一些对投资决定有用的信息；(2) 没有强制性披露的监管，承销成本与内幕人员的薪水及津贴将会过大；(3) 没有强制性披露的监管，不利于在市场中建立"公共信心"；(4) 没有强制性披露的监管系统，无法在地方法以及私人自治组织层面确保发行人及参与人进行最佳的披露；(5) 没有强制性披露的监管系统，无法保证民事或刑事诉讼的顺畅执行。[③]

无论理论争议有多大，在实践中，防范因市场主体私利性而引起的恶性竞争是政府保护市场公平、有序的一个重要目标。从全球范围的监管实践来看，世界各国和地区对证券市场的监管态度并不是要不要监管，而是要如何进行监管，特别是面临如何进行有效监管的问题。监管是证券市场所必不可少的维护秩序的外部手段，监管职能的核心是使"监管机构有责任确保承担义务的人将会履行这些义务，或如果义务人失信的话，监管机构有办法去强制他们履行职责。这个过程的健全运作是任何良好操作的市场的基石"[④]。

---

① See Richard A. Musgrave and Peggy B. Musgrave, *Public Finance in Theory and Practice* (*4th Edition*), McGraw-Hill Book Co., 1984, p. 264.

② See John C. Coffee, Jr., Market Failure and the Economic Case for a Mandatory Disclosure System, *Virginia Law Review*, Vol. 70, No. 4, 1984, pp. 722-723.

③ See Joel Seligman, The Historical Need for a Mandatory Corporate Disclosure System, *The Journal of Corporation Law*, Vol. 9, No. 1, 1983, p. 9.

④ 罗德滔：《证券及期货市场监管架构的选择》，载沈联涛主编：《香港证券市场的监管》，香港证券及期货监察委员会，2002年，第89页。

三、证券监管“三公”原则的内涵

由上可见，在证券市场零和博弈的特征下，为了实现证券法保护投资者权益的最终目标，证券监管的效用就是减少因交易双方信息不对称而引发的交易不公平。这就决定了证券市场需要保障各市场参与者平等地获得信息，而不是使信息的获得成为少数人“权力的游戏”。由此，为解决信息不对称问题，就需要以“公开、公平、公正”的原则保证证券法对于证券市场的外部干预效果，弥补市场自我监督的不足。

（一）公开原则

公开原则要求所有与证券市场有关的行为都进行信息公开。这里的“公开”，不仅仅包括投资者、上市公司、交易所的信息公开，还包括监管机关的信息公开。在公开原则的基础上，各国和地区都以信息披露为核心进行证券监管。例如，如果发行人想向潜在投资者公开发行证券，则证券法要求其必须通过招股说明书的形式披露所有与投资者决策有关的信息；在公开发行完成后，因为需要让投资者知道上市公司的经营状况，以对证券的内在价值进行判断，所以上市公司有通过定期报告、临时报告等形式向公众及时披露信息的义务；因为证券价格会受到供求关系变化的影响，所以上市公司在出现大额持股变动时有发布要约收购报告书或权益变动报告书的义务。

（二）公平原则

公平原则就是要保障参与市场交易的每个参与者都公平地参与“游戏”，而不是充当资本“大鳄”的“猎物”。在公平原则下，证券监管就是要防止虚假陈述、内幕交易、操纵市场，防止上市公司被当成大股东的“提款机”，还要保证证券市场既有投资者和潜在投资者在相同的博弈规则和平等获得信息的条件下进行投资决策。也只有在公平原则的基础上，“入市有风险”中的“买者自负”才是一种客观、公平的责任分配原则。

（三）公正原则

公正原则是指无论是作为市场外部的政府监管部门还是作为市场内部的自律组织，在实现证券交易公开、公平的过程中必须秉承的中立立场和执法[①]尺度。它涉及执法的合法性问题（要不要执法）、合理性问题（什么时候执法）和平等性问题（如何执法）。为了符合保护零和博弈的公平性要求，公正原则要求进行既不放过任何违法行为又不随意阻碍市场发展的博弈创新，监管要做到不偏不倚，既不纵容不公行为，也不矫枉过正。

---

① 此处“执法”中的“法”作广义解释，包括上市规则、会员守则等自律性规范。

（四）“三公”原则之间的关系

首先，公平原则是“三公”原则的第一原则，它既保证市场参与主体在信息获得上的机会均等，又为各主体平等参与市场提供制度保障，同时敦促监管者公正地行使其监管职权，维护公平、有序的市场环境，是实现证券法目标的直接体现。其次，公开是公平和公正的手段和前提。公平是信息公开和执法公正所追求的目标，而当事人地位平等、意思自治又会反过来促进信息的公开。最后，公正执法是公开和公平的坚实保障，是公平原则和公开原则的实现手段。①

第三节 证券法的监管方法

无论证券监管的理论争议有多大，在实践中，基于零和博弈的现实，证券市场始终存在参与者的私利性。这种私利性会诱导市场主体故意违反正常的博弈规则，以虚卖（wash sales）、对敲（matched orders）、操纵（manipulation）等行为制造供求关系的假象，诱骗其他市场参与者按照利益集团所希望的方向进行买卖。② 同时，这种私利性并不能依靠市场主体的自律约束或博弈制约而得以避免，市场博弈需要借助更有效的外部力量进行约束或调整。因此，证券监管的出现就是要在零和博弈下约束市场主体的私利性。通过外部行为防范市场主体的私利性所引起的不公平竞争，是保护证券市场公平、有序的一个重要手段。总体而言，作为一种外部性监管，证券监管只应针对市场博弈过程中的信息失衡所引起的博弈不公，以国家强制力保障市场自我博弈的约束机制得以运作，而不是试图借此优化市场自主的资源配置功能。因此，证券法的监管方法不能破坏证券市场自然运行的规律及相关预期，并不意味着运用行政性的手段干预、破坏市场运行的基本规则。

第一，证券法的监管不应是服从式监管，而应是服务型监管。

厘清证券监管边界的重要前提是，必须清醒地认识到行政监管的存在并不是因为市场本身监管无效，行政监管也不是对博弈行为进行规制的万能的“灵丹妙药”。证券监管的存在是基于市场监管这种内部性监管存在自我约束的强制性与保护力度不足的问题。因此，当“自我遵守”这个自律监管的假设前提无法得到完全保障时（比如，某个市场主体违背市场博弈规则而获得额外利益并损害其他市场主体利益时），在各自利益的驱动下，其他市场主体也会在市场规则被

① 参见周友苏主编：《新证券法论》，法律出版社2007年版，第125—126页。

② 参见〔美〕约翰·S.戈登：《伟大的博弈——华尔街金融帝国的崛起（1653—2004）》，祁斌译，中信出版社2005年版，第256页。

破坏的情况下选择不遵守规则，从而造成原有市场博弈规则的分崩离析。[①] 此时，以国家立法与行政监管的方式将市场自我监管规则及自律措施固定为可受法律保护的、具有强制约束力的规则就显得极为必要。在此认识下，政府对证券市场的监管只应是一种反映市场博弈规则并服务于市场博弈规律的外部监管，体现的是国家对市场监管的后援支持，是对市场监管需求的延伸、保护与补充。行政监管只应针对市场监管的不足采取相应的配套举措，以保障市场监管措施的有效约束性。外部的行政监管是对市场内部自我监管不足的补充与保障，是一种间接的服务型监管，并不能取代市场监管的优势与监管需要，更不能替代市场监管而成为凌驾于市场之上的主导监管。因此，就未来我国证券市场监管制度的改革而言，我们首先必须意识到政府对博弈过程进行监管所具有的间接性特点，将服从式监管转变为服务型监管，将行政监管转变为一种保障市场有效运行的纠错式监管。政府监管的纠错意义在于，纠正市场博弈规则的不公平性与不公正性，对公平原则与公正原则进行保护。在服务型监管理念下，作为外部性监管的政府监管的目的并不是防止市场风险（因为市场风险控制本身是市场主体的事），而是保障市场主体在零和博弈过程中的公平性。政府监管保护的是零和博弈过程的公平，而非保证零和博弈结果的公平。政府只是以"最后保障者"的身份保障市场主体在为实现博弈公平过程中进行自我监管所面临的约束力与强制性不足的问题，政府对市场主体的博弈损失不承担任何担保义务。因此，在由服从式监管转向服务式监管的过程中，无论是政府还是证券市场主管机关，都必须学会置身于市场之外，尊重市场自身通过博弈规律所确定的市场规则。政府不应对市场本身既有或可能出现的博弈规则作过度的干预或调整，更不应主导或设定市场博弈规则的产生或形成。

第二，证券法的监管不是形式主义的监管，而应是具有实效性的监管。

我国证券市场监管的法律规范体系多是在"维护市场公平与发展"的名义下，为满足行政管制的需要而存在的，法律规范并非市场博弈规则的"最后保障者"。从形式上看，我国证券市场似乎已经存在对市场主体或市场行为施加诸多条框限制的法律规范。然而，事实上，这些条框限制在现实监管中大都转变为监管机关在监管过程中对书面材料的考核。在原先的服从式监管理念下，主要监

---

① 比如，为公平博弈的需要，作为市场组织者的证券交易所和其他市场主体通常会要求市场主体进行信息披露做到完整、准确和及时。问题是，如果只在自律约束的框架下，市场主体即使以虚假的信息进行交易并获得利益，只依靠市场主体之间的契约关系无法强有力地对欺诈行为进行纠正。如果这种"背信弃义"的行为长期无法得到矫正，就会有越来越多的市场主体将"准确披露"的博弈规则置之身后。长此以往，市场博弈规则所追求的制约与平衡机制就会被破坏，博弈秩序无法得到保障。因此，行政监管的作用就是将市场博弈规则上升到国家认可与强制执行的高度，通过对市场规则与市场秩序的承认、尊重与保护（比如，对博弈规则所要求的信息披露施加法定的注册义务，从而将义务人是否履行这些义务上升到是否守法的高度），间接地维护市场主体之间形成的博弈规则的约束力与可执行力。

管形式仍局限于监管机关对被监管者书面申报材料的审核，而不是对市场博弈规则的合理调整与保障。这样，看似充当证券市场“看门人”的证券监管机关的监管实践中就异化为流于纸面的、材料化的监管，只重形式而不重效果。虽然证券监管机关可以规定许多对证券市场进行监管的细节要求，但是在操作上是否符合这些要求都以监管者对被监管者上报的书面材料的形式性审核为主。同时，在以书面审查为主的方式获得市场准入许可后，证券市场主管机关不太重视或强调对市场主体后续行为的监管，在市场运行过程中的监管意愿及监管能力较弱，在很长一段时间内呈现出“重形式、轻内容”“重结果、轻过程”的监管缺点。事实上，在一个有效的监管体系中，任何监管制度的制定和执行都必须注意其实施的有效性，不能流于纸面。

第三，证券法的监管应注意监管成本与监管收益的比较。

根据法经济学的观点，各项法律活动（包括一切立法与司法活动）会产生不同程度的成本（包括显性成本与隐性成本）；法律在调整资源配置时，也会耗费和产生额外的成本。法律从来都不是也不可能在不花任何代价的情况下抽象地解决纠纷并提供正义。[①] 同样，监管制度的设计与执行是需要成本的，这种监管成本可以分为静态成本与动态成本。所谓静态成本，是指因实施监管所必然产生的直接费用，包括因监管引发的道德风险、为符合监管要求而发生的费用、社会经济福利的损失。所谓动态成本，是指监管有时可能因保护低效率的生产结构而成为管理和技术革新的障碍，造成动态效率的下降。[②] 监管曾受到广泛批评的一个主要理由就是，由于监管费用的存在，使得监管成本最后需要由市场主体或纳税人分摊，并导致监管成本超过市场主体或纳税人在监管范围内可获得的收益。[③] 面对监管存在成本的事实，我们在追求有效监管制度的过程中，也必须注意监管制度设计、制定与实现过程中的监管成本与监管收益问题。比如，政府不应试图替代市场制定或调整博弈规则，有关博弈规则与博弈过程的约束应由市场自发形成；应努力做到监管程序与监管要求的简单、透明和简捷，增强市场主体对监管要求的认知程度和遵守意愿，并减少市场参与主体遵守博弈规则可能碰到的“未知成本”；监管制度的设计应注意监管要求的合理性，减少因监管设计本身的不合理而造成的市场博弈主体规避监管或抵抗监管，从而进一步造成执法成本过高的问题。

---

① 参见冯玉军：《法律与经济推理——寻求中国问题的解决》，经济科学出版社2008年版，第119页。

② 有关证券监管成本构成，可参见赵锡军：《论证券监管》，中国人民大学出版社2000年版，第62—67页；贝多广主编：《证券经济理论》，上海人民出版社1995年版，第65—72页。

③ 参见〔美〕马尔科姆·K. 斯帕罗：《监管的艺术》，周道许译，中国金融出版社2006年版，第23页。

本章复习要点

证券法的“三公”原则、证券法的监管方法、我国证券监管存在的主要问题。

课外延伸阅读

1. 〔美〕G. J. 斯蒂格勒：《产业组织和政府管制》，潘振民译，上海三联书店1996年版。

2. 郑彧：《父爱的政府与监管的中立——资本市场有效监管的认知基础》，载《探索与争鸣》2015年第9期。

3. 郑彧：《证券市场有效监管的制度选择——以转轨时期我国证券监管制度为基础的研究》，法律出版社2012年版。

第四章　我国证券市场简史

【本章导言】

股份制改革和国库券市场化发行后的转让需求是我国证券市场建立的市场基础。在此之后，以政府为主导的强制性变迁路径是我国证券市场发展的主要路径。无论是沪深两地证券交易所、新三板等新型交易市场还是交易制度的推新，都离不开中央政府的制度设计与政策推动。在此过程中，我国证券市场产生了“政策市”“散户市”“消息市”等历史烙印。

第一节　1949年以后我国证券市场的发展进程

一、股份（合作）制和国库券的出现

1978年党的十一届三中全会奠定了改革开放的总基调。改革的春风首先在农村吹起，以包产到户为主要形式的家庭联产承包责任制极大地刺激和释放了农村的生产力，也激发了农民进行对外投资的信心。与农村热火朝天的改革局面相比，城市的改革困局却越发显现：国有工商企业基于原有的计划体制，普遍存在人员超编、人浮于事的情况，国家无法满足在“文革”期间“上山下乡”的知识青年返城的工作需要。[①] 面对严峻的就业形势，北京大学厉以宁教授提出了股份制的设想，建议在原有传统的国有企业、集体企业的企业类型以外，设立一些股份制企业以解决城市就业问题。1984年4月，国家经济体制改革委员会（以下简称“国家体改委”）在江苏常州召开城市经济体制改革试点座谈会。会议针对搞活国有企业提出了若干政策方针，其中的一个政策就是明确城市集体企业和国营小企业允许“职工投资入股，年底分红”。随后，在国务院的大力支持下，北京、上海和广州等城市分别进行了一系列的股份制试点改革，试点从工业企业发展到商业企业、房地产企业甚至金融企业（比如，中国人民银行批准设立了新中国第一家股份制证券公司上海万国证券公司）。在此背景下，截至1988

---

① 据不完全统计，改革开放后回城的青年约有1700多万，加上未就业的300多万，大约有2000多万返城知青没有工作，这个数量占了当时城镇人口的1/10。

年年底，全国大约有16000多家股份制企业。股份制企业的出现意味着多元化投资主体的产生，在国家与集体之外，出现了个人与企业投资者。与此同时，由于财政紧张，国家开始以发行国库券的方式为社会主义现代化建设筹集资金。在前期的发行过程中，国库券并不是以市场化手段按需发行，而是由党员干部带头购买，采取硬性摊派的方式发行。有的地方在国有企业中以相应金额的国库券替代现金作为工资发放，由此普通老百姓手中也积累了一定数量的国库券。这一时期以"股份化"为突破口的现代企业制度改革试点和国库券的大量发行，都为后来以转让为目的的证券市场的出现提供了可简单交易的标的产品。可以说，股份制改革和国库券的发行是我国证券市场最终得以诞生的一个市场前提。

二、场外交易的兴起

1984年以后，由于上海飞乐音响和北京天桥百货的示范作用，在全国掀起了一股股份制试点热，众多企业相继发行了自己的股票。截至1986年年底，我国已有股份制企业6000多家，股票集资额达60多亿元。但是，在股票发行之后，股东们想转卖自己手中的股票成为一个问题。那时候，在大多数中国人的刻板印象里，"资本家""投机""贪婪"几乎就是股票交易所的代名词。由于不存在正规市场，而有关股份与国库券交易的需求又客观存在，使得市场上出现了很多倒买倒卖股票和国库券的"黄牛"和黑市交易。在这期间，上海出现了有名的"杨百万"现象。[①] 在此背景下，本着"堵歪门、开正门"的想法，上海开始试点有价证券的柜台交易（OTC）。比如，当时中国工商银行上海分行信托投资公司静安证券营业部曾多次向中国人民银行申请开放股票交易，但是都石沉大海。直至1986年8月，一篇名为《股票的生命在于流动》的工作汇报才推动地方政府打开了场外柜台交易的"准入大门"。1986年9月26日，作为中国证券史上的一个里程碑，中国工商银行上海分行信托投资公司静安营业部被批准挂牌交易"飞乐音响"和"延中实业"两种股票，拉开了证券流通的序幕，为后来上海证券交易所的最终成立奠定了实践先行的基础。[②]

三、统一、集中证券交易所的试点

（一）沪深两地证券交易所创立的背景

1988年9月底，在国家体改委和中国人民银行总行牵头下，由中国新技术

---

① "杨百万"是人们对本名为杨怀定的一位股名的"昵称"，他因号称在20世纪80年代通过进行国库券的"倒买倒卖"赚取了超过100万元人民币而闻名。据媒体报道，他采用的主要方式就是到安徽等一些经济不发达地区，以较低的价格购入老百姓手上持有的国库券，然后把这些国库券转运到上海以较高的价格出售，以此赚取中间差价。他曾因乘坐火车时携带大量国库券而被列车乘警拘留查验，也曾遭受是否构成"投机倒把"的调查。

② 参见陈姗：《资本的力量：上海陆家嘴"华丽转身"》，载《经济观察报》2020年4月20日第23版。

创业投资公司、中国农村信托投资公司、康华发展总公司和中国工商信托投资公司四家发起，在北京召开了一系列会议，专题讨论和研究了在北京成立全国性证券交易所的可能性和具体实施步骤。参加会议的单位还包括财政部、国家计划委员会(以下简称“国家计委”)、国有资产管理局、中国人民银行北京市分行、中央财经领导小组、国务院办公厅以及其他金融投资机构。四家发起公司会同社会上部分金融和法律专业人才(如海外回国的王波明、高西庆等人)，以研究会的形式组建了“证券交易所研究设计小组”(即后来著名的“联办”前身)，并在一个月内编写了《关于中国证券市场创办与管理的设想》(简称“白皮书”，起草人有：宫著铭、周小川、张晓彬、蔡重直、王波明、高西庆、陈大刚、许小胜)和“中国证券体系规划图”等一系列文件，对中国证券业和设立交易所的整体格局提出设想。在主要文件拟就后，设计小组将有关部分呈报中央及国务院有关领导同志审阅。数天内，有关领导同志均对报告作了批示。中央领导提议请姚依林和张劲夫主持并听取设计小组成员的汇报。1988 年 11 月 9 日，姚依林和张劲夫主持了由中央财经领导小组及有关部委领导参加的会议，听取了张晓彬、周小川、王波明、高西庆等建议建立证券交易所的汇报。会议认为，当时建立证券交易所“一是条件不成熟，二是非搞不可”，要将建立证券交易所作为接下来体制改革的配套措施，起步要早，积极筹备，根据条件逐步发展。会后，设计小组立即着手进行证券交易所筹备班子的组建工作。但是，为了避免引发争议，筹备班子没有直接命名“北京证券交易所筹备办公室”，而是定名为“证券交易所研究设计联合办公室”(以下简称“联办”)这样半带政府色彩、半带研究机构性质的名称。

1989 年 3 月 15 日，联办成立签字仪式在北京举行，创始会员每家出资 50 万元。签字的九家创始会员分别是：中国化工进出口总公司、中国对外贸易信托投资公司、中国光大集团公司、中国农业开发信托投资公司、中国农村信托投资公司、中国国际信托投资公司、中国信息信托投资公司、中国康华发展总公司和中国新技术创业投资公司。签字仪式结束后，召开了联办第一次成员大会和第一次理事会，选举通过经叔平任联办理事长，张晓彬任理事会秘书长，宫著铭为总干事，王波明为副总干事。联办的工作规划为：起草证券管理法规；设计审计、财会的统一标准；设计交易所内部交易程序与软件；设计证券市场内外的配套体系；组织培训全国证券专业人员；落实交易所的选地与设置等，并计划在 1990 年年底或 1991 年年初正式运营北京证券交易所。

(二) 沪深交易所的开业“赛跑”

在联办筹办“北京证券交易所”的同时，上海和深圳对于推动建立场内集中交易形式的证券交易所也是“志在必得”。时任上海市市长朱镕基在香港举行的一个记者招待会上向全世界承诺“上海证券交易所将在年内宣告成立”。为此，1990 年 9 月 17 日，中国人民银行上海市分行向中国人民银行总行和上海市政府提交了关于建立上海证券交易所的请示。当年9月19日，中国人民银行和上海市政府联合向国务院进行了上报，随后得到了中华人民共和国成立后有关设立证券交易所的第一个批复。与此同时，虽然深圳早在1989年9月就由深圳市资本市场领导小组向深圳市委、市政府上报了关于筹建深圳证券交易所的请示，并得到了时任深圳市委书记李灏的支持和深圳市政府的同意，但是深圳证券交易所并未在1990年如期与上海证券交易所一同得到国务院的开业批复。为此，作为改革开放排头兵和先行先试特区的深圳市，几乎在上海证券交易所开市的同期就启动试运行，直至试运行5个月之后才正式得到中国人民银行总行的批文，对深圳证券交易所的法律地位予以承认。

2004年5月17日，经国务院批准，中国证监会正式批复，深圳证券交易所设立了面向中小企业融资服务的中小企业板（当时定位为首次公开发行少于8000万股以下的上市公司）；2009年10月23日，为满足暂时无法在主板上市的创业型企业、中小企业和高科技产业企业的融资需要，深圳证券交易所又开立了创业板。[①] 2019年6月13日，上海证券交易所的科创板开板，服务于拥有关键核心技术、科技创新能力突出、主要依靠核心技术开展生产经营、具有稳定的商业模式、市场认可度高、社会形象良好、具有较高成长性的科技创新型企业。

（三）以STAQ系统、NET系统为代表的场外交易市场的蓬勃发展

1. STAQ系统

1990年12月5日，联办在尝试设立北京证券交易所未果后，学习美国的NASDAQ系统，开发上线了全国证券交易自动报价系统（Securities Trading Automated Quotation System，以下简称“STAQ系统”）并正式开始运行。联办设立STAQ系统的初衷是建立一个基于计算机网络（非人工进场报价）进行有价证券交易的综合性场外交易市场。STAQ系统的中心设在北京，连接国内证券交易比较活跃的大中城市，为会员公司提供有价证券的买卖价格信息及结算等方面的服务，使分布在各地的证券机构能高效、安全地开展业务。STAQ系统刚设立时，旨在实现国债从行政摊派向市场化转化的承购包销。1992年7月1日，STAQ系统开始尝试进行法人股的流通转让试点，开创了法人股流通市场。1993年，STAQ系统进行了法人股流通的试点，当时交易的有海航、长白、海国投、五星啤酒、蜀都、玉柴、大自然、华凯、恒通等9只法人股股票。

2. NET系统

NET系统的全称是“全国电子交易系统”（National Electronic Trading System），它是由中国证券交易系统有限公司开发设计，于1993年4月28日投入试

① 2021年2月5日，中国证监会批准深圳证券交易所主板与中小板市场进行合并，形成新的深圳证券交易所主板市场。

运行的交易报价系统。NET系统设立的目的是为定向募集公司提供一种可供法人股流通的交易方式。当时,在NET系统进行交易的只有中兴实业、东方实业、建北集团、广州电力、湛江供销、广东广建和南海发展等7只股票,市场规模较小。1997年,NET系统更名为"中央国债登记结算有限责任公司",职能也随之更改,主要承担银行间债券市场的托管、登记和过户等后台服务职能。1998年4月,国家整顿场外非法交易市场的行动开始,NET系统也结束了其法人股交易的职能。

由于在STAQ系统、NET系统交易的均是社会法人股,因此二者一度被称为"法人股市场"。这里就涉及我国股份制改革初期有关股权设置的问题。早期的股份制企业把股份分为四种,即国家股(包括国有法人股)、社会法人股、外资股、自然人股。法人股大约出现在1990年前后。由于当时力主股份制理论和实践的人们尚未在"股份制是否等于私有化"这一重大争论中占有明显优势,因此我国早期的股份制企业在增量发行的股票上创造了"定向募集"(directed placement)的概念,即向企业内部职工和社会法人募集。这是由于职工是国有企业的主人,而当时的企业法人要么是全民企业,要么是集体企业,这两类企业都是属于公有性质的,从而避免了对股份制是否属于"资本主义产物"的质疑。在维护原有国有企业存量资本不分不卖的基础上,通过向企业内部职工和其他社会法人广泛募集新的股份,将单一的政府独资所有转化成职工和众多社会法人共同所有的公有股份制公司。截至1993年年底,在国家体改委颁布的《股份制有限公司规范意见》的指导下,改制成立的定向募集公司超过3000家。到1994年7月1日,在《中华人民共和国公司法》(以下简称《公司法》)正式生效时,已突破了6000家。短短几年时间,一个庞大的募集公司群体已然形成。尽管定向募集公司的兴起与发展有其历史合理性,但是也由此产生了许多矛盾。例如,由于上市公司多从国有企业改制而来,为维护企业的国有性质,在改制中设立了国家股和法人股。同时,出于对个人股与公有股同在一个市场流通会危及公有制主体地位的担忧,国家规定国有股、法人股不能在二级市场流通。能够在二级市场流通的股份被分为个人股和外资股(后来,外资股又经历了禁止、限制和放开的过程)。个人股又分为可公开上市股、内部职工股,外资股则分为B股、H股等。这样,就出现了一种在法律名义上"同股同权",实际上国有股、法人股股权却不能公开流通交易的股权割裂局面,法人机构的投资出现难以收回和无处变现的困难。为解决这一问题,联办向高层建议建立法人股流通市场,以为未来进一步发展适合我国国情的资本市场创造重要条件。为此,国务院批转的国家体改委《一九九二年经济体制改革要点》中明确指出"选择若干有条件的股份制企业和进行股份制试点的企业集团,通过指定的证券市场试行法人股内部流通"。随后,国家体改委批准中国证券市场研究设计中心主管的STAQ系统成为指定的法人股流通市场。在STAQ法人股市场运行9个月后，经国务院主管部门批准，由中国人民银行、中国工商银行、中国农业银行、中国银行、中国建设银行、交通银行、中国人寿保险公司及华夏、国泰、南方三大证券公司共同出资组建的NET法人股市场于1993年4月28日在北京正式开通。截至1993年年底，STAQ系统有上市公司10家，NET系统有上市公司7家，会员公司近500家，开户的机构投资者约32000人，累计交易金额达220亿元。至此，STAQ、NET法人股市场的建立与沪深个人股市场遥相呼应，形成了我国证券市场“两所两网”的新格局。

3. 以淄博、武汉、成都为代表的柜台交易市场（地方性股权交易市场）

除了“两所两网”的格局外，20世纪90年代初期，在中国很多地区也存在为股份制改革后的股份提供流通交易的地方性股权交易市场，其中比较知名的是以淄博、武汉、成都为代表的柜台交易市场。

1988年4月，国务院农村发展研究中心农村改革试验区办公室批准淄博市周村区为全国性农村改革试验区，改革试验的主要内容是推进股份制改革，进行股票流通。当时，“股份制”还是个新鲜的话题，乡镇企业对此普遍不感兴趣。北京大学厉以宁教授特意动员了50多名学生深入较大的国有企业、集体企业考察实习，并借机给企业灌输股份制改革的意义。与此同时，在政府的主导下，当时的淄博市信托投资公司、交通银行以及其他几家本地企业发起成立了中国第一家基金：淄博基金。淄博基金的投资对象就是企业，其中60%必须投资于乡镇企业。淄博基金在成立后的半年时间内投资了50家股份制企业。到1993年年底，淄博市已经有130多家股份制企业。随着股份制企业的增多，有关促进股票流转的呼声不断出现。1992年年初，由国务院农村发展研究中心农村改革试验区办公室、国务院发展研究中心、国家体改委等单位专家组成的股份制试验联合考察组在肯定淄博股份经济发展的同时，也指出试验方案中的“搞好股票流通”这项工作还没有展开。为此，淄博当地政府趁势开办了以股票流通为主旨的柜台交易市场，淄博柜台交易市场应运而生。1993年，淄博有4家（后来发展到9家）柜台交易市场，同一只股票可以在不同柜台交易，产生了两个柜台间的差价。为了抹平这种差价，当地政府又设计了用计算机联网统一报价交易的方式，由此产生了有别于当时沪深两地证券交易所交易方式的自动报价系统。1993年9月18日，淄博自动报价系统创立大会召开。该系统起先只是服务于淄博当地的企业和当地的股民，后来经向国家体改委批示，采用电子联网方式向山东省外辐射。1997年，淄博自动报价系统在珠海、深圳、重庆、无锡、镇江、南通、扬州、武汉等地都有了网点，挂牌企业有60多家，指数也从1994年的90多点上升到500多点，交易很活跃。从交易手段来说，淄博自动报价系统当时很先进，在全国都是点对点的交易，任何一个股东都可以直接通过计算机撮合交易。上海证券交易所、深圳证券交易所当时则还需要有很多场内交易员代表各自的证券公司接受客户的委托,再通过场内设备人工输入交易系统进行交易。[①]

1997年11月17日,中央金融工作会议定下清理整顿非法证券交易所的基调,淄博自动报价系统也成为被清理对象。对于被摘牌企业,淄博制定了单独上市、吸收合并、捆绑、分红、回购等5种方案。为此,地方政府在"额度制"的背景下给了7个单独上市的指标。尽管如此,当年投资于这些在地方股权交易市场挂牌交易企业的投资者还是遭受到了较大的经济损失。

(四)中央集权管理的证券市场

1998年3月25日,《国务院办公厅转发证监会关于清理整顿场外非法股票交易方案的通知》(国办发〔1998〕10号)发布。该通知指出:"近年来,一些地区未经国务院批准,擅自设立产权交易所(中心)、证券交易中心和证券交易自动报价系统等机构,从事非上市公司股票、股权证等股权类证券(以下简称'股票')的场外非法交易活动。这种行为严重违反了《公司法》《股票发行与交易管理暂行条例》和国务院的有关规定,扰乱了证券市场的正常秩序,隐藏着很大的金融风险,极易诱发影响社会稳定的事端。为整顿金融秩序,防范金融风险,保持社会安定,促进证券市场健康发展,党中央、国务院决定,彻底清理和纠正各类证券交易中心和报价系统非法进行的股票、基金等上市交易活动,严禁各地产权交易机构变相进行股票上市交易。"该通知中的"非法股票交易",是指未经国务院批准擅自设立的产权交易所(中心)、证券交易中心和证券交易自动报价系统等机构,所从事的非上市公司股票、股权证等股权类证券的交易活动。

2001年9月30日,针对非流通股场外司法拍卖现象,中国证监会发布《关于加强对上市公司非流通股协议转让活动规范管理的通知》。该通知指出,场外股份拍卖活动与国家关于证券市场实行集中统一监管的法律规定及国务院关于清理整顿场外非法股票交易场所的决定精神相抵触,危害性极大,必须坚决制止,否则将会诱发新的金融风险。因此,中国证监会重申《公司法》《证券法》确立的关于上市公司股份转让的基本原则,即股东转让其股份必须在依法设立的证券交易场所进行;经国务院批准设立的证券交易所,是上市公司股份转让的唯一合法场所。上市公司非流通股的协议转让必须遵循上述法律规定。相关协议转让、拍卖转让也都必须在某种形式上通过证券交易所的系统进行。由此,在上市公司股份交易方面,我国证券市场呈现出上海证券交易所和深圳证券交易所非此即彼的基本格局。

① 参见王道云:《消失的中国第三个证券交易所》,载《创业家》2011年第1期。

四、集中统一证券市场的延伸

（一）代办股份转让系统（老三板）

代办股份转让系统即老三板，是指2001年7月为解决原STAQ系统、NET系统挂牌公司股份转让遗留问题，由中国证监会授权中国证券业协会设立的证券公司代办股份转让系统，即证券公司以其自有或租用的业务设施，为非上市公司提供的股份转让服务业务。它的主要目的是承接原来在STAQ系统交易的法人股流通问题，后来增加了沪深两地证券交易所退市公司的股份转让职责。名义上，代办股份转让系统主要是依托于深圳证券交易所的报价和交易系统进行的场外交易（本质上仍是一种集合竞价的场内交易方式）。2013年2月，全国中小企业股份转让系统（以下简称“全国股份转让系统”）正式运行后，设置单独交易板块，整体承接原来在证券公司代办股份转让系统挂牌的STAQ和NET系统公司（以下简称“两网公司”）、沪深证券交易所退市公司及今后新增退市公司（以下简称“退市公司”）的股份转让业务。老三板与沪深交易所交易规则的不同之处在于，只为这些代办股份转让的公司的股票提供每周一次、三次、五次的集合竞价服务（依据挂牌公司财务状况、信息披露合规性的不同）。

表4-1　老三板代办股份转让方式

每周交易五次的标准	每周交易三次的标准	每周交易一次的标准
规范履行信息披露义务、股东权益为正值或净利润为正值、最近年度财务报告未被注册会计师出具否定意见或无法表示意见的公司，其股票每周转让五次（每周一、二、三、四、五各转让一次），其股票简称最后一个字符为阿拉伯数字“5”。	股东权益和净利润均为负值或最近年度财务报告被注册会计师出具否定意见或无法表示意见的公司，其股票每周转让三次（每周一、三、五各转让一次），其股票简称最后一个字符为阿拉伯数字“3”。	未与推荐公司股票挂牌的主办券商签订《推荐恢复上市、委托股票转让协议书》或不履行基本信息披露义务的公司，其股票每周转让一次（每周五转让一次），其股票简称最后一个字符为阿拉伯数字“1”。

（二）全国中小企业股份转让系统（新三板）

为落实国家自主创新战略，支持科技型企业借力资本市场发展，国务院于2006年1月决定在原有证券公司代办股份转让系统内增设“中关村科技园区非上市股份有限公司股份报价转让试点”，允许中关村科技园区内注册企业在符合条件的情况下，进入证券公司代办股份转让系统，实行协议式报价转让。由于这两个市场层次的服务对象、交易方式、信息披露、融资制度、投资者适当性管理等均存在根本性不同，因此该试点被称为“新三板”，以示与老三板相区分。2012

年7月8日，国务院批复同意在证券公司代办股份转让系统试点基础上设立“全国中小企业股份转让系统”。该系统设立之时在法律地位上只是作为证券交易场所的一个类型，而不是证券交易所，[①]其定位是“非上市公众公司发行和公开转让股份的市场平台”。因此，在新三板挂牌的公司的法律地位仍属于“非上市公众公司”。新三板主要为创新型、创业型、成长型中小微企业发展服务，其显著特点是以信息披露为核心的准入制度，不设财务指标，关注企业规范性以及信息披露的真实性，实施小额、便捷、灵活、多元的融资制度，提供协议转让、做市商和竞价交易三种转让方式。

早期的新三板引入转让板块的分层制度，将系统的交易板块分为“创新层”和“基础层”，拟挂牌交易的公司根据不同的挂牌标准进入不同的板块进行交易。但是，新三板在挂牌之时不像沪深两地证券交易所那样具备融资的功能。2019年12月，新三板启动新一轮大规模的改革，在“创新层”和“基础层”以外又新设了“精选层”，“精选层”挂牌的公司可以在挂牌的同时进行融资。在第二次修订的《证券法》自2020年3月1日起施行之后，新三板在法律授权上其实已经从原来的场外市场变为法律认可的、真正与沪深两地证券交易所并行的第三家场内交易市场。[②]

（三）中国金融期货交易所（中金所）

中国金融期货交易所简称“中金所”，是经国务院同意，中国证监会批准设立的，专门从事金融期货、期权等金融衍生品交易与结算的公司制交易所。中金所由上海期货交易所、郑州商品交易所、大连商品交易所、上海证券交易所和深圳证券交易所共同发起，于2006年9月8日在上海正式挂牌成立。国家成立中金所的主要目的是，发展金融期货，完善金融市场体系，发挥金融市场功能。中金所的主要职能是，组织安排金融期货等金融衍生品上市交易、结算和交割，制定业务管理规则，实施自律管理，发布市场交易信息，提供技术、场所、设施服务，以及中国证监会许可的其他职能。中金所的主要交易品种是沪深两地证券交易所的权益类股指（如沪深300股指期货、中证500股指期货、上证50股指期货、沪深300股指期货等）和利率类国债期货（如2年期国债期货、5年期国债期货、10年期国债期货等）。

五、我国证券市场的清理整顿工作

1997年12月，《中共中央、国务院关于深化金融改革、整顿金融秩序、防范

① 新三板当时在其官方网站上以“继上海证券交易所、深圳证券交易所之后的第三家全国性证券交易场所”进行自我介绍。

② 2021年9月2日，国家主席习近平在2021年中国国际服务贸易交易会全球服务贸易峰会上发表的视频致辞中宣布，要“深化新三板改革，设立北京证券交易所”，将以现有的新三板精选层为基础组建北京证券交易所。

金融风险的通知》(中发〔1997〕19号)发布，要求“彻底清理和纠正各类证券交易中心和报价系统非法进行的股票(股权证)、基金等上市交易活动。各地产权交易机构，一律不得变相进行股票(股权证)上市交易”。为此，国务院办公厅在1998年3月25日全文转发中国证监会《清理整顿场外非法股票交易方案》，要求“彻底清理和纠正各类产权交易所(中心)、证券交易中心和证券交易自动报价系统非法进行的股票(股权证)等交易活动”。

2011年11月11日，国务院下发《国务院关于清理整顿各类交易场所切实防范金融风险的决定》(国发〔2011〕38号)，要求“除依法设立的证券交易所或国务院批准的从事金融产品交易的交易场所外，任何交易场所均不得将任何权益拆分为均等份额公开发行，不得采取集中竞价、做市商等集中交易方式进行交易；不得将权益按照标准化交易单位持续挂牌交易，任何投资者买入后卖出或卖出后买入同一交易品种的时间间隔不得少于5个交易日；除法律、行政法规另有规定外，权益持有人累计不得超过200人”。

2012年7月12日，国务院办公厅进一步下发《国务院办公厅关于清理整顿各类交易场所的实施意见》(国办发〔2012〕37号)，提出“不得将任何权益拆分为均等份额公开发行”；“不得采取集中交易方式进行交易”；“不得将权益按照标准化交易单位持续挂牌交易”；“权益持有人累计不得超过200人”；“不得以集中交易方式进行标准化合约交易”；“未经国务院相关金融管理部门批准，不得设立从事保险、信贷、黄金等金融产品交易的交易场所，其他任何交易场所也不得从事保险、信贷、黄金等金融产品交易”等。

此外，2012年1月10日，为切实加强清理整顿各类交易场所工作的组织领导，规范市场秩序，防范金融风险，维护社会稳定，《国务院关于同意建立清理整顿各类交易场所部际联席会议制度的批复》(国函〔2012〕3号)同意建立由证监会牵头的清理整顿各类交易场所部际联席会议制度。联席会议办公室设立后，曾先后印发《关于地方交易场所涉嫌非法证券期货活动风险提示函》(清整联办〔2016〕12号)、《清理整顿各类交易场所部际联席会议第三次会议纪要》(清整联办〔2017〕30号)、《关于做好清理整顿各类交易场所“回头看”前期阶段有关工作的通知》(清整联办〔2017〕31号)、《邮币卡类交易场所清理整顿工作专题会议纪要》(清整联办〔2017〕49号)等文件，以对全国范围内的非法交易场所进行进一步的整顿。[①]

---

① 这些文件属于联席会议办公室向成员单位、有关部门和省级人民政府发送的内部工作文件，旨在贯彻落实国务院关于清理整顿各类交易场所、整治相关违法证券期货交易活动的要求，不属于《政府信息公开条例》规定的应公开的政府信息，并不对外公开。

第二节 我国证券市场发展的基本特点

一、强制性变迁的基本路径

我国证券交易市场的存在与发展并不是市场自我发展的体现，而是政府意志与推动力量的集中反映。引用经济学上的术语，我国证券交易市场的变迁并不是一种诱致性的制度变迁过程（简单地讲，它不是因市场力量的需求而主动形成的），而是一种强制性变迁（即政府主导）过程，是一种以引进为基础的供给主导型制度变迁过程，并非完全的市场自然演化所形成的制度变迁。[①]事实上，从具有垄断性质的沪深证券交易所的设立到具有试验性质的NET系统、STAQ系统的存废，直至取缔区域性证券交易市场，[②]政府对于各种形式证券市场的存在、发展与消失无不起到直接且关键的作用。作为获得监管层认可并作为公开发行、交易证券平台的沪深证券交易所，其本身就是国有企业改制试点的配套产物。从全国性证券市场的职能上看，我国的证券市场除具有正常交易职能外，还承载了进行国家经济政策调控的功能。这集中体现在证券市场的发展历程中，证券交易所在多数情况下要按照上级监管机关的要求行使相关职能，是国家意志的表现。通过沪深证券交易所，政府对证券市场逐渐形成了目标与手段相互适应的、强有力的行政干预体系。这一体系的存在使得作为证券市场代表的证券交易所的运行并不是完全侧重于市场自身的发展规律和运行效率，而需要服从于政府在特定时期的经济运行要求。在这种强制性变迁的市场特点下，由于整个市场的政策供给与规则变迁都是由政府主导完成的，而非出自证券市场自身发展的内在需要，因此在证券市场监管的方式、路径以及“监管功绩”上无不体现着政府主导的强制性变迁特征。

二、我国证券市场的运行具有“政策市”“消息市”的特点

政府的强势地位在大幅减弱市场内在不稳定性的同时，却加强了市场外部制度环境的不稳定性。我国的市场经济体制改革仍处于沿着中国特色社会主义道路前进的转轨时期，经济环境的多变和经济工作重心的不断转移注定了经济政策目标的多元转换，这使得政府在对待证券市场的监管态度上一直游离于规

---

① 新制度经济学通常假定制度的创新或变迁总是各种市场组织在环境变化时对成本和收益进行理性分析，以确认收益大于交易成本，具有潜在利润后才付诸行动。但是，在我国经济转轨过程中，并不是完全按照这种“理性人”的进程进行，政府直接参考和借鉴了大量成熟市场经济国家的制度，以充分发挥后起国家的优势，以行政力量加速转轨过程。

② 有关NET系统、STAQ系统以及各地证券交易中心的历史，可参见马庆泉主编：《中国证券史（1978—1998）》，中信出版社2003年版，第233—237、400—401页。

范和发展之间。这种游离表现为政府的制度供给行为不仅缺乏稳定性，而且特定制度的实施力度也会因时而异。比如，在对待外资准入管制上，我国早期证券市场允许存在外资成分的股份公司以A股形式在境内上市（如深圳万科、福建运盛等）。然而，在1995年日本五十铃自动车株式会社与伊藤忠商事株式会社收购北京旅行车股份有限公司（后来重组为航天长峰）25%的股份后，国务院办公厅以转发国务院证券委员会（以下简称"证券委"）《关于暂停将上市公司国家股和法人股转让给外商请示的通知》的形式，禁止外商对上市公司的"染指"。这种对外商准入禁止的政策直至2001年中国证监会、对外贸易经济合作部联合发布《关于上市公司涉及外商投资有关问题的若干意见》，才在政策上有所放松（允许外商投资股份有限公司上市，并允许含有B股的外商投资股份有限公司的非上市外资股在B股市场上流通）。又如，在对待国有股流通问题上，早期的国有资产管理政策其实允许国有股通过上市交易方式转让。[①] 但是，国务院证券委1993年公开表示："为了保证法人股流通转让试点顺利进行，现规定，在国家有关法人股流通转让试点办法颁布之前，暂不扩大法人股流通转让试点；在国务院正式批准法人股流通办法前，各地不得擅自进行法人股流通转让，请你们通知你地有关部门遵照执行。对违反规定者，将按国家有关法规严肃处理。"[②]为此，中国证监会印发《1994年上市公司年度报告编制工作座谈会会议纪要》（证监发字〔1994〕202号），将国家股[③]、外资法人股和境内法人股归类为"尚未流通股份"，从而进一步否定了国有股上市流通的可能性。1995年5月10日，中国证监会发布《关于立即停止粤华电公司国家股、法人股转配部分上市流通的紧急通知》（证监发字〔1995〕59号），再次禁止国有股及国有股增量部分（包括配股、转配股）的上市流通。这种人为割裂股权流通属性的状态直至2005年股权分置改革试点后才得以改善。[④] 2015年7月，为了遏制股市下跌，中国证监会出台了临时性的大股东减持政策，限制特定股东和董事、监事、高级管理人员减持股份。2016年和2017年，中国证监会进一步出台了减持新规，对股东减持提出了政策

---

① 《国家国有资产管理局关于印发〈股份制试点企业国有股权管理的实施意见〉的通知》规定："在有关国家股转让的正式规定发布之前，转让上市公司国家股须由省级人民政府或中央主管部门审核并报财政部、国家国有资产管理局、国务院证券委批准或转报国务院批准。批准后，持股单位可通过上市转让、协议转让等方式转让部分国家股股权。国有资产管理部门以外的持股单位，在转让国家股权后，须向国有资产管理部门报告转让收入的金额，转让收入的使用计划和实施结果。转让国家股权应以调整投资结构为主要目的。国家股可以转让给法人，也可以转让给自然人，还可以转让给外商或境外投资者。"

② 《国务院证券委员会关于法人股流通试点有关问题的通知》（证委发〔1993〕58号）。

③ 国家股与国有法人股构成国有股。

④ 股权分置改革可以说是市场倒逼的结果。在股权流通权限割裂的状态下，不能流通的国有股、法人股与其他非流通股不存在市场价格（只能通过场外的协议转让），非流通股与流通股的价格差异巨大。但是，由于非流通股股东往往掌握上市公司控股权，在"同股不同价"的差异下，非流通股股东可能忽视流通股股东利益，参与内幕交易、欺诈披露、利益输送等不正当行为，导致证券市场定价机制丧失，制约机制失衡。

性的限制和披露要求。在这些制度出台前后，市场总会随着各种消息、传闻的散播而起伏跌宕，个股的涨跌停也与所谓的“政策传闻”有关，造成“政策市”“消息市”。

三、我国证券市场“散户市”“跟风市”特征仍然明显

截至 2020 年 3 月 30 日，作为法定的证券交易结算机构，中国证券登记结算有限责任公司公布的沪深两地证券交易所总计有 16333.96 万个各类投资者，其中个人投资者的开户数量为 16295.04 万户。如果按每个投资者同时开通沪深交易账户计算，个人投资者的开户人数超过了 8000 万。这样一个庞大的个人投资者队伍，客观上决定了 A 股市场的“散户市”特征。从交易的情况来看，《上海证券交易所统计年鉴(2018 卷)》公布的数据显示，2017 年，沪市中的个人投资者贡献了相当于机构投资者 5 倍的交易额，占到了总交易量的近 80%。根据深圳证券交易所公布的《2018 年个人投资者状况调查报告》，相较于机构投资者，个人投资者存在交易频率过高的特征，一周内交易若干次的个人投资者占比高达 46.4%。人数的增加以及参与交易活跃度的提高虽然使得个人投资者成为证券交易中十分重要的博弈一方群体，但是因为个人投资者容易跟风交易的特点，引发“羊群效应”，增加了证券市场非正常波动的风险，造成“跟风市”。这也是多年来我国证券监管机关希望通过推动投资基金、保险公司、资管产品、境外资金等专业投资者入市，进而逐渐改善 A 股市场投资者结构的主要原因。

本章复习要点

我国多层次资本市场的构成、场内交易场所的特征。

课外延伸阅读

阿奎:《喧哗与骚动:新中国股市二十年》，中信出版社 2008 年版。

第五章　证券的定义

【本章导言】

证券有广义与狭义之分。对"证券"进行界定的主要效用在于，为证券法的适用框定一个范围，以使证券法能够对特定对象及其行为作出规范和约束。从立法技术而言，证券的定义可以是单纯的逻辑定义，也可以是列举式定义，还可以是逻辑界定加上列举的方式进行界定。从我国目前的立法方式而言，我国证券法对于证券定义的范围仍然偏窄，不利于现实生活中对于直接融资行为的规管。

第一节　美国的经验

一、法定标准

美国《1933年证券法》第2(a)条规定，"证券"是指任何票据、股票、库存股票、证券期货、证券支持互换、债券、公司(信用)债券、债务凭证、利益分享协议项下的权益或参与证书、担保信托证书、公司设立前的证书或认购权、可转让股份、投资契约、有表决权的信托证书、证券存托凭证、石油、天然气或其他矿产权的小额未分割权益，与证券、证券存托凭证、一组证券或证券指数有关的任何卖出权、买入权、买卖权、期权或优先权(包括其中以其价值为基础的任何权益)，或全国性证券交易所中产生的与外币有关的任何卖出权、买入权、买卖权、期权或优先权，或被普遍视为"证券"的任何权益或票据，或与上述任何一项相关的权益或参与证书、暂时或临时证书、凭证、担保证书、认购证、购买证、认购权、购买权。[①] 因此，美国法规定的证券实际上可分为两类：一类是已经标准化(standardized)的证券，如股票、债券、票据等；另一类是可变的(variable)、非常规的(irregu-

① 有关认购权证、期权和期货的监管，在美国存在某种争议。因为在美国《商品交易法》对商品的定义中涵盖了"未来交付的合同现在或将来涉及的所有服务、权利和权益"，因此作为商品交易法定的监管机构，CFTC对商品合约具有监管权，由此造成SEC和CFTC就期权、期货合约存在监管冲突和监管空白。

lar)、不常见的(uncommon)证券,如投资合同。前者易于被认定为证券,而后者则需要经过仔细的考察才能确定其性质。[①] 虽然有此定义,但是它的范围其实非常广泛,“足以将我们商业社会中一般认为属于证券概念的许多工具都包含在内”[②]。因此,从美国的经验而言,有关证券的定义除了成文法上的规定外,更多是通过法院裁判所形成的司法惯例,特别是对以“合同”这种意思表示所达成的契约是否构成证券法上所述的“投资合同”,进而构成“证券”的认定传统。

二、判例法标准

1946 年的 SEC v. W. J. Howey Co. 一案(以下简称“Howey 案”)[③]确立了美国法院判定“投资合同”的标准。被告 W. J. Howey Company(以下简称“Howey 土地公司”)和 Howey-in-the-Hills Service(以下简称“Howey 服务公司”)是注册在佛罗里达州的两家关联公司(在案件中合称“Howey 公司”)。Howey 公司与投资者[④]分别签订了土地销售合同和服务合同。两个形式上不同的合同总体上达到的效果是:Howey 土地公司以保证契约的形式将土地转让给投资者,而 Howey 服务公司与投资者单独签署为期 10 年的种植服务合同。在合同执行期间,Howey 服务公司对橘子的播种、收割和销售拥有完整的决策权。投资者作为土地所有权人,既无权进入橘园,也无权拥有任何产品。对于投资者而言,购买土地的最大收益是在收获季节收到一张支票,表示他所拥有土地对应的收益。本案中,双方争议的焦点是:土地销售合同、保证契约、服务合同是否一起构成了《1933 年证券法》第 2(a)(1)条规定的投资合同,因而属于该法规范的“证券”? SEC 认为土地销售合同、保证契约、服务合同构成了《1933 年证券法》下的“投资合同”,因而属于受 SEC 监管的“证券”,Howey 公司没有经过登记就采用州际商务信函和通信手段发行,违反了《1933 年证券法》第 5 条和第 12 条,因而提起禁止令诉讼。

美国联邦最高法院认为,判断证券是否存在,不需要找到正式的股票证书,只要存在有形资产的正式收益,如对橘园的实际拥有就可以。同时,联邦最高法院认为,应该放弃形式而重视实质,把判断的焦点放在经济实况检验(economic reality test)上。Murphy 法官在判决中考察了作为州证券法“蓝天法”(blue sky law)的普遍规定,引用了 State v. Gopher Tire & Rubber Co. 案和 SEC v.

---

① See SEC v. C. M. Joiner Leasing Corporation, 320 U. S. 344 (1943).

② 〔美〕路易斯·罗斯、乔尔·赛里格曼:《美国证券监管法基础》,张路等译,法律出版社 2008 年版,第 192 页。

③ See 328 U. S. 293 (1946).

④ 这些投资者大多不是佛罗里达州本地人,以旅游者或居住在一家由 Howey 公司经营的旅馆中的住户为主,而且没有播种、收割和销售橘子的设备和经验。

Joiner Corp.案的有关原则，提出了一个包括四个要素在内的检验方法，即所谓的“Howey标准”：证券法律中所谓的投资合同，是指在一宗合同、交易或计划中，某人：(1) 利用钱财进行投资；(2) 投资于一个共同企业；(3) 仅仅由于发起人或第三方的努力；(4) 期望使自己获得利润。[①] 将此标准适用于本案，联邦最高法院支持SEC的主张，认为土地销售合同、保证契约、服务合同构成了《1933年证券法》定义的“投资合同”，因而属于“证券”，应按照有关规定登记发行。

由此，在Howey案中，最高法院确定了一个“Howey标准”，即确定一种工具是否属于“投资合同”还是“票据”的标准是：(1) 是否为一种投资；(2) 是否投资于共同事业；(3) 是否有合理的获得预期；(4) 利益是否仅仅来自发起人或第三人的努力。根据“Howey标准”，一个票据如果是用于投资就是证券，如果用于商业或者消费就不是证券。所以从根本上看，在判例法和衡平法的传统下，美国对于公众投资者的保护是基于“重内容而不重形式，突出的是经济现实”的原则。

三、“Howey标准”的发展

(一) 如何认定利用钱财进行投资

美国联邦最高法院在之后的一个案件中，直截了当地拒绝了投资合同中个人必须以现金而不是货物和服务方式投资才符合“投资合同”定义的说法。也就是说，只要购买人为了获取具有证券性质的收益而放弃有形且确定的权利，就可以认定为利用钱财进行投资，进而满足投资合同的第一个要件。

(二) 如何认定投资于一个共同企业

按字面意思，“共同企业”是指各个投资者与他们共同投资的项目之间有类似的关系。“平行的共同关系”要求所有投资者之间有共同关系，这种关系的一个典型例子就是大众投资者认购发行公司的股份。但是，也有一些法院判决“垂直的共同关系”符合“共同企业”的定义，即只要每个投资者与发起者之间有共同利益即可。比如，在投资者与其经纪人之间，经纪人可以全权操作投资者的账户，投资者希望从交易中获取利润，而经纪人希望从账户的交易中获取佣金。但是，在“垂直的共同关系”这一问题上，法院之间的分歧一直存在。从司法实践看，第三、六、七巡回上诉法院的判例遵循了“平行的共同关系”，而第五、十一巡回上诉法院却采用了“垂直的共同关系”，第九巡回上诉法院更进一步采用了更加严格的“投资者的财富与第三人的努力相交织并依赖于后者”的要件关系。

---

① “This definition was uniformly applied by state courts to a variety of situations where individual were led to invest money in a common enterprise with the expectation that they would earn a profit solely through the efforts of the promoter or of some one other than themselves.”

（三）如何认定仅仅由于发起人或第三方的努力

在 SEC v. Koscot Interplanetary，Inc. 一案中，Koscot Interplanetary 公司为销售化妆品，建立了一种名叫 Koscot scheme 的金字塔式传销结构。在这种传销结构下，购买者从自己拉来的客户身上分享提成收益，按揽客量和交易额依次升级为 beauty advisor、retail manager 和 distributor 三个层级，每一层级的人自动享受下一层级的人拉来的客户身上所有的提成收益。SEC 认为，这个招聘新人分享收益的金字塔式传销结构构成了《1933 年证券法》规定的“证券”中的“投资合同”，所以应该登记。初审法院不同意 SEC 的主张，认为根据“Howey 标准”，投资合同“仅仅来自发起人或第三人的努力”，而本案中投资者参加招募会，寻找新的投资者，并非没有努力。第五巡回上诉法院同意 SEC 的主张，认为“Howey 标准”的几个要件在本案中都被满足，在判定“仅仅来自发起人或第三方的努力”时必须从文字上对“仅仅”（solely）一词作适当的解释。法官采用了 SEC v. Glenn W. Turner Enterprise，Inc. 一案中确认的“功能”判断方法，认为这个词并不意味着完全排除投资者的努力，并不是看投资者有没有努力，而是看其努力是否重要（significant）。在本案中，投资者虽付出了努力，但其努力只是名义上的（nominal）、不显著的（insignificant），因而“Howey 标准”的要件得到满足，该金字塔式销售结构是“投资合同”的一种，要被认定为“证券”。本案和后来的很多案例一起修正了“Howey 标准”，即纵使买方自己努力经营，只要他人的努力对业务的成败有重大的影响，而投资者的努力是名义上的或者比例非常小的，这种安排仍然属于投资合同。根据这个惯例，连锁店经营协议和类似协议通常都不被认为是证券，因为受让人在未来的经营活动中将起到重要的作用（如遍布世界的麦当劳快餐连锁店，受让人付钱买到经营快餐店的权利并负责实际经营快餐店）。然而，SEC 指出，如果连锁店的经营协议留给受让人的职责过于狭窄，而且没有留下什么余地，或者这些职责不能对受让人获取利润有直接的帮助，那么即使经营协议是格式化的，也仍然可能是投资合同。总而言之，只要投资者没有为获得预期利益进行实质性的努力和经营活动，就有可能构成投资合同。

（四）如何认定期望使自己获得利润

Howey 案中的利润是购买人在收获季节领取的支票。美国联邦最高法院在后来的案例中认定利润不一定是正式的投资利益。当行为人出卖资产时，所期望的利润可以折合成资金，也可以是 Howey 案中产品收成带来的收益，不必拘泥于现金或者现金等价物形式。

四、豁免证券（exempted securities）

尽管《1933 年证券法》对证券作了一个较为宽泛的定义，但是为了避免与日常的商业或金融活动的正常交易行为产生冲突，该法也列出了在相当范围内本质上是证券却可豁免注册义务的“豁免证券”。豁免证券可以直接被排除在法定证券的范围之外，而且无须受到 SEC 的注册和监管限制。

在美国，豁免证券主要包括：

(1) 政府债券、银行支付凭证，包括美国任何州、准州、哥伦比亚特区及其任何附属部门，一个或一个以上的州或准州的公共部门，或者任何根据美国国会授权，受美国政府部门控制或监督，并代表美国政府部门行事的人发行或担保的证券。

(2) 短期票据，包括因当前交易而发生的或所得款项已经或将要用于当前交易的，其到期日在发行日之后不超过 9 个月(不包括宽限日)的，或者其任何续展之到期日受到同样限制的任何票据、汇票或银行承兑承诺。

(3) 专为宗教、教育、仁爱、友善、慈善或感化等非营利目的而组建和营运的机构发行的任何证券。

(4) 由受州或联邦当局特定监督和审查的储蓄贷款机构、建筑贷款机构、合作银行、宅地协会或类似机构发行的证券。

(5) 铁路设备信托中的任何权益。

(6) 经法院批准，由财产管理人或破产财产受托人签发的凭证。

(7) 由受美国任何州、准州或哥伦比亚特区的保险监督官、银行监督官或任何行使类似职能的机构或官员监管的公司签发的任何保险、两全保险单、年金合同或选择年金合同。

(8) 发行人仅与其证券的现有持有人进行交易的任何证券，而且就该交易之招揽未直接或间接支付或提供任何佣金或其他酬金，但是《美国法典》第 11 编项下个案中交易的证券除外。

(9) 为交换一种或多种善意的、已发行的未清偿证券、债权或财产利益而发行的，或者部分进行该交换、部分为获得现金而发行的任何证券，其发行和换股的条款和条件经任何美国法院、官员或机构批准，或者经美国州或准州的银行监管委员会、保险监管委员会或法律明示授予该等批准权的其他政府机关批准。

(10) 只向单个州或准州的居民发行的任何证券，该证券的发行人为该州或准州的居民并在该州或准州范围内从事经营活动；如果发行人是公司，该公司依照该州或准州法律注册成立并在该州或准州范围内从事经营活动。

(11) 某一控股公司按照《1956 年银行控股公司法》第 3(a)章[《美国法典》第 12 编第 1842(a)章]收购某银行，或者按照《房产主贷款法》第 10(e)章[《美国法典》第 12 编第 1467a(e)章]收购某储蓄机构而发行的任何证券。

(12) 通过《1940 年投资公司法》第 3(c)(14)章定义的投资公司之外的任何

教堂计划、公司或账户发行的任何证券，或者在该教堂计划、公司或账户中的任何权益或参与权。

(13) 符合下列条件的任何证券期货产品：

① 由按照《1934年证券交易法》第17A章注册或根据该章(b)(7)节豁免注册的清算机构进行清算；

② 在根据《1934年证券交易法》第15A(a)章注册的全国性证券交易所或全国性证券协会进行交易。

第二节 中国的实践

一、"证券"的法定定义

表5-1 1998年、2005年《证券法》有关"证券"的定义

《证券法》(1998年通过)第2条	《证券法》(2005年修订)第2条
在中国境内，股票、公司债券和国务院依法认定的其他证券的发行和交易，适用本法。本法未规定的，适用公司法和其他法律、行政法规的规定。(第1款) 政府债券的发行和交易，由法律、行政法规另行规定。(第2款)	在中华人民共和国境内，股票、公司债券和国务院依法认定的其他证券的发行和交易，适用本法；本法未规定的，适用《中华人民共和国公司法》和其他法律、行政法规的规定。(第1款) 政府债券、证券投资基金份额的上市交易，适用本法；其他法律、行政法规另有规定的，适用其规定。(第2款) 证券衍生品种发行、交易的管理办法，由国务院依照本法的原则规定。(第3款)

2015年4月提交给全国人大常委会一读的《证券法》修改草案试图给"证券"下一个扩张性的定义，并且引入美国证券法项下"投资合同"的概念。[①] 但是，2017年的《证券法》修改草案二读稿和2019年的《证券法》修改草案三读稿基本上保留了2005年修订时对"证券"的定义，只不过根据监管工作的需要，把存托凭证作为一个证券类型加入草案建议稿。这使得可直接适用《证券法》的证

---

① 修正案一读稿草案第3条规定："本法所称**证券是指代表特定的财产权益，可均分且可转让或者交易的凭证或者投资性合同**。下列证券的发行和交易，适用本法；本法未规定的，适用《中华人民共和国公司法》和其他法律、行政法规的规定：(一) 普通股、优先股等股票；(二) 公司债券、企业债券、可转换为股票的公司债券等债券；(三) 股票、债券的**存托凭证**；(四) 国务院依法认定的其他证券。**资产支持证券等受益凭证、权证**的发行和交易，政府债券、证券投资基金份额的上市交易，适用本法；其他法律、行政法规另有规定的，适用其规定。"

券仍被限缩于股票、公司债券和国务院依法认定的其他证券。[①] 在2019年12月28日第十三届全国人大常委会第十五次会议审议通过的《证券法》第二次修订中，第2条第1—3款将“证券”定义为：“在中华人民共和国境内，股票、公司债券、**存托凭证**和国务院依法认定的其他证券的发行和交易，适用本法；本法未规定的，适用《中华人民共和国公司法》和其他法律、行政法规的规定。政府债券、证券投资基金份额的上市交易，适用本法；其他法律、行政法规另有规定的，适用其规定。**资产支持证券、资产管理产品发行、交易**的管理办法，由国务院依照本法的原则规定。”

无论是最早的《证券法》还是现行《证券法》，对“证券”的内涵都没有采取概括性的定义体例，而是采取相对列举的外延涵摄方式，明确将股票、公司债券、存托凭证和国务院认定的其他证券涵摄进《证券法》的管辖范围。因此，在“证券”的定义方面，我国《证券法》呈现出既有定义又无定义的矛盾。有定义的原因在于，《证券法》以列举方式明示了证券的类型。这些类型的证券受《证券法》管辖并无异议。但是，除此以外，其他有价证券是否属于《证券法》的管辖范围并不明确，需要国务院作个案认定。这样的立法例就与多数国家和地区依照“功能标准”（即按照某种权利证书是否符合证券的基本属性和功能，判断其应否归属于证券，而不是按照该证书是否被冠以“证券”之名进行判断）[②]，对证券的范围作出不完全列举不同。我国《证券法》没有对证券进行任何形式的定义，在本质上只是将证券的某种类型纳入《证券法》的管辖范围。

二、存在的问题

“证券”（securities）一词原本是概念性的中性名词，是在直接融资体系中通过“证券”这个载体完成围绕资金进行信用交换，资金的供应方将资金交由需求方使用，需求方交付收取资金的凭证，供应方再凭借该等凭证向需求方主张权利的交易方式。此时，作为支付资金所获得的对价，供应方获得的是一种有形或无形的权利凭证，仅仅代表一种看不见、摸不着的权利主张或者可能。如前所述，权益类的有价证券是我们在证券监管意义上所要讨论的证券范围。就目前而言，同样是在直接融资的效果下，我国的证券范围还仅仅局限于股票、公司债券（包括“企业债”）、存托凭证这三个品种。但是，日新月异的金融市场又不断创新出名目繁多的融资工具，各类融资项目以信托计划、资管计划、资产证券化专项

① 比如，修改草案三读稿第2条规定：“在中华人民共和国境内，股票、公司债券、**存托凭证**和国务院依法认定的其他证券的发行和交易，适用本法；本法未规定的，适用《中华人民共和国公司法》和其他法律、行政法规的规定。政府债券、证券投资基金份额的上市交易，适用本法；其他法律、行政法规另有规定的，适用其规定。证券衍生品种发行、交易的管理办法，由国务院依照本法的原则规定。”

② 参见叶林：《证券法》（第三版），中国人民大学出版社2008年版，第12页。

计划、私募基金份额、场外配资、甚至公募基金等方式变相体现着“证券化”的特征，并经由银行理财和各类机构切分后，再度销售给并不知情的公众投资者，[①]而且可游离于《证券法》的管辖范围之外。比如，为了规避“证券”的提法，短期融资券在《银行间债券市场非金融企业债务融资工具管理办法》中被界定为企业在银行间债券市场发行和交易并约定在一定期限(通常为一年内)还本付息的有价证券；而其他诸如中期票据、资产支持票据等也都被标上了“一定期限还本付息的债务融资工具”的新名称。除了“国家队”(其实是“国家监管队”)所主导的官方的“名称创新”外，在非官方体系，兴盛一时的果园开发热、传销活动以及其他种种名称奇怪却合法或者尚未被认定违法的金融工具[②]也屡见不鲜。这些官方创新体系以外的直接融资活动最终都存在被认定为“非法集资”的风险。虽然，不可否认，有些行为在本质上属于诈骗行为。“证券”定义范围的狭隘使得我国在直接融资监管上存在以下几个问题：

第一，监管对象的割裂。一些实质意义上的证券无法被认定为“证券”，因而不能受证券法的调整。比如，在我国，还存在一系列具有争议的金融工具产品，如艺术品份额交易、标准化合约交易、果园投资合同、产权式酒店售后回租协议、房地产信托投资基金(REITs)投资协议、信托受益权份额等。这些金融工具的共同特点是，都向投资者募集资金，换回的都不是股票、公司债券这种传统的凭证(证券)，而是基于投资的合同、契约取得他人经营的利益份额，也可以理解为依照投资合同确定的投资份额分享他人经营的利益成果。按照我国《证券法》对“证券”的定义，这些融资工具都不受《证券法》及中国证监会的管辖。因此，在实践中，这类融资行为引发的纠纷及后果在更大程度上需受到“非法吸收公众存款罪”或“非法集资罪”的刑法规制，而不在《证券法》的监管涵摄半径内。

第二，监管主体的割裂。我国《证券法》第 9 条规定，“公开发行证券，必须符合法律、行政法规规定的条件，并依法报经国务院证券监督管理机构或者国务院授权的部门注册”。第 2 条的“证券”定义只涵盖了股票、公司债券和存托凭证，这三类证券的发行由中国证监会监管，而像企业债、短期融资券、中期票据等则分别由国家发展和改革委员会(以下简称“国家发改委”)、中国人民银行、中国银行保险监督管理委员会[2018 年 4 月由中国银行业监督管理委员会(简称“中国银监会”)和中国保险监督管理委员会(简称“中国保监会”)合并成立]主管。在此种监管主体格局下，很容易产生对于新型金融产品“要么无人管，要么抢着管”的“监管争夺”或“监管真空”问题。

---

① 参见邓寰乐：《中式监管乱局》，财新网，2018 年 2 月 11 日，http://m.finance.caixin.com/m/2018-02-11/101210354.html? p2，2020 年 10 月 9 日最后访问。

② 参见彭冰、蒋雪雁：《“证券”定义与金融工具创新》，载《金融法苑》2003 年第 6 期。

表 5-2　我国证券类产品的分类及监管主体

监管主体	中国证监会	中国人民银行	国家发改委	原中国保监会	原中国银监会
证券品种	➢ 股票 ➢ 公司债券 ➢ 存托凭证[①] ➢ 证券投资基金 ➢ 政府债券(上市交易) ➢ 券商资产证券化产品 ➢ 券商资管计划 ➢ 私募基金[②]	➢ 金融债 ➢ 次级债 ➢ 信贷资产证券化	➢ 企业债 ➢ 绿色债 ➢ 项目收益债	➢ 分红险 ➢ 投连险 ➢ 万能险 ➢ 保险资管产品	➢ 银行理财产品 ➢ 信托计划 ➢ 短期融资券 ➢ 超短期融资券 ➢ 中期票据 ➢ 非定向融资工具

第三，监管方法的割裂。在 2019 年 12 月《证券法》修订前，对于股票、公司债券采取的是由中国证监会核准的核准制；企业债在经过一段时间的改革探索后，采取形式上的“审批制”，实际上类似于注册登记的准注册制；银行间市场发行的债务融资类有价证券采取的是在中国银行间市场交易商协会注册的注册制；信托产品中的受益凭证不可以进行超过 200 人的公开发行，且需向信托主管机关进行信托产品的发行备案；银行理财产品、保险公司资管计划产品和券商资管计划产品需分别向中国银监会、中国保监会(前两种产品在 2018 年 4 月以后向中国银保监会)和中国证监会进行产品发行的备案，除此以外的其他权益类金融产品既无主管机关也无特定的手续。

《证券法》在 2019 年 12 月修订后，吸取了上海证券交易所科创板的经验，在法律层面作出了“公开发行证券，必须符合法律、行政法规规定的条件，并依法报经国务院证券监督管理机构或者国务院授权的部门注册。未经依法注册，任何单位和个人不得公开发行证券。证券发行注册制的具体范围、实施步骤，由国务院规定”的总体部署。2020 年 2 月 29 日，《国务院办公厅关于贯彻实施修订后的证券法有关工作的通知》(国办发〔2020〕5 号)发布，首先在公司债市场依据修订后的《证券法》落实注册制改革的要求，明确“公开发行公司债券应当依法经证监会或者国家发展改革委注册”；对于股票发行，则适时推动注册制改革。2020 年 4 月 27 日，中央全面深化改革委员会议审议通过了《创业板改革并试点注册制总体实施方案》，推进在深圳证券交易所创业板实施注册制改革。

---

① 《国务院办公厅转发证监会关于开展创新企业境内发行股票或存托凭证试点的若干意见》(国办发〔2018〕21 号)对存托凭证(CDR)进行了界定，明确中国存托凭证是指由基础证券发行人在境外发行的基础证券由存托人持有，并由存托人在境内签发存托凭证的一种基础制度安排。

② 私募基金由中国证券投资基金业协会负责备案。

第四,证券交易场所的割裂。基于前述监管对象、监管主体与监管方法割裂的现实,我国证券交易场所呈现不同类型证券交易场所并存的局面。

表 5-3　不同类型证券交易场所

<table>
<tr><th>交易场所</th><th>证券品种</th><th>监管机构</th><th>法源</th></tr>
<tr><td rowspan="3">上海证券交易所、深圳证券交易所、全国中小企业股份转让系统</td><td>公司债券①、可续期公司债券</td><td rowspan="7">中国证监会</td><td>《公司法》、中国证监会颁布的《公司债券发行与交易管理办法》</td></tr>
<tr><td>可转换公司债券</td><td rowspan="2">《公司法》、中国证监会颁布的《上市公司证券发行管理办法》以及《创业板上市公司证券发行管理暂行办法》</td></tr>
<tr><td>分离交易的可转换公司债券</td></tr>
<tr><td>上海证券交易所、深圳证券交易所、全国中小企业股份转让系统、证券公司柜台市场</td><td>非公开发行公司债券</td><td>《公司法》、中国证监会颁布的《公司债券发行与交易管理办法》以及沪深证券交易所相关试点办法</td></tr>
<tr><td>证券交易所、中国证券业协会机构间报价与转让系统、证券公司柜台市场</td><td>资产证券化产品</td><td>《证券公司及基金管理公司子公司资产证券化业务管理规定》</td></tr>
<tr><td rowspan="2">上海证券交易所、深圳证券交易所</td><td>存托凭证</td><td>《证券法》、中国证监会发布的《存托凭证发行与交易管理办法(试行)》</td></tr>
<tr><td>公募基金</td><td>《证券法》《证券投资基金法》</td></tr>
<tr><td rowspan="2">银行间债券市场、上海证券交易所、深圳证券交易所</td><td>企业债(包括地方城投债、绿色债券等)</td><td>国家发改委</td><td>《公司法》《企业债券管理条例》</td></tr>
<tr><td>减记债</td><td>中国银保监会、中国证监会(仅针对上市商业银行)</td><td>原中国银监会发布的《关于商业银行资本工具创新的指导意见》、中国证监会发布的《公司债券发行与交易管理办法》(第 12 条)</td></tr>
<tr><td>银行间债券市场</td><td>金融债</td><td>中国人民银行</td><td>《中国人民银行法》《全国银行间债券市场金融债券发行管理办法》</td></tr>
</table>

---

① 在 2015 年 1 月 15 日中国证监会颁布《公司债券发行与交易管理办法》之前,公司债仅指向上市公司通过沪深证券交易所发行的债券(包括可转换债券和分离交易的可转换债券)。在该办法出台之后,中国证监会依据《证券法》对于证券定义中“公司债券”的字面解释,将公司债券扩展至非上市公司通过沪深证券交易所和全国中小企业股份转让系统发行的债券品种。

（续表）

交易场所	证券品种	监管机构	法源
银行间债券市场	短期融资券、超短期融资券	中国人民银行、中国银行间市场交易商协会	《银行间债券市场非金融企业债务融资工具管理办法》[1]
	中小企业集合票据	中国银行间市场交易商协会	
	中期票据		
	非公开定向债务融资工具		
	资产支持票据		
	项目收益票据		

第三节　我国“证券”的法定类型与延展

一、股票

（一）定义

在我国，股票的定义不是由《证券法》而是由《公司法》进行界定的。依据《公司法》第125条第2款，“股票是公司签发的证明股东所持股份的凭证”。需要说明的是，在大陆法系国家，股票针对的是“股份有限公司”这一公司类型，有限责任公司以非份额化的“出资证明书”（即出资凭证）进行指代。在普通法系国家，作为独立法人的普通公司按是否公开发行股票分为私人公司（private company）和公众公司（public company）。私人公司具有“人资两合”性质，股东的出资无法随意转让，因此对股东签发的是类似于股权证书（certificate）的凭证；而对公众公司签发的则是“股票”（stock）。

（二）形式

股票是一种要式证券，即在内容、表现形式上需满足特定的要求才能具备彰显股东权利效力的法律效果。我国《公司法》第128条第2—4款规定：“股票应当载明下列主要事项：（一）公司名称；（二）公司成立日期；（三）股票种类、票面金额及代表的股份数；（四）股票的编号。股票由法定代表人签名，公司盖章。

① 依据《银行间债券市场非金融企业债务融资工具管理办法》，短期融资券、超短期融资券、中期票据、中小企业集合票据、非公开定向债务融资工具、资产支持票据、项目收益票据统合为“非金融企业债务融资工具”（简称“债务融资工具”），是指具有法人资格的非金融企业在银行间债券市场发行的，约定在一定期限内还本付息的有价证券。

发起人的股票,应当标明发起人股票字样。"

股票可以分为记名股票和无记名股票。其中,记名股票是指将公司股东的名称记载于股票之上,公司将股东的名称记载于股东名册之上。在记名股票的转让中,需由股东以背书方式或者法律、行政法规规定的其他方式转让,转让后由公司将受让人的姓名或者名称及住所记载于股东名册。无记名股票是指公司的股票并不记载具体的股东姓名,而只记载其股票的面值、对应的数量、编号及发行日期。持有股票向公司主张权利的人即为公司股东。在无记名股票的转让中,由股东将该股票交付给受让人后即发生转让的效力,无须经过公司登记过户确认。

此外,依据股东权利的不同,股票还可以分为普通股股票(common shares)和优先股股票(preferred shares)。普通股票是最基本、最重要的股票。优先股票与普通股票相对应,是指特定股东所持有的、优于普通股票股东而可享受公司利润或进行财产分配的股票。优先股可以根据公司股东之间的意定派生出更多的权利类型,如累积优先股(采固定股息率)和非累积优先股(采非固定股息率)、参与分配优先股(股东拥有固定股息以外的额外分红权)和不参与分配优先股、可转换优先股和不可转换优先股、可赎回优先股和不可赎回优先股、股息可调优先股和股息不可调优先股等。需要注意的是,以"AB 股"形式出现的双重股权结构(dual-class)或特别表决权(special voting right)并不是普通股与优先股的区别。在美国,这种双重股权结构仍然是指同一类别的股份(分红权相同),只不过在特定事项上的表决权依据公司章程的约定而有所不同。持有特别表决权的往往是公司的创始人,当其将自己所持有的具有特别表决权的股票对外出售时,原本具有特别表决权的股份将随之失去相应的特别表决权。比如,在 Google 上市时,持有 A 级股票的公众股东每股有 1 票投票权,而其主要创始人却享有每股 10 票投票权的 B 级股票。但是,这些 B 级股票只授予创始人。当创始人将其所持有的拥有特别表决权的股份对外出售时,这些 B 级股票将转换成只具有 1 票投票权的 A 级股票。我国在进行科创板注册制改革时引入特别表决权。依据国务院授权的方式,我国将股票分为有特别表决权的股票与无特别表决权的股票两种类型。

(三) 有关中国公司股票的特有词汇

1. A 股

A 股是指在中国境内注册的股份有限公司发行的,以人民币为面值和计价单位,在中国境内证券交易所进行交易的股票。[1]

---

[1] 需要说明的是,根据《国务院办公厅转发证监会关于开展创新企业境内发行股票或存托凭证试点若干意见的通知》(国办发〔2018〕21 号),境外注册的红筹公司也可以选择以外币为面值、以人民币交易的方式在科创板发行人民币普通股(即 A 股),这是一类特殊的 A 股形式。

2. B 股

B 股是指在中国境内注册的股份有限公司发行的，以人民币为面值，以外币为计价单位，在中国境内证券交易所进行交易的股票，又称“人民币特种股票”。在上海证券交易所交易的 B 股以美元计价，在深圳证券交易所交易的 B 股以港币计价。B 股是我国资本市场早期对外开放的产物，目前已没有新的 B 股发行，既有的存量 B 股也因与 A 股之间的价差过大而面临着如何改革的问题。

3. H 股

H 股是指在中国境内注册的股份有限公司发行的，以人民币为面值，以外币为计价单位，在香港交易所进行交易的股票。在很长一段时间内，发行 H 股的公司只有 H 股部分可在境外证券交易所进行交易，非 H 股部分仍不能在境外证券交易所公开上市交易。中国证监会自 2019 年开始着手推动 H 股上市公司的全流通改革，改革首先从增量申请开始，即拟申请在香港交易所发行 H 股的公司在向中国证监会报送 H 股发行核准时，可以同时申请股份的全流通试点。

4. 红筹股

红筹股是指在中国境外注册的、拥有中国境内资产权益的境外公司以其境外公司的名义在境外证券市场发行并上市交易的股票。①

二、债券

（一）定义

债券是指政府、金融机构、工商企业等主体向社会借债筹措资金时，向投资者发行的，承诺按一定利率支付利息并按约定条件偿还本金的债权债务凭证。债券的本质是债的证明书。债券购买者与发行者之间是一种债权债务关系，债券发行人即债务人，投资者（债券持有人）即债权人。由于债券的利息通常是事先确定的，因此债券通常是固定利息证券（定息证券）的一种。但是，债券发行人也可以发行可变利息的债券。

（二）我国常见的债券种类

表 5-4　债券的类型及其定义

债券种类	定义
国债	国债是国家发行的债券，是中央政府为筹集财政资金而发行的一种政府债券，是中央政府向投资者出具的、承诺在一定时期支付利息和到期偿还本金的债权债务凭证。

① 有关红筹股的历史背景，可参见本书第七章第二节境外上市部分的介绍。

（续表）

债券种类	定义
地方债	狭义的地方债是指省、自治区、直辖市一级的政府为没有收益的公益性项目发行的、约定在一定期限以一般公共预算收入还本付息的政府债券。在一段时间内，广义的地方债还包括由地方政府控制的投融资平台发行的企业债或者其他类型的债务类工具（即业内所称的“城投债”）。
公司债券/可续期公司债券	公司债券是指公司依照法定程序发行、约定在一定期限还本付息的**有价证券**。（《公司法》第153条）
可转换公司债券	可转换公司债券是指发行公司依法发行、在一定期间内依据约定的条件可以转换成股份的公司债券。（《上市公司证券发行管理办法》第14条）
分离交易的可转换公司债券	分离交易的可转换公司债券是指上市公司可以公开发行认股权和债券分离交易的可转换公司债券。（《上市公司证券发行管理办法》第27条）
非公开发行公司债券	➢ 中小企业私募债券：中小微型企业在中国境内以非公开方式发行和转让，约定在一定期限还本付息的公司债券。 ➢ 可交换中小企业私募债券：中小微型企业在中国境内以非公开方式发行和转让，约定在一定期限还本付息或者依据约定的条件交换成该企业所持有的上市公司股份的公司债券。 ➢ 并购重组私募债券：在中国境内注册的公司制法人（但不包括在沪深两地上市的上市公司）为开展并购重组活动，在中国境内以非公开方式发行和转让，约定在一定期限还本付息的公司债券。
企业债券（包括地方城投债、绿色债券等）	企业债券是指企业依照法定程序发行、约定在一定期限内还本付息的**有价证券**。（《企业债券管理条例》第5条）
减记债券	减记债券是指允许商业银行在发行债券时约定当二级资本工具触发事件发生时，对于未到期债务予以减记或者强行转股的公司债券。（《关于商业银行资本工具创新的指导意见》第2条） 商业银行等金融机构可以按照有关规定发行附减记条款的公司债券。（《公司债券发行与交易管理办法》第11条）
金融债券	金融债券是指依法在中华人民共和国境内设立的金融机构法人在全国银行间债券市场发行的、按约定还本付息的有价证券。（《全国银行间债券市场金融债券发行管理办法》第2条）
短期融资券/超短期融资券	短期融资券是指企业依照规定的条件和程序在银行间债券市场发行和交易并约定在一定期限内还本付息的有价证券。（《短期融资券管理办法》第3条，2008年废止）

（续表）

债券种类	定义
中小非金融企业集合票据	中小非金融企业集合票据是指2个(含)以上、10个(含)以下具有法人资格的中小非金融企业，在银行间债券市场以统一产品设计、统一券种冠名、统一信用增进、统一发行注册方式共同发行的，约定在一定期限还本付息的债务融资工具。(《银行间债券市场中小非金融企业集合票据业务指引》第3条)
中期票据	中期票据是指具有法人资格的非金融企业在银行间债券市场按照计划分期发行的，约定在一定期限还本付息的债务融资工具。(《银行间债券市场非金融企业中期票据业务指引》第2条)
非公开定向债务融资工具	非公开定向发行是指具有法人资格的非金融企业，向银行间市场特定机构投资人发行债务融资工具，并在特定机构投资人范围内流通转让的行为(《银行间债券市场非金融企业债务融资工具非公开定向发行规则》第2条)。非公开定向债务融资工具是指在银行间债券市场以非公开定向发行方式发行的债务融资工具。
资产支持票据	资产支持票据是指非金融企业在银行间债券市场发行的，由基础资产所产生的现金流作为还款支持的，约定在一定期限内还本付息的债务融资工具。(《银行间债券市场非金融企业资产支持票据指引》第2条)
项目收益票据	项目收益票据是指非金融企业在银行间债券市场发行的，募集资金用于项目建设且以项目产生的经营性现金流为主要偿债来源的债务融资工具。(《银行间债券市场非金融企业项目收益票据业务指引》第2条)

在表5-4所列的债券类型中，其实只有列明“公司债”(包括“企业债”)的债券才属于《证券法》项下的“法定债券”。其他形式的债券属于债务融资工具。如前文所述，在监管对象割裂的情形下，这些债务融资工具并不属于《证券法》所列的“法定证券”类型。

三、存托凭证

根据中国证监会2018年6月公布的《存托凭证发行与交易管理办法(试行)》第2条第1款的规定，存托凭证是指由存托人签发、以境外证券为基础在中国境内发行、代表境外基础证券权益的证券。

根据《国务院办公厅转发证监会关于开展创新企业境内发行股票或存托凭证试点若干意见的通知》和《关于创新试点红筹企业在境内上市相关安排的公告》的要求，发行存托凭证的试点企业应当是符合国家战略、掌握核心技术、市场认可度高，属于互联网、大数据、云计算、人工智能、软件和集成电路、高端装备制造、生物医药等高新技术产业和战略性新兴产业，且达到相当规模的创新企业。

其中,已在境外上市的大型红筹企业,市值不低于2000亿元人民币或者市值200亿元人民币以上,且拥有自主研发、国际领先技术,科技创新能力较强,同行业竞争中处于相对优势地位;尚未在境外上市的创新企业(包括红筹企业和境内注册企业),最近一年营业收入不低于30亿元人民币且估值不低于200亿元人民币,或者营业收入快速增长,拥有自主研发、国际领先技术,同行业竞争中处于相对优势地位。

为此,《上海证券交易所科创板股票上市规则》第2.1.3条对在科创板申请上市交易的存托凭证的发行要求是:营业收入快速增长[①],拥有自主研发、国际领先技术,同行业竞争中处于相对优势地位的尚未在境外上市红筹企业,申请在科创板上市的,市值及财务指标应当至少符合下列标准之一:(1)预计市值不低于人民币100亿元;(2)预计市值不低于人民币50亿元,且最近一年营业收入不低于人民币5亿元。

2020年4月27日,在深圳证券交易所公布的与创业板注册制改革相配套的上市规则征求意见稿中,其第2.1.3款同样规定了"符合《国务院办公厅转发证监会关于开展创新企业境内发行股票或存托凭证试点若干意见的通知》的相关规定且最近一年净利润为正的红筹企业,可以申请其股票或存托凭证在创业板上市。营业收入快速增长,拥有自主研发、国际领先技术,同行业竞争中处于相对优势地位的尚未在境外上市红筹企业,申请在创业板上市的,市值及财务指标应当至少符合下列标准中的一项:(一)预计市值不低于100亿元,且最近一年净利润为正;(二)预计市值不低于50亿元,最近一年净利润为正且营业收入不低于5亿元"的上市标准。

四、其他典型的非法定"证券"

(一)证券投资基金

2005年《证券法》第一次修订时,在第2条有关证券的定义中,虽没有将证券投资基金份额列为证券,但根据当时公募证券投资基金市场发展的状况,规定证券投资基金份额的上市交易(但不包含发行)适用《证券法》的规定。由此,围绕证券投资基金上市交易的相关主体和行为同样受《证券法》的管辖。就证券投资基金发行行为而言,1997年经国务院批准而由国务院证券委(当时中国证监

---

① 2020年6月5日上海证券交易所发布的《关于红筹企业申报科创板发行上市有关事项的通知》规定,尚未在境外上市红筹企业申请在科创板上市,适用有关"营业收入快速增长"的规定时,应当符合下列标准之一:(1)最近一年营业收入不低于人民币5亿元的,最近3年营业收入复合增长率10%以上;(2)最近一年营业收入低于人民币5亿元的,最近3年营业收入复合增长率20%以上;(3)受行业周期性波动等因素影响,行业整体处于下行周期的,发行人最近3年营业收入复合增长率高于同行业可比公司同期平均增长水平。处于研发阶段的红筹企业和对国家创新驱动发展战略有重要意义的红筹企业,不适用"营业收入快速增长"上述要求。

会的上级领导部门)颁布的《证券投资基金管理暂行办法》第2条规定:“本办法所称证券投资基金(以下简称基金)是指一种利益共享、风险共担的集合证券投资方式,即通过发行基金单位,集中投资者的资金,由基金托管人托管,由基金管理人管理和运用资金,从事股票、债券等金融工具投资。”2003年,《证券投资基金管理暂行办法》升格为《证券投资基金法》时,立法者并没有对“证券投资基金”下一个法定的定义,而是在第2条规定:“在中华人民共和国境内,通过公开发售基金份额募集证券投资基金(以下简称基金),由基金管理人管理,基金托管人托管,为基金份额持有人的利益,以资产组合方式进行证券投资活动,适用本法;本法未规定的,适用《中华人民共和国信托法》《中华人民共和国证券法》和其他有关法律、行政法规的规定。”①

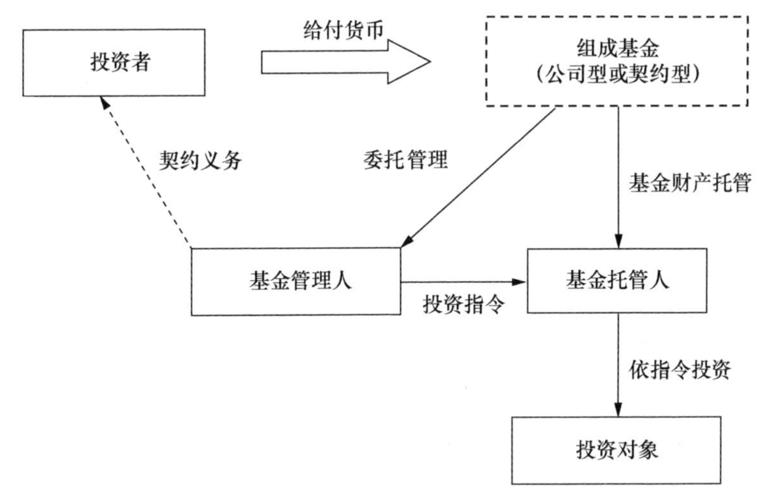

图5-1　证券投资基金法律关系示意图

(二)资产支持证券(ABS)

资产证券化是将已经产生但在未来分期支取的特定现金流权益作为资产出售给特定的证券发行载体(即特殊目的载体,special purpose vehicle, SPV),该等特殊目的载体以公开或私募方式向投资者发行证券(或作为投资者的受托人管理证券)募集资金,并以所募集的资金向资产的原所有权人购买资产,以实现证券投资者通过特殊目的公司享有资产未来收益的投资方式。资产支持证券本质上是一种债券性质的金融工具,它向投资者支付的本息来自基础资产池(pool of underlying assets)产生的现金流或剩余权益。

① 2012年修改《证券投资基金法》时,把非公开募集资金设立证券投资基金的行为也纳入《证券投资基金法》的管辖范畴,由此出现中国证券投资基金业协会对私募证券投资基金管理人及其发起的基金的备案型自律监管活动。

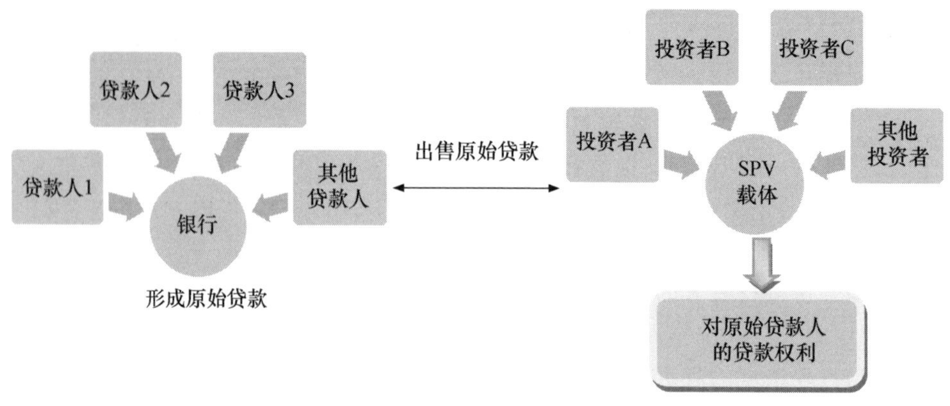

图 5-2 资产证券化示意图

我国最早的资产证券化(以下为方便论述,可能用 ABS 指代"资产证券化"一词)实践始于 2004 年《国务院关于推进资本市场改革开放和稳定发展的若干意见》所提及的"积极探索并开发资产证券化品种"的要求。为此,中国证监会推动了企业资产证券化的试点,中国人民银行、中国银监会推动了信贷资产证券化的试点。然而,由于 2007 年爆发的美国次贷危机所引发的对于资产证券化的风险争议,我国资产证券化过程暂时搁置,直至 2012 年前后才作为刺激经济发展的一个重要的金融配套性措施得以再生,中国证监会、中国人民银行、中国银监会、财政部等部门重启相关资产证券化的试点工作,并迅速推动了资产证券化产品的发展。在此背景下,中国银行间市场交易商协会推出了资产支持票据,中国证监会再次放开企业资产证券化的发行。但是,从监管规则上看,我国对于资产证券化过程中最为基本的前提——适格的基础资产并不存在清晰的界定,各个监管机构(甚至同一监管机构在不同时期)对于资产证券化中基础资产的要求也不同。比如,中国证监会早先要求基础资产是"能够产生稳定现金流的基础资产"①。但是,到了 2014 年,基础资产就变为"独立、可预测的现金流且可特定化的财产权利或者财产"②。中国人民银行和中国银监会在其信贷资产证券化的

① 中国证监会发布的《证券公司企业资产证券化业务试点指引(试行)》第 2 条规定:"证券公司企业资产证券化业务是指证券公司以专项资产管理计划(以下简称'专项计划')为特殊目的载体,以计划管理人身份面向投资者发行资产支持受益凭证(以下简称'受益凭证'),按照约定用受托资金购买原始权益人能够产生稳定现金流的基础资产,将该基础资产的收益分配给受益凭证持有人的专项资产管理业务。"

② 《证券公司及基金管理公司子公司资产证券化业务管理规定(修订稿)》中规定的基础资产,是指"符合法律法规,权属明确,可以产生独立、可预测的现金流且可特定化的财产权利或者财产。基础资产可以是单项财产权利或者财产,也可以是多项财产权利或者财产构成的资产组合"。所谓的财产权利或者财产,"其交易基础应当真实,交易对价应当公允,现金流应当持续、稳定"。基础资产可以是企业应收款、信贷资产、信托受益权等财产权利,基础设施、商业物业等不动产财产或不动产收益权,以及中国证监会认可的其他财产或财产权利。

基础要求中，最早要求“能够产生现金支付资产支持证券收益的信贷资产”[1]，后来改为“具有稳定可预期现金流的信贷资产”。[2]除此以外，证券交易所对于允许在证券交易所挂牌交易的资产证券化产品也提出了具有“现金流稳定性、特定化”的要求。[3] 在这样的背景下，实践中，可被纳入资产证券化资产池的基础资产就包括已经发生的、具有未来能够明确收入金额的现金流资产（即“既有资产”）和那些只具有现金流收益可能但无法具体明确收入金额的权利性资产（即“未来资产”）。未来资产不是已经能够产生特定现金流的资产，而仅仅是原始所有人将特定实物资产或者特许经营权的“产权”让渡给资产证券化过程中的特殊目的载体，并向投资者承诺通过该等特殊目的载体享有基于这些未来资产而可能出现的现金流权利（如公路收费收益权、景区门票收益权、[4]未有固定租约的长租公寓租金收益权等）。从本质上讲，这种未来权利项下所对应的现金流仅仅是通过预测而产生的“可能现金流”，而非确定的、可被预期获得收入的现金流，其实在理论上并不适合充当ABS的基础资产。

（三）不动产投资信托基金（REITs）

不动产投资信托基金本质上是一种结合了公募基金与资产证券化特点的证券投资工具。它是一种将具有稳定未来现金流的资产所有权以信托方式注入特殊目的载体，并由这个特殊目的载体向公众投资者募集资金以作为支付原资产所有权人的对价，公众投资者以该等转让资产未来持续、稳定且可预期的现金流作为投资回报的投融资方式。

2020年4月30日，中国证监会联合国家发改委发布《中国证监会 国家发展改革委关于推进基础设施领域不动产投资信托基金（REITs）试点相关工作的通知》，明确规定：“试点初期，由符合条件的取得公募基金管理资格的证券公司或基金管理公司，依法依规设立公开募集基础设施证券投资基金，经中国证监会注册后，公开发售基金份额募集资金，通过购买同一实际控制人所属的管理人设立

---

① 《信贷资产证券化试点管理办法》（中国人民银行 中国银行业监督管理委员会〔2005〕第7号）第2条第1款规定：“在中国境内，银行业金融机构作为发起机构，将信贷资产信托给受托机构，由受托机构以资产支持证券的形式向投资机构发行受益证券，以该财产所产生的现金支付资产支持证券收益的结构性融资活动，适用本办法。”

② 《中国人民银行 中国银行业监督管理委员会 财政部关于进一步扩大信贷资产证券化试点有关事项的通知》（银发〔2012〕127号）规定：“信贷资产证券化入池基础资产的选择要兼顾收益性和导向性，既要有稳定可预期的未来现金流，又要注重加强与国家产业政策的密切配合。”

③ 比如，深圳证券交易所在《深圳证券交易所资产证券化业务问答（2017年3月修订）》中要求公用事业类原始权益人具有持续经营能力和现金流稳定性、特定化。

④ 2019年4月18日，中国证监会公司债券监管部发布《资产证券化监管问答（三）》，要求基础资产的现金流应当来源于特定原始权益人基于政府和社会资本合作（PPP）项目、国家政策鼓励的行业及领域的基础设施运营维护，或者来自从事具备特许经营或排他性质的市政设施、交通设施、公共服务所形成的债权或其他权利。这就排除了原先允许的电影票款、不具有垄断性和排他性的入园凭证、物业服务费、缺乏实质抵押品的商业物业租金等作为基础资产的现金流来源。

发行的基础设施资产支持证券,完成对标的基础设施的收购,开展基础设施REITs业务。公开募集基础设施证券投资基金符合《证券法》《证券投资基金法》规定的,可以申请在证券交易所上市交易。"根据2020年8月6日中国证监会颁布的《公开募集基础设施证券投资基金指引(试行)》,现有公开发行的不动产投资信托基金只能限于基础设施的资产证券化,且必须符合以下条件:"(一) 80%以上基金资产投资于基础设施资产支持证券,并持有其全部份额;基金通过基础设施资产支持证券持有基础设施项目公司全部股权;(二) 基金通过资产支持证券和项目公司等载体(以下统称特殊目的载体)取得基础设施项目完全所有权或经营权利;(三) 基金管理人主动运营管理基础设施项目,以获取基础设施项目租金、收费等稳定现金流为主要目的;(四) 采取封闭式运作,收益分配比例不低于合并后基金年度可供分配金额的90%。"

由于现有的不动产投资信托基金的发售在本质上是比照公开发行证券的要求进行的,因此在某种意义上,虽然我国《证券法》并没有把"不动产投资信托基金"列为法定证券的种类,但是根据上述通知和指引的各项要求,不动产投资信托基金已经在事实上成为《证券法》一个隐含的证券子类别。

五、可资期待的进一步改革

在证券定义割裂及其带来的证券监管割裂的情形下,对于那些本质上以直接融资为特征的融资活动难以适用统一的监管规则,要么是谁都想管,要么是谁都不想管。对于市场主体的创新活动而言,要么力求利用监管规则的不同各自寻求"监管的庇护",要么利用监管规则之间的不同进行不受任何约束的"创新",创造出令人眼花缭乱的金融产品。"在没有正确认识证券的范围或应当有的范围的情况下,国家无法真正提供合法与违法边界的界定标准。"[①]2019年《证券法》修订时,将"资产支持证券、资产管理产品发行、交易的管理办法,由国务院依照本法的原则规定"纳入证券监管的框架。有很多业界人士认为这一新增条款把资管产品纳入"证券"定义的范围,从而有助于打破监管壁垒,为建立统一的证券发行、交易、监管体系提供了法律依据。但是,从法条的内容而言,这个新增的规定只是明确了由国务院对资管产品设定统一的标准,并未打破现有不同债券品种接受不同监管的基本格局。严格地说,此次《证券法》修订并没有对原来的"证券"定义进行大的调整,除了"股票、公司债券、存托凭证"这些"法定证券"以外,仍然存在不同种类的证券因归属于不同的监管部门而接受不同监管的格局。一个有意思的例子就是,在《证券法》修订后,中国人民银行在其现有监管范围内的金融债、次级债、信贷资产证券化之外,又新增了一种具备流通性质的标准化

① 李有星、杨俊:《论我国证券法定范围引发的问题及其解决方案》,载《时代法学》2012年第4期。

票据产品。由此可见，未来在银行间市场和交易所市场，不仅会出现标准化票据产品，而且一些不被称为“债券”或者“证券”的金融产品也可能在“监管竞争”的背景下在不同的轨道上大行其道。同样，那些本质上具有“权利凭证”属性，但是因不属于法定的证券类型或者仅因在名称上不属于对应监管部门的监管权限而不受监管的产品也会在“监管真空”局面下存在。就“相同工具、相同监管”的功能监管要求，任何直接投资的工具本质上都应遵循“实质重于形式”的原则而被归入“证券”的监管范畴，即不管其名称是否在法律的列举范围内，只要在性质上符合证券法对证券内涵的界定，都应该受证券法规范。① 将证券法规制的证券从“形式证券”向“实质证券”转化，应该成为未来直接融资体系监管的一种必需且必然的选择。②

本章复习要点

我国证券定义的方式、现有证券定义的范围与不足。

课外延伸阅读

1. 吴志攀：《〈证券法〉适用范围的反思与展望》，载《法商研究》2003 年第 6 期。

2. 陈洁：《金融投资商品统一立法趋势下“证券”的界定》，载张育军、徐明主编：《证券法苑》(第五卷)，法律出版社 2011 年版。

3. 曾洋：《论证券法之“证券”——以〈证券法〉第 2 条为中心》，载《江海学刊》2012 年第 2 期。

4. 朱慈蕴、〔日〕神作裕之：《差异化表决制度的引入与控制权约束机制的创新》，载《清华法学》2019 年第 2 期。

---

① 参见陈甦、陈洁：《证券法的功效分析与重构思路》，载《环球法律评论》2012 年第 5 期。

② 比如，在“实质证券”的概念下，在本质上，可以停止在“资管新规”出台后对于资管产品的规管是应该以信托义务还是金融监管为核心的争论，因为此时可以将资管产品中的“受益凭证”看成与公司股票并无不同的证券。资管产品的发行可以被分解为内部结构和外部结构。就内部结构而言，在资管产品的凭证发行后，需要由受托人完成产品融资成功后的资金运作。此时，在资管产品与受托人之间，可以采取公司与董事之间的那种“信义义务”进行规制，构成一种内部的“组织”(虽然没有像公司那样形成注册后的虚拟法人)关系。就外部结构而言，受益凭证的发行就可以被看成一种为了获得投资者的融资关系而通过发行证券进行的融资行为。这种融资关系的核心要求是，应当与发行股票或债券一样遵守以减少信息不对称为目的的证券信息披露监管规则。

第六章　证券公开发行及其监管

【本章导言】

证券的公开发行涉及发行人向社会公众进行筹资的过程。也正是基于其“公众性”特点，证券公开发行的融资有别于私下的、“一对一”的契约型投资。基于证券公开发行的“涉众”特点，为了防止信息不对称所引发的“欺诈”“隐瞒”，大多数国家和地区都建立起了以强制性信息披露为主导的投资者保护制度，在充分、公开、完全、真实、准确的披露义务前提下，厘清了卖方责任和买者自负之间的界限，并制定了许多围绕证券公开发行的监管规则。

第一节　证券的公开发行

一、证券发行的定义

证券发行是指发行人为筹集资金而向特定或不特定对象销售代表某种权益的有价证券的行为。

证券发行主要涉及发行人与投资者之间的关系。其中，发行人通过发行证券换回了金钱，从而成为证券的义务人；投资者通过支付金钱换回了证券，从而成为证券的权利人。

证券发行体现为一种“一手交钱，一手交物”的商品交换过程。在本质上，证券发行与其他有形商品的交易并没有太大的区别，其特殊性无非只是由有形商品变为一种以纸质方式或电子方式呈现的权利凭证。

二、证券发行的分类

按照品种划分，证券发行可以分为股票发行、债券发行、基金发行、衍生品发行等。

按照发行方式划分，证券发行可以分为私募发行和公募发行。在公募发行中，基于发行人的不同，又可以分为首次公开发行（IPO）和增发。例如，股票的首次公开发行是指非公众公司首次向社会公众发行股票，通常也意味着发行成功后的挂牌上市；而增发是指已经成为公众公司的发行人为增加其股份所进行的发行活动，其中又可掺杂着私募（定向发行）和公募（非定向发行）的区别。

三、证券公开发行的界定

从法律技术划分的角度而言，如何界定“公开”(public)是非常困难的一件事情，是以人数标准、地域标准还是混合性标准进行界定往往成为立法者、学界争论的焦点。

（一）美国的经验

整体上，美国法是以确定“非公开”的方式反推“公开”的标准。即如果在SEC或者法院所认定的“非公开”范围之内，则美国《1933年证券法》不适用于这些证券的发行；反之，构成“公开发行”的行为应当符合相关证券法律的要求。

在美国证券法中，非公开发行的认定标准几经变迁，总的趋势是从较为固化的形式条件转变为相对柔性的多因素综合考量。比如，美国《1933年证券法》第4(2)条和第4(5)条分别规定了“不涉及公开发售的证券发行”和“在特定金额内向合格投资者的发售”可不受第5章有关注册要求的约束。SEC于1935年发布的公告(release)最早确认，判断一项涉及跨州的证券发行交易是否构成不触发注册义务的非公开发行，需要考察四项因素：(1) 发行对象的人数（包括发行对象之间及其与发行人之间关系的性质）；(2) 发售的证券单位数量；(3) 发售的规模；(4) 发售的方式。[①] 就人数、数量及规模而言，规模越小的交易越不容易被认定公开发行。SEC原先认为向25个以下的人发行证券不是向很多人发行，因此不会构成公开发行。[②] 这种单纯的、形式上的认定标准持续长达二十余年。直到1953年，美国联邦最高法院在SEC v. Ralston Purina Company一案[③]中，才将认定非公开发行的关注焦点由表面上的发行特征转到对非公开发行的制

---

① See General Gounsel's Opinion, Securities Act Release No. 285, Jan. 24, 1935.

② Ibid.

③ 案情：区法院认为Ralston Purina公司可以适用豁免，上诉法院维持了区法院的判决。而最高法院却推翻两个下级法院的判决。Ralston Purina公司是一家生产与销售各种饲料与谷物食品产品的企业，加工与销售设施遍及美国与加拿大。自1947到1951年该公司未经注册却利用了邮递设施，向其雇员出售了大约200万美元的股票。Ralston Purina公司认为它的发行应当获得注册豁免，因为所有的受发行人皆是公司的“关键雇员”(key employees)。他们应当包括任何有资格获得提升的人、任何能影响他人或向他人提供意见的人、雇员特别期待的人，当然也包括任何负有特殊职责的人、赞同管理的人、有进取心的、且管理人员觉得有可能被提升到更重要职位的人。美国最高法院认为，立法的目的是通过提供作出合理投资所必要的全部信息来保护投资者。因此，解释私募发行豁免要按照立法目的进行。适用第4(2)条依赖于受发行人是否需要《证券法》的保护。如果受发行人明显能够自己保护自己，则对这些人作出的发行要约就是一个“不涉及任何公开发行要约”的交易。而Ralston Purina公司受发行人的地位决定他们无法获得相关资料，他们如社区中的邻居一样是投资“公众”中的一员。据此美国最高法院判决Ralston Purina公司应当遵守《证券法》第5节的规定。在该案中，法院直截了当地拒绝了SEC的部门总监关于“私募发行构成要件是受发行人不超过25人的标准的看法”。

度、功能分析上来,即以发行对象是否需要受《1933年证券法》规定的强制性信息披露保护作为判定是否构成非公开发行的标准。美国联邦最高法院判决认为,《1933年证券法》采取注册制和强制披露的目的是确保向投资者充分披露其认为形成投资决策所必需的信息,使其可以作出适当的投资决定,以保护投资者的正当利益。非公开发行豁免则使投资者不再享有这层保护,因此问题就集中于发行对象究竟是否需要这种法律保护。如果发行对象不需要,即他们有能力自我保护,则非公开发行豁免应当被肯认。证明发行对象是否有能力自我保护的责任应由发行人承担。发行人的举证内容至少应当包括发行对象的资格、投资经验以及对相关信息的获取途径。一般而言,具备投资经验并不等于具备信息获取途径,因为如果无法获取与注册登记程序中获取的信息等同的信息,即使那些对投资业务拥有丰富经验与判断力的人也难以作出合理的投资判断。

出于对非公开发行豁免的谨慎态度,20世纪60—70年代,美国法院对发行对象的认定采取较为苛刻的限制条件。1977年,美国联邦最高法院在Doran v. Petroleum Management Corp.一案[①]中,对于"非公开"的标准作了进一步的澄清,认为"将非公开发行的发行对象限于内部人地位是对非公开发行制度的误解。就发行对象的投资资格而言,只要其作为富有经验的投资者能在占有充分、真实的信息基础上正常行使其投资技能即满足了立法要求"。换言之,发行对象如果具备成熟、有经验的投资者的身份,加上SEC确定的四项条件,即可享受私募发行豁免。在美国法中,"成熟投资者"的概念主要用于发行对象为个人投资者的情况;而对机构投资者,则一般使用"合格投资者"的概念。

由于《1933年证券法》第4(2)条规定的模糊性,SEC于1982年依据授权通过了一个基于《条例D》及其《规则506》的非排他性的"安全港"规则,即任何发行人要想获得私募发行注册豁免,应当符合如下条件:(1) 证券的购买人或发行人合理认为的购买人不得超过35人;(2) 向合格投资者(accredited investor)发行,[②]包括银行、存贷款协会、保险公司、证券商,商业开发公司、商业投资公司,商业信托、合伙,发行人的任何董事、高级管理人员或一般合伙人,富裕的个人和家庭[③]等,这些合格投资者被假定为具有丰富投资经验而无须证券法特别保护的投资者。

《条例D》的颁布使得美国证券法对于私募发行的基本条件有了明确的规定。然而,无论《1933年证券法》第4(2)条还是《条例D》,皆存在一个问题:发行人尽管可以根据非公开发行而以免注册的方式发行证券,但是由于该等证券未

① Doran v. Petroleum Management Corp., 545 F.2d 893 (5th cir. 1977).
② See Rule 506(b)(2).
③ See Rule 501 (a).

经 SEC 注册，因此原始获得该等证券的投资者虽可以合法地持有证券，却无法进行合法的转让。因为这两个规范要求非公开发行证券的购买者在购买该证券的时候必须不是为了后续的转让，否则就将涉及发行人豁免注册的有效性问题，由此会导致非公开发行的证券成为没有流动性支持的证券。为了解决这类争议，SEC 引入《规则 144》项下的非公开发行证券的转售规则。在受让人满足特定条件时，原证券购买人可以通过该转售规则出售证券，前提同样是不能构成证券公开发行的行为。

（二）中国的实践

我国《证券法》第 9 条第 2 款规定："有下列情形之一的，为公开发行：（一）向不特定对象发行证券；（二）向特定对象发行证券累计超过二百人，但依法实施员工持股计划的员工人数不计算在内；（三）法律、行政法规规定的其他发行行为。非公开发行证券，不得采用广告、公开劝诱和变相公开方式。"

在上述规定中，第 1 项是"对象要求"，第 2 项是"人数要求"，第 3 项可被视为"方式要求"。在"对象要求"中，面临如何理解"不特定对象"的问题。从字面含义上看，"向不特定对象发行证券"应该是指发行人在发行证券前并不知道具体的交易对手（买方）是谁，因而以"广撒网"方式寻找投资者，此类投资者相当于通常所说的"社会公众"。当然，对于"社会公众"一词，可以有不同的宽窄解释。但是，从理论的视角而言，本书认为，如果在发行时不知道潜在的交易对手是谁，则不论最终有多少人购买了证券，都应该属于证券公开发行的行为。在"对象要求"的基础上，尽管发行人可以向确定的潜在购买对象销售证券，但是除法定豁免情形外，发行完成后的股东合计不得超过 200 人。关于这一人数限制，为了防止发行人利用规则的漏洞而逃避对"公开发行"的界定，中国证监会在过往的监管实践中总结出了一套"直接计算"与"穿透计算"的认定规则，即"穿透规则"（参见表 6-1）。比如，在首次公开发行时，原则上，发行人的法人股东或合伙企业在计算股东人数时可算作 1 人；如果属于故意规避 200 人的情形，则应穿透至上层股东（直至自然人或实际控制人），合并计算直接股东和间接股东的人数，且总和不得超过 200 人。[①]除此以外，根据证券发行的"方式要求"，通过现场介绍、纸质媒介、电视媒体、互联网等方式进行广告宣传、投资推荐、"朋友圈"展示等销售证券的行为都构成证券的公开发行。

---

① 200 人股东上限的例外情形：（1）2006 年之前已经存在的定向募集股份有限公司；（2）城市商业银行股东超过 200 人，如果形成过程不涉及违规并经过监管机构核准。合伙企业原则上可以算 1 人，但是有两点例外：（1）明显是为了规避 200 人要求的除外；（2）若该合伙企业是实际控制人，则要统计全部普通合伙人的人数，并要对合伙企业的历史沿革和最近 3 年的主要情况进行核查。

表 6-1 200 人股东上限的“穿透规则”

主体类型		是否穿透计算投资者人数(正常情况下)			
		Pre-IPO	新三板挂牌	定向增发	
				锁价发行	竞价发行
有正常经营业务的有限责任公司		否	否	是	否
为本次投资专门设立的有限责任公司		是	是	是	否
有正常经营业务的合伙企业(非私募基金)		否	否	是	否
为本次投资专门设立的合伙企业		是	是	是	否
公募证券投资基金		不可投资	不可投资	否	否
私募投资基金	备案的私募基金	否	否	否	否
	非备案的私募基金	是	是	是	是
券商的资管计划		不可投资	否	是	否
信托公司的信托计划		不可投资	不可投资	不可投资	不可投资
银行理财产品		不可投资	不可投资	是	不可投资
职工持股会		是	是	不可投资	不可投资
员工持股计划①		否	否	否	否

四、证券公开发行过程中的销售

前已提及，证券发行是一种投资者与发行人之间“以钱换券(权利)”的过程。在这个过程中，一方面，当然可以通过发行人自身的努力完成发行与销售的工作；另一方面，出于专业化和提高销售成功率的考虑，寻求一个专业化的中介机构的帮助不失为一种节省成本的方式。就后者而言，涉及的是证券发行过程中的承销问题。证券承销是指从事证券服务的专业中介机构(通常是作为券商的证券公司)与发行人签订承销协议，由该等证券服务机构依据合同的约定帮助发行人销售证券的活动。

在证券承销中，通常包括包销和代销两种方式。证券包销是指证券服务机构承诺将发行人拟发行的证券全部购入后进行转售，或者承诺在相应期限内将

① 2019 年修订的《证券法》第 9 条第 2 款第 2 项在提及 200 人的标准时，明确规定“依法实施员工持股计划的员工人数不计算在内”。因此，根据《首发业务若干问题解答(2020 年 6 月修订)》《上海证券交易所科创板股票发行上市审核问答》《深圳证券交易所创业板股票首次公开发行上市审核问答》等文件，符合条件的员工持股计划(包括资管计划)可以作为“单一股东”，无须被“穿透核查”而合并计算股东人数。

未完成销售的予以全部购买，以帮助发行人完成全部证券出售计划的约定。因此，包销分为全额包销和余额包销两种方式。全额包销是指承销商先全部购买发行人本次发行的全部证券，再向公众投资者进行转售的行为；而余额包销是指承销商先作为发行人的代理人以发行人的名义销售证券，如果在发行结束后未能代表发行人全部出售计划出售的证券，则承销商承诺购买未能销售完成的剩余证券。证券代销是指证券服务机构只作为发行人的代理人尽力推销证券，在承销期结束时，承销商将未售出的证券全部退还给发行人的承销方式。

证券包销和证券代销存在明显的不同：第一，法律关系不同。证券包销产生类似于承销商与发行人之间的买卖关系，而证券代销产生的是承销商与发行人之间的代理关系。第二，风险承担的主体不同。在证券包销中，因为承销商需要承担所销售证券的“兜底销售”责任，所以证券发行在定价完成后的风险理论上由承销商依据承销协议承担；而在证券代销中，无法完成足额售出的风险由发行人自行承担。第三，激励机制与效果不同。在证券包销中，基于“兜底销售”的风险，承销商会采取偏于保守的定价建议，目的在于完成既定的发行任务；而在证券代销中，承销商更倾向于采取更高的定价策略，以在无“兜底销售”的风险下获得更多的佣金收入。

虽然对证券包销和代销方式的取舍是一种商业上的模式选择，但是在如今的证券销售中，鉴于社会分工越来越细化，作为一种商业上的利益与风险的平衡，绝大多数股票和债券其实都采取承销商余额包销的方式发行。在面对大额融资项目时，承销商还会采取相互抱团的“承销辛迪加”（underwriting syndicate，也称“承销团”）方式，共同为销售发行人的证券进行份额比例的安排，以确保证券发行的顺利完成。但是，对于基金等主要面向个人投资者进行销售的证券，目前主要还是以代销的方式进行销售。

通常，在股票承销的过程中，有的承销商还会引入“超额配售选择权”条款（即业内俗称的“绿鞋机制”），为股票的包销“保驾护航”。所谓绿鞋机制，是指发行人授予主承销商一项选择权，获此授权的主承销商可按同一发行价格超额发售不超过包销数额一定比例（通常是 15%）的股份。自证券上市之日起特定日期（多为 30 日）内，主承销商有权根据市场情况选择从集中竞价交易市场购买发行人股票，或者要求发行人增发股票，以此分配给超额发售部分承诺认购的投资者。从国际通行做法来看，发行人一般会给予主承销商在股票发行后 30 天内，以发行价从发行人处购买额外的相当于原发行数量 15%股票的期权，主承销商获得这一期权后，便会在股票发行中超额配发期权所约定比例的股票。这部分额外配售的股票体现为主承销商从发行人手中“借股”，或者向在新股发售时愿意超额认购的投资者“借股”。[①] 若股票上市后求大于供，股价上扬，则主承销商以发行价行使绿鞋期权，从发行人处购得超额发行的15%股票，并将超额发行的股票实际交付给首次公开发行时额外配售的认购人。超额配售完成后，实际发行的数量为原定计划的115%。若股票上市后供大于求，股价跌破发行价，则主承销商将不会向发行人要求行使新发股份的权利，而会以首次公开配售中超额配售所获得的资金从二级市场购入股票，并向超额配售的认购人进行交付。此时，市场上实际流通的数量与首次公开发行时计划公开发行的数量相等，没有新增股份。

除了通过承销商的包销外，理论上，证券还可以由发行人自行出售。早先，因为发行人在寻找交易对手上的成本局限，使得证券发行需要依赖于承销商的辅助。随着科学技术的进步，特别是互联网技术的出现，使得发行人以自行销售的方式完成证券发行的行为成为可能，其中较为明显的就是以直接公开发售(direct public offering，DPO)为特征的众筹(crowdfunding)模式。所谓直接公开发售，是指通过电子邮件、网络等互联网技术向公众推销发行人即将发售的股份。区别于传统的IPO方式，DPO无须借助承销商通过传统的媒介(如报纸、邮政、广播、电视)或其他纸质媒介把发行人将要公开发行的信息传达给受要约人。[②] 众筹模式就是DPO模式的互联网化的高级形态，即发行人利用互联网平台直接向社会大众发布有关筹资的信息，进行筹资的宣传，并最终完成筹资的行为。[③] 发行人的证券发行完全依靠于现代互联网技术和网络，无须依赖于承销商间的辅助宣传和网络完成出售证券的行为。在DPO模式下，如果考虑到以分布式记账凭证(distributed ledger technology，DLT)为基础的区块链技术的发展，在未来，以中心化为特征的集中式证券交易有可能被去中心化的证券交易方式进一步替代。2018年4月，注册于瑞典的音乐网站Spotify就以直接公开发行的方式在纽约证券交易所挂牌上市。2020年12月，美国证监会批准了纽约

---

① 所谓“借股”，并不是说这些投资者已经拿到了发行人的股份而借给“承销商”，而是说这部分投资者事先认缴并缴纳相关对价以提前锁定超额部分的股份，待超额配售权机制被触发且完成后，再由承销商代表发行人交付这部分提前认购的超额部分股份。这部分股份可能来源于发行人在首次公开发行后额外的增发(此时发行人的股份总数相对于首次公开发行时会增加)，也可能来源于承销商拿着提前认缴的资金从市场上购买的首次公开发行的股票(此时发行人的股份总数相对于首次公开发行时不发生变化)。

② 传统的信息传递方式包括通常所见的“红鲱鱼条款”(Red Herring Prospectus，即初步招股说明书)，以向受众传达已经获得批准或者登记的招股信息。

③ 2020年8月，纽约证券交易所经SEC批准修改上市规则，允许发行人直接通过交易所市场在上市当天向不特定的潜在投资者直接发售股份，此即通过交易所进行的DPO模式。

证券交易所有关无发行筹资即上市交易的直接上市(direct listing)规则。

第二节　证券公开发行的监管

一、证券公开发行监管的意义

很多人把证券市场当成一个神秘的市场,认为这是一个高端的、特殊的市场,在证券市场进行交易的商品也很特殊,有着特殊的交易规律。这其实是一种误解。实际上,国外很多学者把证券市场与普通的商品市场相提并论,把证券当成与白菜相差无几的商品进行类比。在本质上,除了证券与白菜作为标的物不一样(一个是无形的权利,一个是实物)外,证券市场对于交易标的价值的认识、定价形成机制都与实物商品交易的规律是一样的。

本质上,证券发行就是发行人用"证券"这个产品交换投资者的资金,本身也是"一手交钱,一手交货"的过程。只不过在这个过程中,"货"不是白菜,而是股票或者债券一类的"证券"。作为社会资源的资金是从一个场所(投资者)转移到另一个场所(发行人),此时资源配置的方式体现为从金融资本向产业资本转移。在这个过程中,发行人希望在对外发行证券越少的情况下获得越多的资金收入,而投资者则希望在投入资金越少的情况下获得越多的证券,此时就存在发行人与投资者相互博弈的过程。在双方博弈的过程中,有一点是很明确的,即抛开投资者提前转让证券收回投资成本的情形(可能亏损或盈利),在一个特定周期内(即投资回收期),投资者表现为资产的净支出,发行人则表现为资产的净流入,投资者的回报取决于发行人利用投资进行生产所得的利润分配或者未来偿还。如果发行人亏损或者破产,则意味着投资者的投资预期落空,投资失败。发行人只有持续盈利,才有机会通过分配利润的方式返还投资者的投资成本。在证券发行过程中,这种发行人与投资者之间的博弈呈现以下几个特征:第一,这是一种资金与权利交换的博弈;第二,这是一种发行人与投资者各取所需的博弈;第三,这是一种取决于发行人经营条件的博弈;第四,这是一种对于投资者具有投资风险的博弈。

在博弈过程中,相对于白菜而言,作为权利表现形式的证券看不见、摸不着,那么如何确保发行人卖出去的证券是好的证券?这时候,就产生信息不对称问题:因为实物商品的好坏可以通过传统的"望、闻、问、切"手段判断,而证券作为一种权利凭证显然无法通过传统的方式实现对于价值的判断。证券的价值判断之基础在于投资者对于证券所对应权利的价值判断。如股票,其价值在于股东权利,而股东权利的价值又依附于公司的盈利能力、资产价值,因此需要有一种手段能够使投资者有机会清晰地了解证券所对应的股东权利的评估基准信息,防止因盲目相信发行人的夸大其词而上当受骗。虽然发行人的自我声誉对于定价机制很重要,但是作为一个防范措施,此时外部监管机关通过实施监管以保证证券发行过程中博弈的公平性也很重要。

二、证券公开发行监管的方式

(一) 以市场主体为主导的自律性监管

在一些普通法系的市场中,证券公开发行主要是依赖于证券交易所、金融中介机构的自律监管,而在证券发行过程中没有法定的政府监管。典型的如 2000 年之前的英国市场,证券发行的主要依据是作为私法的《公司法》。发行人依据《公司法》的要求披露招股说明书进行融资,在此期间如果涉及保荐上市,则仅由当时的金融服务局(FSA)对保荐机构和保荐人的行为准则订立规矩,政府部门不对整个发行和上市的过程进行行政性干预,发行和上市由市场主体主导完成。总体上,英国采取的是典型的自律型监管模式,它的监管特色在于没有专门的"证券法",有关证券发行和交易的监管制度散落于财产法、公司法以及有关证券代理方面(经纪人监管)的法律之中。这是因为,英国在立法和司法传统上一直将证券视为一种新的财产类型,从而沿用普通法和衡平法项下的商品交易裁决规则,通过"法院造法"和"法院释法"的形式对证券交易行为进行事后的监管。因此,可以说,法院的判例造法和议会的立法是英国证券市场在两百多年无证监会的情况下得以不断发展并成为欧洲最大的金融中心的秘诀。值得注意的是,近些年来,为顺应证券市场的发展和国际化的需要,英国也在判例法的基础上,结合证券市场的特点,在实现监管体制集中化的同时,努力实现证券市场立法的成文化和体系化。比如,伦敦证券交易所在由会员制改为公司制后,由于已经不适合继续承担上市审核的职责,因此自 2000 年 5 月 1 日起将上市审核权转移至 FSA。同时,英国还根据欧盟有关公开招股说明书的指令(Prospectus Directive,2003/71/EC)和《金融工具市场指引》(Market in Financial Instruments Directive,2004/39/EC),颁布了招股说明书规则和上市规则,要求公开招股说明书和挂牌上市都要经过 FSA 对披露内容和上市基本条件的确认。

(二) 由政府主导的行政性监管

1. 额度制

根据国务院发布的《股票发行与交易管理暂行条例》,额度制是指"在国家下达的发行规模内,地方政府对地方企业的发行申请进行审批,中央企业主管部门在与申请人所在地地方政府协商后对中央企业的发行申请进行审批;地方政府、中央企业主管部门应当自收到发行申请之日起三十个工作日内作出审批决定,并抄报证券委;被批准的发行申请,送证监会复审;证监会应当自收到复审申请之日起二十个工作日内出具复审意见书,并将复审意见书抄报证券委"的发行审批制度。简言之,额度制是一种由国家主管部门在全国范围内实行“总量控制、配额管理”的计划管理制度。在我国,额度制产生于经济体制改革过程中。改革者早期将证券市场定位于改革“试验田”,为防止改革的风险而以“总量控制”的方式进行资本市场的改革试验。额度制是我国资本市场的开端。但是,也正是由于这种“不行就关了”的尝试态度,我国早期的资本市场在发行监管制度设计上并没有体现出证券市场应有的价值规律和运行规律,企业上市的推手不是企业本身或中介机构,而是各级政府。目前我国证券发行监管已不再实行额度制。

2. 审批制

在“总量控制、配额管理”的额度制下,地方政府与中央政府在事实上分别掌握着对证券市场的管理权力,二者的主要区别在于:中央政府掌握全国可上市额度总数的计划与具体配置;而地方政府在其获得中央政府分配的额度内拥有完全的自主使用权,可以决定将额度分配给哪家地方企业进行上市。在地方企业上市过程中,一些地方政府的“地方利益主义”倾向严重。因此,上市资源的配置不是基于市场的需要,也不是基于有利于全国总体资源配置的需要,而是基于地方政府通过对额度资源的使用可以获得的地方利益的需要。于是,额度制的执行在行政资源分配上形成了“地方政府向中央政府争额度,地方企业向地方政府抢指标”的不正常局面。由于逐渐认识到证券市场对全国经济发展的重要作用,加上地方主管下的证券市场出现了诸如“3·27国债事件”等若干重大违规事件,中央政府加强了对证券市场的集权过程,从原先在额度制下的“总量控制,限报家数”的审批方式过渡为“先预选,后推荐,再申报审批”的中央集权方式,即原先地方企业从地方政府获得中央政府分配的上市额度就能上市的做法被“地方预选,中央认可”的方式替代。具体而言,国务院证券监管机构作为中央政府的代表在与相关计划部门协商后确定在一定时期内应发行上市的企业家数,然后向省级政府和行业管理部门下达股票发行家数指标,省级政府或行业管理部门在上述指标内推荐预选企业,证券主管部门只接受符合条件的预选企业所上报的发行股票申报材料并进行审核。这样,有关企业上市审批的最终决定权由地方转移到了中央,形成集中统一的中央审批制,所有证券的发行都必须依赖于审批机关的批准。

审批制具有强烈的计划经济色彩,无论额度或家数的确定、分配还是发行人的预选、发行的数量,都由主管机关在“国家计划”的名义下确定。这就使得证券发行带有国家干预的计划特征。审批制的发行结果取决于行政审批机关的主观意志,即使是符合法定条件的发行人,也不必然能够获得发行批文。证券发行的决定权在于监管部门对发行条件的理解,呈现出一种“我说你行你才行”的主观色彩。随着证券行业的发展,审批制也逐渐退出历史舞台。

3. 核准制

为回应市场对于审批制下由国家行政机关掌握“上市资源”的诟病，自1999年7月1日起施行的《证券法》在法律层面上规定，公开发行证券“必须符合法律、行政法规规定的条件，并依法报经国务院证券监督管理机构或者国务院授权的部门核准或者审批；未经依法核准或者审批，任何单位和个人不得向社会公开发行证券”。同时，公开发行股票“必须依照公司法规定的条件，报经国务院证券监督管理机构核准。发行人必须向国务院证券监督管理机构提交公司法规定的申请文件和国务院证券监督管理机构规定的有关文件”。此外，“股份有限公司申请其股票上市交易，必须报经国务院证券监督管理机构核准”。

1999年《证券法》所确定的核准制有两个特点：(1) 这种核准制是将证券发行与上市“合二为一”的核准制，即证券发行与上市其实是同一个核准程序，监管机关既管发行又管上市，发行人取得发行核准就相当于取得上市核准，上市核准不是单独的核准程序；(2) 证券法虽引入“核准”的概念，但如何核准以及核准内容的范围留下法律定义的空白，有待监管部门自由诠释。按照证券监管机构的理解，在核准制下，公司发行证券需要满足两个条件：第一，与注册制相同，需要公开披露所有相关信息；第二，需要符合法律规定的若干实质条件，核准机构有权否决不符合法定条件的公司发行证券的申请。

核准制是中央政府根据证券市场外部条件变化而采取的一种“自我改革”措施，取消了原先由行政计划分配上市额度的做法。但是，从本质上说，核准实质上仍是一种实质审查的过程。中国证监会依然需要对证券发行的实质条件进行主观判断，解决不了企业最终能否公开发行股票是由证券监管机关而不是市场说了算的问题。企业能否发行股票以及能否上市仍取决于是否可以获得证券监管机关的批准。只要获得证券市场主管机关的发行批准，上市只是时间问题。

4. 注册制

在学理上，注册制也称“申报制”或“登记制”，是指发行人在公开发行前，按法律的规定向证券发行监管机关提交与发行有关的文件，监管机关在一定期限内未提出异议的，证券发行注册申请即发生效力的一种证券发行审核制度。注册制的主要特点是：监管机关的审核强调公开原则和形式审查原则，要求发行人依照法律、法规的规定，全面、真实、准确地提供一切与发行有关的资料，但是对证券投资价值不作判断。在提交申报文件的一定期间内，若监管机关未提出补充或修订意见或者未以停止命令阻止注册生效者，则视为已依法注册，发行人即可正式进行证券的公开发行。

在注册制下，投资什么企业、选择什么交易对象从根本上说应属于私人主体的自主选择范畴。政府要做的只是通过注册的方式尽可能地保证发行人将其掌握的信息向公众公开，以便投资者能够根据对公开信息的判断作出自主的投资决定。因此,注册制的基本模式是,发行人在申请发行证券时,将需要公开的信息依照法定形式完整、准确地向证券监管机关申报,证券监管机关只对申报文件进行形式合规审查,而将实质审查留待市场检验。这样,以强调信息披露的准确性与明确相关方责任为特征的注册制比强调政府对发行人资质进行审核的核准制更能厘清证券监管机关与市场之间的关系,更加有助于证券发行市场化定价机制的建立、证券服务中介机构职责的发挥,更加有利于帮助建立多层次的市场体系以及实现证券发行与交易效率的提高,并最终更加有利于对投资者利益的保护。

5. 核准制与注册制的比较

表 6-2　核准制与注册制的简要区别

比较内容	核准制	注册制
监管机关	法定证券监督管理机关	法定证券监督管理机关
审核方式	实质审查(主观标准)	形式审查(客观标准)
审核内容	法定发行条件的满足	法定信息披露内容的满足
发行的时点管制	有(批文时间由行政机关掌握,存在随时按下 IPO"暂停键"的可能)	无(按法定时限完成注册,不存在按下 IPO"暂停键"之说)
发行的价格管制	有	无
证券交易所的权限	小	大
中介机构在发行中的作用	一般	强

(三) 中间型证券发行监管

中间型证券发行监管模式结合了纯粹的市场自律型监管与完全的政府主导型监管的特点,呈现出既有市场自律又有政府监管的特点。比如,我国香港地区股票发行所实施的"双重存档"制就是典型的中间型监管模式。香港地区早先的证券发行与上市监管完全遵从英国模式,走以交易所为主导的纯市场化道路,即任何为证券上市所进行的发行与申请均只取决于香港联交所的审核通过。[①] 但是,为弥补由交易所作为自律组织进行单独监管出现的对违约行为不具有直接强制执行力的问题,香港地区在 2003 年通过的《证券及期货(在证券市场上市)规则》中,以"双重存档"的方式将香港证券及期货事务监察委员会(香港证监会)纳入可对证券上市行使监管权的监管主体。任何申请将其证券在香港交易所与结算有限公司(港交所)上市以供交易的发行人,须在将上市申请呈交港交所后,把同一份文件的副本送交香港证监会存档。在该规则的授权下,香港证监会可

① See First Memorandum of Understanding Governing Listing Matters on 25 November 1991 Between SFC and HKEX.

要求发行人提供与上市申请有关的进一步资料。若发行人未能遵从该项规定，或者证监会认为发行人在其申请书中提供了虚假或具误导性的数据，或者让该等证券上市并不符合公众或投资大众的利益，则证监会可反对该项上市。该规则订明，类似的存档规定适用于发行人根据香港交易所《上市规则》的规定向公众作出的陈述，以及其他须持续向公众披露的数据。在“双重存档”的安排下，若送交证监会存档的文件中包含虚假或具误导性的资料，则证监会可行使其法定权力，对有关人士进行调查。在适当情况下，香港证监会可以在法庭上向违法者提出检控。新加坡也采取了类似的“新加坡交易所上市审批”+“新加坡金管局招股说明书注册”的中间型监管模式。

三、证券公开发行注册制的基本内涵

（一）注册制解决了什么问题

前已提及，证券发行是围绕着发行人为了进行股权或者债权融资而向投资者让渡的权利交换。在投资者以“金钱换权利（股权或债权）”的博弈过程中，权利的定价往往以未来的价值为依据，如股市中的“市盈率”概念和债市中的“偿还能力”概念。以发行价格中的市盈率为例，它是以每股股价除以每股利润而获得的一个倍数，这个倍数的金融学解释是：若发行人按照此等盈利水平，可以在多久使投资者的投资成本得以完全覆盖。以市盈率计算发行价格的理论基础是将股份视为预期的股利或其他获利机会的现在价值。在这样的估值体系下，投资者与发行人之间的关系可以简化为投资者按照发行人现有盈利水平对投资回报的预期。由此，可以得出的一个结论是：投资者买的是发行人的未来，而不是过去。

虽然投资者买的是过去，但是并不代表发行人的过去并不重要，因为未来还未到来，而历史总有记录，因此投资者有机会“透过历史看到未来”。在计算发行人的未来定价时，发行人的历史信息就显得更为重要。对于外部的投资者而言，无论其是否为机构投资者或专业投资者，也无论其是否具备调查能力，对于企业信息的知晓总是有限的。因此，放任市场主体之间的博弈必然产生信息不对称问题。

（二）注册制如何解决这些问题

为了防止权利凭证所对应的“权利虚无”或者“价值欺诈”，以信息披露为核心的证券监管制度旨在确保证券投资者充分了解其所投资标的的情况，在最大限度地减少信息不对称的情形下，由资金供应方自主作出投资的决定和选择。在此背景下，对于证券公开发行进行监管的目的就是，在资金供应方与需求方自主博弈的结构下，约束资金需求方利用信息不对称向资金供给方实施欺诈或者不公平行为而损害资金供应方的利益。对于资金需求方的约束可以通过两个途径实现:一个是基于市场对于资金需求方及其代理的信用评价,实现市场纪律之下的自我约束;另一个是通过外部的政府监管,进行强制性的信息披露。

政府监管可以起到的作用在于:第一,由于证券市场的博弈信息具有公共物品属性,因此只有依靠政府规定的强制披露监管才具有效率;第二,依靠私人获取信息的成本巨大,不可能达到充分获取的效果,只有依靠政府的强制力约束才能减少市场投资者获取信息的成本;第三,自我规制下的信息披露的效果有限,容易因忽视市场主体行为的私利性而导致不对称披露,只有通过政府监管才能强化博弈主体进行信息披露的责任与义务;第四,为实现有效市场目标,需要存在强制性披露的信息,以优化理性投资者进行信息分析、筛选的能力与机会。

从全球范围的监管实践来看,世界各国和地区对证券市场的监管态度并不是要不要监管,而是要如何监管,特别是面临如何进行有效监管的问题。其中,以"强制性信息披露"为核心的监管理念成为目前证券监管的主流,在本质上是基于解决发行人与资金供应方之间因信息不对称而产生的信用判断失真问题。在强制性信息披露的保证下,投资方通过融资方所披露的信息文件以实现对于融资方信用的判断和了解,并通过法定披露责任方式以最大限度地减少证券发行过程中可能存在的欺诈,确保了证券作为人类社会直接融资工具的有效性。证券发行的注册制就是这种强制性信息披露制度的集中体现。

（三）注册制对于投资者的好处

第一,与核准制下由政府决定市场供给的数量相比,证券公开发行注册制的改革将会驱动证券市场由卖方市场向买方市场转变。原先由于股票的供给呈现供不应求的状态,导致只要在发行时能够购买到股票就稳赚不赔的"新股不败"局面将被颠覆,市场会朝着供过于求的方向转换。此时,将呈现投资者挑选上市公司的局面,而不是上市公司无论资质好坏,因为不愁股票卖不出去,所以挑选投资者的情形。

第二,证券公开发行注册制其实是一个隐含着更为严格法律责任的制度设计。注册制并不意味着放松对于发行人的监管。恰恰相反,注册制提高了发行人和中介机构对于包括招股说明书在内的信息披露文件的披露要求,发行人有法定性的义务确保向监管机关提交注册的有关信息披露文件真实、准确、完整,否则监管机关、司法机关和投资者有权根据法律规定直接追究违法者的行政责任、刑事责任和民事责任。配合更为严格的法律责任制度,注册制在放松准入的同时强化了过程监管,这将加大违法者的违法成本,是一种更为有效地保护投资者的制度设计理念。

第三,证券公开发行注册制将简化投资者挑选"好公司"进行投资的选择逻辑。因为在买方市场上，能够给投资者带来对于公司未来可持续发展的信心，就是可以带给投资者分红或者发展速度快的上市公司。不管上市前的“故事”讲得多么动听，上市后，所有的价值判断核心都会归结于上市公司的成长性和盈利表现。上市公司要么充分表现出超乎预期的盈利水平，要么证明其商业模式或者发展规模具有市场价值，否则投资者就会“用脚投票”，转投其他能够带来现金投资回报的公司。这也解释了在美国证券市场上为何董事会无一不重视每年的可分配现金红利，因为那是市场判断董事经营能力的一个重要指标，由此带来了大多数的上市公司只要符合分红条件，都会想方设法给股东分红的“正向激励”机制。

四、证券公开发行注册制的美国经验

（一）注册的法定要求

《1933 年证券法》第 5(a)条规定，“除非与证券相关的注册登记表业已生效，否则任何人直接或间接实施以下行为均属违法：(1) 利用州际商业中的任何交通、通信手段、工具或利用邮递，通过使用或借助招股说明书或以其他方式出售该证券；或者(2)为销售或售后交付证券之目的，利用州际商业中的任何交通、通信手段、工具或利用邮递携带该证券”。

（二）需要注册的内容

表 6-3 《1933 年证券法》的注册要求

表格代码 (Form)	表格名称 (Description)	适用范围 (Topic)
1-A	Regulation A 项下的私募发售声明	小企业私募
1-K	年报和特别财务报告	小企业
1-SA	Regulation A 项下的半年报和特别财务报告	小企业
1-U	Regulation A 项下的临时报告	小企业
1-Z	Regulation A 项下的退出报告	小企业
C	发售声明	—
CB	收购要约通知	《1934 年证券交易法》也适用
D	豁免证券发售的通知	小企业
F-1/F-2/F-3/F-4/F-6/F-7/F-8/F-10/F80	特定外国私募发行人证券的注册声明	境外发行人
S-1	注册声明	小企业
S-3/S-4/S-6/S-8/S-20	注册声明	—

（三）注册的过程

理论上，法律规定SEC必须在20个工作日内完成注册，前提是申请人所提交的注册申请文件满足《1933年证券法》《1934年证券交易法》及SEC规定的格式要求。在此过程中，SEC的审核官员也会要求申请人就招股说明书的事项进行补充说明，其中可能涉及对公司历史、财务信息、发展规划等信息的披露。其核心在于，SEC希望通过注册的招股说明书，把发行人在经营过程中可能遇到的、会对公司产生影响的各种问题向投资者清晰、完整披露。

以适用于首次公开发行注册的表格S-1（FORM S-1）为例，该表格只是要求发行人在招股说明书中披露“简要信息、风险因素和收支比”。就“风险因素”一项而言，SEC只是简单地要求注册人提供“有关导致发售具有投机性或者风险性的显著风险因素的讨论……不能呈现那些所有发行人都会遇到或者任何发售都会面临的风险，并且解释这些特定的风险是如何影响发行人或者所发售证券的”。因此，各发行人在招股说明书中的“风险披露”必须依赖于发行人及发行人所聘请的中介机构依据自身业务的特点进行披露。当然，从免责的角度而言，有关风险因素的声明越多越好。这也是为什么在SEC注册的招股说明书中有关风险因素的披露条款的比重相当大，大到一国金融政策的调整，小到消费者消费观念的变化的影响。这种“模糊立法”的目的是，鼓励信息披露义务主体进行个性化、有针对性的风险披露，通过“避风港原则”鼓励当事人将现有或潜在的风险因子暴露在公众面前，以便让具有不同风险偏好的投资者根据自我投资策略自由地进行投资选择。在此过程中，SEC不对注册文件本身内容的真实性进行审核。依据《1933年证券法》第8A章和SEC据此颁布的规则478（Rule 478），只有在注册文件形式不完备的条件下，SEC才可以按照法定程序拒绝或者撤销注册文件的登记。①

因此，在美国法项下，证券公开发行注册制的基本逻辑是：在证券市场信息不对称的背景下，保证强制性信息披露义务真实、准确、完整是法律对发行人、收购人、上市公司所施加的法定义务。在此过程中，作为证券监管机关的SEC虽然不对信息披露文件内容的真实性进行实质性审核，但是如果事后发现注册文件的内容有假，则信息披露义务人会因直接违反了在递交注册文件过程中向政府部门所作的承诺（因为该等承诺包含注册文件的真实、有效、完整）而需根据《1933年证券法》和《1934年证券交易法》的规定，承担相应的民事责任、行政责任和刑事责任。当然，若SEC认为公开发行所涉金额不大或者考虑到公开发行

---

① 17 CFR § 230.478：(d) A power to consent to the entry of an order under section 8(b) of the act, waiving notice and hearing, such order being entered without prejudice to the right of the registrant thereafter to have the order vacated upon a showing to the Commission that the registration statement as amended is no longer incomplete or inaccurate on its face in any material respect.

受限制的特点,且从维护公共利益和保护投资者的角度对发行证券执行相关法律规定并无必要,则可通过制定规则和条例并依据其中可能规定的条款和条件,不时增加《1933年证券法》项下豁免证券的种类,并将一些小型投资公司发行的证券纳入注册豁免的范围。若SEC认为符合《1958年小企业投资法》的立法目的,且从维护公共利益和保护投资者的角度对发行证券执行《1933年证券法》的相关规定并无必要,则可通过制定规则和条例并依据其中可能规定的条款和条件,不时在《1933年证券法》规定的豁免证券中增加由小企业投资公司根据《1958年小企业投资法》发行的任何类别的证券。著名的例子就是JOBS法案[①]。

第三节 中国证券公开发行的条件与程序

一、证券公开发行注册制的中国实践

(一)注册制的制度架构

1. 法律层面的要求

表6-4 新旧《证券法》有关证券发行监管的方式比较

旧《证券法》(2019年12月修订之前)	新《证券法》(2019年12月修订之后)
公开发行证券,必须符合法律、行政法规规定的条件,并依法报经国务院证券监督管理机构或者国务院授权的部门核准;未经依法核准,任何单位和个人不得公开发行证券。(第10条)	公开发行证券,必须符合法律、行政法规规定的条件,并依法报经国务院证券监督管理机构或者国务院授权的部门**注册**。未经依法**注册**,任何单位和个人不得公开发行证券。**证券发行注册制的具体范围、实施步骤,由国务院规定**。(第9条第1款)

2. 国务院层面的要求

全国人民代表大会常务委员会分别于2015年12月27日和2018年2月24日通过了《全国人民代表大会常务委员会关于授权国务院在实施股票发行注册制改革中调整适用〈证券法〉有关规定的决定》和《全国人民代表大会常务委员会关于延长授权国务院在实施股票发行注册制改革中调整适用〈证券法〉有关规定期限的决定》,授权国务院在《证券法》修订前调整适用《证券法》有关核准制的规定,可以实施股票发行注册制改革的试点。

---

① 2012年3月27日,美国国会众议院以压倒性投票通过了参议院修订的《创业企业融资法案》(即JOBS法案)。该法案旨在使小型企业在满足美国证券法规要求的同时,更容易吸引投资者并获得投资。这项新法案将对现有证券法作出重要修改:(1)鼓励新兴成长型企业首次公开募股;(2)促进企业通过私募发行以及小规模公开发行进行融资,而无须向SEC注册登记,从而减少小型企业的融资成本和限制。

2019 年 1 月 28 日,国务院批复中国证监会《关于在上海证券交易所设立科创板并试点注册制的实施意见》,同意在科创板试点注册制。

2020 年 2 月 29 日,国务院办公厅印发《国务院办公厅关于贯彻实施修订后的证券法有关工作的通知》(以下简称《通知》),要求稳步推进证券公开发行注册制,一要分步实施股票公开发行注册制改革,二要落实好公司债券公开发行注册制要求。

3. 证监会层面

《科创板首次公开发行股票注册管理办法(试行)》第 4 条规定:"首次公开发行股票并在科创板上市,应当符合发行条件、上市条件以及相关信息披露要求,依法经上海证券交易所(以下简称交易所)发行上市审核并报经中国证券监督管理委员会(以下简称中国证监会)履行发行注册程序。"

《创业板首次公开发行股票注册管理办法(试行)》第 5 条规定:"首次公开发行股票并在创业板上市,应当符合发行条件、上市条件以及相关信息披露要求,依法经交易所发行上市审核,并报中国证监会注册。"

《创业板上市公司证券发行注册管理办法(试行)》第 4 条规定:"上市公司发行证券的,应当符合《证券法》和本办法规定的发行条件和相关信息披露要求,依法经深圳证券交易所(以下简称交易所)发行上市审核并报经中国证监会注册。"

(二) 中国特色的注册制设计

1. 发行与上市合一的注册机制

表 6-5　沪市科创板与深市创业板注册机制比较

<table>
<tr><th>《关于在上海证券交易所设立
科创板并试点注册制的实施意见》</th><th>《创业板改革并试点
注册制总体实施方案》</th></tr>
<tr><td>(八) 上交所负责科创板发行上市审核。上交所受理企业公开发行股票并上市的申请,审核并判断企业是否符合发行条件、上市条件和信息披露要求。审核工作主要通过提出问题、回答问题方式展开,督促发行人完善信息披露内容。上交所制定审核标准、审核程序等规则,报证监会批准。……</td><td rowspan="2">与科创板试点注册制的制度安排相一致,注册程序分为交易所上市审核和证监会发行注册两个环节。</td></tr>
<tr><td>(九) 证监会负责科创板股票发行注册。上交所审核通过后,将审核意见及发行人注册申请文件报送证监会履行注册程序。注册工作不适用发行审核委员会审核程序,按证监会制定的程序进行,依照规定的发行条件和信息披露要求,在 20 个工作日内作出是否同意注册的决定。……</td></tr>
</table>

2. “问出一家真公司”而非“问出一家好公司”的注册理念

表 6-6 沪市科创板与深市创业板信息披露审核比较

《科创板首次公开发行股票注册管理办法(试行)》	《创业板首次公开发行股票注册管理办法(试行)》
交易所设立独立的审核部门,负责审核发行人公开发行并上市申请;设立**科技创新咨询委员会**,负责为**科创板**建设和发行上市审核提供专业咨询和政策建议;设立**科创板股票**上市委员会,负责对审核部门出具的审核报告和发行人的申请文件提出审议意见。 交易所主要通过向发行人提出审核问询、发行人回答问题方式开展审核工作,**基于科创板定位**,判断发行人是否符合发行条件、上市条件和信息披露要求。(第 19 条)	交易所设立独立的审核部门,负责审核发行人公开发行并上市申请;设立**行业咨询专家库**,负责为**创业板**建设和发行上市审核提供专业咨询和政策建议;设立**创业板**上市委员会,负责对审核部门出具的审核报告和发行人的申请文件提出审议意见。 交易所主要通过向发行人提出审核问询、发行人回答问题方式开展审核工作,判断发行人是否符合发行条件、上市条件和信息披露要求。(第 18 条)
交易所按照规定的条件和程序,作出**同意或者不同意发行人股票公开发行并上市**的审核意见。**同意发行人股票公开发行并上市的**,将审核意见、发行人注册申请文件及相关审核资料报送中国证监会履行发行注册程序。**不同意发行人股票公开发行并上市的**,作出终止发行上市审核决定。(第 20 条)	交易所按照规定的条件和程序,形成**发行人是否符合发行条件和信息披露要求**的审核意见。**认为发行人符合发行条件和信息披露要求的**,将审核意见、发行人注册申请文件及相关审核资料报中国证监会注册;**认为发行人不符合发行条件或者信息披露要求的**,作出终止发行上市审核决定。(第 19 条)
中国证监会收到交易所报送的审核意见、发行人注册申请文件及相关审核资料后,履行发行注册程序。发行注册主要关注交易所发行上市审核内容有无遗漏,审核程序是否符合规定,以及发行人在发行条件和信息披露要求的重大方面是否符合相关规定。中国证监会认为存在需要进一步说明或者落实事项的,可以要求交易所进一步问询。……(第 23 条)	中国证监会依法履行发行注册程序,发行注册主要关注交易所发行上市审核内容有无遗漏,审核程序是否符合规定,以及发行人在发行条件和信息披露要求的重大方面是否符合相关规定。中国证监会认为存在需要进一步说明或者落实事项的,可以要求交易所进一步问询。 中国证监会认为交易所对影响发行条件的重大事项未予关注或者交易所的审核意见依据明显不充分的,可以退回交易所补充审核。交易所补充审核后,认为发行人符合发行条件和信息披露要求的,重新向中国证监会报送审核意见及相关资料,本办法第二十三条规定的注册期限重新计算。(第 22 条)

（续表）

《科创板首次公开发行股票注册管理办法(试行)》	《创业板首次公开发行股票注册管理办法(试行)》
中国证监会在20个工作日内对发行人的注册申请作出同意注册或者不予注册的决定。发行人根据要求补充、修改注册申请文件，中国证监会要求交易所进一步问询，以及中国证监会要求保荐人、证券服务机构等对有关事项进行核查的时间不计算在内。（第24条）	中国证监会在二十个工作日内对发行人的注册申请作出予以注册或者不予注册的决定。发行人根据要求补充、修改注册申请文件，或者中国证监会要求交易所进一步问询，要求保荐人、证券服务机构等对有关事项进行核查，**对发行人现场检查，并要求发行人补充、修改申请文件的时间**不计算在内。（第23条）

（三）注册制的前提条件：沪深两地规则的比较

表6-7　沪市科创板与深市创业板发行与上市条件比较

比较点	沪市科创板	深市创业板
板块定位	科技创新型企业（服务于拥有关键核心技术，科技创新能力突出，主要依靠核心技术开展生产经营，具有稳定的商业模式，市场认可度高，社会形象良好，具有较强成长性的企业）	成长型创新创业企业（支持传统产业与新技术、新产业、新业态、新模式深度融合）
发行条件	依法设立且持续经营三年以上的股份有限公司	
	最近二年内主营业务、控制权、管理团队稳定	
	最近二年内董事、高级管理人员没有发生重大不利变化	
	不存在主要资产、核心技术、商标等的重大权属纠纷	
	不存在重大偿债风险，重大担保、诉讼、仲裁等或有事项	
	会计基础工作规范，无保留意见的审计报告、内部控制鉴证报告	
	资产完整，业务及人员、财务、机构独立，无构成重大不利影响的同业竞争和显失公平的关联交易	
	生产经营符合法律、行政法规的规定，符合国家产业政策	
	最近三年内发行人及其控股股东、实际控制人无特定犯罪行为	
	最近三年内董事、监事和高级管理人员不存在特定行政处罚或违法行为	
	最近二年内核心技术人员稳定，没有发生重大不利变化	无核心技术人员要求

二、首次公开发行股票的基本条件和程序

（一）股份有限公司的设立

在我国，《公司法》把公司分为有限责任公司和股份有限公司两种类型，而

股票是股份有限公司所独有的特征。作为具有“人资两合”性质的有限责任公司无法进行股票的公开发行，所有首次公开发行股票的公司都必须是股份有限公司。

依据《公司法》的要求，股份有限公司的设立可以分为募集设立和发起设立两种方式。其中，募集设立相当于在股份有限公司设立之时由发起人认购公司应发行股份的一部分，其余股份向社会公开募集或者向特定对象募集而设立公司。募集设立虽然是我国《公司法》第 77 条规定的股份有限公司设立的两种方式之一，但是只存在于早期的证券市场。1993 年《公司法》第 152 条规定了作为上市公司的条件之一是“开业时间在三年以上，最近三年连续盈利”。因此，在规定了证券公开发行条件的核准制下，除非获得国务院的许可，否则走募集设立股份有限公司这条路并不可行。

在设立股份有限公司的过程中，还要注意同种股票在同次发行中每股的发行条件和价格应当相同，并且不得折价发行。所谓不得折价发行，是指股票的发行价格必须等于或超过票面金额（即平价或溢价发行），不得低于股票的面值（即折价发行）。虽然《公司法》没有明确股票的面值应该是多少，但是根据我国股份制改革的历史与监管惯例，股份有限公司股票的面值已经约定俗成，为 1 元人民币。不过，这个面值可以根据股份有限公司发行人的上市需要进行豁免。这更多地表现为向中国证监会申请股份面值的拆细，如 1 元面值股票拆细为 0.1 元面值股票，从而增加发行在外的股份数量。比如，在香港创业板上市的上海复旦微电子股份有限公司、回到上海证券交易所主板上市的紫金矿业集团股份有限公司等都是面值仅为 0.1 元的股份有限公司。

在“最近三年连续盈利”这一公开发行条件的要求下，如果是已设立存续的有限责任公司，可通过整体改制的方式转变公司的性质为股份有限公司，以满足相关股票发行条件的要求。在此过程中，如果有限责任公司是以剥离部分资产、负债或者业务、人员的方式改制为股份有限公司的，则需要从改制完成后重新计算其“最近三年连续盈利”的业绩标准。

（二）符合法定的公开发行条件

无论是 2019 年修订的《证券法》还是原来的《证券法》，都对公开发行股票的条件作了一些规定。比如，根据 2019 年《证券法》第 12 条第 1 款的规定，只有符合以下条件的股份有限公司才可以首次公开发行股票：“（一）具备健全且运行良好的组织机构；（二）具有持续经营能力；（三）最近三年财务会计报告被出具无保留意见审计报告；（四）发行人及其控股股东、实际控制人最近三年不存在贪污、贿赂、侵占财产、挪用财产或者破坏社会主义市场经济秩序的刑事犯罪；（五）经国务院批准的国务院证券监督管理机构规定的其他条件。”

通常，基于上述第 5 项“授权性条款”，中国证监会还会颁布一些额外的条件作为首次公开发行股票的要求。以科创板首次公开发行股票为例,《科创板首次公开发行股票注册管理办法(试行)》额外规定了以下条件:第一,发行人是依法设立且持续经营三年以上的股份有限公司,具备健全且运行良好的组织机构,相关机构和人员能够依法履行职责(第10条第1款)。第二,发行人会计基础工作规范,财务报表的编制和披露符合企业会计准则和相关信息披露规则的规定,在所有重大方面公允地反映了发行人的财务状况、经营成果和现金流量,并由注册会计师出具标准无保留意见的审计报告。发行人内部控制制度健全且被有效执行,能够合理保证公司运行效率、合法合规和财务报告的可靠性,并由注册会计师出具无保留结论的内部控制鉴证报告(第11条)。第三,发行人业务完整,具有直接面向市场独立持续经营的能力:(1)资产完整,业务及人员、财务、机构独立,与控股股东、实际控制人及其控制的其他企业间不存在对发行人构成重大不利影响的同业竞争,不存在严重影响独立性或者显失公平的关联交易。(2)发行人主营业务、控制权、管理团队和核心技术人员稳定,最近二年内主营业务和董事、高级管理人员及核心技术人员均没有发生重大不利变化;控股股东和受控股股东、实际控制人支配的股东所持发行人的股份权属清晰,最近二年实际控制人没有发生变更,不存在导致控制权可能变更的重大权属纠纷。(3)发行人不存在主要资产、核心技术、商标等的重大权属纠纷,重大偿债风险,重大担保、诉讼、仲裁等或有事项,经营环境已经或者将要发生重大变化等对持续经营有重大不利影响的事项(第12条)。第四,发行人生产经营符合法律、行政法规的规定,符合国家产业政策。最近三年内,发行人及其控股股东、实际控制人不存在贪污、贿赂、侵占财产、挪用财产或者破坏社会主义市场经济秩序的刑事犯罪,不存在欺诈发行、重大信息披露违法或者其他涉及国家安全、公共安全、生态安全、生产安全、公众健康安全等领域的重大违法行为。董事、监事和高级管理人员不存在最近三年内受到中国证监会行政处罚,或者因涉嫌犯罪被司法机关立案侦查或者涉嫌违法违规被中国证监会立案调查,尚未有明确结论意见等情形(第13条)。

此外,在首次公开发行股票中,发行人既可以发行普通股也可以发行优先股,上市公司可以发行优先股,非上市公众公司可以非公开发行优先股。根据中国证监会制定的《优先股试点管理办法》,优先股是指依照《公司法》,在一般规定的普通种类股份之外,另行规定的其他种类股份,其股份持有人可优先于普通股股东分配公司利润和剩余财产,但参与公司决策管理等权利受到限制。目前,我国尚不允许发行在股息分配和剩余财产分配上具有不同优先顺序的优先股,但允许发行在其他条款上具有不同设置的优先股。需要指出的是,同一公司既发行强制分红优先股又发行不含强制分红条款优先股的，不属于发行在股息分配上具有不同优先顺序的优先股。

（三）“券商辅导”与辅导验收备案

2000年3月，中国证监会就通过《中国证监会股票发行核准程序》，要求“主承销商在报送申请文件前，应对发行人辅导一年”。2001年9月，中国证监会发布《关于股票发行上市辅导政策有关问题的通知》，全面推进券商对拟上市公司的辅导要求，规定只有通过辅导验收的拟上市公司才能通过券商向中国证监会报送审批的申报材料。2001年10月，中国证监会又推出了《首次公开发行股票辅导工作办法》，要求通过首次公开发行股票辅导工作促进辅导对象建立良好的公司治理，形成独立运营和持续发展的能力，督促公司的董事、监事、高级管理人员全面理解发行上市有关法律法规、证券市场规范运作和信息披露的要求，树立进入证券市场的诚信意识、法制意识，具备进入证券市场的基本条件，同时促进辅导机构及参与辅导工作的其他中介机构履行勤勉尽责义务。

因此，辅导最主要的功能是，由专业机构为拟上市公司及其控股股东、董事、监事和高级管理人员进行合法、合规性辅导，介绍公司治理结构的运作要求，培训上市公司信息披露和董事、监事、高级管理人员尽职履责的基本要求，同时通过辅导过程使保荐机构能够对拟上市公司的运营合规、重大资产、关联交易、内部决策等进行有效核查。辅导结束后，辅导机构应向中国证监会派出机构进行辅导的验收备案申请，只有通过验收备案才可以向中国证监会或者相关证券交易所递交公开发行和上市的申请。

（四）保荐人核查与中介机构尽职调查

2008年10月，中国证监会发布《证券发行上市保荐业务管理办法》，要求保荐机构建立健全证券发行上市的尽职调查制度、辅导制度、对发行上市申请文件的内部核查制度、对发行人证券上市后的持续督导制度。2011年4月，中国证监会又颁布了《关于实施〈关于保荐项目尽职调查情况问核程序的审核指引〉的通知》，要求保荐人在保荐业务中按照《关于保荐项目重要事项尽职调查情况问核表》的要求进行核查。

保荐人和律师的核查与尽职调查的主要工作是，对照《证券法》和中国证监会有关首次公开发行股票的条件逐一进行核实，确认发行人的合法存续、合法经营，并且符合发行条件。核查与尽职调查的方式可以分为现场调查、走访、材料比对、抽样、信件函证等。各中介机构在核查与尽职调查的基础上完成保荐报告、法律意见书（律师工作报告）、审计报告（审计工作底稿）等核查与尽职调查文件。

（五）保荐及注册程序[①]

1. 发行决议

发行人董事会应当依法就本次股票发行的具体方案、本次募集资金使用的可行性及其他必须明确的事项作出决议，并提请股东大会批准。

2. 申请及受理

发行人申请首次公开发行股票，应当按照中国证监会的有关规定制作申请文件，由保荐人保荐并向中国证监会申报。中国证监会收到申请文件后，在五个工作日内作出是否受理的决定。

3. 审核

中国证监会受理申请文件后，由相关职能部门对发行人的申请文件进行初审，并由发行审核委员会审核。

中国证监会在初审过程中，将征求发行人注册地省级人民政府是否同意发行人发行股票的意见。

中国证监会依照法定条件对发行人的发行申请作出予以核准或者不予核准的决定，并出具相关文件。自中国证监会核准发行之日起，发行人应在六个月内发行股票；超过六个月未发行的，核准文件失效，须重新经中国证监会核准后方可发行。

发行申请核准后、股票发行结束前，发行人发生重大事项的，应当暂缓或者暂停发行，并及时报告中国证监会，同时履行信息披露义务。影响发行条件的，应当重新履行核准程序。

4. 注册

中国证监会应当自受理股票发行申请文件之日起三个月内，依照法定条件和法定程序作出予以注册或者不予注册的决定，发行人根据要求补充、修改发行申请文件的时间不计算在内。不予注册的，应当说明理由。

公开发行注册的具体办法由国务院规定。总体而言，与原先的核准制相比，注册制改变了原先核准制下中国证监会受理、预先披露（招股说明书申报稿）、见面会、预审员反馈意见、公司回复、初审（处会审）、发审会、落实发审委意见、封卷、会后事项、核准、上市等复杂环节，简化了证券交易所与发行人之间的问询关系，努力实现“不干预、建制度、零容忍”的监管新理念。

三、上市公司公开发行股票的条件和程序

已经公开上市的公司可以选择以公开发行或者定向发行（非公开发行）的方

① 2019年修订的《证券法》要求实施全面的注册制。证券发行注册制的具体范围、实施步骤，由国务院规定。虽然在本书写作过程中只有上海证券交易所的科创板、深圳证券交易所的创业板开始实施注册制，但是本书有关新股发行条件和程序的介绍以注册制为准，如果有必要，会介绍一些历史上核准制的做法，特此说明。

式发行股票或者可转换为公司股票的公司债券(可转债)。

（一）公开发行的条件

根据《证券法》第12条的相关规定，上市公司发行新股，应当符合经国务院批准的国务院证券监督管理机构规定的条件，具体管理办法由国务院证券监督管理机构规定。依据中国证监会2020年2月14日公布的修正后的《上市公司证券发行管理办法》，上市公司发行股票、可转换公司债券以及经中国证监会认可的特定证券，需满足以下几个基本条件：第一，上市公司的组织机构健全、运行良好，内部控制制度健全，董事、监事、高级管理人员具备任职资格且不存在特定的违法违规情形。第二，上市公司的盈利能力具有可持续性，包括最近三个会计年度连续盈利，业务和盈利来源相对稳定，现有主营业务或投资方向能够可持续发展，高级管理人员和核心技术人员稳定，不存在发行当年营业利润比上年下降50%以上的情形。第三，上市公司的财务状况良好，严格遵循国家统一会计制度的规定，最近三年及一期财务报表未被注册会计师出具保留意见、否定意见或无法表示意见的审计报告；经营成果真实，现金流量正常；最近三年以现金方式累计分配的利润不少于最近三年实现的年均可分配利润的30%。第四，上市公司最近36个月内财务会计文件无虚假记载，且不存在违反证券、工商、税收、土地、环保、海关法律、行政法规或规章的重大违法行为。第五，上市公司募集资金的数额和使用符合规定。

向不特定对象公开募集股份，除符合以上规定外，还应当符合下列规定：(1) 最近三个会计年度加权平均净资产收益率平均不低于6%；(2) 除金融类企业外，最近一期末不存在持有金额较大的交易性金融资产和可供出售的金融资产、借予他人款项、委托理财等财务性投资的情形；(3) 发行价格应不低于公告招股意向书前20个交易日公司股票均价或前一个交易日的均价。

此外，上市公司公开发行证券还存在一种“负面清单”的情形，即上市公司存在下列情形之一的，不得公开发行证券：(1) 本次发行申请文件有虚假记载、误导性陈述或重大遗漏；(2) 擅自改变前次公开发行证券募集资金的用途而未作纠正；(3) 上市公司最近12个月内受到过证券交易所的公开谴责；(4) 上市公司及其控股股东或实际控制人最近12个月内存在未履行向投资者作出的公开承诺的行为；(5) 上市公司或其现任董事、高级管理人员因涉嫌犯罪被司法机关立案侦查或涉嫌违法违规被中国证监会立案调查；(6) 严重损害投资者的合法权益和社会公共利益的其他情形。

（二）上市公司非公开发行股票的条件

根据《上市公司非公开发行股票实施细则》，上市公司非公开发行股票，应当有利于减少关联交易、避免同业竞争、增强独立性；应当有利于提高资产质量、改善财务状况、增强持续盈利能力。向原股东配售股份(简称“配股”)，除符合公开发行的基本条件外，还应当符合下列规定：(1) 拟配售股份数量不超过本次配售股份前股本总额的 30%；(2) 控股股东应当在股东大会召开前公开承诺认配股份的数量；(3) 采用《证券法》规定的代销方式发行。

上市公司存在下列情形之一的，不得非公开发行股票：(1) 本次发行申请文件有虚假记载、误导性陈述或重大遗漏；(2) 上市公司的权益被控股股东或实际控制人严重损害且尚未消除；(3) 上市公司及其附属公司违规对外提供担保且尚未解除；(4) 现任董事、高级管理人员最近 36 个月内受到过中国证监会的行政处罚，或者最近 12 个月内受到过证券交易所公开谴责；(5) 上市公司或其现任董事、高级管理人员因涉嫌犯罪正被司法机关立案侦查或涉嫌违法违规正被中国证监会立案调查；(6) 最近一年及一期财务报表被注册会计师出具保留意见、否定意见或无法表示意见的审计报告，保留意见、否定意见或无法表示意见所涉及事项的重大影响已经消除或者本次发行涉及重大重组的除外；(7) 严重损害投资者合法权益和社会公共利益的其他情形。

非公开发行股票的特定对象应当符合下列规定：(1) 特定对象符合股东大会决议规定的条件；(2) 发行对象不超过 35 名。

上市公司非公开发行股票，应当符合下列规定：(1) 发行价格不低于定价基准日前 20 个交易日公司股票均价的 80%；(2) 本次发行的股份自发行结束之日起，六个月内不得转让；控股股东、实际控制人及其控制的企业认购的股份，18 个月内不得转让；(3) 募集资金使用符合《上市公司证券发行管理办法》第 10 条的规定；(4) 本次发行将导致上市公司控制权发生变化的，还应当符合中国证监会的其他规定。

（三）上市公司发行新股的程序

1. 公司内部决议程序

上市公司申请发行证券，董事会应当依法作出决议，并提请股东大会批准，股东大会就发行证券事项作出决议，必须经出席会议的股东所持表决权的 2/3 以上通过。向本公司特定的股东及其关联人发行证券的，股东大会就发行方案进行表决时，关联股东应当回避。

2. 保荐人保荐

上市公司申请公开发行证券或者非公开发行新股，应当由保荐人保荐，并向中国证监会申报。保荐人应当按照中国证监会的有关规定编制和报送发行申请文件。

3. 报送中国证监会核准

中国证监会依照下列程序审核发行证券的申请：(1) 收到申请文件后，五个工作日内决定是否受理；(2) 中国证监会受理后，对申请文件进行初审；(3) 发行审核委员会审核申请文件；(4) 中国证监会作出核准或者不予核准的决定。

自中国证监会核准发行之日起，上市公司应在12个月内发行证券；超过12个月未发行的，核准文件失效，须重新经中国证监会核准后方可发行。

四、公司债[①]的发行条件和程序

（一）企业债券的发行条件和程序

企业债券的发行条件适用《证券法》和《企业债券管理条例》的规定。其中，公开发行企业债需满足2019年《证券法》第15条的规定，包括具备健全且运行良好的组织机构、最近三年平均可分配利润足以支付公司债券一年的利息以及国务院规定的其他条件。同时，公开发行公司债券筹集的资金必须按照公司债券募集办法所列资金用途使用；改变资金用途，必须经债券持有人会议作出决议。公开发行公司债券筹集的资金，不得用于弥补亏损和非生产性支出。有下列情形之一的，不得再次公开发行公司债券：(1) 对已公开发行的公司债券或者其他债务有违约或者延迟支付本息的事实，仍处于继续状态；(2) 违反《证券法》的规定，改变公开发行公司债券所募资金的用途。

根据2011年修订的《企业债券管理条例》，企业发行企业债券必须符合下列条件：(1) 企业规模达到国家规定的要求；(2) 企业财务会计制度符合国家规定；(3) 具有偿债能力；(4) 企业经济效益良好，发行企业债券前连续三年盈利；(5) 所筹资金用途符合国家产业政策。2020年3月1日，国家发改委发布《国家发展改革委关于企业债券发行实施注册制有关事项的通知》，根据《证券法》修改的情形，删除了“累计债券余额不超过公司净资产的百分之四十”的规定，同时把发行条件聚焦于“企业债券发行人应当具备健全且运行良好的组织机构，最近三年平均可分配利润足以支付企业债券一年的利息，应当具有合理的资产负债结构和正常的现金流量，鼓励发行企业债券的募集资金投向符合国家宏观调控政策和产业政策的项目建设”。

在发行程序上，国家发改委为企业债券的法定注册机关，发行企业债券应当依法经国家发改委注册。国家发改委指定相关机构负责企业债券的受理、审核。其中，中央国债登记结算有限责任公司为受理机构，中央国债登记结算有限责任公司、中国银行间市场交易商协会为审核机构。企业债券发行人直接向受理机构提出申请，国家发改委对企业债券受理、审核工作及两家指定机构进行监督指导，并在法定时限内履行发行注册程序。

（二）公司债券的发行条件和程序

根据《证券法》第15条的要求，公开发行公司债券的发行人应当具备健全且

---

① 如前所述，在狭义的证券定义下，我国债券市场存在对象割裂、监管割裂的局面。在下文中，本书只介绍中国证监会监管的公司债券和国家发改委的企业债券事项。

运行良好的组织机构、最近三年平均可分配利润足以支付公司债券一年的利息，并符合国务院规定的其他条件。公开发行公司债券筹集的资金必须按照公司债券募集办法所列资金用途使用，不得用于弥补亏损和非生产性支出。

根据《公司债券发行与交易管理办法》第 15 条的规定，存在下列情形之一的，不得再次公开发行公司债券：(1) 对已发行的公司债券或者其他债务有违约或者迟延支付本息的事实，仍处于继续状态；(2) 违反《证券法》规定，改变公开发行公司债券所募资金用途。

《公司债券发行与交易管理办法》第 16 条规定："资信状况符合以下标准的公开发行公司债券，专业投资者和普通投资者可以参与认购：(一) 发行人最近三年无债务违约或者延迟支付本息的事实；(二) 发行人最近三年平均可分配利润不少于债券一年利息的 1.5 倍；(三) 发行人最近一期末净资产规模不少于 250 亿元；(四) 发行人最近 36 个月内累计公开发行债券不少于 3 期，发行规模不少于 100 亿元；(五) 中国证监会根据投资者保护的需要规定的其他条件。未达到前款规定标准的公开发行公司债券，仅限于专业投资者参与认购。"

发行人公开发行公司债券，应当按照中国证监会有关规定制作注册申请文件，由发行人向证券交易所申报。证券交易所收到注册申请文件后，在五个工作日内作出是否受理的决定。

证券交易所负责审核发行人公开发行公司债券并上市申请。证券交易所主要通过向发行人提出审核问询、发行人回答问题方式开展审核工作，判断发行人是否符合发行条件、上市条件和信息披露要求。证券交易所按照规定的条件和程序，提出审核意见：认为发行人符合发行条件和信息披露要求的，将审核意见、注册申请文件及相关审核资料报送中国证监会履行发行注册程序；认为发行人不符合发行条件或信息披露要求的，作出终止发行上市审核决定。中国证监会收到证券交易所报送的审核意见、发行人注册申请文件及相关审核资料后，履行发行注册程序。

发行公司债券应当由具有证券承销业务资格的证券公司承销。取得证券承销业务资格的证券公司、中国证券金融股份有限公司非公开发行公司债券可以自行销售。

五、可转换债券的发行条件和程序

可转换公司债券是指发行公司依法发行、在一定期间内依据约定的条件可以转换成股份的公司债券。公开发行可转换公司债券的公司，除应当符合公开发行公司债券的基本条件外，还应当符合下列规定：(1) 最近三个会计年度加权平均净资产收益率平均不低于 6%。扣除非经常性损益后的净利润与扣除前的净利润相比，以低者作为加权平均净资产收益率的计算依据。(2) 本次发行后累计公司债券余额不超过最近一期末净资产额的40%。(3) 最近三个会计年度实现的年均可分配利润不少于公司债券一年的利息。可转换公司债券的期限最短为一年,最长为六年。

公开发行可转换公司债券,应当提供担保,但最近一期末经审计的净资产不低于人民币15亿元的公司除外。可转换公司债券自发行结束之日起六个月后方可转换为公司股票,转股期限由公司根据可转换公司债券的存续期限及公司财务状况确定。债券持有人对转换股票或者不转换股票有选择权,并于转股的次日成为发行公司的股东。转股价格应不低于募集说明书公告日前20个交易日该公司股票交易均价和前一个交易日的均价。

上市公司可转换公司债券(包括分离交易的可转换公司债券)的发行程序与上市公司发行股票的程序相同。

六、分离交易的可转换公司债券的发行条件和程序

上市公司可以公开发行认股权和债券分离交易的可转换公司债券(以下简称"分离交易的可转换公司债券")。上市公司发行分离交易的可转换公司债券,除符合公司债券发行的基本条件外,还应当符合下列规定:(1) 公司最近一期末经审计的净资产不低于人民币15亿元;(2) 最近三个会计年度实现的年均可分配利润不少于公司债券一年的利息;(3) 最近三个会计年度经营活动产生的现金流量净额平均不少于公司债券一年的利息,符合《上市公司证券发行管理办法》第14条第1项规定的公司除外;(4) 本次发行后累计公司债券余额不超过最近一期末净资产额的40%,预计所附认股权全部行权后募集的资金总量不超过拟发行公司债券金额。

分离交易的可转换公司债券应当申请在上市公司股票上市的证券交易所上市交易。分离交易的可转换公司债券中的公司债券和认股权分别符合证券交易所上市条件的,应当分别上市交易。分离交易的可转换公司债券的期限最短为一年。认股权证上市交易的,认股权证约定的要素应当包括行权价格、存续期间、行权期间或行权日、行权比例等。认股权证的存续期间不超过公司债券的期限,自发行结束之日起不少于六个月。认股权证自发行结束至少已满六个月起方可行权,行权期间为存续期限届满前的一段期间,或者是存续期限内的特定交易日。分离交易的可转换公司债券募集说明书应当约定,上市公司改变公告的募集资金用途的,赋予债券持有人一次回售的权利。

本章复习要点

证券公开发行的界定、证券公开发行的监管方式、首次公开发行股票的条件

和程序、上市公司发行新股的条件和程序、可转换公司债券的发行条件和程序。

相关法律规范

《证券法》《首次公开发行股票并上市管理办法》《首次公开发行股票并在创业板上市管理办法》《上市公司证券发行管理办法》。

课外延伸阅读

1. 于绪刚:《美国私募发行制度研究》,载吴志攀、白建军主编:《证券市场与法律》,中国政法大学出版社 2000 年版。

2. 郑彧:《论证券发行监管的改革路径——兼论"注册制"的争论、困境及制度设计》,载张育军、徐明主编:《证券法苑》(第五卷),法律出版社 2011 年版。

第七章　证券上市交易及其监管

【本章导言】

证券的发行只是实现发行人完成融资的效果。发行完成后，对于认购证券的投资者而言，需要有一个能够以最小的成本、最大的效率实现证券转让的方式。集中化、中心化的证券交易所就是实现这种便捷、高效转让的有效选择。因此，证券上市也可归纳为解决证券发行后是否可以通过集中、统一的市场进行公开流通的问题。对此，需要讨论的是证券上市是否需要满足特定的挂牌条件、允许证券挂牌交易后所要遵循的基本交易规则等问题。

第一节　证 券 上 市

一、什么是证券上市

证券上市(listing)是指依法发行的证券经过证券交易所的同意，以公开竞价的方式供不特定投资者进行交易的过程。在证券交易所发展的过程中，由于证券的出售或者购买信息往往需要被公示于证券交易所的公告板以供投资者交易，因此证券上市也被称为“挂牌交易”。

二、证券上市的意义

从正常的交易流程而言，证券发行与证券上市分属于两个不同的环节。证券发行解决的是发行人如何将证券出售给投资者的问题，涉及的是增量证券的流动问题，是发行人与投资者之间的零和博弈过程。证券上市解决的则是购买这些证券的初始投资者如何进一步通过有效的渠道(如通过证券交易所挂牌竞价交易)进行二次交易的问题，涉及的是存量证券的流通问题，[①]是投资者与投资者围绕证券估值的博弈过程。需要澄清的是，虽然证券上市(挂牌交易)是发

---

① 在这里，“流动”与“流通”的区别在于，“流通”意指资产(证券)能以合理价格变现的能力，而“流动”表达的是资产(证券或资金)配置运行方向的问题。

行人在证券发行后的通常选择，但是证券发行本身并不等同于证券上市。[①] 因为证券上市本身并不是证券发行的原始目的，也不是证券发行后的必然选择，即证券发行未必会导致证券上市。当然，能够具备上市资格和上市地位是发行人吸引投资者购买证券的重要“卖点”。证券上市只是在证券发行后为投资者的证券流通提供重要的流通媒介。

从制度经验上看，证券上市是为了降低证券持有人进行证券交易的成本而进行的制度创新，这种制度创新的平台就是作为交易中介的证券交易所。证券交易所的出现减少了“一对一”谈判所需的谈判成本与寻找交易对手的成本，使买卖双方的交易意愿可被充分聚集在同一场所，而且集中的撮合服务最大限度地提高了证券持有人进行证券交易的成功率，从而围绕着既有的存量证券，实现了资金在不同时间、地区、行业和主体之间进行转移。[②] 从这个意义上说，以证券交易所为平台的证券上市（挂牌交易）并不是为了帮助发行人筹集资金，而是为了增加证券的流动性，帮助证券持有人在股份分散化的状况下实现低成本的集中报价与集中交易服务。

由此可见，证券发行与证券上市这两个截然不同的交易进程分别代表着不同市场主体在不同阶段的利益诉求。证券发行是发行人与认购人的博弈过程，是社会闲置资本向产业资本聚集的过程，对发行人而言是在发行证券越少的情况下获得越多的资金收入，而对投资者而言则是在投入资金越少的情况下获得越多的证券。因此，证券发行其实是发行人与投资者之间就证券所能代表的资产价值进行的价值博弈，体现的是“资金换证券”的过程，资金在资本与产业之间实现转换，实现的是资源优化配置的功能。证券上市则是投资者之间就证券交易所进行的博弈过程，是投资者之间基于证券价值所形成的交易价格博弈。证券上市后的交易价格在证券价值的基础上随市场供求关系的变化而上下波动，投资者在本质上是以“资金互换”的形式完成证券的换手交易，交易资金并不流入实体经济，只是在资本与资本之间流动，是资本的优化配置过程。基于这些不同的博弈特点，证券发行的博弈依赖于证券发行人与中介机构在证券发行过程中所进行的陈述与披露，即发行人必须通过公司价值的信息披露吸引投资者的投资；而证券上市的博弈取决于高效、及时、准确的信息披露与价格反应系统。所以，就监管需求而言，证券发行监管所要确保的是发行人及相关中介机构所披露的发行人信息是真实、准确和完整的，防止发行人利用虚假信息获得博弈收益，即发行监管的本质是保证交易公平。证券上市监管则是为了使可上市交易

① 在我国，在政府主导的审批制下，证券的发行与上市形成合二为一的过程，在市场上有一种“发行＝上市”的错误认识，而发行与上市实为证券交易的不同阶段。

② 参见郑彧：《论我国证券交易所法律定位的重塑》，载顾功耘主编：《国有经济与经济法理论创新》，北京大学出版社 2005 年版。

的证券符合大规模交易的特征与资本，减少作为上市交易平台的证券交易所因组织上市交易而需要承担的组织成本和交易成本。因此，上市监管的本质是解决如何实现交易效率的问题。在监管内容上，证券发行监管是针对对于公众投资者而言具有影响力的信息披露进行的监管，其监管内容是信息的披露内容与披露程度，并通过有效的责任设计机制，使发行人对其信息披露承担法律责任；而证券上市监管只是确保能够上市交易的证券数量、质量符合大规模、有组织交易的要求，并保证在信息披露的前提下以最小的成本进行交易。

三、证券上市的审核

就发行监管而言，证券监管机关的主要职责仅在于对注册文件的审查，而不在于对注册文件所透露信息的价值判断，与此相适应的监管方式是对注册文件的形式性审查。在此审核模式下，证券监管机关只需侧重于发现和设计证券发行过程中需要对投资者进行信息披露的内容、格式和披露程度，规范信息披露的范围、方式和形式，使发行人向公众投资者披露的信息具有规范性、易读性和易得性的特点。只要发行人符合法定的披露格式与内容要求，并且有关信息披露文件的范围与程度在形式上被证券监管机关认可，信息披露材料应被无条件地予以接受。换句话说，在发行与上市分离的监管程序中，发行监管通过“形式重于实质”的注册登记制体现出来，监管机关不对发行人所发行证券的质量、价值承担担保责任。上市监管的目的则在于挑选能够通过交易所进行大规模证券交易的产品。因此，上市监管的过程其实就是对拟申请上市证券的价值审查过程。这种审查可以体现在发行人的资质、发行条件、发行规模、发行人财务数据的真实性、发行人的盈利前景以及证券上市对市场的影响等诸方面。因此，上市监管的核心是以“实质重于形式”的方式对申请上市交易的证券是否符合既定的上市条件进行审查，是一种体现主观能动性的价值判断过程。上市监管的存在要求发行人既满足发行监管机关在信息披露上的形式要求，也满足上市监管机关对其信息内容的实质审查要求。

在发行监管与上市监管程序分离的条件下，证券监管机关应该向作为证券交易组织者的证券交易所归还上市监管的权力，应由证券交易所自主进行对上市申请的审查并作出决定，充分实现证券交易所的一线监管职能。因此，本书认为，作为直接掌握上市申请“生杀大权”的监管者，证券交易所可以对上市申请文件所有的信息披露内容进行实质性审查。证券交易所在上市申请审查中，可以主动查证或要求发行人充分证明申请文件所含内容的合法性与法律风险，并且可以根据自我验证、过往审核经验以及对发行人业务模式的主观判断决定是否接受发行人的上市申请。证券交易所可以对那些业务模式、盈利水平、发展前景、披露文件真实性、高管能力有疑点的上市申请采取合理怀疑原则，不同意其上市申请。

证券交易所对于上市申请的决定应是一种基于“商业判断原则”[①]的实质审查。

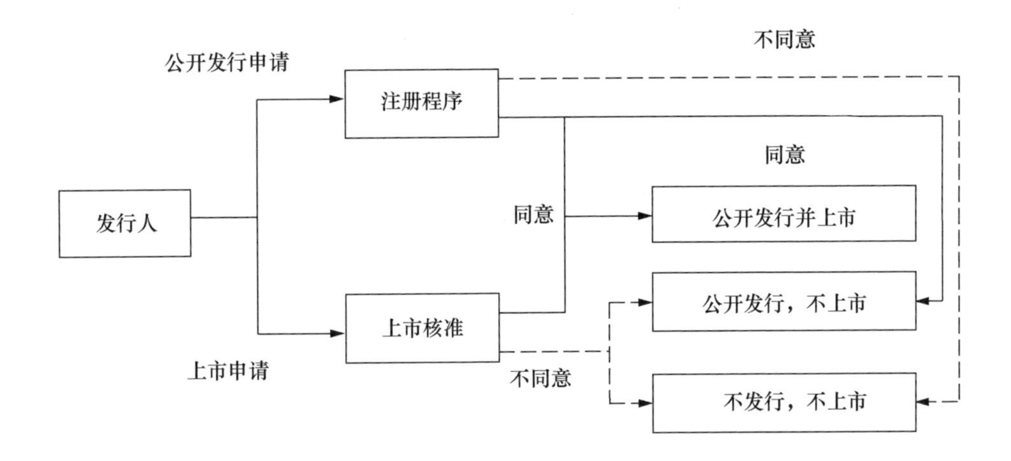

图 7-1　理想的发行注册与上市审核关系

但是，我国在从核准制转化为注册制时，采用的仍然是发行与上市合一的注册机制，即在“问出一家真公司”的审核理念下，在法定条件上，证券交易所无权对拟申请上市公司是否适合在证券交易所公开挂牌交易进行交易价值上的主观判断。目前的上市程序更多是从证券公开发行的行政监管程序角度考虑，在某种意义上是证券交易所代表证券监管机关先行审核招股说明书中信息披露的形式完整性，而较少涉及证券交易所对此等证券是否适合提供公开化、规模性、流动性交易服务的价值判断。相较于美国《1933 年证券法》《1934 年证券交易法》之下那种发行与上市流程分离、监管分离、决策依据分离的方式，未来我国证券上市的监管逻辑与判断标准其实还有进一步改革的空间。

四、证券上市的条件

2019 年修订前的《证券法》第 50 条规定：“股份有限公司申请股票上市，应当符合下列条件：(一) 股票经国务院证券监督管理机构核准已公开发行；(二) 公司股本总额不少于人民币三千万元；(三) 公开发行的股份达到公司股份总数的百分之二十五以上；公司股本总额超过人民币四亿元的，公开发行股份的比例为百分之十以上；(四) 公司最近三年无重大违法行为，财务会计报告无虚假记载。证券交易所可以规定高于前款规定的上市条件，并报国务院证券监督管理机构批准。”《上海证券交易所股票上市规则》第 5.1.1 条照搬了以上

---

① 比如，纽约证券交易所(NYSE)在接受一家公司证券的上市申请前都会进行“适合性”(eligibility)审查，这种审查就是针对拟上市公司的证券种类是否适合在 NYSE 上市交易、对 NYSE 交易流通性的提升有多大帮助而进行的商业判断。只有通过前置的适合性审查，申请人才会被 NYSE 接受正式的上市申请材料，然后接受上市审核。

规定。

2019 年修订后的《证券法》在“证券上市”一节中删除了有关证券上市的具体条件，取而代之的是第 47 条规定：“申请证券上市交易，应当符合证券交易所上市规则规定的上市条件。证券交易所上市规则规定的上市条件，应当对发行人的经营年限、财务状况、最低公开发行比例和公司治理、诚信记录等提出要求。”《上海证券交易所科创板股票上市规则》第 2.1.1 款规定：“发行人申请在本所科创板上市，应当符合下列条件：（一）符合中国证监会规定的发行条件；（二）发行后股本总额不低于人民币 3000 万元；（三）公开发行的股份达到公司股份总数的 25%以上；公司股本总额超过人民币 4 亿元的，公开发行股份的比例为 10%以上；（四）市值及财务指标符合本规则规定的标准；（五）本所规定的其他上市条件。”其中，市值及财务指标标准又包括针对普通企业的五套市场指标、针对红筹公司回归的两套市值指标和针对特别表决权上市公司的两套市值指标。

表 7-1 科创板与创业板证券发行监管的方式比较

	科创板	创业板
市值标准	发行人申请在本所科创板上市，市值及财务指标应当至少符合下列标准中的一项： （一）预计市值不低于人民币 10 亿元，最近两年净利润均为正且累计净利润不低于人民币 5000 万元，或者预计市值不低于人民币 10 亿元，最近一年净利润为正且营业收入不低于人民币 1 亿元； （二）预计市值不低于人民币 15 亿元，最近一年营业收入不低于人民币 2 亿元，且最近三年累计研发投入占最近三年累计营业收入的比例不低于 15%； （三）预计市值不低于人民币 20 亿元，最近一年营业收入不低于人民币 3 亿元，且最近三年经营活动产生的现金流量净额累计不低于人民币 1 亿元； （四）预计市值不低于人民币 30 亿元，且最近一年营业收入不低于人民币 3 亿元； （五）预计市值不低于人民币 40 亿元，主要业务或产品需经国家有关部门批准，市场空间大，目前已取得阶段性成果。医药行业企业需至少有一项核心产品获准开展二期临床试验，其他符合科创板定位的企业需具备明显的技术优势并满足相应条件。	发行人申请股票首次发行上市的，应当至少符合下列上市标准中的一项，发行人的招股说明书和保荐人的上市保荐书应当明确说明所选择的具体上市标准： （一）最近两年净利润均为正，且累计净利润不低于人民币 5000 万元； （二）预计市值不低于人民币 10 亿元，最近一年净利润为正且营业收入不低于人民币 1 亿元； （三）预计市值不低于人民币 50 亿元，且最近一年营业收入不低于人民币 3 亿元。

（续表）

<table>
<tr><th></th><th>科创板</th><th>创业板</th></tr>
<tr><td>已境外上市红筹企业回归标准</td><td colspan="2">已境外上市红筹企业的市值要求调整为符合下列标准之一：
（一）市值不低于2000亿元人民币；
（二）市值200亿元人民币以上，且拥有自主研发、国际领先技术，科技创新能力较强，同行业竞争中处于相对优势地位。</td></tr>
<tr><td rowspan="2">未境外上市红筹企业回归标准</td><td colspan="2">尚未在境外上市的创新企业（包括红筹企业和境内注册企业），最近一年营业收入不低于30亿元人民币且估值不低于200亿元人民币，或者营业收入快速增长，拥有自主研发、国际领先技术，同行业竞争中处于相对优势地位。</td></tr>
<tr><td>尚未在境外上市红筹企业申请在科创板上市，适用《科创板股票发行上市审核规则》第23条第2款、《上海证券交易所科创板股票上市规则》第2.1.3条有关“营业收入快速增长”的规定时，应当符合下列标准之一：
（一）最近一年营业收入不低于人民币5亿元的，最近3年营业收入复合增长率10%以上；
（二）最近一年营业收入低于人民币5亿元的，最近三年营业收入复合增长率20%以上；
（三）受行业周期性波动等因素影响，行业整体处于下行周期的，发行人最近三年营业收入复合增长率高于同行业可比公司同期平均增长水平。
处于研发阶段的红筹企业和对国家创新驱动发展战略有重要意义的红筹企业，不适用“营业收入快速增长”上述要求。</td><td>符合《国务院办公厅转发证监会关于开展创新企业境内发行股票或存托凭证试点若干意见的通知》等相关规定且最近一年净利润为正的红筹企业，可以申请发行股票或存托凭证并在创业板上市。
营业收入快速增长，拥有自主研发、国际领先技术，同行业竞争中处于相对优势地位的尚未在境外上市红筹企业，申请发行股票或存托凭证并在创业板上市的，市值及财务指标应当至少符合下列上市标准中的一项，发行人的招股说明书和保荐人的上市保荐书应当明确说明所选择的具体上市标准：
（一）预计市值不低于人民币100亿元，且最近一年净利润为正；
（二）预计市值不低于人民币50亿元，最近一年净利润为正且营业收入不低于人民币5亿元。
前款所称营业收入快速增长，指符合下列标准之一：
（一）最近一年营业收入不低于5亿元的，最近三年营业收入复合增长率10%以上；
（二）最近一年营业收入低于5亿元的，最近三年营业收入复合增长率20%以上；
（三）受行业周期性波动等因素影响，行业整体处于下行周期的，发行人最近三年营业收入复合增长率高于同行业可比公司同期平均增长水平。
处于研发阶段的红筹企业和对国家创新驱动发展战略有重要意义的红筹企业，不适用“营业收入快速增长”的规定。</td></tr>
</table>

参照现有科创板注册制下的上市程序，发行人首次公开发行股票经中国证监会同意注册并完成股份公开发行后，应当提交下列文件：(1) 上市申请书；(2) 中国证监会同意注册的决定；(3) 首次公开发行结束后发行人全部股票已经中国证券登记结算有限责任公司上海分公司登记的证明文件；(4) 首次公开发行结束后，具有执行证券、期货相关业务资格的会计师事务所出具的验资报告；(5) 发行人、控股股东、实际控制人、董事、监事和高级管理人员根据《上海证券交易所科创板股票上市规则》要求出具的证明、声明及承诺；(6) 首次公开发行后至上市前，按规定新增的财务资料和有关重大事项的说明(如适用)；(7) 证券交易所要求的其他文件。证券交易所收到发行人上市申请文件后五个交易日内，作出是否同意上市的决定。

第二节　境 外 上 市

一、什么是境外上市

中国企业最早从事境外证券融资是从国有企业开始的。从早期的华晨集团将金杯客车"打包"，进入百慕大公司发行美国存托凭证(ADRs)，并在纽约和香港两地上市开始，中国企业的境外融资步伐从未停止过。1993 年，青岛啤酒 H 股在香港联交所上市交易。随后，大量具有中资背景的红筹股在香港发行和上市交易。各部委、各省市的窗口公司，如上海实业、北京控股、广州控股、粤海投资、华润集团等纷纷寻求在香港上市。就目前的资本市场实践而言，中国企业境外上市大体包括了直接上市(H 股、S 股)和间接上市(红筹股)两种模式。

(一) 直接上市

直接上市是由中国境内注册的企业改制重组为依据《公司法》注册的股份有限公司后，在境外发行新股并在境外证券交易所上市的过程。直接上市模式是在国内资本市场开放初期，在上市额度制下，由于上市额度的稀缺性，无法满足境内企业发展过程中的资金需求，因此国内资本市场与企业需求不能有效地衔接，促使这些企业在国家没有相关规定情况下(除了一些外汇管制的限制)，以境内公司的名义直接到境外证券市场以存托凭证或私募方式发行股票并寻求挂牌交易。其中，到香港交易所上市的公司被称为"H 股公司"，到新加坡证券交易所上市的公司被称为"S 股公司"。直接上市公司的架构如图 7-2 所示：

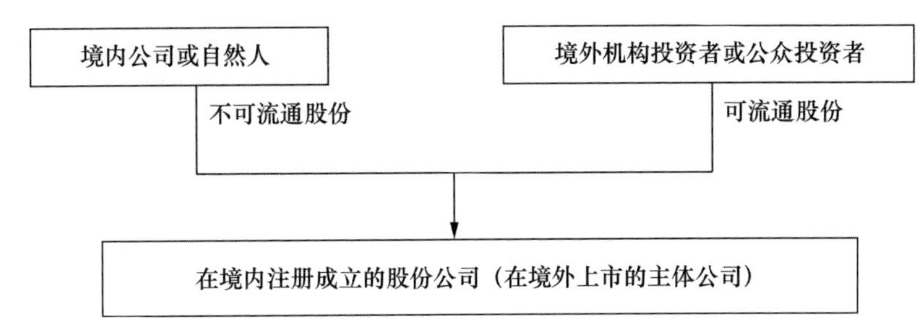

图 7-2 直接上市模式

（二）间接上市

间接上市是指境内企业利用在境外以其自身名义注册的公司发行股票并上市，即境内注册的企业或投资者在英属维尔京群岛（British Virgin Islands，BVI）、开曼群岛注册或购买一间免税公司，通过该海外公司从原国内股东或投资者处受让国内公司权益并成为国内公司的控股母公司，原国内公司转变为在国内注册的外商投资企业，其主要经营地、资产所在地、高级管理人员国籍地均在中华人民共和国境内，通过将境内外商投资企业的财务报表合并至境外上市主体的方式实现在香港、纽约或者其他境外证券交易市场上市。间接上市公司的架构如图 7-3 所示：

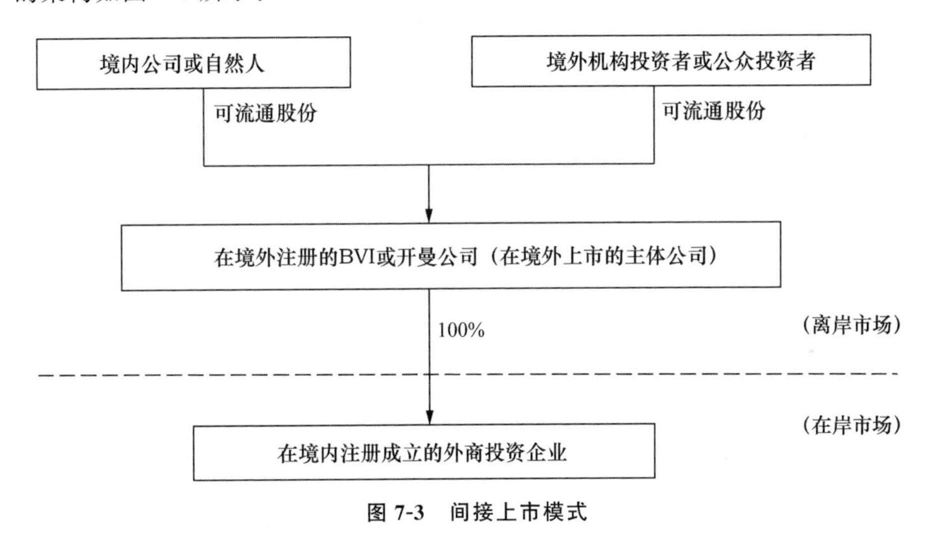

图 7-3 间接上市模式

对于间接上市模式，业内又有“大红筹”和“小红筹”之分。所谓“大红筹”，是指境外上市公司的实际运营主体在中国境内，而其实际控制人为国有控股或具有国家资本成分的法人或组织。所谓“小红筹”，是指那些由中国自然人控制或拥有的境外上市公司。

（三）混合上市

混合上市是指在同一集团内部的上下级母子公司同时出现境内上市和境外上市的公司，或者同一家公司分别在境内、境外公开发行股票并上市交易。混合上市模式的架构如图 7-4 所示：

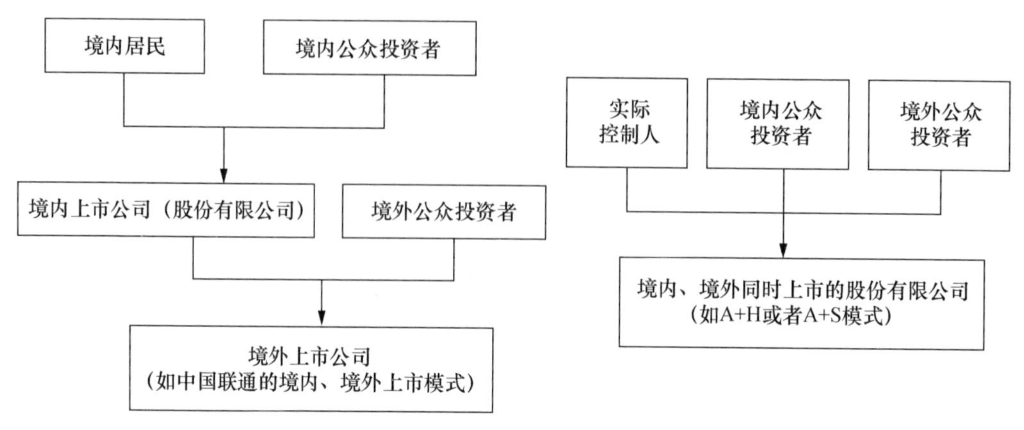

图 7-4　混合上市模式

二、境外上市监管制度的沿革

1992 年 12 月 17 日，国务院发布《国务院关于进一步加强证券市场宏观管理的通知》（国发〔1992〕68 号），要求“选择若干企业到海外公开发行和股票上市，必须在证券委统一安排下进行，并经证券委审批”，首次把中国企业海外上市的监管权统一到中央政府。1993 年 4 月 9 日，国务院证券委转发中国证监会《关于境内企业到境外公开发行股票和上市存在的问题的报告》。该报告对境内企业直接或间接到境外发行股票和上市的情形作了总结，同时明确规定：“境内企业直接或者间接到境外发行股票和上市主要包括以下几种方式：1. 境内企业直接到境外发行股票和上市（包括到境外公开发行 B 股的形式）；2. 境内企业利用境外设立的公司的名义在境外发行股票和上市；3. 境内上市的公司到境外的交易所上市交易；4. 境内上市的公司在境外发行存券证（DR）或者股票的其他派生形式”。此外，该报告建议再次重申：“今后凡是企业采取上述方式到境外公开发行股票和上市，均应事先报证券委审批。证监会对获得批准到境外发行股票和上市的企业及其业务活动进行监管。”这是到目前为止能够找到的对“间接上市”所下的唯一的成文性定义。但是，该报告没有明确说明具体以什么标准衡量间接上市的尺度及范围。

1997 年 3 月 17 日，中国证监会发布《中国证券监督管理委员会（办公室）关于境内企业间接到境外发行股票并上市有关问题的复函》（证办法字〔1997〕1

号),要求"境内企业直接或者间接到境外发行股票并将其股票在境外上市,都必须经国务院证券委员会审批;未经国务院证券委员会批准,任何境内企业不得以任何形式到境外发行股票和上市"。根据中国企业在境外上市的实际情况,国务院在同年发布的《国务院关于进一步加强在境外发行股票和上市管理的通知》(国发〔1997〕21 号)中要求:(1) 在境外注册、中资控股(包括中资为最大股东)的境外上市公司,进行分拆上市、增发股份等活动,受当地证券监管机构监管,仅由中资控股股东的境内股权持有单位将有关情况报中国证监会备案,中国证监会不再直接行使监管权。(2) 在境外注册的中资非上市公司和中资控股的上市公司,以其拥有的境外资产和由其境外资产在境内投资形成并实际拥有三年以上的境内资产,在境外申请发行股票和上市,依照当地法律进行,其境内股权持有单位需事先征得省级人民政府或者国务院有关主管部门同意;其不满三年的境内资产,不得在境外申请发行股票和上市,如有特殊需要的,报中国证监会审核后,由国务院证券委审批。这是一种有限度的审批权,国务院证券委实际上起到进行总量控制的作用。(3) 将境内资产通过收购、换股、划转以及其他任何形式转移到境外中资非上市公司或境外中资控股上市公司在境外上市的,应按照隶属关系事先经省级人民政府或者国务院有关主管部门同意,并报中国证监会审核后,由国务院证券委审批,遵循的是全面监管原则。

这一阶段的证券监管主要沿用了对国内上市证券的监管模式,即强调对国有资产的管理和控制,防止国有资产流失;同时,证券监管体现出一定的开放性和包容性。这与当时国务院证券委和中国证监会的具体行政职能不明确也有关系。《国务院关于进一步加强在境外发行股票和上市管理的通知》实际上对先前有关间接上市的定义作了有限度的立法解释。

1999 年 7 月 14 日,中国证监会发布《中国证券监督管理委员会关于企业申请境外上市有关问题的通知》(证监发行字〔1999〕83 号),首次明确了中国境内注册的企业在境外直接上市的"四五六"原则,即:(1) 净资产不少于 4 亿元人民币;(2) 预计筹资额不少于 5000 万美元;(3) 过去一年税后利润不少于 6000 万元人民币。1999 年 9 月 21 日,为适应香港联交所推出创业板的新形势,中国证监会发布了《境内企业申请到香港创业板上市审批与监管指引》(证监发行字〔1999〕126 号),作为境内股份有限公司申请到香港创业板上市的审批依据。自 1999 年 7 月 1 日起施行的原《证券法》第 29 条则规定:"境内企业直接或者间接到境外发行证券或者将其证券在境外上市交易,必须经国务院证券监督管理机构批准。"

2000 年 6 月 9 日,中国证监会发布《关于涉及境内权益的境外公司在境外发行股票和上市有关问题的通知》(证监发行字〔2000〕72 号),规定:如有关境外发行股票和上市事宜属于《国务院关于进一步加强在境外发行股票和上市管理的通知》规定的情形，则依照该通知执行；如不属于国务院的这一通知规定的情形，律师应就该境外发行股票和上市事宜出具法律意见书，以阐明其合法性（即业内所称的“无异议函”）。但是，根据2003年2月27日发布的《国务院关于取消第二批行政审批项目和改变一批行政审批项目管理方式的决定》（国发〔2003〕5号），包括“中国律师出具的关于涉及境内权益的境外公司在境外发行股票和上市的法律意见书审阅”在内的行政审批项目被取消。2003年4月1日，中国证监会发布《中国证券监督管理委员会关于取消第二批行政审批项目及改变部分行政审批项目管理方式的通告》和《中国证券监督管理委员会关于做好第二批行政审批项目取消及部分行政审批项目改变管理方式后的后续监管和衔接工作的通知》，正式取消对无异议函的审阅与签发事宜。

2003年3月7日，对外贸易经济合作部、国家税务总局、国家工商行政管理总局和国家外汇管理局联合颁布《外国投资者并购境内企业暂行规定》，要求外国企业境内股权收购或资产收购必须按照该规定的程序进行。由此，较多的境内民营企业依据该规定，通过将境内公司以并购方式转变为外商投资企业，并将外商投资企业权益并入其在境外设立的境外特殊目的公司，寻求上市机会。随着无异议函的取消和之后外资并购境内企业审批程序的明确，在此后一段时间内，大量的民营企业以外资返程并购方式实现了在我国香港地区、新加坡和美国的上市。

2005年1月24日，国家外汇管理局发布《国家外汇管理局关于完善外资并购外汇管理有关问题的通知》，规定：“一、境内居民境外投资直接或间接设立、控制境外企业，应参照《境外投资外汇管理办法》的规定办理审批、登记手续。二、根据《外国投资者并购境内企业暂行规定》，境内居民为换取境外公司股权凭证及其他财产权利而出让境内资产和股权的，应取得外汇管理部门的核准。未经核准，境内居民不得以其拥有的境内资产或股权为交易对价取得境外企业股权及其他财产权利。三、各分局、外汇管理部在办理由外资并购设立的外商投资企业外汇登记时，应重点审核该境外企业是否为境内居民所设立或控制，是否与并购标的企业拥有同一管理层……”该通知通过境内居民境外设立特殊目的公司的外汇登记审批程序，控制了“假外资”流入对中国外汇资产所产生的冲击，但是也由此实际上拗断了境内企业为境外上市目的而进行外资重组的途径。为防止中介机构设计方案规避该通知，2005年4月21日，国家外汇管理局又发布了《国家外汇管理局关于境内居民个人境外投资登记及外资并购外汇登记有关问题的通知》，更加强化了对中国境内居民通过境外特殊目的公司，以外资并购方式换取境内资产权益以达到上市目的的监管。上述两个通知虽仅针对外汇管制，但从源头上限制了境内企业通过境外股权重组并上市的可能。

2005年10月21日，国家外汇管理局重新调整政策，发布了《国家外汇管理局关于境内居民通过境外特殊目的公司融资及返程投资外汇管理有关问题的通知》，要求境内居民通过境外特殊目的公司融资及返程投资严格按照相关规定办理登记及报批手续。2006年8月8日，商务部等六部委联合发布《关于外国投资者并购境内企业的规定》，要求中国境内居民的返程投资经商务部审批，并规定以境外上市为目标的特殊目的公司之外商投资企业身份的取得需要进行特殊审批，颁发加注批准证书，其上市需要由中国证监会批准。

2012年12月20日，中国证监会正式发布《关于股份有限公司境外发行股票和上市申报文件及审核程序的监管指引》，废止了中国证监会1999年7月14日发布的《关于企业申请境外上市有关问题的通知》，即取消了境内企业到境外上市的“四五六原则”和前置程序，不再设盈利、规模等门槛，同时简化了境外上市的申报文件和审核程序。

2019年11月14日，中国证监会颁布了《H股公司境内未上市股份申请“全流通”业务指引》，开始就H股公司的境内未上市股份（包括境外上市前境内股东持有的未上市内资股、境外上市后在境内增发的未上市内资股以及外资股东持有的未上市股份）到香港联交所上市流通提供政策支持，从而在法规层面实现了对H股全流通的支持。

三、间接上市的监管争议

无论新旧《证券法》，都对“间接上市”有所规定。比如，2019年修订前的《证券法》第238条规定：“境内企业直接或者间接到境外发行证券或者将其证券在境外上市交易，必须经国务院证券监督管理机构依照国务院的规定批准。”2019年修订后的《证券法》第224条规定：“境内企业直接或者间接到境外发行证券或者将其证券在境外上市交易，应当符合国务院的有关规定。”但是，正是由于直接上市存在受制于审批程序和审核标准不确定等诸多困难，关于是否应该对红筹股上市进行监管，争议颇大。

第一，间接上市的法定概念不明。虽然《证券法》规定境内企业到境外间接上市需要经证券监督管理部门的审批，但是在如何界定“间接上市”这一问题上并不明确。对此，目前唯一能够直接援引的是《关于境内企业到境外公开发行股票和上市存在的问题的报告》，其中提到“境内企业利用境外设立的公司的名义在境外发行股票和上市”。但是，对于如何理解该规定中的“境内企业”，却存在争议。“境内企业”是指拟上市企业本身，还是拟上市企业的股东或实际控制人？“境内企业”是否在广义上涵盖了境内法人、非法人组织和境内自然人？由于对“间接上市”的定义并不明确，因而影响到对“间接上市”这种行为的监管态度、监管路径和监管方法。

第二，与直接上市不同，间接上市的主体并不是注册于中国的企业，而是境外公司。如果排除境内主体在境外以自有外汇大规模购买境外公司公开发行证券之情形,那么境外公司间接上市涉及的是面对境外投资者的募集资金行为与境外的信息披露,与中国唯一的联结点是:该等境外公众公司因自身会计报表的并表需要,将在中国境内业务的实际运营主体的财务表现合并计入母公司报表(该等境内业务的实际运营主体只是资金的使用方,而非资金的募集方)。因此,由中国证券监督管理机构作为保护境内公众投资者利益的监管部门,针对面向境外投资者的境外公开募集行为行使"长臂管辖权"的理由并不充分。

第三,在间接上市的操作模式下,境外上市主体必须按照中国的外商投资法律进行架构重组,确保其运营合法性的前提条件是境内运营公司符合中国一切关于外商投资企业的设立、变更和运营的制度以及各项法律法规的要求。对于这一情形,有关境内资产和境内投资受中国外商投资法律的约束,而境外公司上市及信息披露则受境外公司注册地和上市地法律及上市规则的约束。不论是对于先前的欧亚农业、远东制药还是近年来的瑞幸咖啡造假事件,《证券法》并没有赋予中国证监会保护境外投资者的职能。因此,对于间接上市的证券监管在法理依据上也略显不足。

四、可变利益实体

在间接上市模式下,有一种非常特别的境外间接上市模式,就是VIE(viable interest entity,即可变利益实体)模式。对于具有中国背景的红筹公司而言,采取VIE模式完全是一个"误打误撞"的产物。原本所谓"可变利益实体"是在美国出现安然丑闻和世界通信公司财务舞弊事件(本质是通过大量的表外SPV公司转移公司实质的负债和义务,人为美化公司的报表利润)后,美国国会通过《2002年萨班斯-奥克斯利法案》(Sarbanes-Oxley Act of 2002),规定那些没有股权或者管理控制关系却通过合约方式使不同主体之间的业务表现(收入、利润与亏损)存在严重依赖或者关联关系的企业,同样需要按照股权或者管理控制关系进行合并报表的处理,直至相关的合约关系被取消为止。可变利益实体原本只是美国证券法项下对于如何正确进行会计处理与公司内控的要求,并没有其他的作用。但是,该法案通过之时,恰逢以新浪、百度、搜狐等为代表的中国第一代互联网企业创业之时。这些企业虽然由中国境内居民所控制,但是在当时的环境下因严重亏损而没有在中国境内首次公开发行股票的可能,因而趁着互联网的热潮在美国进行境外融资。问题在于,这些互联网企业要么是互联网服务提供商(ISP),要么是互联网内容提供商(ICP),而这些都属于我国《外商投资产业指导目录》下的"禁止类"产业,是不允许外资参与投资的国内特定行业。因此,在无法按照正常的红筹模式进行融资并上市的情况下,《2002年萨班斯-奥克斯利法案》项下的可变利益实体的财务处理要求却给了这些中国互联网企业进行境外融资的一线生机，其具体做法是：先通过搭建红筹结构，在中国设立一家属于外商投资鼓励类的外商独资企业（如经营范围为从事计算机开发、程序开发），然后由这家外商独资企业与由中国境内居民所控制的具体从事互联网业务的境内内资企业签署技术服务协议，约定由该外商独资企业为境内互联网企业提供IT服务。在服务合约中，双方约定扣除境内内资企业成本后的所有费用都应作为IT服务费支付给外商独资企业。由此，在美国法项下，这些境内互联网运营企业虽然不由外商独资企业控制，但是在财务和业务上产生了《2002年萨班斯-奥克斯利法案》项下要求的实质关联关系，由此可使该等外商独资企业将境内互联网内资企业的财务报表以模拟形式合并到自己的财务报表上（按照美国会计准则而非中国会计准则），并最终体现到境外上市母公司的报表上，从而使境外母公司满足相关上市条件。

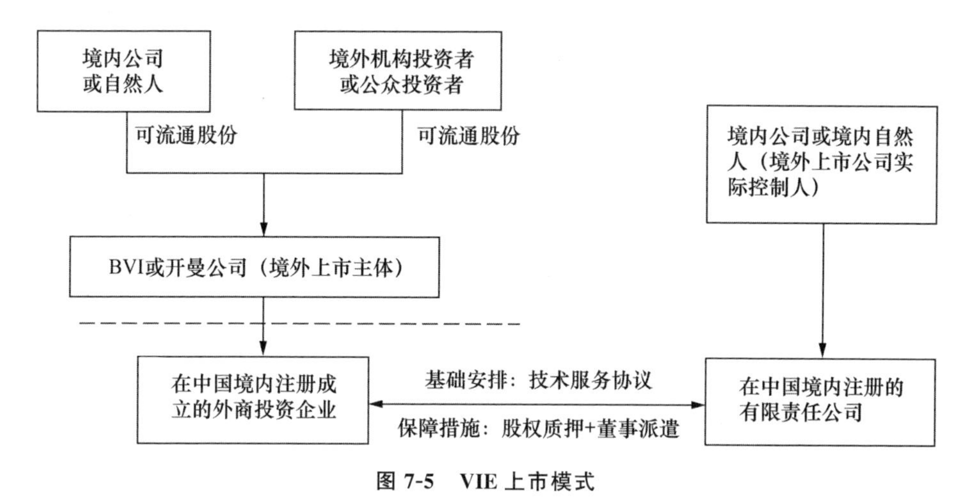

图7-5　VIE上市模式

在《中华人民共和国外商投资法》（以下简称《外商投资法》）起草过程中，曾经试图将可变利益实体模式列为我国外商投资的一种类型。但是，2019年3月15日最终颁布的《外商投资法》并没有把可变利益实体的相关内容写入。因此，对于现有的以可变利益实体模式在境外上市的公司而言，仍然面临着中国律师需要就此等可变利益实体安排（包括利润转移、股权质押、董事派遣）的合法性明确发表意见。此外，就境外证券交易所对于以可变利益实体模式上市的态度而言，香港交易所明确表示，寻求以可变利益实体模式上市的申请人必须充分证明采取可变利益实体模式的充分必要性。香港交易所不接受原本可以采取正常红筹模式（即没有外商投资方面的政策阻碍）上市却寻求采取可变利益实体模式上市的申请。

五、中国概念股审计底稿风波

2010年前后,在以香橼、浑水为代表的做空公司的做空背景调查下,中国高速和东南融通等中国概念股(以下简称"中概股")爆发造假丑闻,引发SEC对于中概股财务报表真实性的关注。根据《2002年萨班斯-奥克斯利法案》第106(b)(1)条[①]的规定,SEC以及负责公众公司审计监管的美国公众公司会计监察委员会(Public Company Accounting Oversight Board, PCAOB)有权对在美上市公众公司的审计师进行监管,并可调取这些在美上市公众公司的审计底稿。问题在于,当SEC开始向中国境内相关审计机构发出传票,要求提供相关审计底稿文件时,这些境内审计机构依据《中华人民共和国保密法》《中华人民共和国档案法》和2009年10月由中国证监会、国家保密局和国家档案局联合发布的《关于加强在境外发行证券与上市相关保密和档案管理工作的规定》,以涉及保密义务为由拒绝向SEC和PCAOB直接提供相关审计底稿。虽然财政部于2011年3月21日依据《中华人民共和国注册会计师法》发布了《境外会计师事务所在中国内地临时执行审计业务暂行规定》,允许境外会计师事务所接受境外委托方的委托对中国境内的企业临时性执行审计业务、出具仅供境外使用的审计报告,2011年第三轮中美战略与经济对话也将关于跨境审计监管合作的问题首次列入对话联合成果情况说明,但是中美双方就审计跨境监管问题并没有达成任何实质性的成果。

在此背景下,2012年5月9日,SEC正式起诉为相关造假上市公司提供审计服务的中国境内审计机构,而这些审计机构的答辩理由是审计底稿的交换涉及中美两国之间的跨境监管,它们作为中国境内注册并受中国法律管辖的审计机构已经将审计工作底稿上交中国证监会,理应由中国证监会在满足中国境内法律要求的情况下决定是否向SEC提供相关工作底稿。2012年7月,时任SEC主席的玛丽·夏皮罗到访中国,其主要目的就是与中国证监会沟通双方跨国审计监管的协议。虽然2012年9月中美监管机构曾就"观摩访问"(observational visits)达成临时协议,PCAOB的调查员也获准观察中国监管机构对本地会计师

---

① (b) Production of Audit Workpapers.—

(1) Consent by foreign firms.—If a foreign public accounting firm issues an opinion or otherwise performs material services upon which a registered public accounting firm relies in issuing all or part of any audit report or any opinion contained in an audit report, that foreign public accounting firm shall be deemed to have consented—

(A) to produce its audit workpapers for the Board or the Commission in connection with any investigation by either body with respect to that audit report; and

(B) to be subject to the jurisdiction of the courts of the United States for purposes of enforcement of any request for production of such workpapers.

事务所的检查和评估,但是并没有从根本上解决SEC与PCAOB要求从事中概股审计的中国境内审计机构上交审计工作底稿的诉求。因此,2012年12月,SEC对执行中概股审计的四大会计师事务所(安永、德勤、普华永道、毕马威)中国境内成员所提起了行政诉讼。作为一种监管合作的表示,2013年3月,中国证监会根据国务院批示精神,制定了对外提供审计底稿的工作流程,并且在不违反我国有关保密法律法规和不损害公共利益的前提下,开始在国际证监会组织(IOSCO)多边备忘录框架下向境外监管机构提供有关中国公司审计底稿,开展执法合作。为此,2013年5月,中国证监会和财政部与PCAOB签订了执法合作备忘录,同时同意若PCAOB向中国证监会及财政部等提出请求,则中方在一定范围内,履行相关程序后,可为美方提供相应的审计底稿。截至2014年1月,中国证监会共向包括SEC和PCAOB在内的境外监管机构提供了4家中概股公司的审计底稿。[①] 在跨境合作的背景下,2015年年初,SEC同意与前述四大会计师事务所中国境内成员所达成和解协议,四大会计师事务所中国境内成员所同意各自向SEC支付50万美元罚金,SEC同意取消暂停其审计在美上市公司资格的处罚。但是,这一和解协议并不意味着SEC放弃对中国审计机构提供审计底稿的要求,而是仍保留了SEC重启行政诉讼或颁布审计服务禁令的权力。

2018年12月7日,由于市场上再现中概股造假丑闻,SEC时任主席杰伊·克莱顿、总会计师韦斯·布里克和PCAOB主席威廉·杜恩克以个人名义联合发布了名为《审计质量和对于审计及其他国际性信息的监管获取之重要作用——对于当前在中国有实际经营的美国上市公司的信息获取所面临的挑战》的声明。在这份声明中,他们表示:虽然近年来的国际合作和协调显著增多,但是美国监管部门在信息获取方面的问题依旧存在,SEC和PCAOB仍然面临法律和实践的挑战,其中影响美国资本市场机构监管责任的一个重要问题涉及外国隐私及其他数据保护法,这些法律对跨境信息共享产生了重大影响。因此,虽然近些年国际监管机构之间进行了大量合作以解决这些问题,也取得了实质性的进展,但是与信息获取有关的问题仍然存在,其中最重要的问题之一就是PCAOB是否有能力检查在PCAOB注册而位于中国的审计师事务所(包括以中国香港地区为基地,其客户在中国内地有着运营活动的审计师事务所)为在中国有业务的美国上市公司所提供的审计工作。当然,PCAOB也曾在其他司法管辖区域遭遇过类似的问题。为此,PCAOB网站详细列出了遭遇过审计检查障碍的上市公司的名单及其审计机构,大量中概股公司位列其中。

2020年4月2日,在经历浑水公司曝光造假手段后,总部位于中国厦门的

---

① 参见郭玉志:《证监会向美方提供4家中概股审计底稿》,载《财会学习》2014年第2期。

瑞幸咖啡发布公告，承认其在2019年第二季度至第四季度伪造了22亿元人民币的交易额，相关的成本和费用也相应虚增，由此引爆新一轮美国上市中概股财务报表的信任危机。5月20日，美国参议院通过了路易斯安那州共和党参议员约翰·肯尼迪提出的《外国公司问责法案》（Holding Foreign Companies Accountable Act）。该法案作为《2002年萨班斯-奥克斯利法案》的补充，要求所有在美国全国性证券交易所公开挂牌交易的发行人必须确保为其出具审计报告的会计机构能接受PCAOB的全面监督检查，否则必须在三年过渡期届满后退出全国性证券交易所。12月2日，美国参议院通过了该法案。12月18日，时任总统特朗普正式签署该法案。

第三节 证券交易

一、证券交易概述

（一）证券交易的含义

证券交易主要是指投资者在购买证券发行人所发行的证券后进行的转让。通常，证券发行是在发行人与投资者之间进行的购买交易，交易场所被称为“一级市场”；而证券交易主要是在投资者与投资者之间进行的购买交易，交易场所被称为“二级市场”，主要解决的是在证券发行完成后，投资者或潜在投资者出售或购买证券需求的问题。二级市场通常直接指向以集中竞价交易为代表的场内交易市场。除此以外，在集中竞价交易场所（如证券交易所）以外进行交易的场所被称为“三级市场”（如柜台交易市场），绕开所有交易系统而直接以原始的“一对一”谈判方式进行交易的场所被称为“四级市场”。相较于以融资为目的的证券发行，证券交易解决的是证券的流动性问题，为需要卖券换钱或者以钱买券的投资者提供交易成本更小的交易机会。

（二）证券交易的方式

根据证券交易场所的不同，证券交易的方式主要包括上市交易（场内交易）、非上市交易（场外交易）两种。

所谓场内交易，又称“公开交易”，是指交易双方通过以集中撮合竞价为标志的集中交易场所（证券交易所或者电子交易系统）进行的转让行为。场内交易最为显著的特点是以统一时点满足买卖双方最大成交量为特点的集合竞价和以价格优先、时间优先为特点的连续竞价。在场内交易或公开交易中，交易双方不知彼此的具体身份信息，依靠证券交易所或者电子交易系统的自动配对完成交易，因此场内交易也被称为“报价驱动的市场”。

所谓场外交易，又称“协议交易”，是指交易双方通过“一对一”的特定方式完成证券的交易程序，并且在交易过程中，有关证券交易的价格、数量都是由交易双方自行协商决定的。在现代证券市场中，大股东所持有的证券数量众多，如果在公开市场进行报价买卖，无论是否成交都会对集中竞价的过程产生影响。因此，在成熟证券市场，一些数额巨大的交易如果有潜在或者明确的交易对手，往往通过协议交易的方式完成。协议交易也被称为“大宗交易”(block trading)。但是，在我国，由于交易制度的一些限制，协议交易往往是针对持有上市公司5%以上股份的股东所进行的“一对一”交易；而大宗交易往往是针对那些股东持股比例不到协议转让的标准，但是完全依靠场内交易将严重影响证券交易价格的证券品种(如A股单笔买卖申报数量超过30万股或成交金额在200万元人民币以上)，通过盘后交易的方式完成转让。即便大宗交易属于特殊形式的协议交易，我国证券交易的大宗交易也需要遵守特定的价格限制。比如，有价格涨跌幅限制证券的协议大宗交易的成交价格，在该证券当日涨跌幅限制价格范围内确定；无价格涨跌幅限制证券的协议大宗交易的成交价格，在前一交易日收盘价的上下30%之间确定。

此外，在我国进行股份转让还需要特别注意的一点是，原本依据1993年通过的《公司法》第144条，“股东转让其股份，必须在依法设立的证券交易场所进行”。为此，2001年，中国证监会以发布《中国证券监督管理委员会关于加强对上市公司非流通股协议转让活动规范管理的通知》的形式叫停了非流通股的拍卖交易，禁止以公开拍卖方式进行股份转让。这在当时引起了市场主体相当大的争议。为此，后来在《公司法》修正过程中，相应的条款被修改为：“股东转让其股份，应当在依法设立的证券交易场所进行或者按照国务院规定的其他方式进行”，扩大了其适用性。经历过几次地方交易场所的大整顿后(参见本书第四章第一节的相关介绍)，2019年修订的《证券法》把“区域股权市场”作为一个特定的股份交易场所纳入合法交易场所。因此，理论上，在我国从事股份交易必须在证券交易所、全国中小企业股份转让系统、获得国务院批复的省一级股权交易市场，非经过特定系统(如证券交易所)或者履行特定程序(如各地的股份托管中心)的私下“一对一”交易是一种在逻辑上被推演为不受法律保护的交易形式。

(三) 证券交易的限制

虽然证券交易旨在解决证券发行后的流通性问题，但是证券的自由交易并不意味着证券可以不受限制地随时交易。

在2006年股权分置改革基本完成之前，我国证券交易市场上的股票有流通股和非流通股之分。其中，流通股是指股份有限公司进行股票首次公开发行后向公众投资者发行的股份，通常只占到上市公司总股本的25%(总股本4亿股以上的公众股比例还会进一步下降到10%)。[①] 非流通股主要是股份公司设立时的发起人股,包括国家股、国有法人股、社会法人股和外资股。名义上,流通股和非流通股都属于上市公司发行的普通股,在分红和表决权上都表现为"同股同权"。但是,流通能力的不同导致流通股的价格远远高于非流通股。非流通股的转让只能参照目标公司的净资产进行协议定价,而不能参照流通股价格进行转让定价,且只能通过场外协议转让而非场内竞价转让的方式实现。这种股权流通的割裂局面一直延续到股权分置改革基本完成之时。

但是,股权分置改革的完成并不意味着原来非流通股股东所持有的股份立即变为可自由流通的股份。首先,发起人和董事、监事、高级管理人员所持有的股份受《公司法》和《证券法》规定的转让期限限制。比如,发起人持有的本公司股份,自公司成立之日起一年内不得转让。公司公开发行股份前已发行的股份,自公司股票在证券交易所上市交易之日起一年内不得转让。其次,上市公司控股股东的股份需要根据首次公开发行股票的监管规则和拟挂牌交易的证券交易所的上市规则进行对外转让的限制。依据中国证监会和沪深两地证券交易所的规定,上市公司控股股东在公司股票挂牌交易起三年内不得以任何形式转让其所持有的上市公司股份。最后,由于2015年"股灾"所引起的市场波动,为了减少大股东减持所带来的股票市场的负面影响,中国证监会陆续推出了对于包括控股股东、持股5%以上的大股东、董事、监事、高级管理人员在内的特定股东的减持限制。这些特定股东的股份在满足法定或者上市承诺的限售期要求,成为可自由流通的股份后,还需要按照相关监管规定,在任意连续90日内通过证券交易所竞价交易减持股份的总数不得超过公司股份总数的1%;持有上市公司非公开发行股份的股东,通过集中竞价交易减持该部分股份的,自股份解除限售之日起12个月内,减持数量不得超过其持有该次非公开发行股份数量的50%;采取大宗交易方式的,在任意连续90日内,减持股份的总数不得超过公司股份总数的2%;采取协议转让方式的,单个受让方的受让比例不得低于公司股份总数的5%,转让价格下限比照大宗交易的规定执行;大宗交易的出让方与受让方应当明确其所买卖股份的数量、性质、种类、价格,在受让后6个月内,不得转让所受让的股份。

(四) 证券交易的类型

1. 现货交易

所谓现货交易,是指买卖双方在交易时点就卖方即时出售其所拥有的证券、

① 1993年《公司法》规定,公司股本总额超过人民币4亿元的,其向社会公开发行股份的比例为15%以上。2005年《公司法》《证券法》联动修改时,将相关公开发行条件从《公司法》移至《证券法》,同时将上述比例下调至10%。

买方即时购买卖方所拥有的证券进行的交易。现货交易的特点在于，双方在签约后即时（或在很短的时间内）进行所有权的过户，并且交易价款呈现即时清结的特征。

2. 期货交易

所谓期货交易，是指买卖双方达成的不在协议达成之时而是在未来特定时点进行证券所有权转移的现时合意。期货交易的特点在于，交易价格在签约时锁定，而所有权的交付则相对滞后于交易价格的支付。在当今证券市场，直接围绕证券本身所进行的期货交易已经越来越少，更多是围绕标的证券在未来特定时点是否进行买卖交易的选择权交易，也就是所谓的"期权交易"（option trading）。期权交易是一种由期权的买卖双方约定在未来是否可以行使特定的买入或者卖出特定证券的权利的交易，又可以分为买入期权（call option）和卖出期权（put option）。买入期权通常是一方看好未来标的证券的涨势，但是为了避免判断错误，在现时以支付较小对价的方式从卖方获得一项权利，该等权利保障买方在未来可以以约定的价格买入特定证券。当买方的判断正确时，买方就可以以低于届时市场价格的合约价格买入其看好的证券。这样，在减除先前为了获得买入期权而支付给卖方的成本后，买方可以获利并避免万一标的证券价格下跌导致的风险。卖出期权的原理亦然。

3. 融资融券交易

融资融券交易是一种特殊的证券现货交易，是指特定的投资者按照法律法规的要求，在向出借方提供符合要求的担保物（通常是在证券交易所上市交易的证券或者资金）的前提下，由出借方向特定投资者提供相应数额的指定证券或者资金，特定投资者在借到相应证券或者资金后可以先行卖出或者买入证券，并在出借期限届满前通过数量相同、交易方向相反的现货交易重新买回或者卖出相同数量的同等证券，以偿还出借方证券或者资金的行为。在本质上，融资融券交易是一种套利性交易，融资买券类似于"做多"的交易，而融券卖出则类似于"做空"的交易。根据《证券公司融资融券业务试点管理办法》和沪深两地的融资融券交易试点实施细则，融资融券交易需要通过开立特殊的账户，以封闭循环的方式进行融资融券的操作（参见图 7-6）。需要说明的是，按照现有证券监管部门和司法机关的普遍理解，融资融券业务是一种需要获得准入许可的专营业务。在现有监管框架下，只能由获得券商牌照的证券公司进行融资融券业务，除此以外为交易方提供融资融券服务的行为（特别是所谓的"场外配资"）均会被视为可能构成违反 2019 年《证券法》第 59 条"禁止资金违规流入股市"的规定。

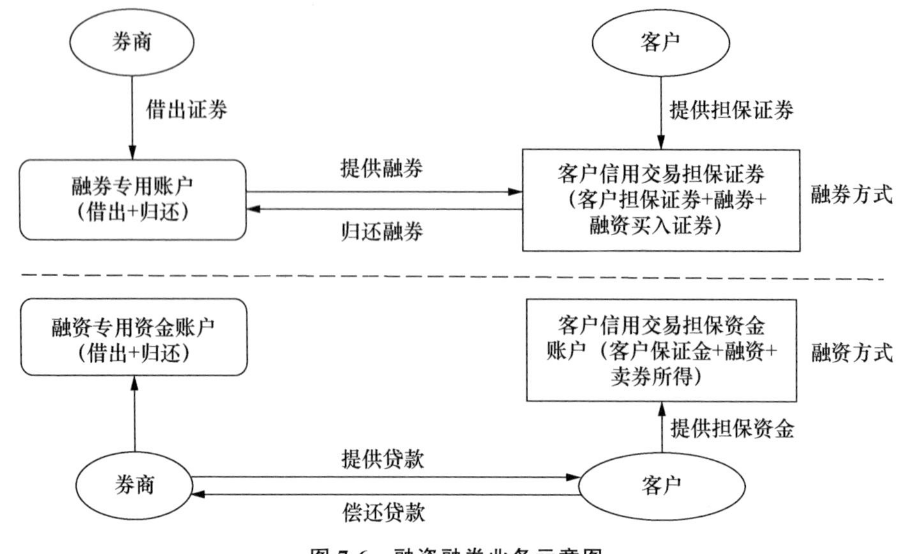

图 7-6 融资融券业务示意图

4. 回购交易

回购交易通常发生在债券市场,是指债券交易卖方和买方在进行债券交易的同时,约定将来某一日期卖方同意以约定的价格从买方处购回相同数量的债券的行为。因此,基于债券卖方的回购义务,回购交易在本质上是一种卖方围绕着自身持有的债券提供担保所进行的融资行为。在回购交易中,债券的卖方作为融资方也称"正回购方",债券的买方作为出借方也称"逆回购方"。此外,现实的回购交易可以分为质押式回购和买断式回购两种类型。质押式回购是典型的权利质押的一种类型,即卖方以其自身持有的债券作为质押,担保其向逆回购方还款的义务。买断式回购则是"让与担保"的一种表现形式,是卖方向买方实际交付债券所有权并作出在远期买回承诺的一种融资交易。买断式回购的存在使得逆回购方有机会利用市场的波动,在回购期限届满前利用已经名义过户的债券进行交易,有利于活跃债券市场的交投量。

5. "T+0"回转交易

所谓回转交易,是指投资者当天买入的股票在交割未实际完成的情况下即可当天卖出的交易制度,在中国又被称为"T+0 交易"。之所以会出现所谓的"回转",是因为在股票交易中,交易与清算是两个不同的阶段。由于采用净额结算的方法进行证券和资金的交收,因此一项交易的最终交收完成大致包括以下几个步骤:(1) 交易时段内的交易以及对交易在形式上的成交确认;(2) 交易时段结束后的清算;(3) 在清算的基础上完成实际的证券交收与资金的交付,就此市场参与方之间就证券交易所产生的债权债务关系消灭,所有权过户最终完成。

在大多数情况下，清算和交收是在时间上前后相连的两个步骤。更准确地说，在交易撮合成功后至证券交收完成前有一段时间窗口，一般称为“清算交收期”。“交易—清算—交收”的过程如图 7-7 所示：

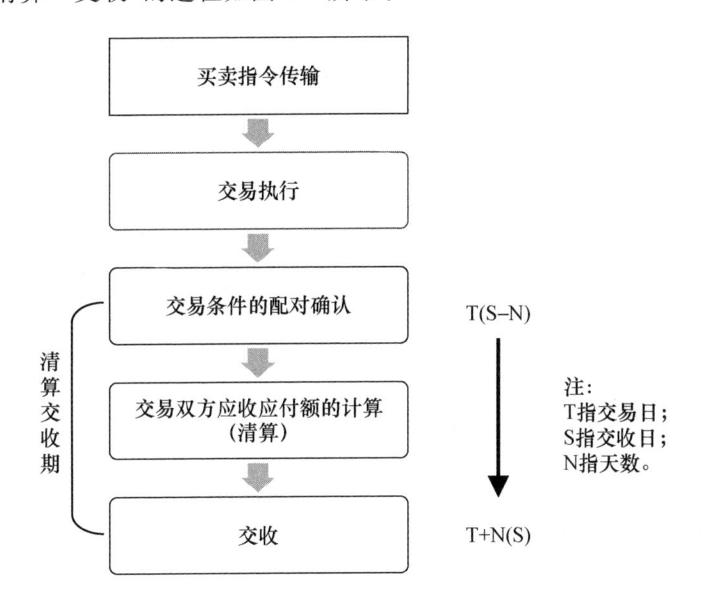

图 7-7　“交易—清算—交收”的过程

由上可见，证券交易的最终交收时间与实际交易时间是有差异的，而且这个时间差异可能还不小（不同市场根据交易习惯和市场特征的不同而有所不同）。比如，美国证券市场交收完成通常需要的时间是“T＋3”，我国香港地区是“T＋2”，沪深两地证券市场是“T＋1”（名义上是当天完成，但是因为在交易时间结束后进行清算与交收，所以为了区别于“T＋0”回转交易，我们在此认为实际完成的交收时间是 T＋1）。正是基于实际交易时间与最终交收（所有权）时间的时间差，因此在理论上存在着当允许当天买入、当天卖出的交易机制时，当天卖出的股票其实并未真正过户给卖方（业内称为“在途证券”）。大规模的证券交易采用的是中央交收对手方机制，采用这种净额交收机制的结算机构可以在交收确认之前以自身名义提前介入交易双方交付的过程，所采取的形式是：固定作为各市场参与人唯一的证券买方或者证券卖方，与各市场结算参与人进行资金和证券的交收。结算机构对各结算参与人的履约义务不以任何一方结算参与人是否正常履约为前提。[①] 因此，在中央结算担保的交收制度下，可以减少一方结算参与

① 参见范向阳：《〈关于查询、冻结、扣划证券和证券交易结算资金有关问题的通知〉的理解与适用》，载《人民司法》2008 年第 3 期。

人(包括其所代理的客户)无法正常交付的风险,从而提供了“T+0”回转交易的一个市场基础设施的保障基础。

“T+0”回转交易制度的好处在于,可以增加市场的交易量,为市场提供投机空间,并使股票的市场价格在风险和利益的博弈波动中更趋向于真实的内在价值。1992年5月,上海证券交易所在取消涨跌幅限制后,为活跃交易,首先尝试实行“T+0”交易。1993年11月,深圳证券交易所也开始实施“T+0”回转交易制度。但是,由于实施“T+0”交易制度后股市交投过度活跃,为了保证股票市场的稳定,防止过度投机,根据国务院证券委员会第四次会议精神,从1995年1月1日开始,沪深两地证券交易所的A股交易交收制度由“T+0”改为“T+1”,即当日买进的股票必须到下一个交易日才能卖出;同时,对资金仍然实行“T+0”,即当日回笼的资金马上可以使用。1999年《证券法》第106条以“证券公司接受委托或者自营,当日买入的证券,不得在当日再行卖出”的规定在法律层面全面禁止回转交易。2005年《证券法》的修改中删除了“证券公司接受委托或者自营,当日买入的证券,不得在当日再行卖出”的限制性规定。但是,此后在相当长的时间内,沪深两地证券交易所并没有恢复“T+0”回转交易制度。2020年年初,为了应对新型冠状病毒肺炎对于金融市场的影响,国务院金融稳定发展委员会又牵头重新讨论在我国沪深两地证券交易所推出“T+0”交易的可行性和必要性问题。

6. 做空交易

做空交易也称“卖空交易”,是成熟资本市场普遍存在的通过股价下跌获利的交易手段。所谓做空,是指当投资者觉得未来证券价格可能下跌时,可以在当期先向他人借入该证券以供出售,而在证券价格真的下跌后,投资者可以在市场以未来出现的更低价格购买同等数量的证券以归还出借人,以此赚取证券价格下跌的差价。融券就是一种典型的做空交易。做空制度需要依赖于证券的托管和结算制度。在二级净额结算体系下(即券商与券商之间通过托管机构的一级净额交收,然后各个券商在内部进行客户交易余额的二级交收),客户所购买的证券集中托管在券商名下,使得券商有机会利用其与客户的约定提供融券服务。除此以外,非券商的大额持股客户也有可能在券商的介绍下向做空交易者借出证券以供做空。在我国,由于融券交易必须与持有券商牌照的证券公司进行,而不能与券商以外的其他人进行,因此做空交易是一种有限的做空机制,而非全面的做空制度。

此外,还有一种特殊的做空交易叫作“裸卖空”(naked shorting)。所谓裸卖空,是指利用证券交易与证券交收之间的时间差,投资者在没有借到相应做空证券的条件下就先做出卖出其并不拥有的证券交易指令,待交易成交后,用其随后借到的证券进行交割的行为。1998年爆发金融危机后,香港禁止了这种无交收保障的裸卖空行为。2008年次贷危机爆发后，为了防止引起美国股市的连锁性下跌局势，SEC出台了对于裸卖空的短暂禁令。

允许卖空交易存在的意义在于，通过一种与市场主流交易方向相反的交易，使市场主体之间围绕证券价值（格）的博弈能够充分进行，并由此形成证券交易的均衡。这也是通过供求关系发现证券真实价格的一种有效机制。但是，在卖空交易中，需要特别注意防止内幕交易和操纵市场的行为，不能利用信息优势、资金优势进行证券违法行为，损害投资者的利益和破坏证券市场公平的交易秩序，因此才有了针对做空交易的申报义务。

7. 高频交易

所谓高频交易，是指一些专业投资者利用在集中化的证券交易所传输交易数据存在时间差的事实，凭借现代计算机的超级运算能力发现交易趋势，并通过事前设定的程序由计算机自动生成、发送和执行订单的交易。高频交易的本质就是利用计算机强大的数据计算和分析能力，做到在几乎可以忽略的时间内计算出各种交易模型，快速作出交易决策并自动下单，利用对交易趋势的抓取进行无风险套利。比如，当系统捕获到市场有买入价10元、卖出价9.9元的订单时，会快速判断，以9.95元的价格买入并按照低于10元的价格快速出售。这样，原本可能直接以9.9元成交的单个交易模式就会在高频交易后变成高频交易投资者既满足卖方的卖出价要求，又满足买方的买入价要求，而高频交易方赚取其中的差价的多个交易模式。高频交易虽然可以帮助证券交易所提高证券交易的交易量，吸引潜在投资者通过证券交易所进行证券交易，但是也存在是否损害非高频交易者的利益（比如，买方原本可以以更低的价格买到其愿意买入的证券，而不是经过了高频交易的抬价），以及是否构成信息型市场操纵，损害证券交易公平性的争议。

二、证券交易的过程：以沪市为例

以下以《上海证券交易所交易规则》为例，简单介绍证券交易的过程。

（一）开户与指定交易

投资者需要通过券商在中国证券登记结算有限责任公司（以下简称“中国结算”）上海分公司开立股票账户（一码通账户）。一个投资者在中国结算只能开立一个沪市的一码通账户（深市账户同样如此）。与此同时，投资者与券商签署一系列协议（包括开户协议、指定交易协议、第三方存管协议等），委托券商作为其买卖证券的受托人。沪市每个账户可指定一家证券公司作为投资者交易的受托人。2015年证券账户制度改革时，一度允许投资者一人在不同证券公司开设不超过 20 个指定交易证券账户。[①] 但是,这些证券账户应为该等投资者在中国结算开立的唯一股票账户下的子账户。投资者变更指定交易的,应当向已指定的会员提出撤销申请,由该会员申报撤销指令。对于符合撤销指定条件的,会员不得限制、阻挠或拖延其办理撤销指定手续。

(二)委托

投资者买卖证券,应当开立**证券账户**和**资金账户**,并与会员签订证券交易委托协议。协议生效后,投资者即成为该会员经纪业务的客户(以下简称"客户")。客户可以通过书面或电话、自助终端、互联网等自助委托方式委托会员买卖证券。电话、自助终端、互联网等自助委托应当按相关规定操作。客户的委托指令主要包括证券账户号码、证券代码、买卖方向、委托数量、委托价格等内容。

客户进行交易可以采用限价委托或市价委托的方式进行报价。限价委托是指客户委托券商按其限定的价格买卖证券,券商必须按限定的价格或低于限定的价格申报买入证券,按限定的价格或高于限定的价格申报卖出证券。市价委托是指客户委托券商按市场价格买卖证券,是一种随行就市的交易方式。市价申报只适用于有价格涨跌幅限制证券连续竞价期间的交易。

通过竞价交易买入股票、基金、权证的,申报数量应当为 100 股(份)或其整数倍。卖出股票、基金、权证时,余额不足 100 股(份)的部分,应当一次性申报卖出。债券交易和债券买断式回购交易以人民币 1000 元面值债券为 1 手。竞价交易中,债券交易的申报数量应当为 1 手或其整数倍。债券质押式回购交易以人民币 1000 元标准券为 1 手,债券质押式回购交易的申报数量应当为 100 手或其整数倍,债券买断式回购交易的申报数量应当为 1000 手或其整数倍。股票、基金、权证交易单笔申报最大数量应当不超过 100 万股(份),债券交易和债券质押式回购交易单笔申报最大数量应当不超过 10 万手,债券买断式回购交易单笔申报最大数量应当不超过 5 万手。

A 股、债券交易和债券买断式回购交易的申报价格最小变动单位为 0.01 元人民币,基金、权证交易为 0.001 元人民币,B 股交易为 0.001 美元,债券质押式回购交易为 0.005 元。

(三)竞价

我国证券交易所的交易采用集合竞价和连续竞价两种价格生成方式。集合竞价是指在规定时间内接受的买卖申报一次性集中撮合的竞价方式。连续竞价是指对买卖申报逐笔连续撮合的竞价方式。

---

① 2016 年 3 月,此政策又改回一人开设不超过三个证券账户。不同于沪市,深圳证券交易所不设定指定交易的限制,买卖深市股票的投资者可以在不同券商处开户,且在不同券商处进行买卖的股票可以在券商之间进行转托管。

上海证券交易所竞价交易的申报时间为每个交易日 9:15 至 9:25、9:30 至 11:30、13:00 至 15:00。其中,每个交易日的 9:15 至 9:25 为开盘集合竞价时间,交易主机根据此时间段内的申报情况计算出虚拟开盘参考价格、虚拟匹配量及虚拟未匹配量,并实时向市场发布。其中,9:15 至 9:20,交易主机接受交易申报和撤单申报;9:20 至 9:25,交易主机仅接受交易申报,不接受撤单申报。集合竞价期间未成交的买卖申报,自动进入开盘后的连续竞价。9:30 至 11:30、13:00 至 14:57 为连续竞价时间,而 14:57 至 15:00 则进入收盘集合竞价时间并按照集合竞价规则产生当天收盘价。

（四）涨跌幅限制

我国对股票、基金交易实行价格涨跌幅限制,涨跌幅比例为 10%。[①] 其中,ST 股票和 * ST 股票价格涨跌幅比例为 5%。股票、基金涨跌幅价格的计算公式为:涨跌幅价格=前一交易日收盘价×(1±涨跌幅比例)。计算结果按照四舍五入原则取至价格最小变动单位。但是,按照交易规则,属于下列情形之一的,首个交易日无价格涨跌幅限制:首次公开发行上市的股票和封闭式基金、增发上市的股票、暂停上市后恢复上市的股票(科创板、创业板是首次上市后的 5 个交易日内无涨跌幅限制)、退市后重新上市的股票以及上海证券交易所认定的其他情形。

由于首次公开发行上市的股票在上市首日无涨跌幅限制,因此长期以来我国证券市场出现了一个"新股不败"的现象,即只要公司股票发行成功,在其上市首日大多以暴涨收盘。为了抑制市场上"炒新"的现象,上海证券交易所从 2012 年开始调整有关上市首日后的价格调控措施,如要求新股上市首日,成交价格较开盘价首次涨跌 10%以上的,将临时停牌 30 分钟;成交价格较开盘价涨跌 20%以上以及换手率达到 80%以上的,停牌时间持续至当日 14:55;停牌时间达到或超过 14:55 的,当日 14:55 复牌。[②]

2013 年 12 月 13 日,为进一步抑制"炒新"行为,沪深两地证券交易所再次发布新规,限制新股涨幅。比如,上海证券交易所《关于进一步加强新股上市初期交易监管的通知》规定,新股上市首日,投资者的有效申报价格应当符合以下要求,超过有效申报价格范围的申报为无效申报:其一,集合竞价阶段有效申报价格不得高于发行价格的 120%且不得低于发行价格的 80%;其二,连续竞价阶

---

① 上海证券交易所的科创板交易规则和深圳证券交易所的创业板改革将科创板和创业板在股票首次上市五个交易日后的涨跌幅幅度由 10%调整为 20%。

② 2012 年 3 月 8 日,深圳证券交易所发布《关于完善首次公开发行股票上市首日盘中临时停牌制度的通知》,对股票上市首日临时停牌制度进行了完善,规定:"当股票上市首日出现下列情形之一的,本所可以对其实施盘中临时停牌至 14:57:(一) 盘中成交价较当日开盘价首次上涨或下跌达到或超过 10%的;(二) 盘中换手率达到或超过 50%的。"

段有效申报价格不得高于发行价格的144%且不得低于发行价格的64%。[①] 集合竞价阶段未产生开盘价的，以当日第一笔成交价格作为开盘价。新股上市首日连续竞价阶段，出现交易规则所述的异常波动情形之一的，上海证券交易所可以对其实施盘中临时停牌。

【例 7-1】

2012 年 3 月 16 日，克明面业、茂硕电源、信质电机、普邦园林 4 只新股登陆中小板，开盘后直线暴跌，仅交易了一两分钟便齐齐遭到临时停牌，均因盘中跌幅超过 10%触及深交所出台的遏制炒作新股的“高压线”。由于交易时间太短，当天 4 只新股换手率均不足 25%，而被临时停牌至 14:57。最后 3 分钟，4 只新股继续大幅下滑。如果想要爆“炒新股”，就只剩下收盘前的 3 分钟时间。这意味着，16 日参与开盘并买入新股的投资者在短短 4 分钟交易时间里就亏损了 20%以上。

【例 7-2】

2014 年 1 月 21 日，在暂停 IPO 近 2 年后，光洋股份、良信电器、新宝股份、全通教育、天保重装、楚天科技、我武生物重新启动发行上市，上市首日都是顶格上涨，并遭遇两次临时停牌。在交易所新股上市首日新规的限制下，7 只新股真正交易的时间仅有 5 个时点——9:25、9:30、10:30、14:57、15:00，均是在价格转换的缝隙。若加以统计，全天交易时间应不超过 1 分钟。

需要注意的是，尽管新股上市首日无涨跌幅限制，但是买卖这类股票时存在一些价格申报的前端控制。比如，股票开盘集合竞价阶段的交易申报价格不高于前收盘价格的 900%，并且不低于前收盘价格的 50%；基金、债券开盘集合竞价阶段的交易申报价格最高不高于前收盘价格的 150%，并且不低于前收盘价格的 70%；股票收盘集合竞价阶段的交易申报价格不高于最新成交价格的 110%且不低于最新成交价格的 90%。买卖无价格涨跌幅限制的证券，连续竞价阶段、开市期间停牌阶段的有效申报价格不高于最新成交价格的 110%且不低于最新成交价格的 90%。这些其实都是一种间接地限制价格无约束上涨或下跌的技术性管制措施。

另外，值得一提的是，境外成熟市场通常没有针对个股的涨跌幅制度，这就决定了上市证券的交易价格在当个交易日的起伏波动可能非常大。为了避免意外事件的出现对于整个市场造成不利影响，有些国家和地区的证券交易所设立

---

① 上海证券交易所曾经要求 14:55 至 15:00 有效申报价格不得高于当日开盘价的 120%且不得低于当日开盘价的 80%，但是在 2014 年 6 月取消了该限制。

了熔断(circuit breaker)制度。所谓熔断,是指当特定指数在特定时间段的表现与基准数相比偏离一定幅度时,证券交易所暂停特定证券或者全部证券的交易,以待市场情绪冷静后重新开始交易的暂停交易措施。[①] 2016 年 1 月 8 日,原本为了应对 2015 年股市下跌而引入的指数熔断措施因与原有的涨跌幅制度叠加而限制了市场的交易,我国指数熔断机制在推出仅 4 天后就宣告暂停实施。[②]

(五) 成交价格

1. 集合竞价的成交价格

在集合竞价阶段,成交价格的确定原则为:(1) 可实现最大成交量的价格;(2) 高于该价格的买入申报与低于该价格的卖出申报能够全部成交的价格;(3) 与该价格相同的买方或卖方至少有一方全部成交的价格。两个以上申报价格符合上述条件的,使未成交量最小的申报价格为成交价格;仍有两个以上使未成交量最小的申报价格符合上述条件的,其中间价为成交价格。在此原则下,集合竞价的所有交易以同一价格成交。

假设某只股票当日在集合竞价时买卖申报价格和数量情况如表 7-2 所示,该股票前一交易日的收盘价为 10.13 元每股。

表 7-2　集合竞价的报价情况

买入数量(手)	价格(元)	卖出数量(手)
—	10.50	100
—	10.40	200
150	10.30	300
150	10.20	500
200	10.10	200
300	10.00	100
500	9.90	—
600	9.80	—
300	9.70	—

根据前述买方与卖方在各价位的报价情况,可以归纳出各价位累计可能成交的买卖数量以及最大的成交量(如表 7-3 所示)。

① 比如,2020 年 3 月 10 日,美国股市就因新冠肺炎疫情而史无前例地出现 4 次熔断,而此前总共也只有 1 次熔断的记录。

② 从推出指数熔断到暂停指数熔断,一共经历了 4 天时间。但是,从沪深两地证券交易所和中金所的交易规则而言,目前的交易规则依然保留指数熔断的条款,仍有“指数熔断的具体实施时间以本所公告为准”的灵活设置。

表 7-3 集合竞价的价格发现过程

累计买入数量(手)	价格(元)	累计卖出数量(手)	最大可成交量(手)
0	10.50	1400	0
0	10.40	1300	0
150	10.30	1100	150
300	10.20	800	300
500	10.10	300	300
800	10.00	100	100
1300	9.90	0	0
1900	9.80	0	0
2200	9.70	0	0

由表 7-2、7-3 可见,符合集合竞价成交价格确定原则的价格有两个,分别是 10.20 元和 10.10 元,因为在该两个价格上所成交的交易数量是所有买方、卖方报价可成交数量中最大的。在此情形下,上海证券交易所的开盘价为这两个价格的中间价即 10.15 元,而深圳证券交易所的开盘价取离上日收市价(10.13 元)较近的价位 10.10 元。

2. 连续竞价的成交价格

在连续竞价中,证券竞价交易按价格优先、时间优先的原则撮合成交。成交时价格优先的原则为:较高价格买入申报优先于较低价格买入申报,较低价格卖出申报优先于较高价格卖出申报。成交时时间优先的原则为:买卖方向、价格相同的,先申报者优先于后申报者。先后顺序按交易主机接受申报的时间确定。连续竞价时,成交价格的确定原则为:(1) 最高买入申报价格与最低卖出申报价格相同,以该价格为成交价格;(2) 买入申报价格高于即时揭示的最低卖出申报价格的,以即时揭示的最低卖出申报价格为成交价格;(3) 卖出申报价格低于即时揭示的最高买入申报价格的,以即时揭示的最高买入申报价格为成交价格。买卖申报经交易主机撮合成交后,交易即告成立。符合《上海证券交易所交易规则》各项规定达成的交易于成立时生效,买卖双方必须承认交易结果,履行清算交收义务。因不可抗力、意外事件、交易系统被非法侵入等原因造成严重后果的交易,交易所可以采取适当措施或认定无效。

为了防止大单错报(如“乌龙指”),以及利用资金优势大单扫货或者砸盘,造成股价的暴涨暴跌,买卖科创板与创业板股票,在连续竞价阶段需要遵守 2%的“价格笼子”规则。具体而言,在连续竞价阶段(“价格笼子”规则不适用于集合竞价阶段,也不适用于连续竞价阶段的市价申报),投资者限价申报委托交易时,应当符合下列要求:(1) 买入申报价格不得高于买入基准价格的 102%;(2) 卖出申报价格不得低于卖出基准价格的98%。与创业板稍有不同的是，科创板在连续竞价阶段的报价是一次性报价，如果报价不在“价格笼子”的区间内，投资者的报价就被视为无效报价而被排除在竞价区间外，投资者需要重新报价交易。创业板则允许将这些超出“价格笼子”区间的报价作“待竞价的挂单”处理，即超区间的报单可以进入“等待区”，如果在新的“价格笼子”的区间内，则可转入系统进行竞价交易的匹配。①

3. 除权除息的处理

除权或除息，是指当日在市场买入除权(息)证券，已除去其含有的购买增发证券、领取股息红利或利息的权利。上市证券增发证券或分红、发放股息或利息，在该等证券的增发证券或分红、发放股息或利息后的权益登记日次一交易日，该等证券的开盘价应以除权或除息的方式进行交易。大体上，沪深两地证券交易所的除权、除息公式遵循的计算公式都是：除权(息)价格＝[（前收盘价－现金红利)＋配(新)股价格×股份变动比例]÷(1＋股份变动比例)。

第四节　证券退市

一、我国证券退市的基本历程

(一) 1991—2000年

在证券市场设立之初，无论是地方政府主导下的证券交易所还是国务院证券委协调下的各主管部门，都没有意识到证券市场应是“有上有下、可上可下”的证券市场。因此，在早期作为股票发行与交易唯一监管依据的《股票发行与交易管理暂行条例》中并无“退市规则”的踪影。自1994年7月1日起施行的《公司法》开始对上市公司股票的退市有所涉及。该法第157条规定：“上市公司有下列情形之一的，由国务院证券管理部门决定暂停其股票上市：(一) 公司股本总额、股权分布等发生变化不再具备上市条件；(二) 公司不按规定公开其财务状况，或者对财务会计报告作虚假记载；(三) 公司有重大违法行为；(四) 公司最近三年连续亏损。”第158条规定：“上市公司有前条第(二)项、第(三)项所列情形之一经查实后果严重的，或者有前条第(一)项、第(四)项所列情形之一，在限期内未能消除，不具备上市条件的，由国务院证券管理部门决定终止其股票上市。公司决议解散、被行政主管部门依法责令关闭或者被宣告破产的，由国务院

---

① 2020年8月24日，创业板注册制首批18只新股正式上市，获得了极高的市场关注度。其中，康泰医学的股价一度冲高至308元，涨幅超过2900%。值得注意的是，康泰医学的股价在收盘前迅速回落，最终收报118元，上涨1061.42%。3分钟内的振幅高达1790.58%，可谓“1分钟腰斩”。事后，有评论认为，正是有别于科创板的报价处理方式(撤单处理与挂单处理)导致了前述交易规则漏洞的出现。

证券管理部门决定终止其股票上市。”但是,基于将证券市场视同监管机构“自留地”的监管认识,在《公司法》颁布之后长达七年的时间内,没有一家已经符合《公司法》规定的退市条件而应退市的上市公司作退市处理。

(二) 2001—2014 年

《公司法》将退市程序分为暂停上市与终止上市两个步骤,出于保持社会稳定与政治安定的考虑,作为国务院授权行使证券市场监管职责的中国证监会迟迟没有对已实施暂停上市的公司作出退市的决定,反而为了解决这些被暂停上市的上市公司股东的流通需求,制定了《股票暂停上市相关事项的处理规则》,推出了作为过渡性交易措施的特别转让(Particular Transfer,PT)规则(简称“PT规则”,也称“三板规则”)。特别转让规则允许暂停上市的股票在暂停上市期间也进行转让。① 依据该规则,沪深两地证券交易所对当时已经连续三年亏损并暂停上市的 ST 农商社、ST 双鹿、ST 渝钛白股份实施了特别转让。2001 年 4 月,沪深交易所修改了 PT 规则,将《股票暂停上市相关事项的处理规则》更名为《上市公司股票特别转让处理规则》。

PT 规则虽然名义上是对股票已被暂停上市的上市公司施以退市的警告,但是结合当时的市场环境与监管压力,它应该还是政府为了挽救投资者在暂停上市公司股票上的投资亏损而采取的矛盾缓冲机制。因为放开暂停上市公司股票进行每周一次的交易,可以增加市场的流动性,为投资者提供一个缓冲期,避免公司立即摘牌所带来的社会冲击和市场压力。② 在 PT 规则实施过程中,管理层在跌幅限制、申请宽限期和延长暂停上市期限等方面进行过多次调整,直至 2001 年 12 月该规则被完全取消。因此,PT 规则也可被视作管理层为了平稳实施上市公司退市制度而采取的过渡性措施。

基于市场对证券监管主管机关行使终止上市(退市)决定权的异议,2001 年 11 月 30 日,中国证监会发布《关于发布〈亏损上市公司暂停上市和终止上市实施办法(修订)〉的通知》,将当时《公司法》授权证券管理部门行使的终止上市决定权以转授权的方式授权沪深两地证券交易所行使。③ 但是,将法定的行政许可决定权转授给企、事业单位行使的做法并非合法的法律授权,也有违我国行政

---

① 与正常集合竞价交易相比,特别转让的“特别”之处在于:(1) 公司股票简称前冠以“PT”字样(PT 为 Particular Transfer 的缩写,即“特别转让”);(2) 投资者在每周星期五(法定节假日除外)开市时间内申报转让委托;(3) 申报价格的涨幅不得超过上一次转让价格的 5%(含 5%)(上一次转让价格显示在行情系统中的昨日收盘价栏目中),不设跌幅限制;(4) 每周星期五收市后对当日有效申报按集合竞价方法进行撮合成交,并向本所会员发出成交回报;(5) 转让信息不在交易行情中显示,由指定报刊在次日公告;(6) 股票不计入指数计算,成交数据不计入市场统计。

② 参见韩志国、段强主编:《退市机制:市场压迫还是压迫市场》,经济科学出版社 2002 年版,第 26 页。

③ 《关于发布〈亏损上市公司暂停上市和终止上市实施办法(修订)〉的通知》第 4 条规定:“证券交易所参照本办法第三、四章的有关规定,做出恢复上市或终止上市的决定。”

执法规范化的发展方向。为此，2005年，全国人大常委会在修改《公司法》和《证券法》之时，将有关上市公司退市的规定从《公司法》"移植"到《证券法》，并修改为："上市公司有下列情形之一的，由**证券交易所**决定终止其股票上市交易：(一) 公司股本总额、股权分布等发生变化不再具备上市条件，在证券交易所规定的期限内仍不能达到上市条件；(二) 公司不按照规定公开其财务状况，或者对财务会计报告作虚假记载，且拒绝纠正；(三) 公司最近三年连续亏损，在其后一个年度内未能恢复盈利；(四) 公司解散或者被宣告破产；(五) 证券交易所上市规则规定的其他情形。"(第56条)即便在已将退市决定权交由证券交易所自行决定的情形下，我国证券市场上市公司退市的家数也屈指可数。据Wind资讯统计，1990—2019年，[①]沪深两市退市的上市公司总计69家，其中21家属于吸收合并后退市，真正被执行退市处理的仅有47家（皆转入三板市场，不包括被太平洋证券借壳的S* ST云大），平均每年仅有2.5家。从时间分布上看，退市公司集中分布在2004、2005两年，分别达到9家、12家，合计占到了总退市家数的44%。退市公司最少的是2008年，除了2家被吸收合并的公司，真正退市的公司为0家。

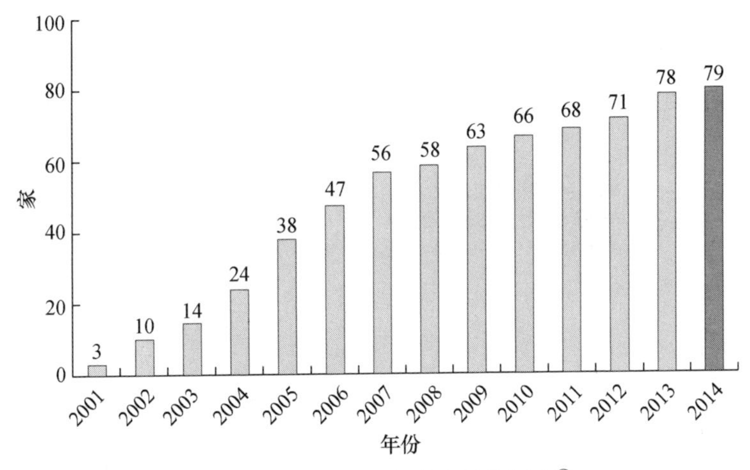

图7-8　2001—2014年退市家数汇总[②]

（三）2014年以后

2014年10月15日，中国证监会发布《关于改革完善并严格实施上市公司

① 虽然Wind资讯从1990年证券市场设立之初开始计算，但是如前文所述，真正开始实施退市是在2001年4月之后。

② 资料来源：中国证券监督管理委员会编：《2014年中国证券监督管理委员会年报》，中国财政经济出版社2015年版，第29页。2015年，沪深两地共有4家上市公司被终止上市。2016年，沪深两地共有2家上市公司被终止上市。

退市制度的若干意见》,从五个方面改革完善了退市制度,包括:(1) 健全上市公司主动退市制度;(2) 实施重大违法公司强制退市制度;(3) 严格执行不满足交易标准要求的强制退市指标;(4) 严格执行体现公司财务状况的强制退市指标;(5) 完善与退市相关的配套制度安排。此次改革的一个显著特点是开始落实"面值退市"规则,即"公司股票连续 20 个交易日(不含停牌交易日)每日股票收盘价均低于股票面值的,证券交易所应当终止其上市交易"。"面值退市"可以说是所有退市规则中可最为直接适用"数值标准"的,在 2014 年后成为沪深两地上市公司主要的退市原因。

二、我国证券市场退市历程的基本评价

虽然目前沪深两地证券交易所皆稳居世界前十大证券交易市场,但是从我国证券市场发展历程而言,在增加直接融资比重的政策背景下,过去近三十年的发展重点主要还是做"加法",即通过扩大市场容量,使资本市场服务于实体经济,这是市场建立初期的必然规律。近十年来,在股权分置改革、行政审批制度改革、注册制讨论的背景下,我国证券市场上市公司数量突飞猛进,监管部门日益减少对首次公开发行审核的行政化干预和实质性审查,首次公开发行越来越呈现常态化趋势。从图 7-9 可以看到,在 2008—2016 年不到十年的时间里,我国上市公司的数量增加了近乎一倍——从 2008 年的 1625 家发展到 2016 年的 3052 家。

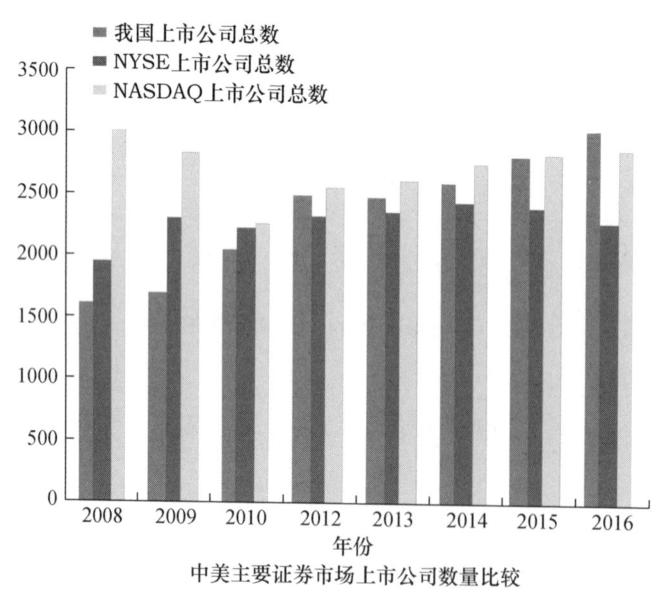

图 7-9　2008—2016 年中美主要证券市场上市公司数量

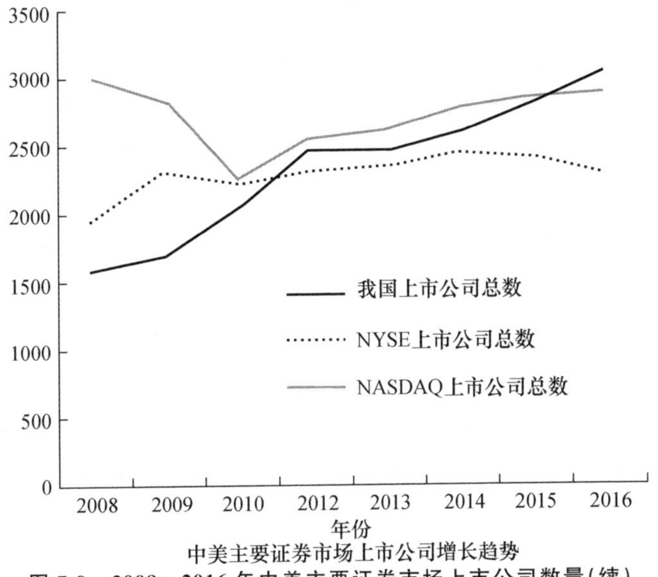

图 7-9　2008—2016 年中美主要证券市场上市公司数量(续)

在这样以“发展”为主旋律的背景下，我国证券市场在上市公司的“进口”方面突飞猛进，而在退市方面则一直未呈良性反应。截至 2014 年年底，A 股市场只有 79 家公司退市，其中因吸收合并等原因而主动申请退市的达到 31 家，被中国证监会和沪深两地证券交易所强制退市的只有 48 家。[①] 图 7-10 列出了 1990—2020 年沪深两地证券交易所每年新增上市公司、退市股票数，二者呈严重的倒挂现象。

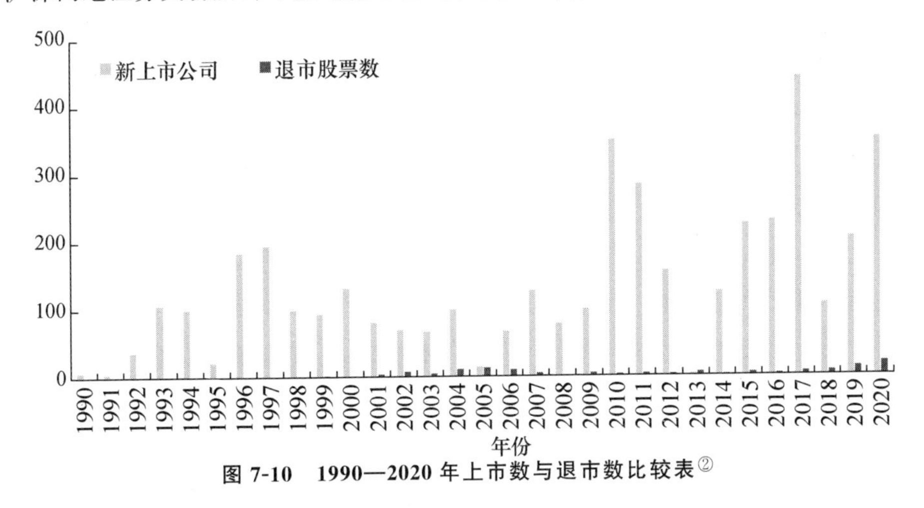

图 7-10　1990—2020 年上市数与退市数比较表[②]

① 参见中国证券监督管理委员会编:《2014 年中国证券监督管理委员会年报》，中国财政经济出版社 2015 年版，第 29 页。

② 数据来源：Wind 资讯数据。

纵观世界各国和地区主要的证券交易市场,虽然各自的上市标准各有不同,但是总体上都是要通过对于证券上市条件的设定与实质审查,以确保市场参与方能够实现成本最低、配置最佳的交易机会。由此可见,证券上市的意义在于:第一,对于上市公司而言,其所发行证券在公开交易的证券交易所进行交易能够增加自身的知名度,提高所发行证券的流通性,为投资者提供良好的变现渠道。一个良好的证券退出通道反过来会有助于上市公司在未来公开融资的吸引力。第二,对于投资者而言,证券交易所提供了一个公开的交易平台,买方可以在众多上市公司中选择投资标的,卖方可以通过公开竞价的方式便利地“用脚投票”,双方都可以减少单独寻找交易对手的时间成本和机会成本。第三,对于证券交易所本身,早期的互助性交易所(如会员制交易所)并不谋求盈利,其会员需要通过大规模的撮合交易获得经纪服务的收入,因此证券交易所有动力选择那些优质的、可被市场参与者高度认可的证券,以提供撮合交易服务,提高市场交易的活跃度;而那些现代的非互助性交易所(如公司制交易所)虽然没有会员自身盈利的压力,但是在与迅速崛起的另类交易系统(ATS)①竞争的时候,为了自身长期盈利的需要,也需要吸引优质企业上市,以保持集中性交易所对于投资者具有足够的吸引力。可见,证券市场上的优质公司有助于吸引更多的投资者关注证券交易所并通过该等证券交易所进行投资,这使得以集中交易为代表的证券市场成为一个为“精英企业”②提供服务的市场。无论是世界上哪一家证券交易所,不管是主板市场还是创业板(成长板)市场,其宗旨都是通过上市规则的门槛,筛选具有良好的业绩、成长性或者股票可能具有良好流通性的公司进行挂牌上市。相反,当已上市公司已经资不抵债、连年亏损或者挂牌证券缺乏流动性时,如果允许其继续在证券市场进行交易,将会挤占资金对优秀企业的投向,分散投资者的资金,增加不必要的信息成本和交易成本。

基于以上原因,如同一般的以提供交换场所为特征的市场一样,由于市场可被用于投资的资金总量以及投资者数量有限,因此证券市场并不是一个交易效率可被无限放大的市场。证券市场为市场参与各方提供资源配置的效率仍然取

---

① 所谓另类交易系统,是指在传统交易所之外设立的,为在传统证券交易所或其他有组织市场上市的证券提供电子化、无中介交易设施,能实现传统交易所的撮合交易功能,但是无有形的交易场所,也不存在互助化特征的电子化自动报价及成交系统。参见于绪刚:《交易所非互助化及其对自律的影响》,北京大学出版社2001年版,第85页。

② 这里的“精英企业”并不只是以单一的盈利指标为标准的企业,而是指在盈利能力、发展前景、投资回报等方面都可能满足市场参与者诉求的企业。

决于在特定证券市场从事交易可能带来的成本,这些成本大体上包括证券交易所自身从事交易撮合发生的运营成本、证券监管机关和证券交易所进行证券交易监管的成本、投资者选择交易对象的机会成本以及市场参与者投资失败所产生的沉没成本等。基于这些成本的客观存在,为了实现以最小成本、最大效率提供交易的目的,以集中交易为特征的证券交易所可以提供服务的上市证券的数量必然是有限的。即使证券已经获得上市交易的机会,如果该等证券不能满足证券交易所以最小成本、最大效率满足市场交易的需求和提供资源最优配置机会的效果,那么已上市交易的证券的终止上市(退市)必然成为证券交易所定位的题中之义。以美国市场为例,1995—2012 年,纽约证券交易所总计有 3052 家公司退市,纳斯达克市场更有高达 7975 家公司退市。[①] 由世界证券交易所联合会(World Federation of Exchange,WFE)发布的 2008—2016 年新挂牌上市公司数和退市公司数据[②](如图 7-11、图 7-12 所示)可见,证券退市与证券上市相比并不显得特别,"有进有出"的事实反倒验证了证券交易所提供有效的、低成本的撮合服务的本质。

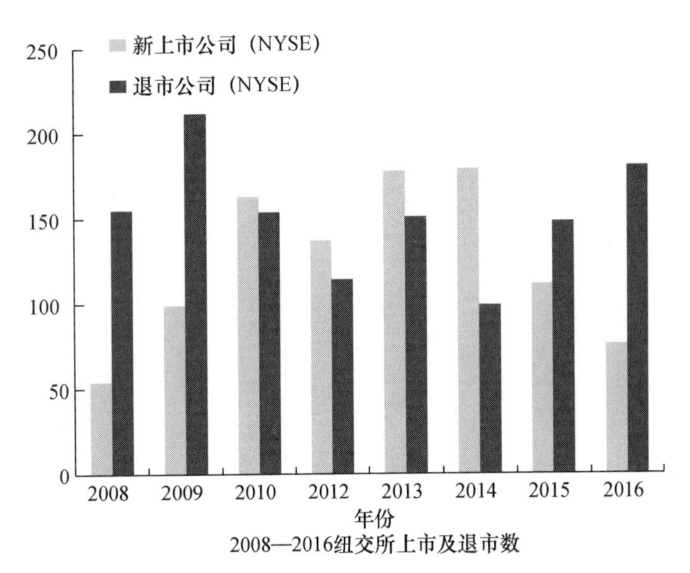

图 7-11 2008—2016 年纽交所和纳斯达克上市及退市数比较

① 参见郭雳:《上市公司私有化交易的审查标准与利益平衡——主动退市的境外经验与启示》,载黄红元、徐明主编:《证券法苑》(第十二卷),法律出版社 2014 年版,第 90 页。

② 笔者在世界证券交易所联合会的年度数据汇总中未能检索到 2011 年的相关数据,故样本中没有这一年的数据。2015 年、2016 年的数据可以在世界证券交易所联合会官网下载。

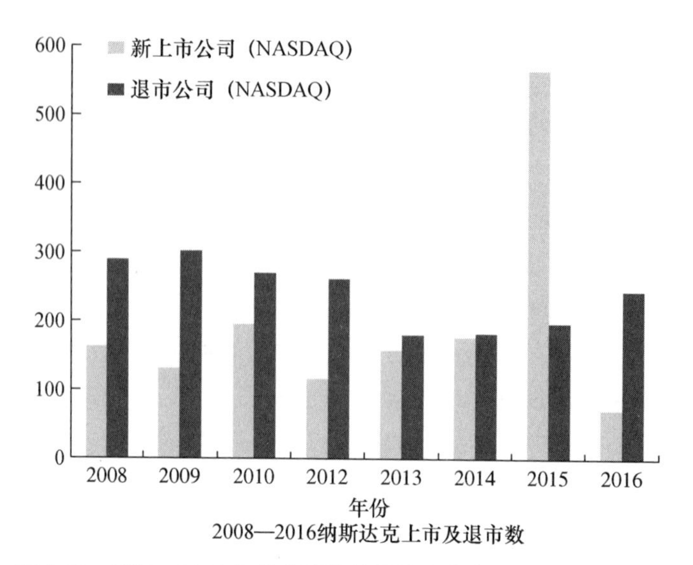

图 7-11 2008—2016 年纽交所和纳斯达克上市及退市数比较(续)

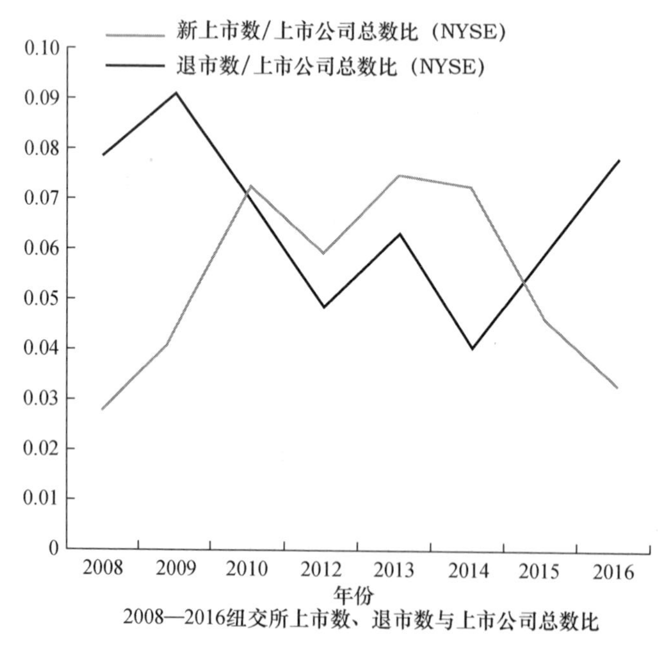

图 7-12 2008—2016 年纽交所和纳斯达克上市数、退市数与上市公司总数比

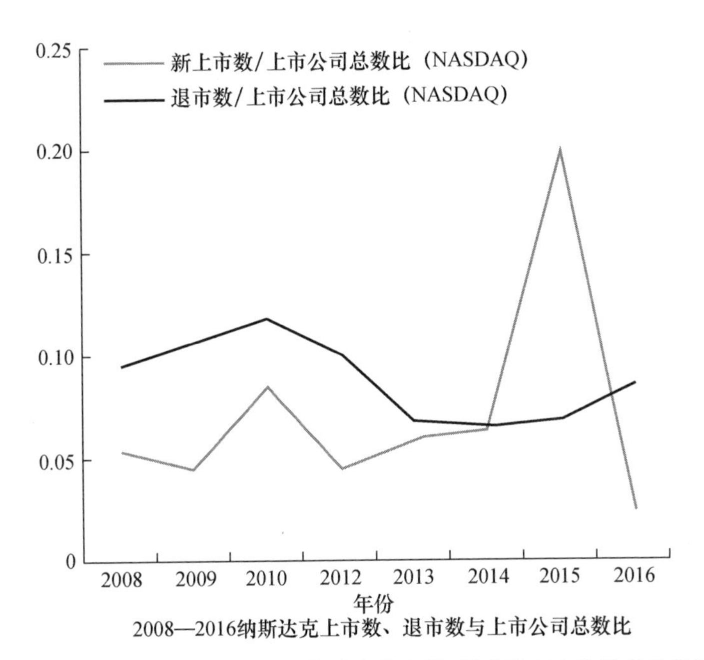

图 7-12　2008—2016 年纽交所和纳斯达克上市数、退市数与上市公司总数比（续）

总之，证券市场作为金融市场的一个重要组成部分，与其他专业市场一样，也要遵守“优胜劣汰”这个市场经济运行的竞争法则。即一个正常运行的证券市场必须对有限的资金起到有效的配置作用。为实现这样的目标，证券市场在对待公司的上市及其股权交易上必须充分发挥“过滤器”的作用，不仅要允许优秀的公司通过进入市场进行筹资和交易，也要让已经不具备交易条件、继续交易会增加整个市场交易成本的上市公司退出这个市场。为保证市场高效、有序地发展，退市制度应该与上市制度一起作为市场的“出入口”，筛选出市场上优秀的公司。正是基于这样的原因，不少国家和地区证券市场的退市标准也成为维持上市的标准。

三、我国证券市场现有的主要退市规则

在 2020 年 12 月 31 日沪深两地证券交易所退市规则再次修改前，沪深两地证券交易所的主要退市规则如表 7-4 所列：

表 7-4　2020 年退市改革前沪深两地证券交易所的主要退市规则

退市条件	退市风险警示处理	暂停上市	终止上市
主动申请退市	/	/	股东大会决议主动终止上市
连续亏损	两年	三年	四年
净资产连续为负	一年(含追溯重述)	两年	三年
营业收入连续低于1000 万元	一年(含追溯重述)	两年	三年
不能在法定期限内披露最近一个会计年度经审计的年度报告	/	/	因净利润、净资产、营业收入或者审计意见类型触及规定的标准被暂停上市后,不能在法定期限内披露最近一个会计年度经审计的年度报告
财务会计报告连续被会计师事务所出具否定意见或者无法表示意见	一年	两年	三年
未改正财务会计报告中的重大差错或者虚假记载	两个月	四个月	六个月
未在法定期限内披露年度报告或者中期报告	两个月	四个月	六个月
因欺诈发行、重大信息披露违法或者其他涉及国家安全、公共安全、生态安全、生产安全和公众健康安全等领域的重大违法行为,本所对其股票作出实施重大违法强制退市决定的	重大违法行为事件发生后	被实施退市风险警示后交易满 30 个交易日	股票被暂停上市届满六个月

（续表）

退市条件	退市风险警示处理	暂停上市	终止上市
股票成交量	/	/	在本所仅发行A股股票的上市公司，通过本所交易系统连续120个交易日（不包含公司股票停牌日）实现的累计股票成交量低于500万股；在本所仅发行B股股票的上市公司，通过本所交易系统连续120个交易日（不包含公司股票停牌日）实现的累计股票成交量低于100万股；在本所既发行A股股票又发行B股股票的上市公司，其A、B股股票的成交量同时触及前述标准
股东数量	/	/	上市公司股东数量连续20个交易日（不含公司首次公开发行股票上市之日起的20个交易日和公司股票停牌日）每日均低于2000人
股本总额	/	自规定期限届满的下一个交易日	公司股本总额发生变化不再具备上市条件，在本所规定的期限内仍不能达到上市条件
股票收盘价	/	/	在本所仅发行A股股票的上市公司连续20个交易日（不包含公司股票停牌日）的每日股票收盘价均低于股票面值；在本所仅发行B股股票的上市公司连续20个交易日（不包含公司股票停牌日）的每日股票收盘价均低于股票面值；在本所既发行A股股票又发行B股股票的上市公司，其A、B股股票的收盘价同时触及前述标准

（续表）

退市条件	退市风险警示处理	暂停上市	终止上市
因净利润、净资产、营业收入或者审计意见类型触及规定的标准被暂停上市	/	/	上市公司因净利润、净资产、营业收入或审计意见类型触及规定的标准被暂停上市后：（一）最近一个会计年度经审计的扣除非经常性损益前、后的净利润任一为负数；（二）最近一个会计年度经审计的营业收入低于1000万元；（三）最近一个会计年度经审计的期末净资产为负数；（四）最近一个会计年度的财务会计报告被会计师事务所出具否定意见、无法表示意见或者保留意见；（五）保荐机构未就公司持续经营能力发表意见，或者其发表的意见不符合规定的要求；（六）保荐机构未就公司治理水平发表意见，或者其发表的意见不符合规定的要求
股权分布不具备上市条件	披露本所同意其解决方案公告后的下一个交易日	公司未披露解决方案、提出的解决方案未获本所同意或者披露解决方案的公告后六个月内股权分布仍不具备上市条件	暂停上市六个月内股权分布仍不具备上市条件
以终止上市为目的回购股份或者要约收购后，股本总额、股权分布不具备上市条件	/	/	公司披露收购结果公告或者其他相关权益变动公告
上市公司被吸收合并	/	/	上市公司被吸收合并
股东大会在公司股票暂停上市期间作出终止上市的决定	/	/	股东大会作出终止上市决定
公司解散	披露可能被解散公告后的下一交易日	/	股东大会作出解散决议

（续表）

退市条件	退市风险警示处理	暂停上市	终止上市
公司被法院宣告破产	披露法院受理申请裁定公告后的下一个交易日	/	法院宣告破产裁定
公司暂停上市后未提出恢复上市申请	/	/	公司暂停上市后未提出恢复上市申请
公司暂停上市后恢复上市申请未被受理	/	/	公司暂停上市后恢复上市申请未被受理
公司暂停上市后恢复上市申请未获同意	/	/	公司暂停上市后恢复上市申请未获同意

2020年12月31日，随着《证券法》之下股票发行注册制改革的深入，沪深两地证券交易所再次启动退市规则改革，进一步将退市规则演变为主动退市和强制退市两大类，其中强制退市又被切分为交易类、财务类、规范类和重大违法类四个子类型标准，并且取消了原先在财务类退市中所允许的“暂停上市”环节，符合退市条件的，直接予以退市处理。以下以《上海证券交易所股票上市规则》为例，说明现行退市规则的主要框架体系。

（一）主动退市类

表7-5　2020年退市改革后上海证券交易所主动退市情形

主动退市情形	（一）公司股东大会决议主动撤回其股票在本所的交易，并决定不再在本所交易； （二）公司股东大会决议主动撤回其股票在本所的交易，并转而申请在其他交易场所交易或转让； （三）公司向所有股东发出回购全部股份或部分股份的要约，导致公司股本总额、股权分布等发生变化不再具备上市条件； （四）公司股东向所有其他股东发出收购全部股份或部分股份的要约，导致公司股本总额、股权分布等发生变化不再具备上市条件； （五）除公司股东外的其他收购人向所有股东发出收购全部股份或部分股份的要约，导致公司股本总额、股权分布等发生变化不再具备上市条件； （六）公司因新设合并或者吸收合并，不再具有独立主体资格并被注销； （七）公司股东大会决议公司解散； （八）中国证监会和本所认可的其他主动终止上市情形。

（二）强制退市类

表 7-6　2020 年退市改革后上海证券交易所强制退市的触发情形

强制退市类型	触发情形	与修改前比较
交易类指标	（一）在本所仅发行 A 股股票的上市公司，连续 120 个交易日通过本所交易系统实现的累计股票成交量低于 500 万股，或者连续 20 个交易日的每日股票收盘价均低于人民币 1 元； （二）在本所仅发行 B 股股票的上市公司，连续 120 个交易日通过本所交易系统实现的累计股票成交量低于 100 万股，或者连续 20 个交易日的每日股票收盘价均低于人民币 1 元； （三）在本所既发行 A 股股票又发行 B 股股票的上市公司，其 A、B 股股票的成交量或者收盘价同时触及前述第（一）项和第（二）项规定的标准； （四）上市公司股东数量连续 20 个交易日（不含公司首次公开发行股票上市之日起 20 个交易日）每日均低于 2000 人； （五）上市公司连续 20 个交易日在本所的每日股票收盘总市值均低于人民币 3 亿元； （六）本所认定的其他情形。	1. 交易日不包含公司股票全天停牌日； 2. “面值退市”指标完善为“1 元退市”； 3. 新增“连续 20 个交易日在本所的每日股票收盘总市值均低于人民币 3 亿元”的市值指标； 4. 取消了原先的“退市整理期”。
财务类指标	上市公司最近一个会计年度经审计的财务会计报告相关财务指标触及以下情形的，本所对其股票实施退市风险警示；上市公司最近连续两个会计年度经审计的财务会计报告相关财务指标触及以下情形的，本所决定终止其股票上市： （一）最近一个会计年度经审计的净利润为负值且营业收入低于人民币 1 亿元，或追溯重述后最近一个会计年度净利润为负值且营业收入低于人民币 1 亿元； （二）最近一个会计年度经审计的期末净资产为负值，或追溯重述后最近一个会计年度期末净资产为负值； （三）最近一个会计年度的财务会计报告被出具无法表示意见或否定意见的审计报告； （四）中国证监会行政处罚决定书表明公司已披露的最近一个会计年度经审计的年度报告存在虚假记载、误导性陈述或者重大遗漏，导致该年度相关财务指标实际已触及第（一）项、第（二）项情形的； （五）本所认定的其他情形。	1. “净利润”以扣除非经常性损益前后孰低为准，所述“营业收入”应当扣除与主营业务无关的业务收入和不具备商业实质的收入； 2. 取消原来单一的净利润为负的退市指标，改为“扣非净利润”＋“营业收入”的组合指标； 3. 删除了原来单一的营业收入低于人民币 1000 万元的退市指标； 4. 取消了连续三年的暂停上市和恢复上市情形，代之以连续二年的考察（对因财务类指标被实施退市风险警示的上市公司，下一年度财务类指标进行交叉适用）。

（续表）

强制退市类型	触发情形	与修改前比较
规范类指标	（一）因财务会计报告存在重大会计差错或者虚假记载，被中国证监会责令改正但公司未在规定期限内改正，公司股票及其衍生品种自前述期限届满的下一交易日起停牌，此后公司在股票及其衍生品种停牌2个月内仍未改正；由此情形被实施退市风险警示之日后2个月内，仍未披露经改正的财务会计报告。 （二）未在法定期限内披露半年度报告或者经审计的年度报告，公司股票及其衍生品种自前述期限届满的下一交易日起停牌，此后公司在股票及其衍生品种停牌2个月内仍未披露；由此情形被实施退市风险警示之日后2个月内，仍未披露符合要求的年度报告或者半年度报告。 （三）因半数以上董事无法保证公司所披露半年度报告或年度报告的真实性、准确性和完整性，且未在法定期限内改正，公司股票及其衍生品种自前述期限届满的下一交易日起停牌，此后公司在股票及其衍生品种停牌2个月内仍未改正；由此情形被实施退市风险警示之日后2个月内，半数以上董事仍然无法保证公司所披露半年度报告或年度报告的真实性、准确性和完整性。 （四）因信息披露或者规范运作等方面存在重大缺陷，被本所要求限期改正但公司未在规定期限内改正，公司股票及其衍生品种自前述期限届满的下一交易日起停牌，此后公司在股票及其衍生品种停牌2个月内仍未改正；由此情形被实施退市风险警示之日后2个月内，仍未按要求完成整改。 （五）因公司股本总额或股权分布发生变化，导致连续20个交易日不再具备上市条件，公司股票及其衍生品种自前述期限届满的下一交易日起停牌，此后公司在股票及其衍生品种停牌1个月内仍未解决；由此情形被实施退市风险警示之日后6个月内，仍未解决股本总额或股权分布问题。 （六）公司可能被依法强制解散；由此情形被实施退市风险警示，公司依法被吊销营业执照、被责令关闭或者被撤销等强制解散条件成就，或者法院裁定公司破产。 （七）法院依法受理公司重整、和解和破产清算申请；由此情形被实施退市风险警示，公司依法被吊销营业执照、被责令关闭或者被撤销等强制解散条件成就，或者法院裁定公司破产。 （八）公司未在规定期限内申请撤销退市风险警示或者公司撤销退市风险警示；公司撤销退市风险警示申请未被本所同意。	

（续表）

强制退市类型	触发情形	与修改前比较
重大违法类指标	重大信息披露违法强制退市情形	（一）公司首次公开发行股票申请或者披露文件存在虚假记载、误导性陈述或重大遗漏，被中国证监会依据《证券法》第一百八十一条作出行政处罚决定，或者被人民法院依据《刑法》第一百六十条作出有罪生效判决。 （二）公司发行股份购买资产并构成重组上市，申请或者披露文件存在虚假记载、误导性陈述或者重大遗漏，被中国证监会依据《证券法》第一百八十一条作出行政处罚决定，或者被人民法院依据《刑法》第一百六十条作出有罪生效判决。 （三）公司披露的年度报告存在虚假记载、误导性陈述或者重大遗漏，根据中国证监会行政处罚决定认定的事实，导致连续会计年度财务类指标已实际触及本章第三节规定的终止上市情形。 （四）根据中国证监会行政处罚决定认定的事实，公司披露的营业收入连续两年均存在虚假记载，虚假记载的营业收入金额合计达到5亿元以上，且超过该两年披露的年度营业收入合计金额的50%；或者公司披露的净利润连续两年均存在虚假记载，虚假记载的净利润金额合计达到5亿元以上，且超过该两年披露的年度净利润合计金额的50%；或者公司披露的利润总额连续两年均存在虚假记载，虚假记载的利润总额金额合计达到5亿元以上，且超过该两年披露的年度利润总额合计金额的50%；或者公司披露的资产负债表连续两年均存在虚假记载，资产负债表虚假记载金额合计达到5亿元以上，且超过该两年披露的年度期末净资产合计金额的50%（计算前述合计数时，相关财务数据为负值的，则先取其绝对值再合计计算）。 （五）本所根据上市公司违法行为的事实、性质、情节及社会影响等因素认定的其他严重损害证券市场秩序的情形。

（续表）

强制退市类型	触发情形	与修改前比较
重大违法类指标	涉及国家安全、公共安全、生态安全、生产安全和公众健康安全的重大违法	上市公司涉及国家安全、公共安全、生态安全、生产安全和公众健康安全的重大违法，存在下列情形之一的，由本所决定终止其股票上市： （一）上市公司或其主要子公司被依法吊销营业执照、责令关闭或者被撤销； （二）上市公司或其主要子公司被依法吊销主营业务生产经营许可证，或者存在丧失继续生产经营法律资格的其他情形； （三）本所根据上市公司重大违法行为损害国家利益、社会公共利益的严重程度，结合公司承担法律责任类型、对公司生产经营和上市地位的影响程度等情形，认为公司股票应当终止上市的。

四、重新上市

根据《上海证券交易所股票上市规则》第13.8.1条的规定，在上海证券交易所主板上市的公司的股票被终止上市后，其终止上市情形已消除（不包括交易类终止上市情形），且符合下列条件的，可以申请重新上市：

(1) 公司股本总额不少于人民币5000万元；

(2) 社会公众股东持有的股份占公司股份总数的比例为25%以上；公司股本总额超过人民币4亿元的，社会公众股东持有的股份占公司股份总数的比例为10%以上；

(3) 公司及其控股股东、实际控制人最近3年不存在贪污、贿赂、侵占财产、挪用财产或者破坏社会主义市场经济秩序的刑事犯罪；

(4) 最近3个会计年度净利润均为正数且累计超过人民币3000万元，净利润以扣除非经常性损益前后孰低者为计算依据；

(5) 最近3个会计年度经营活动产生的现金流量净额累计超过人民币5000万元，或者最近3个会计年度营业收入累计超过人民币3亿元；

(6) 最近1个会计年度经审计的期末净资产为正值；

(7) 最近3个会计年度财务会计报告均被出具标准无保留意见审计报告；

(8) 最近3年主营业务没有发生重大变化，董事、高级管理人员没有发生重大变化，实际控制人没有发生变更；

(9) 保荐机构经核查后发表明确意见，认为公司具备持续经营能力；

(10) 保荐机构经核查后发表明确意见,认为公司具备健全的公司治理结构、运作规范、无重大内控缺陷;

(11) 上海证券交易所规定的其他条件。

公司股票被强制终止上市后,公司不配合退市相关工作的,上海证券交易所自其股票进入全国中小企业股份转让系统等证券交易场所转让之日起36个月内不受理其重新上市的申请。

上市公司股票因重大违法情形被强制退市的,作为公司重大违法类强制退市认定依据的行政处罚决定、司法裁判被依法撤销、确认无效或被依法变更的,公司可以在知悉相关行政机关相关决定或者人民法院生效司法裁判后的10个交易日内,向上海证券交易所提出撤销对公司股票实施重大违法类强制退市决定的申请。上市公司因欺诈发行被实施重大违法类强制退市,其股票被终止上市后,无法获得重新上市资格。上市公司因欺诈发行之外的其他违法行为被实施重大违法类强制退市,其股票被终止上市后,进入全国中小企业股份转让系统等证券交易场所转让满5个完整会计年度的,符合上市规则所要求的全部条件的,可以申请重新上市。

本章复习要点

证券上市的意义、证券发行监管与证券上市监管的不同选择、境外上市的类型、间接上市(红筹股)的含义、可变利益实体的结构、证券交易的类型、竞价交易的过程、证券退市的主要规则。

相关法律规范

《上海证券交易所股票上市规则》。

课外延伸阅读

1. 陈志武、岳峥:《美国安然案:安然之谜》,载《财经》2002年第1期。

2. 郑彧:《IPO常态化背景下退市制度完善之探析》,载黄红元、卢文道主编:《证券法苑》(第二十二卷),法律出版社2017年版。

第八章　证券市场的信息披露及其监管

【本章导言】

“有效市场假设”理论解释了证券市场博弈特点所带来的市场信息不对称问题，由此推定法定的强制性信息披露对于消除证券市场信息不对称的重要性。在强制性信息披露制度下，信息披露必须遵循真实、准确、完整、及时和公平的基本原则。为此，信息披露义务人需要以定期报告和临时报告的方式向市场披露一切对投资者作出投资决策有重大影响的信息。可以说，强制性信息披露执行效果的好坏决定了对市场投资者保护程度的高低。

第一节　信息披露制度概述

一、信息披露的必要性：解决信息不对称问题

在“彼之所失乃我之所得”的零和博弈[①]下，依据经济学有关“理性人”的假设，我们不难想象，在没有外部监督的情况下，博弈主体之间难免会在交易的过程中故意隐瞒对自己不利的信息以获取更多的利益。因此，为防止少数人利用信息优势进行自利性交易，保证交易公平，自然而然需要以某些规则对博弈过程进行监督，从而确保市场整体在有序、公平的背景下运行。这也是人们在经历了早期诸如英国的“南海泡沫事件”[②]、1929年美国“大股灾”后所得到的惨痛教训。从全球范围的监管实践来看，世界各国和地区对证券市场的监管态度并不是要不要监管，而是要如何进行监管，特别是如何进行有效监管的问题，其间有关监管的方式也经历了多种选择的过程。因市场主体的私利性、贪婪性而引发的道

---

① 有关零和博弈的特点，可参见本书第三章第二节。

② “南海泡沫事件”发生于17世纪末18世纪初。长期的经济繁荣使英国私人资本不断集聚，社会储蓄不断膨胀，投资机会却相应不足，大量暂时闲置的资金迫切寻找出路。当时，股票的发行量极少，拥有股票是一种特权。在这种情形下，南海股份有限公司于1711年宣告成立。1720年年底，政府对南海公司的资产进行清理，发现其实际资本已所剩无几。那些高价买进南海股票的投资者遭受巨大损失。许多财主、富商损失惨重，有的甚至一贫如洗。在此后较长一段时间内，民众对于新兴股份公司闻之色变，对股票交易也心存疑虑。

德风险、违约风险以及欺诈风险会对市场规则产生冲击与破坏的预言已一次次得到印证。这些风险并不能依靠市场主体的自律约束或博弈制约而自动避免,市场的自私性与自利性需要借助更为有效的外部力量进行约束与调整,这种外部力量就是政府和/或自律组织的监管。因此,监管是证券市场必不可少的维护博弈秩序的外部手段。

以美国为例,在证券市场发展早期,证券交易完全通过大量的个体经纪人进行,交易所需的报价撮合、证券交付以及资金交割完全由这些经纪人作为客户的代理完成。由于市场源自自发形成的熟人关系,这种基于人际关系的交易并不需要很正式的监管,小范围的群体关系可以使经纪人自觉地遵循公认的规则,进而形成共同遵守的交易惯例与信用维护体系,因此证券交易能够在缺乏政府机构监管的情况下依靠自律规则有序运行。但是,19 世纪 80 年代以后,随着华尔街市场作为美国证券交易中心地位的形成,大量外来经纪商参与到交易过程中,经纪人队伍日益庞大,原先熟人的信用关系已经不能用以判断越来越多的陌生主体的诚信关系。在缺乏监管的情况下,经纪人进行欺诈、误导的成本变得极低,收益却极大,那些有违诚实信用原则所进行的投机行为成为"除了声誉,什么也丢不了"的合算买卖。由于既缺乏自律性的信任约束,又缺少外部强制性的监管制约,以散布虚假消息、不转移所有权的自我交易和操纵市场(通过无限制的买空、卖空)为特点的交易泛滥于华尔街的各个角落。[①]在对待市场经济的态度上,实施罗斯福新政前的美国政府所秉持的是完全放任的自由市场主义,政府从不愿意干预"一个愿打,一个愿挨"的所谓"自由交易"。这也使得证券市场"买者自负"(caveat emptor)[②]成为政府对待证券欺诈行为的默认准则。在这样的监管认知背景下,以获取博弈利益最大化为目的的欺诈行为在证券市场层出不穷。1929 年"大股灾"成为美国证券市场监管的重要转折点。美国参议院银行货币委员会委托 Ferdinand Pecora 进行了一项名为"皮科拉听证会"的调查,该调查对证券市场欺诈、误导行为的揭示激发了广大民众对于联邦政府直接管理股市做法的支持。[③] 随后,在实施罗斯福新政期间,美国立法机构通过了以贯彻披露原则为主的《1933 年证券法》和《1934 年证券交易法》,这两部法律连同随后几年

---

① 有关这一时期美国证券市场交易的历史,可参见〔美〕约翰·S. 戈登:《伟大的博弈——华尔街金融帝国的崛起(1653—2004)》,祁斌译,中信出版社 2005 年版,第 119—161 页。

② 所谓"买者自负",是指投资者对其所投资的股票价值负谨慎义务,在投资前和投资过程中应自行查明和判断拟购或已购股票是否存在瑕疵,发行人或交易商并不对由其所发布的消息的真伪承担任何法律责任,即商品市场上"货既售出,概不退货"的翻版。参见郑彧:《中美证券法中中介机构信息披露法律责任的比较研究——兼评我国〈证券法〉第 63、161 条之缺陷》,载顾功耘主编:《公司法律评论》(2001 年卷),上海人民出版社 2001 年版。

③ 参见〔美〕乔尔·塞利格曼:《华尔街变迁史——证券交易委员会及现代公司融资制度的演化进程》(修订版),田风辉译,经济科学出版社 2004 年版,第 2 页。

颁布的《1935 年公共事业控股公司法》《1940 年投资公司法》《1940 年投资顾问法》构成了美国证券监管制度的基本框架。这个新建的监管体系以“卖者负责”哲学代替早先的“买者自负”原则，即卖者必须对其出售的证券按照法定的要求向买方或市场作出披露，否则就要承担相应的法律责任。由此，作为保证此等法定信息如实披露的主管机关美国证券交易委员会(SEC)得以组建并开始行使对信息披露的监管职权。美国证券监管从此走向了以登记、披露为主导要求的证券监管模式。之后，《1970 年证券投资者保护法》《1978 年破产改革法》《1995 年证券私人诉讼改革法》《2002 年萨班斯-奥克斯利法》以及 SEC 一系列配套的规章(regulations)和规则(rules)充分补充并完善了美国证券监管制度体系。[1]

二、强制性信息披露的理论基础：“有效市场假设”理论

(一) 概述

“有效市场假设”(efficient market hypothesis，EMH)理论，又称“有效市场理论”(efficient market theory)，最早可以溯源至 1900 年法国数学家 Louis Bachelier 在其博士学位论文《投机理论》中对于股价变化随机性的一项基础研究。经过研究，他得出的结论是：在股票交易中，过去、现在甚至将来的事件其实都已经反映在当前的市场价格之中，因此股票价格变化几乎是无法预测的。他认为，在任何时候，股价上涨的概率与下跌的概率相等。只有在市场基于某些理由不再认同原来的价格时，价格才会发生变动。但是，没有人知道市场什么时候会变、会往什么方向变，任何人都无法操纵股价。因此，股价本身就是一个“公平游戏”(fair game)模型。

20 世纪 50 年代之后，随着电脑使用和现代物理理论的发展，越来越多的学者使用数量、物理研究的方法研究经济现象。比如，美国天文物理学家 M. F. M. 奥斯伯恩和哈里·罗伯茨发现股价行为和流体中的粒子的行为差不多，并用物理方法来研究股价行为。随后，不少经济学家跟随这种思路，对于股价变化设计了大量的“随机游走”模型，并通过这些随机分布的结果解释股价服从公平游戏过程。问题在于，早期的学者仅是从一个实证的视角推测股市“公平游戏”的结论，缺乏一个理论框架。1965 年，尤金·法玛在其发表的《股票市场价格的行为》一文中认为“股市和个别股价都是不可预测的”，并在随后《随机游走的股价》一文中提出了“有效市场”的概念。之后，保罗·萨缪尔森等通过数学公式证明澄清了“公平游戏”模型与“随机游走”的关系，从理论上论述了有效市场与“公平游戏”模型之间的对应关系，为“有效市场假设”作了理论上的铺垫。

---

① 有关美国证券监管立法的历史，可参见〔美〕路易斯·罗斯、乔尔·赛里格曼：《美国证券监管法基础》，张路等译，法律出版社 2008 年版。

“猴子炒股”[①]

据俄新网2010年1月12日报道,俄罗斯“Vesti”电视台报道称,声名显赫的投资基金在证券市场输给了来自“杜罗夫爷爷的角落”剧院的一只猴子。

这只猴子在一年前成为一名虚拟代理人。在30枚表示俄罗斯不同上市公司股票的骰子中,猕猴选择了8枚。专家们对由此得到的投资总存量的价值变化进行了一整年的观察,结果甚至令怀疑者也大吃一惊。

这只名叫卢沙的猕猴买入了8支俄罗斯公司的股票,并向它们投入100万虚拟卢布。猴子把自己的资产分为两半:一部分投入国有公司,另一部分则向私营企业投资。在过去的一年中,猴子购买的矿业公司股票上涨了约50%,电信企业股票增值140%。不过,为猴子带来最大收益的是银行业股票——涨幅达500%。

俄罗斯Finans周刊主编奥列格-阿尼西莫夫对此感到惊讶:“猴子很走运。它在市场正陷入谷底时成功买入,其股票总存量上涨了将近两倍。同时它赢得了整个市场。”阿尼西莫夫说:“俄罗斯94%的基金输给了一只猴子!所有人都感到震惊!现在要怎样取得分红呢?或许,发往马戏团?”

“卢沙,今年应该把钱投到哪里呢?”人们向猴子问道。卢沙选择了写有“银行业”和“汽车工业”的骰子。在这次预测中,许多金融家都与卢沙观点一致。银行股确实能够带来利润。不过,猕猴今年没有投资电信行业,这可能是一个严重的失误。

(二)“有效市场假设”理论的基本要点

简言之,“有效市场假设”理论最为核心的观点是:如果市场是有效的,那么任何可用于预测股票表现的信息一定已经在股价中完全反映出来,股价只会对新信息作出上涨或下跌的反应,而新信息必定是不可预测的;如果它们可被预测,则可预测的信息也必然是当天信息的一部分而反映在股价之中,股价变动就是随机且不可预测的。

但是,如同主流经济学的研究范式,“有效市场假设”理论也需要依赖于可推导出结论的某些前提条件,这些前提条件包含在以下假设之中:第一,在市场上,所有投资者都是理性的,能够对所投资的证券进行理性评价。投资者每天进行基本分析,以公司未来的获利性评价公司的股票价格,把未来的价值折算成今天的现值,并谨慎地在风险与收益之间进行权衡取舍。第二,股票的价格反映了理

① 参见《俄罗斯马戏团猴子炒股能力超越著名投资基金》,http://news.sohu.com/20100114/n269564751.shtml,2020年6月7日最后访问。

性投资者的供求平衡，想买的人正好等于想卖的人。换句话说，认为股价被高估的人与认为股价被低估的人正好相等。假如有人发现二者不相等，即存在套利的可能性，则立即会用买进或卖出股票的办法使股价迅速变动到使二者相等为止。第三，股票的价格会充分反映标的所有可获得的信息。当存在影响股票价格的信息时，股票的价格一定会随之变动。一个利好消息或利空消息刚刚传出时，股票的价格就会开始变动。当消息已经公开时，股票的价格也已经调整到位，即现实价格反映了对于公众而言所有已知和未知的消息。第四，当市场上存在非理性投资者时，他们的交易会表现出随机性，并会相互抵消不确定性的影响，而不会形成系统的价格偏差。竞争市场中理性套利者的存在也会消除这些非理性投资者的非理性投资对于价格的影响，从而保护资本市场的有效性。

由于"有效市场假设"理论建立在一系列的前提条件的基础之上，因此经济学家们又根据现实生活中可能出现的环境，将有效市场假设分解成为强式有效市场假设、半强式有效市场假设和弱式有效市场假设三个类型。

1. 强式有效市场假设

该假设认为，价格已充分反映了所有关于公司营运的信息，包括已公开的信息和内部未公开的信息。在强式有效市场中，没有任何方法能帮助投资者获得超额利润，即使基金和有内幕消息者也一样，因此有无信息披露已经无关紧要。

2. 半强式有效市场假设

该假设认为，价格已充分反映了所有已公开的历史信息以及与之相关的公司营运前景的信息。这些信息包括股票的成交价、成交量、盈利资料、盈利预测值、公司管理状况以及其他公开披露的财务信息等。假如投资者能迅速获得这些信息，股价应迅速作出反应；而如果投资者不能获得这些信息，则只有少数获得信息的投资者可以获利。如果半强式有效市场假设成立，则在市场中利用技术分析和基本分析方法都失去作用，获得内幕消息可能获得超额利润。因此，法律主要应该集中于对于内幕信息的规制。

3. 弱式有效市场假设

该假设认为，市场有时不是完全有效的。在市场弱式有效的情况下，股票价格已充分反映了所有过去的信息，包括股票的成交价、成交量、卖空金额以及融资金融等，但是不能反映正在发生或者可能发生的信息。在弱式有效市场中，投资者有可能通过股票价格以外的其他因素（如操纵市场、内幕交易等）获得超额利润。因此，需要采取特别的措施，使全市场的参与者能够平等、公平地获得同样的信息，以反映正常的股票价格。

（三）有效市场假设对于信息披露制度的意义

如前所述，"有效市场假设"理论所推导的结果必须体现于一个正常的、有效率的、公平的市场之中。在这个理想的市场模式下，每个人都别指望发意外之财，费心地分析股票的价值其实是无益的，其价格变化只能依据交易行为，只有通过交易才能发现价格、体现价格，是否应当关注上市公司的“基本面价值”并无意义。但是，在现实中，正是因为“有效市场假设”理论所依赖的前提条件并不存在，才需要采取额外的调整方式以使市场更为“有效”。比如，股票市场上的投资者并不都是完全理性的，甚至大多数投资者进行投资决策所依据的是“噪音”而非信息，这也是需要大力发展机构投资者的一个重要原因。此外，实证研究表明，投资者不是偶尔偏离理性，而是经常会以同样的方式偏离理性，由此又发展出“有限理性”的行为金融学理论。同时，尽管市场中存在理性的套利者，但是这些套利者并不会完全消除非理性投资者的错误对价格产生的影响，而这会使得证券在大多数情况下没有合适的替代品；即使能找到完全的替代品，套利者也会面临其他风险。

在“有效市场假设”理论出现之前，经济学家们对于是否真的有必要以“政府之手”介入市场主体之间的博弈是存在争议的。比如，诺贝尔经济学奖得主、美国经济学家乔治·J. 斯蒂格勒在 1964 年发表了《证券市场的公共监管》一文，他认为 SEC 的强制披露系统并无必要。他通过分析若干股票样本在不同阶段的价格变化，得出的结论是：《1933 年证券法》项下的强制披露监管要求对于向公众发售的新证券的质量没有任何重要的影响。[①] 随后，格雷格·A. 杰瑞使用资本资产定价模型（CAMP）和跨期回报（RATS）模型，对有效资本市场进行了类似的研究，得出的结论同样是：SEC 对新发行的证券的注册要求是失败的。[②] 如同著名的科斯定理所假定的“假设没有交易成本”一样，“有效市场假设”理论的意义在于，由于该理论假设的理想前提条件其实并不存在，因此才需要以市场以外的其他因素提高证券市场的有效性。由此，衍生出一个最为根本的解决方法，即要解决在证券价格形成过程中，在信息披露、信息传输、信息解读以及信息反馈等各个环节出现的问题。其中，最为关键的一个问题是建立上市公司强制性信息披露制度，通过强制性而非自愿性信息披露制度，使市场交易价格朝着有效市场的方向发展。

强制性信息披露制度的监管意义在于，如果缺乏强制性披露制度的监管：(1) 将会使发行人隐瞒或误导一些对投资决定有用的信息，由此导致市场交易价格失真；(2) 承销成本与内幕人员的薪水及津贴将会过大，可能引发信息披露的道德风险；(3) 不利于在市场中建立一种对于信息供给的“公共信心”，无法建立对于相关主体信息披露真实、准确与完整的假设；(4) 无法保证在法律及自律

---

① See George J. Stigler, Public Regulation of the Securities Markets, *The Journal of Business*, Vol. 37, No. 2, 1964, p. 124.

② See Gregg A. Jarrell, The Economic Effects of Federal Regulation of the Market for New Security Issues, *Journal of Law and Economics*, Vol. 24, No. 3, 1981, pp. 627-650.

组织层面确保发行人及参与人进行最佳的信息披露；(5) 无法保证民事或刑事诉讼的顺畅执行。[①] 这就使得确保公正的价格形成机制成为强制性信息披露的基本立法宗旨。在“有效市场假设”理论出现后，关于美国《1933 年证券法》和《1934 年证券交易法》两部法律推行强制性信息披露制度是否对市场有益的争论渐渐趋于平静。[②] 在日本，2007 年 12 月替代原《证券交易法》的《金融商品交易法》在其第 1 条的目的规范中，率先提出了“基于资本市场机能的充分发挥，形成公正的价格”这一资本市场法的目的，取代了原来《证券交易法》中有关“由此达到有利于国民经济的健全发展以及投资者保护”的目的表述。这也是基于“有效市场假设”理论对强制性信息披露作用的一个立法肯定。

值得注意的是，强制性信息披露是为了减少双方当事人的博弈成本而由监管机构或者证券交易场所施加的一种外部要求。基于对外部监管的标准化、效率化和成本化的考虑，强制性信息披露系统如同公司法上对于公司章程所设计的标准化条款，施加的是一个能够满足投资者对于交易价格变动预测的最低要求而非最高标准。因此，在强制性信息披露以外，还可以通过一些制度设计鼓励信息披露义务人进行更高标准的自愿性信息披露，从而更全面地涵盖可能影响投资者决策的细微的、个体性的信息，而不是仅仅满足强制性信息披露的整体性披露要求。

三、强制性信息披露的基本要求

（一）重大性要求

信息的类型可以多种多样，但是并非所有的信息都能对证券价格产生影响。因此，作为具有普适性要求的强制性信息披露应当集中于对证券价格具有影响的那些信息，即证券法上所称的“重大信息”。这些重大信息是对证券发行人的经营情况或者证券供求关系具有实质性影响的信息。比如，证券发行人的核心技术人员的辞职与普通员工的离职对于证券价格具有截然不同的影响。因此，并不是与发行人有关的任何变动都需要对外披露。由此，不同国家和地区的法律规范和上市规则都以罗列的方式将一些特定事件作为需要对外披露的重大信

---

① See Joel Seligman, The Historical Need for a Mandatory Corporate Disclosure System, *The Journal of Corporation Law*, Vol. 9, No. 1, 1983, p. 9.

② 进入 21 世纪以来，实证研究的一些结论对于强制性信息披露的有效性问题又给出了一些有意思的答案。比如，有学者发现，尽管存在强制性信息披露的要求和对于信息披露真实、准确、完整的要求，但是越来越多的投资者在进行投资时并没有真正看过招股说明书、临时报告等披露文件，由此导致的一个问题是：在强制性信息披露制度下，应该如何解释上市公司的欺诈行为（错误披露）与投资者损失之间的因果关系？在美国证券法归责体系项下，违法行为与损失之间的直接因果关系是非常重要的一个侵权赔偿要件。换句话说，这个问题可以变为：在“有效市场假设”理论下，美国证券市场上有关“欺诈市场”的民事责任理论基础是否依然成立？

息。比如,我国2019年修订的《证券法》第80条规定:“发生可能对上市公司、股票在国务院批准的其他全国性证券交易场所交易的公司的股票交易价格产生较大影响的重大事件,投资者尚未得知时,公司应当立即将有关该重大事件的情况向国务院证券监督管理机构和证券交易场所报送临时报告,并予公告,说明事件的起因、目前的状态和可能产生的法律后果。前款所称重大事件包括……”因此,从守法性角度而言,只有在出现法定的重大事件时,信息披露义务人才有强制性信息披露义务。

(二)真实性要求

在零和博弈的基本特征下,强制性信息披露的根本目的在于,弥补发行人与投资者、投资者与投资者之间的信息不对称,解决对于交易标的的定价和供求关系的认知问题,从而形成新的价格。在此背景下,信息披露义务人披露的信息应该是真实而非虚假的信息,否则以这种强制性信息披露弥补信息不对称的目的也就失去了其根本意义。无论是在境外成熟证券市场还是处于发展阶段的我国证券市场,信息披露的真实性要求都是强制性信息披露的基石。如果没有真实性要求,信息披露的制度设计就无从谈起。我国《证券法》自颁布以来始终强调信息披露的真实性,要求信息披露义务人披露的信息应当真实,不得有虚假记载。[①]

(三)准确性要求

在真实披露的前提下,信息披露义务人还需要在信息披露的过程中确保向市场所传递信息的准确性,确保使用简单明了且易于理解的文字向公众进行披露和说明,不能使用含糊、容易引起歧义或者误解的词语、数据、引注或者带有暗示性的语言误导公众投资者对于所披露事件真相的判断。如果说真实性要求信息披露义务人在主观上不得有“造假”的故意,那么在信息披露的准确性要求上就应该呈现一种以信息披露受众为视角的客观标准。

(四)完整性要求

信息披露的完整性是前述真实性和准确性要求的必然结果。其基本含义在于,信息披露义务人在履行信息披露义务的过程中,应该把投资者进行投资决策所必需的全部重要信息都予以披露,不能“说一半,藏一半”“真一半,假一半”,不能故意隐瞒或者存在重大遗漏。在强制性信息披露制度的要求下,如果披露的信息不完整或者不全面,即便已经披露的信息是全部真实的,也会导致信息公开在整体上存在虚假性。[②]

(五)及时性要求

在“有效市场假设”理论下,作为针对市场的不完备而弥补交易主体之间信

---

① 参见2019年《证券法》第78条。

② 参见陈甦、吕明瑜:《论上市公司信息公开的基本原则》,载《中国法学》1998年第1期。

息不对称的手段，及时披露那种足以影响股价变动的重大信息对于投资者的投资决策和股价变化显得至关重要。由于公开市场的交易价格取决于市场主体对于上市公司股票权利价值、供求关系的判断，因此任何有关这些事项变化的信息均应该在事件发生后第一时间向市场披露，以防止有人利用未公开的信息从事内幕交易或者操纵市场等非法活动。

（六）公平性要求

公平性要求是指在履行强制性信息披露义务的过程中，信息披露义务人不仅要遵守真实、准确、全面、及时的要求，还要对所有股东一视同仁，平等对待所有投资者之于公司的权利、义务，以使所有投资者均可同时获悉同样的信息，不厚此薄彼。比如，上市公司虽然可以安排投资者、分析师、公益组织等到公司现场参观、座谈沟通，但是应当合理、妥善地安排活动过程，避免让来访者有机会接触到未公开的重要信息。一旦不慎向部分投资者泄露重要信息，信息披露义务人应第一时间向市场进行全面、及时的披露，以使全部投资者能够公平地利用公开信息进行交易。

除前述基本要求外，在信息披露过程中，还特别强调信息披露的易读性、易懂性和易得性，应减少使用拗口、隐晦、生涩的词汇进行描述，使用无论投资者被动还是主动都易获得具体信息的方式进行披露，以真正实现强制性信息披露所要达到的弥补市场有效性不足的基本功能。

第二节　证券公开发行及上市信息披露要求

一、招股说明书

根据现有的证券监管实践和要求，发行人在首次公开发行股票并上市时，需按照法定或者监管规定的格式及必备内容编制招股说明书。招股说明书必须包含一切对投资者作出投资决策有重大影响的信息。

在我国，除发行人外，发行人的董事、监事、高级管理人员也需对招股说明书签署书面确认意见，保证所披露的信息真实、准确、完整。

表 8-1　招股说明书需披露的项目及主要内容

需披露的项目	需披露的主要内容
封面、书脊、扉页、目录、释义	载明发行人名称、招股说明书的标示，发行股票的基本信息、真实性承诺等
概览	发行人及其控股股东、实际控制人的简要情况，发行人的主要财务数据及主要财务指标，本次发行情况及募集资金用途等

（续表）

需披露的项目	需披露的主要内容
本次发行概况	股票种类、每股面值、发行股数、每股发行价、市盈率、市净率、发行方式、发行对象、承销方式、预计募集资金总额和净额、发行费用概算等
风险因素	遵循重要性原则，按顺序披露可能直接或间接对发行人生产经营状况、财务状况和持续盈利能力产生重大不利影响的所有因素
发行人基本情况	基本信息、改制重组情况、股本的形成及变化、验资情况、主要股东、实际控制人、子公司简况等
业务和技术	主营业务、主要产品（或服务）及设立以来的变化情况，所处行业的基本情况，发行人在行业中的竞争地位，发行人的主要资产，主要产品和服务的质量控制情况等
同业竞争与关联交易	发行人在资产、人员、财务、机构、业务方面对于公司独立性的满足要求，发行人与控股股东、实际控制人及其关联企业的同业竞争、关联方和关联交易情况
董事、监事、高级管理人员与核心技术人员	基本身份信息、持有发行人股份情况、个人的对外投资与利益冲突、收入情况、重要的服务协议、任职资格、重要人事变动情况等
公司治理	股东大会、董事会、监事会、独立董事、董事会秘书制度的建立健全及运行情况，各专门委员会的设置情况，公司内部控制情况以及注册会计师对此的鉴证意见
财务会计信息	最近三年及一期的资产负债表、利润表和现金流量表，审计意见，主要会计政策和会计估计方法，非经常性损益明细表、折旧政策，主要无形资产及摊销方式，主要负债，所有者权益，流动比率等财务表现指标，未来盈利预测报告，资产评估报告等
管理层讨论与分析	对于公司过往和未来财务状况、盈利能力、资本性支出的分析
业务发展目标	发行当年和未来两年的发展计划，包括提高竞争能力、市场和业务开拓、筹资等方面的计划等
募集资金运用	预计募集资金数额、用途，募投资金使用的可行性分析等
股利分配政策	最近三年及发行后股利分配政策、实际股利分配情况以及发行后的股利分配政策
其他重要事项	联系方式、重大合同、对外担保、诉讼与仲裁等
董事、监事、高级管理人员及有关中介机构声明	真实性声明
备查文件	发行保荐书、财务报表及审计报告、法律意见书及律师工作报告、公司章程等

在美国，根据《1933年证券法》第7条的要求，由非外国政府或其政治性附属部门公开发行证券的注册登记表必须包括《1933年证券法》附录A规定的信息，并随附条例所要求的文件；而由外国政府或其政治性附属部门发行的证券的

注册登记表则必须包括《1933年证券法》附录B规定的信息，并随附条例所要求的文件。以附录A为例，美国首次公开发行股票的招股说明书中的注册信息必须至少包含：

（1）发行人从事或计划从事业务时使用的名称。

（2）发行人组建地的州或其他主体的名称。

（3）发行人主要营业地的地址；当发行人是外国人或在美国准州注册的法人时，其在美国经授权接收通知的代理人的姓名和地址。

（4）发行人是公司、协会、信托公司或其他实体时，其被选或待选董事或履行类似职能的人的姓名和地址以及首席执行官、首席财务执行官的姓名和地址；发行人是合伙企业时，其所有合伙人的姓名和地址；发行人是个人时，其姓名和地址；公司将要建立或已在提交注册登记表前二年内建立的，其发起人的姓名和地址。

（5）承销商的姓名和地址。

（6）所有依记录拥有或受益拥有（已知）发行人任何类别股票10%以上的人（如有）的姓名和地址，或在提交注册登记表之前20日内任何一日所有拥有发行人已发行股票总量10%以上的人（如有）的姓名和地址。

（7）前述第（4）项、第（5）项、第（6）项规定的任何人在提交注册登记表之前20日内任何一日持有发行人的证券的数量和（可能时）在提交注册登记表一年之前持有或者已表明打算认购发行人的证券的数量。

（8）发行人实际已开展或将开展的业务的一般特性。

（9）发行人总市值的说明，包括已授权的和已发行的股本额及其已缴比例、该股本的股票数量和类别、其票面价值或没有票面价值时的名义或指定价值；各类股票相对于其他股票类别的表决权、优先权、转换或交换权、获得股息权、获得利润权或资本权的说明，包括退出权和清算权或其价值。

（10）与待发行证券有关的已发行或待设立的期权所涵盖的标的证券（如有）的说明，一同附上所有分配得到超过全部期权10%以上的人（如有）的姓名和地址。

（11）已发行的股票或待发售的各股票中所包含的股票的股本金额。

（12）基于待发售的证券所产生的已产生长期债务的金额，并简要说明该债务的履行日期、到期时间、特点、利率、摊销条款的特性以及担保（如有）；如果允许替换任何证券，则应简要说明允许该等替换的条件；如果允许不经通知而进行替换，则要就此作出专门声明。

（13）详细说明待发行证券所筹集资金的具体目的及大约数额（只要能确定）；若部分资金来源于其他途径，则必须说明该途径及其可筹集的资金数额。

（14）在过去一年及其后一年由发行人或其前身直接或间接已经向以下人

员支付或预计支付的报酬:① 董事或履行类似职能的人,② 其管理人员和其他人,只要其在上述年度获得的该种报酬超过 25000 美元,均应列出姓名。

(15) 从待发售证券中获得的募集资金预计净额。

(16) 公开发售证券的拟定价格或计算该价格的方法,以及拟向承销商以外的主体或一类主体发售的部分证券的价格与上述价格之间的差价,要列明这些人的姓名或具体说明类别。在公开发售证券之日前,可建议变动价格,但应立即将此变动通知证券交易委员会。

(17) 在出售待发售证券时由发行人向承销商已经支付或将要支付、直接或间接支付的所有佣金或折扣。佣金应包括在证券销售中所有基于任何与承销商存在关联的人的利益而支付的可被付出、拨备、提留或达成协议的现金、证券、合同或其他有价值的东西。由发行人拥有其权益、受发行人控制或支配或者与发行人受同一人控制的人为出售该证券而支付或将支付的佣金,应视为由发行人支付。如果已支付任何此类佣金,则应说明支付给每个承销商的该佣金的金额。

(18) 对于因出售待发售证券而由发行人招致或应由发行人负担的或者完全应向发行人收取的除第(17)项所述佣金之外的费用,需要适当详细地逐项列出具体金额或估计金额,其中包括法律、工程、证明、认证和其他费用。

(19) 发行人在注册登记表备案之前二年内出售任何证券所获得的募集资金净额,该证券公开发售的价格及其主承销商的名称。

(20) 在注册登记表备案前二年内已经或计划向任何发起人支付的任何金额,以及任何对该付款支付的对价。

(21) 在非日常业务过程中全部或部分利用待发售的证券募集的资金收购或待收购任何财产或商誉所涉及的卖主的姓名和地址以及购买价格,因该收购而应向任何人支付的任何佣金的金额、该人的姓名,以及因该收购而发生的或将要发生的任何开支,包括该收购融资方面的借款成本。

(22) 每位董事、主要高级管理人员和每位持有发行人任何类别股票 10%以上或总股票 10%以上的股东在提交注册登记表备案前二年内于非正常业务过程中在已获得的或在该日期拟获得的财产中享有的权益(如有)的性质及数额的全部细节。

(23) 核定证券发行合法性的律师的姓名和地址。

(24) 在非日常业务过程中签订的、其全部或部分将于提交注册登记表之时或之后履行的或在该注册登记表前二年内签订的任何重大合同的日期、各方名称及其简明陈述的总体影响。任何管理合同或规定特别红利或利益分享安排的合同、每项重大专利或重大专利权合同以及由公用事业公司或其分公司签订或与其签订的规定提供或接受技术或金融咨询或服务的合同(如果该合同涉及要求任一合同方每年以现金、证券或任何有价物的形式交纳超过 2500 美元的费用),应视为重大合同。

(25) 截至提交注册登记表之日前不超过90日的资产负债表,该表应按证券交易委员会要求的形式和详细程度显示发行人的所有资产(将无形项目分开)及其性质和成本(无论是否可确定的),包括向公司任何管理人员、董事、股东或者直接或间接控制发行人、受发行人控制或与发行人共同受直接或间接控制的人提供的任何超过20000美元的贷款。应按证券交易委员会规定的形式和详细程度列出发行人截至提交注册登记表之日前不超过90日的全部负债,包括发行人的盈余以及显示该盈余的来源和方式。如果该说明未经独立的公共会计师或注册会计师核准,则除按要求提交的资产负债表外,还应提交一份截止日为提交注册登记表前一年之内、达到同样详细程度的发行人的资产负债表,该表应经独立的公共会计师或注册会计师核准。

(26) 发行人可提供损益表的最近一个财务年度及其过往两个财务年度中每年的损益说明,或当发行人实际营业时间少于三年时,其实际经营期间每年的损益表,该表应按证券交易委员会要求的形式和详细程度显示收益和收入、其性质及来源以及开支和固定费用。如果注册登记表备案的日期在上一财年结束后超过六个月,则应提供一份从该财年结束日到最近可用日期的损益表。该表应显示在三年或者不到三年期间发行人的经营状况,所涉及收费、股息的特点,或其他从各种盈余账户提取的份额,以及折旧费、耗损费和维持费,其详细程度和形式均按证券交易委员会的要求而定;如果通过出售权利而获得的股息或收益已列入收入,则应分别显示该股息或收益,并说明计算的依据。该表应区分经常性收入与非经常性收入、投资收入与经营收入。该表应经独立的公共会计师或注册会计师认证。

(27) 若待发行的证券全部或部分所得款项直接或间接用于购买任何企业,则要提供该被收购企业经独立公共会计师或注册会计师认证的、符合前述第(26)项要求的前三个财年的损益表,附加该被收购企业同样经过核准的、符合前述第(25)项要求的资产负债表,该资产负债表的截止日期为提交注册登记表前90日之内;若发行人对该企业的收购日期早于提交注册登记表前90日之内,则该资产负债表的截止日期为发行人收购该企业之日。

(28) 与承销商达成的任何协议(或使用同样的协议时,为其格式协议)的副本,包括本附件前述第(17)项提到的所有合同和协议。

(29) 律师出具的有关发行合法性的意见书副本,如有必要,还应提供该意见书的英文翻译文本。

(30) 前述第(24)项提到的所有重大合同的副本,但是若证券交易委员会认为披露合同的任何部分有损合同的价值且对保护投资者并无必要，则不要求披露该部分。

(31) 除以前已经根据本法规定报备并注册，并随时更新外，否则：① 若发行人为法人公司，无论其名称为何，均应有公司章程、所有修订本以及相应的现有章程细则或各种文件的副本；② 若发行人为信托公司，则应有据以创立或宣告信托公司的所有文件的副本；③ 若发行人为合伙企业、不具法人资格的组织、合股公司或任何其他形式的组织，则应有合伙企业或组织的章程以及有关其组织的所有其他文件的副本。

(32) 与已发售或待发售股票、债券或公司(信用)债券有关的基础协定或契据的副本。如果是存款凭证、投票表决权信托证书、由其他证券提供担保的债券、不具法人资格的投资信托中的权益或份额证书、设备信托证书、临时或其他凭证收据以及同类证券，则证券交易委员会应制定规则和条例，要求提交适用于上述情况的、具有同样特点的信息以及证券交易委员会认为适当和必要的、与证券实际发行人及/或起存管人或管理人作用并承担相应义务的相关人员之特性、财务或其他有关的信息。

二、债券募集说明书

债券募集说明书是指在公司债券发行过程中向投资者披露的供其判断发行人基本信用情况的要约邀请文件。在我国，公开发行公司债券需披露以下主要信息：

表 8-2 债券募集说明书需披露的项目及主要内容

需披露的项目	需披露的主要内容
封面、书脊、扉页、目录、释义	发行人及主承销商的名称和住所、募集说明书的日期等
发行概况	发行的基本情况(包括债券名称、发行总额、票面金额、债券期限、还本付息方式等)，发行条款，参与债券公开发行的主要中介机构信息
风险因素	遵循重要性原则，按顺序披露可能直接或间接对本期债券的偿付产生重大不利影响的所有因素，包括发行人自身、担保或其他增信措施(如有)、外部环境、政策等的相关风险
发行人及本期债券的资信状况	发行人的信用评级情况，主要贷款的授信情况、使用情况、守约情况，近三年债券及相关债务融资工具的借款及偿还情况，流动比率、速动比率等财务指标等
增信机制、偿债计划及其他保障措施	担保情况(担保人简介)，担保合同的主要内容，担保物的名称、金额，担保顺序安排，专项偿债账户的内容，争议解决机制等

（续表）

需披露的项目	需披露的主要内容
发行人基本情况	发行人简况，发行人的实际控制人、重大资产重组历史，对外投资情况，联营企业信息，董事、监事、高级管理人员的基本情况，主要业务、主要产品（或服务）的用途、所在行业状况及发行人所面临的主要竞争状况、经营方针及战略，报告期内的主要业务收入、收入构成、上下游产业链情况，法人治理结构及相关机构最近三年内的运行情况，发行人及其董事、监事、高级管理人员的违法违规及受处罚的情况，发行人的独立性，发行人是否存在违法对外担保，内部管理制度的建立及运行情况，信息披露事务及投资者关系管理的相关制度安排等
财务会计信息	按《企业会计准则》的规定编制，并应摘自经具有证券期货相关业务资格会计师事务所审计的财务报告；简要披露主要财务会计信息；主要会计数据和财务指标的比较；有息债务的总余额、债务期限结构、信用融资与担保融资的结构，本次发行公司债券后公司资产负债结构的变化等
募集资金运用	募集资金的用途、使用计划、专项账户管理安排等
债券持有人会议	债券持有人行使权利的形式，债券持有人会议决议的生效条件和效力等
债券受托管理人	债券受托管理人及其联系人和所订立的债券受托管理协议的情况，债券受托管理人保护债券持有人合法权益的主要措施、主要程序和方式等
发行人、中介机构及相关人员声明	真实性声明
备查文件	财务报告及审计报告、主承销商出具的核查意见、法律意见书、资信评级报告、债券持有人会议规则、债券受托管理协议、中国证监会核准本次发行的文件、担保合同、担保物所有权证明、增信机制或偿债保障措施的证明文件等

三、股票上市公告书

根据《公开发行证券的公司信息披露内容与格式准则第 7 号——股票上市公告书》，在我国，股票上市需披露以下主要信息：

表 8-3 股票上市公告书需披露的项目及主要内容

需披露的项目	需披露的主要内容
重要声明与提示	信息披露的真实性、准确性和完整性声明等
概览	股票简称、股票代码、总股本、限售股及其期限、股份自愿锁定的承诺、上市地点、上市时间、股票登记机构、上市推荐人等

（续表）

需披露的项目	需披露的主要内容
绪言	编制上市公告书依据的法律、法规名称，股票发行核准的部门和文号、发行数量和价格等，股票上市的批准单位和文号、上市地点、股票简称和代码等，上市公告书与招股说明书所载内容的关系
发行人概况	发行人的基本情况、历史沿革、主要经营情况
股票发行与股本结构	本次股票上市前首次公开发行股票的发行数量、发行价格、募集资金总额、发行方式、配售比例（如有）、配售主要对象（如有）、发行费用总额及项目、每股发行费用，本次股票上市前首次公开发行股票的承销情况、验资情况、募集资金入账情况，最大十名股东的名称、持股数、持股比例等股权结构
董事、监事、高级管理人员及核心技术人员	基本身份信息、持有发行人股份的简况、认股权计划的主要内容、股份锁定的情况及契约性安排等
同业竞争与关联交易	参照招股说明书的披露要求，简要披露同业竞争、关联关系和重大关联交易的情况等
财务会计资料	简要披露在招股说明书中披露的财务会计资料及首次公开发行后的重大财务变化（如有），转载招股说明书中的主要财务指标和盈利预测数据等
其他重要事项	主要业务发展目标的进展，所处行业或市场重大变化，主要投入、产出物供求及价格的重大变化，重大投资，发行人住所的变更，重大资产（股权）收购、出售，重大诉讼、仲裁，重大会计政策的变动，会计师事务所的变动，发生新的重大负债或重大债项发生变化等
董事会上市承诺	董事会有关严格遵守《公司法》《证券法》等法律、法规和中国证监会的有关规定，进行信息披露的承诺
上市推荐人及其意见	上市推荐人的基本信息和推荐意见

第三节 上市公司持续性信息披露要求

证券公开发行时进行的信息披露只是证券发行人在融资的时点用以帮助投资者判断发行人投资价值的披露。在融资完成后，证券的价格取决于证券的供求关系变化，证券供求关系的变化又依赖于发行人自身的经营状况和对市场供求趋势的预测，而这两类信息又都需要通过发行完成后的持续披露才能得以实现。以下以我国上市公司为例，说明持续性信息披露的基本内容和要求。

一、定期信息披露

所谓定期信息披露，是指上市公司在法定期限内，依照法律、法规和上市规则的要求对其自身经营情况进行的披露。上市公司应当披露的定期报告包括年度报告、中期报告(俗称“半年报”)和季度报告,其中年度报告中的财务会计报告应当经符合《证券法》规定的会计师事务所审计。

(一) 定期报告披露的主要信息

1. 年度报告的主要内容

(1) 公司基本情况;

(2) 主要会计数据和财务指标;

(3) 公司股票、债券发行及变动情况,报告期末股票、债券总额、股东总数,公司前十大股东持股情况;

(4) 持股5%以上股东、控股股东及实际控制人情况;

(5) 董事、监事、高级管理人员的任职情况、持股变动情况、年度报酬情况;

(6) 董事会报告;

(7) 管理层讨论与分析;

(8) 报告期内重大事件及对公司的影响;

(9) 财务会计报告和审计报告全文;

(10) 中国证监会规定的其他事项。

2. 中期报告的主要内容

(1) 公司基本情况;

(2) 主要会计数据和财务指标;

(3) 公司股票、债券发行及变动情况、股东总数、公司前十大股东持股情况,控股股东及实际控制人发生变化的情况;

(4) 管理层讨论与分析;

(5) 报告期内重大诉讼、仲裁等重大事件及对公司的影响;

(6) 财务会计报告;

(7) 中国证监会规定的其他事项。

3. 季度报告[①]的主要内容[②]

(1) 公司基本情况;

(2) 主要会计数据和财务指标;

---

① 《证券法》本身只规定了年度报告和中期报告,季度报告不是法定披露报告。但是,季度报告是沪深两地证券交易所上市规则所要求的定期报告类型。当然,关于季度报告存在的必要性及其对市场有效性的作用在实践中也存在一些争议。一些观点认为,现行季度报告的披露时间与年报、半年报的披露时间非常接近,在临时报告披露义务的保障下,季度报告似乎并没有多少作用,反而增加了发行人的成本。

② 鉴于季度报告与年报、半年报的披露时间间隔较短,中国证监会于2021年3月18日发布的经修订的《上市公司信息披露管理办法》中删除了对季度报告这一定期报告的法定披露要求,留给交易所的上市规则规定。

(3) 中国证监会规定的其他事项。

(二) 定期报告的披露时间

年度报告应当在每个会计年度结束之日起四个月内,中期报告应当在每个会计年度的上半年结束之日起两个月内,季度报告应当在每个会计年度第三个月、第九个月结束后的一个月内编制完成并披露。同时,第一季度季度报告的披露时间不得早于上一年度年度报告的披露时间。公司预计不能在规定期限内披露定期报告的,应当及时向证券交易所报告,并公告不能按期披露的原因、解决方案以及延期披露的最后期限。

在披露年度报告之前,上海证券交易所主板、深圳证券交易所原先的主板和中小板的上市规则规定,当出现净利润为负值、净利润与上年同期相比上升或者下降50%以上或实现扭亏为盈的情形时,上市公司需进行业绩预告。此外,如果上市公司已经汇总完成当期财务数据,但是年报尚没有编制完成,则可以先行对外披露业绩快报。

二、临时报告

除定期报告外,发生可能对上市公司证券及其衍生品种交易价格产生较大影响的重大事件,投资者尚未得知时,上市公司应当立即披露,将有关该重大事件的情况向国务院证券监督管理机构和证券交易场所报送临时报告,并予公告,说明事件的起因、目前的状态和可能产生的法律后果。

1. 披露事项的要求

依据2019年修订的《证券法》,以上所述"重大事件"包括:

(1) 公司的经营方针和经营范围的重大变化;

(2) 公司的重大投资行为,公司在一年内购买、出售重大资产超过公司资产总额30%,或者公司营业用主要资产的抵押、质押、出售或者报废一次超过该资产的30%;

(3) 公司订立重要合同、提供重大担保或者从事关联交易,可能对公司的资产、负债、权益和经营成果产生重要影响;

(4) 公司发生重大债务和未能清偿到期重大债务的违约情况;

(5) 公司发生重大亏损或者重大损失;

(6) 公司生产经营的外部条件发生的重大变化;

(7) 公司的董事、1/3以上监事或者经理发生变动,董事长或者经理无法履行职责;

(8) 持有公司5%以上股份的股东或者实际控制人持有股份或者控制公司的情况发生较大变化,公司的实际控制人及其控制的其他企业从事与公司相同或者相似业务的情况发生较大变化;

(9) 公司分配股利、增资的计划，公司股权结构的重要变化，公司减资、合并、分立、解散及申请破产的决定，或者依法进入破产程序、被责令关闭；

(10) 涉及公司的重大诉讼、仲裁，股东大会、董事会决议被依法撤销或者宣告无效；

(11) 公司涉嫌犯罪被依法立案调查，或者受到刑事处罚、重大行政处罚，公司的控股股东、实际控制人、董事、监事、高级管理人员涉嫌犯罪被依法采取强制措施；

(12) 国务院证券监督管理机构规定的其他事项。

根据中国证监会《上市公司信息披露管理办法》，以下事项属于《证券法》项下由国务院证券监督管理机构规定需要进行信息披露的事项：

(1) 新公布的法律、行政法规、规章、行业政策可能对公司产生重大影响；

(2) 董事会就公司发行新股或者其他再融资方案、股权激励方案形成相关决议；

(3) 法院裁决禁止控股股东转让其所持股份，任一股东所持公司5%以上股份被质押、冻结、司法拍卖、托管、设定信托或者被依法限制表决权等；

(4) 主要资产被查封、扣押、冻结或者被抵押、质押；

(5) 主要或者全部业务陷入停顿；

(6) 对外提供重大担保；

(7) 获得大额政府补贴等可能对公司资产、负债、权益或者经营成果产生重大影响的额外收益；

(8) 变更会计政策、会计估计；

(9) 因前期已披露的信息存在差错、未按规定披露或者虚假记载，被有关机关责令改正或者经董事会决定进行更正。

除此以外，根据沪深两地证券交易所的上市规则，以下事项也是属于需要上市公司履行临时信息披露义务的事项：

(1) 董事会决议、股东会决议和监事会决议；

(2) 达到上市规则中有关资产总额、成交金额或者利润金额的绝对值和/或相关占比标准的重大交易行为(包括对外提供担保、提供财务资助、委托理财等)；

(3) 重大关联交易行为(如与关联法人发生的交易金额在300万元以上的关联交易)；

(4) 涉案金额超过1000万元且占公司最近一期经审计净资产绝对值10%以上的重大诉讼、仲裁事项(未达到这一标准或者没有具体涉案金额的诉讼、仲裁事项，董事会基于案件特殊性认为可能对公司股票及其衍生品种交易价格产生较大影响，或者证券交易所认为有必要的，以及涉及股东大会、董事会决议被申请撤销或者宣告无效的诉讼，公司也应当及时披露）；

（5）变更募集资金投资项目；

（6）业绩预报或业绩快报；

（7）利润分配和资本公积金转增股本；

（8）股票交易异常波动和传闻澄清；

（9）回购股份；

（10）吸收合并；

（11）权益变动和收购；

（12）股权激励计划；

（13）破产及破产重整；

（14）临时停牌、复牌；

（15）风险警示、暂停上市、恢复上市、终止上市。

上市公司控股子公司发生上述重大事件，可能对上市公司证券及其衍生品种交易价格产生较大影响的，上市公司应当履行信息披露义务。上市公司参股公司发生可能对上市公司证券及其衍生品种交易价格产生较大影响的事件的，上市公司也应当履行信息披露义务。

2. 披露时点的要求

上市公司应当在最先发生的以下任一时点时，及时履行重大事件的信息披露义务：

（1）董事会或者监事会就该重大事件形成决议时；

（2）有关各方就该重大事件签署意向书或者协议时；

（3）董事、监事或者高级管理人员知悉该重大事件发生并报告时。

在以上规定的时点之前出现下列情形之一的，上市公司应当及时披露相关事项的现状、可能影响事件进展的风险因素：

（1）该重大事件难以保密；

（2）该重大事件已经泄露或者市场出现传闻；

（3）公司证券及其衍生品种出现异常交易情况。

上市公司应当关注本公司证券及其衍生品种的异常交易情况及媒体关于本公司的报道。证券及其衍生品种发生异常交易或者在媒体中出现的消息可能对公司证券及其衍生品种的交易产生重大影响时，上市公司应当及时向相关各方了解真实情况，必要时应当以书面方式问询。公司证券及其衍生品种交易被中国证监会或者证券交易所认定为异常交易的，上市公司应当及时了解造成证券及其衍生品种交易异常波动的影响因素，并及时披露。

上市公司控股股东、实际控制人及其一致行动人应当及时、准确地告知上市公司是否存在拟发生的股权转让、资产重组或者其他重大事件，并配合上市公司做好信息披露工作。

三、信息披露的方式与监督

（一）监管原则

证券交易所对定期报告实行登记预约制度。根据均衡披露原则，证券交易所统筹安排各公司定期报告的披露顺序，并依不同情况对临时报告实行事前审核或者事前登记、事后审核。临时报告披露采取分类监管的模式，除“信息披露直通车”所涵盖的范围外，其他类型的信息披露都需要证券交易所事先审查与确认。

（二）指定信息披露媒体

根据《证券法》的规定，依法披露的内容，应当在证券交易场所的网站和符合国务院证券监督管理机构规定条件的媒体发布，同时将其置备于公司住所、证券交易场所，供社会公众查阅。根据历年来的传统，可以刊登上市公司所披露指定信息的传统媒体包括《中国证券报》《上海证券报》《证券时报》《证券日报》这四家纸质媒体，以及巨潮资讯网、中证网、中国证券网、证券时报网、中国资本证券网这五家互联网媒体。上市公司可以在自己公司的网站或其他媒体披露指定信息，但是披露时间不得早于指定媒体，而且披露内容不得多于指定媒体。因此，事实上，除了这些指定媒体以外，炒股软件、微信、微博、自媒体等新型媒体还不是法定的信息披露渠道，不可以作为上市公司进行信息披露的媒介。

（三）信息披露直通车

《上海证券交易所信息披露公告类别索引》（以下简称《公告类别索引》）对直通车公告的范围作了相应的规定。属于该索引规定范围的直通车公告，上市公司通过上海证券交易所的信息披露系统直接办理信息披露业务；不属于直通车公告范围的，上市公司应当提前向上海证券交易所申请对于拟披露公告的审核，审核通过后才可以对外进行信息披露。

上海证券交易所的信息披露系统自交易日当日的15:30起，将上市公司在规定时间内完成登记的直通车公告及相关信息披露文件自动发送至交易所网站并予以公开刊载。2015年5月24日，针对市场上有关信息披露直通车的披露时间只能在交易日当日交易结束后显得过于死板的指责，[①]上海证券交易所增

---

① 一个典型的例子是，2014年5月19日下午，在有媒体报道三精药业董事长因涉嫌受贿被检察机关带走协助调查期间自杀身亡的情况下，三精药业股价因传闻而发生较大波动。对于此种传闻，在交易时间内，三精药业对外所作的披露是：“现在不方便对此进行回应，一切以公告为准。”在当日晚上，三精药业对外发布公告称：“哈药集团三精制药股份有限公司于5月18日接获黑河市人民检察院通报，公司董事长刘某滨先生于5月16日被立案侦查。5月18日早饭后，刘某滨先生称感觉不适。同日上午，在逊克县医院检查身体过程中，于三楼卫生间摆脱监护法警，从窗户跃出，坠地身亡。”由于当时的信息披露直通车没有“盘中披露”的规则，因此所有的信息都要等到交易结束后进行披露，这样反而不利于上市公司及时就重大事件进行披露或作出回应。

加两个信息披露时段:(1) 在单一非交易日或连续非交易日的最后一日,增设非交易日的信息披露时段(13:00—17:00)。上市公司可以在该时段内,披露《公告类别索引》规定的直通车公告,非直通车公告不得披露。(2) 在交易日另行增设早间和午间两个信息披露时段。早间信息披露时段的具体时间为7:30—8:30,午间信息披露时段的具体时间为11:30—12:30。在交易日早间时段,上市公司可以按照《公告类别索引》,发布以下四类公告:(1) 停复牌提示公告;(2) 澄清与说明公告;(3) 签订合同公告;(4) 因境外市场发行证券披露的其他融资产品公告。在交易日午间时段,上市公司可以按照《公告类别索引》,发布以下两类公告:(1) 停复牌提示公告;(2) 澄清与说明公告。

第四节 我国信息披露制度的反思

一、信息披露的法律规范层次较多,"信息披露管理"多于"信息披露监管"

在信息披露监管体系中,少不了证券监管机关作为行政监管部门进行外部监管。但是,在成熟市场国家,信息披露的监管多是确定信息披露的义务主体和信息披露义务人所对应的信息披露义务的范围,很少有监管机关像中国证监会那样就信息披露的内容、形式、方法、格式进行细致周到的立法和监管活动。比如,在美国证券发行注册制度下,SEC 仅是依据《1933 年证券法》和《1934 年证券交易法》的授权,规定信息披露义务人应予对外披露的信息范围。至于如何就这些信息进行全面、准确、及时的披露,SEC 并没有作出更为统一的事前规定,而是力图通过发行人、证券交易所、中介机构等自律组织的披露竞争和价值引导,以实现信息披露义务主体进行信息披露的细致化。以适用于首次公开发行注册的表格 S-1(FORM S-1)为例,该表格只是要求发行人在招股说明书中披露"简要信息、风险因素和收支比"。就"风险因素"一项而言,SEC 只是简单地要求注册人提供"有关导致发售具有投机性或者风险性的显著风险因素的讨论……不能是呈现那些所有发行人都会遇到或者任何发售都会面临的风险,并且解释这些特定的风险是如何影响发行人或者所发售证券的"①。因此,就拟在 SEC 进行注册的招股说明书而言,各发行人在招股说明书中的"风险披露"必须依赖于发行人及发行人所聘请的中介机构依据自身业务的特点进行披露。当然,从免责的角度而言,有关风险因素的声明越多越好。这也是为什么在 SEC 注册的招股说明书中有关风险因素的披露条款的比重相当大,大到一国金融政策的调整,小到消费者消费观念变化的影响。这种"模糊立法"的目的是,鼓励信

① See Item 503 of Regulation S-K.

息披露义务主体进行个性化、有针对性的风险披露，通过“避风港原则”鼓励当事人将现有或潜在的风险因子暴露在公众面前，以便让具有不同风险偏好的投资者根据自我投资策略自由地进行投资选择。

反观我国，在原先核准制扶持市场、规范市场和发展市场的监管心态下，行政监管机关可谓事无巨细地对信息披露的范围、内容、格式、标准进行规范。在强制性变迁的监管路径下，大到信息披露的具体内容和格式，小到监管对象财务数据的引用标准，中国证监会都制定了相关的办法、规定、规则、指引或者备忘录，以具体指导、帮助信息披露义务人进行披露。可以说，类型繁多的信息披露法规涵盖了我国资本市场信息披露的方方面面。尽管这些事无巨细的规则在某种程度上有利于监管机关统一信息披露的监管标准和推动信息披露的实施，但是在更多的时候，行政监管层面的信息披露规范、规则制定得越细，反而越不能达到“效果监管”的目标。因为在行政监管主导的背景下，一些信息披露义务人对于信息披露的要求只追求满足最低的监管标准即可，逐渐习惯于应付监管机关的书面审核和形式审核，反而降低了信息披露规范的监管效果。比如，对照首次公开发行的信息披露要求，《公开发行证券的公司信息披露内容与格式准则第1号——招股说明书(2015年修订)》(以下简称“第1号准则”)第27条第1款规定：“发行人应当遵循重要性原则，按顺序披露可能直接或间接对发行人生产经营状况、财务状况和持续盈利能力产生重大不利影响的所有因素。”但是，在原有的核准制的行政许可模式下，作为被监管人的发行人已经习惯于按照行政机关颁布的标准按部就班地进行信息披露，因为超出“指定动作”进行的信息披露反而会因来自监管机关的反馈意见和质疑而给自己平添“麻烦”。比如，在价值判断和形式审查并重的情形下，申请人在招股说明书中披露的风险越多、越详细，就越容易被站在保护投资者利益的立场上审核招股文件的发审委认为投资风险过高而否决上市申请。基于这样的原因，在目前绝大多数已经披露的招股说明书中，有关风险因素的披露多集中于第1号准则所列的七个方面[①]，很少能够看

---

① 第1号准则第28条规定：“发行人应披露的风险因素包括但不限于下列内容：(一) 产品或服务的市场前景、行业经营环境的变化、商业周期或产品生命周期的影响、市场饱和或市场分割、过度依赖单一市场、市场占有率下降等；(二) 经营模式发生变化，经营业绩不稳定，主要产品或主要原材料价格波动，过度依赖某一重要原材料、产品或服务，经营场所过度集中或分散等；(三) 内部控制有效性不足导致的风险、资产周转能力较差导致的流动性风险、现金流状况不佳或债务结构不合理导致的偿债风险、主要资产减值准备计提不足的风险、主要资产价值大幅波动的风险、非经常性损益或合并财务报表范围以外的投资收益金额较大导致净利润大幅波动的风险、重大担保或诉讼仲裁等或有事项导致的风险；(四) 技术不成熟、技术尚未产业化、技术缺乏有效保护或保护期限短、缺乏核心技术或核心技术依赖他人、产品或技术面临被淘汰等；(五) 投资项目在市场前景、技术保障、产业政策、环境保护、土地使用、融资安排、与他人合作等方面存在的问题，因营业规模、营业范围扩大或者业务转型而导致的管理风险、业务转型风险，因固定资产折旧大量增加而导致的利润下滑风险，以及因产能扩大而导致的产品销售风险等；(六) 由于财政、金融、税收、土地使用、产业政策、行业管理、环境保护等方面法律、法规、政策变化引致的风险；(七) 可能严重影响公司持续经营的其他因素，如自然灾害、安全生产、汇率变化、外贸环境等。”

到发行人主动披露格式准则以外对于投资者投资决策有重大影响的其他风险因素。因为对于发行人和董事会秘书而言，只有按照相关监管指引的“指定动作”进行的信息披露才是“最保险”的信息披露，至于是否可以给投资者带来准确、全面的披露效果，那就只能退而求其次了。

二、处于监管一线的证券交易所没有发挥初级行动团体的功能，成为行政监管机构的“传声筒”

在市场经济中，初级行为团体是指一个决策单位（可能是个人或单位）作为行动团体，认识到存在一些在现有收入以外的收入（这些收入是其成员现在不能获得的），只要能改变现有的结构安排，就可获得这些额外的收入，从而增加单位的总收入。即这些团体可以通过决策支配、安排创新的过程。同样，在证券市场也应存在能够促进市场创新的初级行动团体。海外股市的发展经验表明，市场主体、证券交易所和政府是股市三个不同层次的参与者，他们具有不同的利益取向和功能，其中市场参与主体与证券交易所作为博弈参与者与博弈市场的组织者，其本身具有发现交易价值、创造财富的动力与基础，即具备推动证券市场发展的初级行动团体功能。行政监管原本只承担对这种初级行动团体的创新行为合法性的监管工作，三者应该各司其职，相互合作和制衡。只有这样，证券市场才能既有旺盛的活力，又能保持高度的稳定性。我国的证券交易所虽名为会员制的证券交易所，但在以政府主导为特征的市场定位下，证券市场体现出“强监管机关，弱交易所”的特点。证券交易所的制度变迁基本上围绕政府的政策目标，以强制性的形式进行，这就减弱了证券交易所作为初级行动团体进行市场创新活动的功能。名义上，证券交易所以会员大会为其最高权力机构，是独立承担责任的法人。但是，证券交易所实际能够行使的权力并不多，其大部分监管职能受制于作为国务院证券监督管理机构的中国证监会的授权或要求。一方面，证券交易所原本理应有的组织、管理市场的权力没有充分到位，不能很好地服务于市场的需要；另一方面，证券交易所可能依据监管机构的指令，承担现有行政监管框架下的行政监管的部分职能，从而导致不同层面的监管职能有的重叠，有的缺位。这种模式使得政府不断干预和挤占证券交易所自律监管的权力，并最终使证券交易所的监管功能弱化。例如，证券交易所的自律处罚权、规则制定权部分由证券监管机构执行或者与之共同执行。[①] 又如，在现有的信息披露法律规范体系中，虽然证券交易所颁布的规范在总量上比中国证监会颁布的规范多，但是多数规范只是在汇总、照搬中国证监会的相应规范，是对中国证监会信息披露规范的“拾漏补遗”，并没有体现太多的自律监管的因素。

---

① 北京大学光华管理学院—上海证券有限责任公司联合课题组：“证券交易所管理市场职能的法律性质研究”，上证联合研究计划第五期（法制系列）之课题成果。

三、信息披露主体进行主动性披露的意愿较低，仅仅按照证券监管机构要求的最低标准进行披露

证券市场信息披露的一个重要目的是，通过施加法定的强制性披露义务，让信息披露义务人有责任主动披露对于投资者投资决策具有重要影响的信息。就美国信息披露的监管经验而言，在法律层面只是明确信息披露义务人要保证信息披露的真实、准确、全面和公平，即行为人不得进行欺诈性和误导性的披露。SEC并不对信息披露义务人所披露的信息进行内容上的判断，也不会干涉信息披露义务人以什么方式和内容进行披露，只要信息披露义务人履行法定的披露程序和披露事项即可。至于披露内容或者披露本身可能存在的欺诈或者误导，通过加大事后的行政责任、民事责任或者刑事责任予以补救。这是美国信息披露监管制度的一个重要特色。这种体制设计的好处在于，虽然它没有事无巨细地规定信息披露义务人怎么进行披露，但是法定的注册要求使得信息披露义务人在注册过程中和完成注册后对SEC产生一种义务。一旦发现披露不实，SEC在行政监管层面就可以代表国家追究信息披露义务人的法律责任。这样，即使在没有信息披露的标准和程度要求的背景下，信息披露义务人也愿意更多地披露相关信息。因为"买者自负"只有在义务人已经充分披露的前提下才能得以适用，否则任何因公开披露文件中存在误导、错误陈述、遗漏而造成投资者投资的损失就是"卖者有责"。在此前提下，对于一些可能影响投资者从事证券交易价值判断的信息披露问题，由证券交易所进行解释和统一标准。

与美国的监管特点不同，我国的信息披露监管更偏向于"家长式"的信息披露管理。证券监管部门对于如何进行信息披露进行各方面标准和准则的设定，并且以这些标准和准则作为行政许可审核所依据的材料。在这种监管方式之下，在某种意义上，信息披露的目标不是满足"市场的需求"，而是满足"监管者的需求"。我国证券市场的信息披露质量有待提高，披露内容和披露方式应当作出改变。在立法层面，监管层明确法定的信息披露要求仅是"最低要求"，对于投资者投资决策有重大影响的信息均应披露。[①] 但是，就实际效果而言，信息披露义务人愿意进行主动性披露的不多，根本原因还在于相关的信息披露是与行政许可直接挂钩的，如何顺利地通过监管部门的行政许可才是一些信息披露义务人首要关注的重点。无论是发行审核、并购重组还是日常信息披露，一些信息披露义务人首先考虑的是监管部门如何看待拟进行披露的信息内容，判断这些内容在监管层的认可程度。如果在监管层既有的信息披露框架以外进行披露，相关

---

① 比如，《公开发行证券的公司信息披露内容与格式准则第28号——创业板公司招股说明书》第3条规定："本准则的规定是对招股说明书信息披露的最低要求。不论本准则是否有明确规定，凡对投资者作出价值判断和投资决策有重大影响的信息，均应披露。"

的行政许可也许无法顺利通过。因此，对于一些信息披露义务人而言，“最保险”的披露办法就是严格按照现有披露规则规定的内容和格式进行披露。不得不承认，在先进的“主动性披露”的立法理念下，我国还存在大量的“被动性信息披露”的事实。

四、信息披露要求的宽泛性与信息披露内容的空泛性并存

从形式上看，我国现有信息披露规则已经比较完备和齐全，无论是涉及首次公开发行、上市公司收购、资产重组还是定期报告、临时报告，无论是中国证监会层面还是证券交易所层面，都已经从上至下制定了一系列的信息披露规则。针对信息披露义务人应予披露的内容和事项的规定更是无处不在、无所不包。但是，一方面，“大而全”的信息披露方式导致信息披露量过大，很多信息披露只是形式上满足信息披露的要求，对于投资者真正用以投资判断的意义不大；另一方面，对于投资者投资而言具有实质意义的信息披露并不充分，信息披露义务人要么想方设法在规则体系下回避对投资者投资决策有重大影响的信息披露，要么将重要信息以各种方式隐藏在公开披露的信息之中，淡化具有实质意义的信息。比如，上市公司需要披露业绩亏损的原因，但是有的上市公司在公告中将原因归结于国家相关补贴未能在上半年到位，有的上市公司将业绩下滑归咎于国家出台严打酒后驾车政策。《公开发行证券的公司信息披露内容与格式准则第2号——年度报告的内容与格式(2017年修订)》第二章专节规定了“公司治理”，并对“内部控制”作了要求。但是，一些上市公司的年报披露在“公司治理”和“内部控制”部分存在的突出问题仍是披露内容形式化，没有提供实质性内容；重复论述，没有提供新的信息；披露内容不全面，相关信息缺失；披露形式单一、文字晦涩，缺乏可读性等。

在信息披露有效性方面，西方国家证券市场信息披露的监管特点可以给我们一定的启示。虽然西方国家的成熟证券市场也会对信息披露的内容、项目进行指导，但是对立法机关、行政机关和市场一线主体(证券交易所)的监管分工还是比较科学的，即在立法层面和行政监管层面对信息披露只作框架性规定，总体上要求信息披露具有真实性、完整性和及时性，反而是作为市场一线主体的自律组织(如证券交易所)对于信息披露的具体要求较多。这样做的好处是，一方面，证券交易所层面的信息披露要求虽然不具有法律强制性，但是基于对上市契约的遵守，信息披露义务人之间可以存在披露真实性的竞争，遵守证券交易所的规则有助于树立良好的市场形象以吸引投资者投资。另一方面，这种分层次的披露规则要求也给了监管层和司法机关足够的空间以认定和解释信息披露的遵守程度。因此，如果信息披露义务人被认定主动性披露的相关信息不充分，即使该等信息披露义务人已经符合证券交易所和其他自律机构的信息披露规则，也可

能因行为的违法性而被追责。这样的制度安排会促使信息披露义务人无论是从信息披露的竞争层面还是法律责任层面都愿意进行主动性披露,因为只有做到了充分和主动披露,才可以适用相关的“避风港原则”而被免责。

本章复习要点

信息披露的意义、“有效市场假设”理论、强制性信息披露的基本要求、持续性信息披露的类型、定期报告的内容、披露时间、信息披露的方式。

相关法律规范

《上市公司信息披露管理办法》《上海证券交易所股票上市规则》。

课外延伸阅读

1. 齐斌:《证券市场信息披露法律监管》,法律出版社2000年版。
2. 郑彧:《我国证券市场信息披露制度的法律分析——以法律规范文义解释为基础的研究》,载黄红元、徐明主编:《证券法苑》(第十三卷),法律出版社2014年版。

案例检索与思考

检索并思考一些信息披露存在问题的案例,比如:金洲慈航会计账套被黑客入侵而做假账的更正公告(2020年);康美药业做假账后的会计差错更正公告(2020年);ST康得新、兆新股份全体在职董事声明不保证公司年报真实性(2019年、2020年);创兴资源“史上最奇葩”公告(2014年);中国动物保健品有限公司所有财务文件离奇被盗而无法披露年报(2015年)。

第九章　上市公司收购监管

【本章导言】

上市公司收购是证券市场常见的经济行为。由于上市公司收购活动会影响投资者对于目标公司未来证券供求关系和管理情况的不同预期，因此以大额持股变动的信息披露和要约收购为核心的上市公司收购监管制度就是要在公平交易和保护中小股东两个方面维护证券交易的正常秩序。在此过程中，围绕信息披露的界限、强制性要约收购的要求、要约收购的规则、反收购的规则，各个国家和地区都有其不同的上市公司收购监管的经验与做法。

第一节　上市公司收购概述

一、何谓上市公司收购

所谓上市公司收购，是指收购方基于各种经济目的（盈利或者资源整合），以购买上市公司已发行在外的特定数量股份为目标，依照法律或者上市规则所规定的条件和程序进行的股份购买行为。与普通的股权收购相比，上市公司收购有以下几个特点：

第一，从目的性上看，上市公司收购是以获得目标股份未来股票的价值收益（机构投资者）或者在获得上市公司控制权后进行上下游业务或同业业务整合为目的所进行的投资行为；

第二，从标的上看，上市公司收购涉及的是上市公司的股票，而且通常仅指从现有股东手上购买上市公司已经发行在外的股票，而不包括那些因上市公司增加发行股票而导致的控制权变更的情形；[①]

第三，从数量上看，收购方拟收购相当数量的股份，这些股份有可能影响收购方对目标公司的控制权或者作出相应的表决；

---

①　虽然上市公司增发在广义上也可因构成控制权的变动而被称为“上市公司收购”，但是它更多适用的是与上市公司资产重组、“买壳上市”等相关的监管规则，而非本章主要介绍的上市公司收购监管规则。

第四，从程序上看，尽管也会存在"一对一"的场外收购行为，但是由于上市公司收购会对上市公司股价产生影响，因此基于对所有股东公平考虑，上市公司收购需要遵守法律或者上市规则所要求的特定披露规则（如"阶梯式披露"）和购买规则（如强制性全面要约收购）。

二、为什么会发生上市公司收购

就全球范围而言，在过去一百多年间，总共发生过六次规模较大的企业并购浪潮。其中，前四次企业并购浪潮分别发生在 19 世纪 70 年代、第一次世界大战之后、20 世纪 60 年代末以及美元危机和石油危机之后的 20 世纪 70 年代末。[①] 1993 年，以美、日为代表的西方发达国家的企业掀起了新一轮即第五次并购浪潮，前后持续了七年之久。该次并购浪潮的规模和交易额之大是 20 世纪所有的企业并购浪潮中前所未有的，[②]仅耳熟能详的就有汽车巨头奔驰与克莱斯勒的换股合并、金融业巨头花旗银行与旅行者集团的吸收合并、电脑巨头惠普与康柏的兼并收购等案例。2001 年"9・11"恐怖袭击事件发生后，以美国跨国公司为代表的全球并购在一段时期内有所减少。但是，随着新能源和新产业（如太阳能、互联网等）的迅速崛起，以及欧美产业转移的升级，在以欧洲为主的欧美市场和以中国为主的亚太市场又掀起第六次并购浪潮。从历史上看，自第三次并购浪潮出现之后，除了极少数战略性并购发生在未上市企业之间，绝大多数有影响力的并购发生在上市公司之间。这种收购活动聚焦于上市公司的趋势与上市公司更容易借助投资银行的帮助而使用越来越多的融资方式（如现金、借贷、优先股、垃圾债等）不无关系。金融杠杆工具的出现使得具有良好信用记录的上市公司成为大型并购交易的焦点。在我国，证券市场的发展时间不长，国内企业基本未被卷入前五次并购浪潮。但是，随着我国证券市场的发展与对外开放程度的加深，近些年来，以新桥收购深发展、SEB 收购苏泊尔、"宝万之争"等为代表的重大并购活动渐多，收购、反收购、出售上市公司或涉及代理权征集的案例也屡有发生。

对于为什么会发生上述收购活动，特别是为什么收购多涉及上市公司，国内外已经有许多学者运用多种理论进行阐述，如基于"价值洼地"理论的"价值发现论"、基于"协同效应"理论的"资源配置论"以及通过收购改变博弈预期的"投机论"等。支持并购行为的学者认为，收购是一种有效制约经营者的工具。如果经营管理层出现失误或者不尽职，使得公司证券的价值低于其"真正"的价值，该经营欠佳的公司就难逃被收购的命运。新的经营管理层的进入将使公司财产得到

---

① 参见陈永红：《全球第五次跨国并购浪潮评析》，载《中国外资》2002 年第 12 期。

② 参见冯云：《透视全球第五次企业并购浪潮》，载《经济》2008 年第 7 期。

更加高效的利用，从而提升被收购公司的价值。由于存在被收购和接管的风险，因此公司现有的经营管理层不得不尽力改善公司经营状况。[1] 目标公司的股东因收购而获得超过市场价值的出售价格，收购方的股东获得因收购后的协同效应而产生的溢价价值，出售方则获得有效市场下对公司控制的效益，每个参与者都会从收购中获益。[2] 否认并购价值的学者则认为，收购并不能产生规模效益，收购者只是出于虚荣和获得安全感进行收购，并不是为了股东利益的最大化。例如，英国经济学家乔夫·米克斯在考察了英国的233个并购案例后得出结论：在并购完成后，购并方的盈利率呈现确定的缓慢下降趋势。[3] 部分经济学家从统计论的角度指出，只有大约20%的合并真正取得了成功，多数的合并并没有真正实现相应的财务回报。事实上，并购结果的失败率相当高。[4] 来自监管部门的声音似乎也在验证这些对并购价值持怀疑态度的经济学家的观点。例如，SEC委任的专家委员会认为没有充分的证据表明收购活动为社会创造了价值。因此，SEC在其后修改和制定并购规则时，采取了既不特别鼓励也不限制收购活动的指导思想。[5] 除此之外，对并购持中性观点的学者认为，应视并购活动的目的和并购主体区别对待并购的价值。比如，罗伯特·布鲁纳在对1971—2001年公开发表的130篇有关并购价值的研究文献作了全面汇总分析后得出结论：在成熟市场的并购重组过程中，目标公司股东的收益要远远高于收购方股东的收益。具体而言，在收购中，目标公司的股票价格会显著上涨，一般有10%至30%的股票超额收益率（即并购重组事件带来的溢价），而收购方的股票收益率却很不稳定，且有负增长的趋向。同时，收购方的长期财务业绩会随着时间的推移而呈现递减趋势。[6] 因此，主张对并购进行实证主义研究的专家指出，并购导致的盈利水平的提高或恶化不存在任何一致的模式。并购似乎导致盈利水平在一国有所改善，而在另一国又有所恶化。如果非要给出一个一般性结论，那就是并购对企业在并购后三到五年内的盈利水平影响甚微，没有改善或破坏经济效率。[7]

---

① 参见张新：《“转轨”与“新兴市场”下的并购重组立法与监管》，载《财经》2002年第15期。

② See Michael C. Jensen and Richard S. Ruback, The Market for Corporate Control: The Scientific Evidence, *Journal of Financial Economics*, Vol. 11, No. 1-4, 1983, pp. 10-23.

③ See Geoff Meeks, *Disappointing Marriage: A Study of the Gains from Merger*, Cambridge University Press, 1977.

④ See Thomas M. Grubb and Robert B. Lamb, *Capitalize on Merger Chaos: Six Ways to Profit from Your Competitors' Consolidation and Your Own*, Free Press, 2000, p. 186.

⑤ 参见张新：《“转轨”与“新兴市场”下的并购重组立法与监管》，载《财经》2002年第15期。

⑥ See Robert F. Bruner, Does M&A Pay? A Survey of Evidence for the Decision-Maker, *Journal of Applied Finance*, Vol. 12, No. 1, 2002, pp. 48-69.

⑦ See Dennis C. Mueller (ed.), *The Determinants and Effects of Mergers: An International Comparison*, Oelgeschlager, Gunn & Hain, 1980, p. 306.

三、收购的类型

（一）要约收购与协议收购

要约收购是指收购方依照特定的规则，通过公开向目标公司的所有股东发出具有约束力的购买意向，向目标公司的所有股东求购其所拥有的全部或者部分股份的行为。要约收购是一种要式行为，需要遵守特定的报价规则、要约规则和接受规则。协议收购是指收购方以“一对一”的私下谈判方式，与目标公司的特定股东就购买其所持有的大额股份达成协议的行为。协议收购是一种场外交易行为。

（二）部分收购与全面收购

部分收购是指收购方仅以从目标公司所有股东处获得目标公司的部分而非全部股份为意图的要约收购行为。如果目标公司股东所愿意出售的股份数量大于收购方意图收购的数量，则在所有愿意出售股份的目标公司股东中按照拟出售股份的比例进行受让分配；如果目标公司股东所愿意出售的股份数量小于收购方意图收购的数量，则收购方必须购买目标公司股东拟出售的全部股份。全面收购是指收购方以从目标公司所有股东处获得目标公司的全部而非部分股份为意图的要约收购行为。全面收购可以是自愿性要约收购，也可能是因触发强制要约收购点而引发的强制性全面要约收购。

（三）善意收购与敌意收购

尽管上市公司收购在表象上体现为上市公司股东与股东之间的交易，但是能否得到上市公司董事会的支持也是一项重大收购（特别是涉及后续合并事项的收购计划）能否成功的重要影响因素。在此，善意收购是指收购方的收购计划得到目标公司董事会欢迎和支持的收购行为。敌意收购是指收购方未与目标公司董事会进行沟通且目标公司董事会对控制权变化或者后续合并方案表示反对的收购行为。在美国，善意收购与敌意收购通常代表着目标公司董事会对于公司控制权变化的一种肯定或者否定态度，而且在敌意收购的背景下，往往引发董事会的一些反收购措施。

（四）自愿性收购与强制性收购

自愿性收购是指收购方依据自身的意愿，主动向上市公司股东提出的要约收购。强制性收购是指当收购方直接或者间接持有上市公司股份达到特定数量后（无论以何种方式），无论其是否愿意继续收购，均需按照法律或者收购规则的规定，向上市公司全体股东发出收购其余股东所拥有的全部股份的要约的收购行为。

（五）单独收购与共同收购

单独收购是指由作为独立主体的一方当事人单独进行收购的行为。通常，收购方与其共同控制的或者受同一控制人共同控制的关联企业联合进行收购,因为收购方与其他主体的关联关系,所以也会被视为一种单独收购行为。共同收购是指一方以法律或者收购规则所认定的方式,联合与其不存在关联关系的其他主体共同收购目标公司股份的行为。在数个收购主体之间,收购方在法律地位上各自独立,不存在关联关系,只不过因某种共同追求的利益而以协议的方式共同进行了对目标公司股份的收购行动(包括收购完成后"同进同退"的股东权利行使安排)。因此,共同收购方在上市公司收购中通常被称为"一致行动人"(person acting in concert)。

(六)直接收购与间接收购

直接收购是指收购方以其自身名义或者以受其控制主体的名义直接收购目标公司股东所持有的上市公司股份,并在收购完成后成为上市公司股东名册上所记载的新股东。间接收购中,收购方不直接收购目标公司股东所持有的上市公司股份,而是以其自身名义或者以受其控制主体的名义受让持有目标公司股份的上市公司股东的股份(权),从而实现对于上市公司股份的间接权益,即需要透过上市公司股东这一层级才能间接行使对于上市公司的股东权利。

四、收购的方式

(一)现金式收购

现金式收购是指收购方以现金或者现金等价物作为交易对价,以购买上市公司股份的行为。

(二)换股式收购

换股式收购通常在收购方与目标公司均为公众公司的情形下,收购方以发行自身的股份作为向目标公司股东收购目标公司股份的对价,收购完成后,接受收购方的要约而出售目标公司股份的股东不再持有目标公司的股份,转而持有收购方的股份,而收购方替代出售方直接持有目标公司的股份。

(三)混合式收购

混合式收购是指收购方综合运用现金、股份作为向目标公司股东收购目标公司股份的对价的行为。在混合式收购中,既可能由目标公司拟出售股份的股东自行选择两种对价中的一种作为出售对价,也有可能是目标公司拟出售股份的股东无法自行选择对价的"打包式"报价(比如,收购对价中的50%以现金支付,其余50%以收购方的股份支付)。

(四)合并式收购

合并式收购是指收购方以新设合并或者存续合并的方式与目标公司进行实体合并的收购方式。合并式收购可以有两种方式:一种方式是由收购方直接向目标公司及其股东提出双方合并的提议,双方股东按照约定的比例持有合并后公司的股份;另一种方式是收购方先向目标公司股东以现金或者股份方式收购完成目标公司90%以上的股份,在使目标公司成为收购方的附属子公司后进行母子公司的合并。合并可以产生一家全新的上市公司,由收购方和目标公司各自的股东按照比例持有股份。另外,还可以在收购方或者目标公司的一方主体得以保留的基础上进行一方存续式合并。

第二节　境外上市公司收购规则

一、美国公众公司收购制度规则

美国国会于1968年在《1934年证券交易法》第13条中增加了(d)—(e)款,在第14条中增加了(d)—(f)款(这些条款在司法实践中被合称为"Williams Act",即《威廉姆斯法案》),以全面规制上市公司收购过程中的信息披露。《威廉姆斯法案》的立法目的是,在上市公司收购过程中,促进信息的充分披露,从而使面临收购的股东能够作出有根据的决定。《威廉姆斯法案》不对公开要约期间的收购行为进行价值判断,只要求收购方对收购主体、收购意图、收购数量等事实作出如实的披露。[①] 因此,《威廉姆斯法案》亦被视为"披露法案"。[②] 根据《威廉姆斯法案》,其一,在持股变动方面,除获得法定豁免情形外,"任何以直接或间接方式获得依据本法第12条注册的任何一组权益证券5%以上权益的人士,必须在获得该等证券后10天内以合法的邮件方式向证券发行人作出相关声明,向证券交易所发出通知,并向证券交易委员会进行报备。有关声明(包括通知、报备)应包含本法指定的信息内容以及证券交易委员会以规则方式不时要求的补充信息"[③]。在此基础上,如果收购人持有的证券权益出现超过1% [④]以上的变动,或者以前所报告的事实存在实质性变化,则原先披露义务人必须及时更新有

① 关于收购是否体现实质公平(如收购价格是否合理)的问题,则由公司法规则或股东派生诉讼予以解决。比如,按照证券监管规则,只要某些收购涉及的合并或重组获参加股东大会的多数股东通过,即可表决通过并购方案。但是,某些州法可能基于股东利益保护或防止"挤出"(squeeze out)原则,要求并购方案必须获得所有持股者(而非出席股东大会的多数股东)的表决权多数通过方可生效。

② 参见胡滨:《上市公司收购的若干法律问题研究》,载王保树主编:《商事法论集》(第4卷),法律出版社2001年版。

③ 15 U.S.C. § 78 m (d)(1).

④ § 13(g)(2)只提到"假如任何向发行人呈送或向证券交易委员会报备所陈述的事实发生实质性变化,一份针对原先信息的修订信息应被提交"。在这里,《1934年证券交易法》只用"变质性变化"(material change)对持股比例变化作出笼统的规定,而什么情况构成实质性变化则交由SEC进行灵活认定。SEC颁布的Rule 13d-2(a)确认了"第240.13d-1(a)节所要求的附录13D(第240.13d-101节)所述事实发生任何重大变动,包括但不限于受益拥有该类别证券的比例发生任何重大增加或者减少,被要求申报说明的人员应当及时向证券交易委员会申报,或者至少向证券交易委员会申报披露该变动的修订文件。就本节而言,收购、处置的证券受益所有权达到或者超过该类别证券1%的,应当被视为'重大'"。

关披露表格。其二，在要约收购方面，禁止“在第一时间通知证券持有人并向证券交易委员会报备包含本法第 13 条(d)款以及证券交易委员会基于投资者保护或公共利益而不时颁布的规则或规定项下的全部信息之前，任何以邮件、跨州通信方式或者通过证券交易所直接或间接地对本法第 12 条所述注册证券发起证券权益超过 5%的要约收购”①。同时，《威廉姆斯法案》要求所有就《1934 年证券交易法》第 13 (d)(1) 条提出的要约收购向证券交易委员会报备，且发行人通报的要约收购信函不得迟于向证券持有人作出通报或披露的时间。在受要约人的选择权方面，除迷你型要约收购外，《威廉姆斯法案》及相关规则允许要约在开放期撤回因接受要约而预存的证券。②此外，依据《1934 年证券交易法》第 14 条(d)(7)款的规定，在要约收购中，证券持有人享有被平等对待的权利，法律禁止在要约前因提高要约对价而对不同证券持有人实施不同的要约价格。③ SEC 还通过 Rule 13e-4 和 Rule 14d-10 要求要约收购的要约方在发出要约时的报价必须实现“最优价格规则”。④ 其三，为防止内幕人员不公平利用(unfair use)收购信息，《1934 年证券交易法》第 16 条(b)款规定，所有发行人的高级管理人员、董事及持有任何类型证券 10%以上的受益所有人⑤在持有发行人的任何权益证券

---

① 15 U.S.C. § 78 n (d)(1).

② See 17 CFR § 240.14d-7(a).

③ See 15 USC § 78 n (d)(7).

④ 所谓“最佳价格”，通常被理解为出价人在收购要约下可提供的最高对价。See Louis Loss, Joel Seligman, and Troy Paredes, *Fundamental of Securities Regulation (Fifth Edition)*, Aspen Publishers, 2003, pp. 630-631.

⑤ See 17 CFR § 240.13d-3.《1934 年证券交易法》的这一条款对“受益所有人”的定义具体如下(层级序号沿用，未作变动)：

(a) 就《1934 年证券交易法》第 13(d)条和第 13(g)条而言，证券的实际所有人包括通过任何合约、安排、谅解备忘录、关系等直接或者间接拥有或者分享下列权力的任何人：(1) 表决权，包括对该证券进行表决或者指示该等表决的权力；(2) 投资权，包括处置或者指示处置该证券的权力。

(b) 直接或者间接设立或者使用信托、代理表决、授权书、集合安排或者任何其他以剥离其证券受益所有权或者防止该等受益所有权的授予为目的的合约、安排或者手段，作为规避《1934 年证券交易法》第 13 条(d)款或者(g)款报告要求的计划或者方案的一部分的任何人，就该等条款而言，应当被视为该证券的实际所有人。

(c) 某人受益拥有的同类别所有证券，无论受益所有权采取何种形式，在计算此人受益拥有的股份数量时应当合并计算。

(d) 即便有本规则(a)款和(c)款规定：(1)(ⅰ) 除本规则(b)款另有规定外，某人有权在 60 日内收购某一证券受益所有权[见 13d-3(a)规则(第 240.13d-3(a)节)规定]，包括但不限于以下收购权的，应当被视为该证券的实际所有人：(A) 通过行使任何期权、权证或者权利；(B) 通过证券的转换；(C) 根据取消信托、全权委托账户或者类似安排的权力；或者(D) 根据信托、全权委托账户或者类似安排的自动终止。但是，收购或者获取本节(d)(1)(ⅰ)款(A)目、(B)目或者(C)目所述证券或者权利的任何人，收购的目的是改变或者影响发行人的控制权或者具有此效果，或者与具有此目的或者效果的任何交易相关，或者参与此类交易的，应当在该等收购后立即被视为通过行使或者转换该等证券或者权力所收购的证券的实际所有人。受制于该等期权、权证、权利或者转换特权的任何非发行在外证券，就计算此人拥有的该类别发行在外证券的比例而言，应当被视为发行在外，但是在计算任何其他人拥有的该类别证券的比例时，不应当被视为发行在外。(ⅱ) 就确定与基础证券相关的申报义务而言，即使期权、权证、权利或者(转下页)

期间，如果在六个月内买入并出售或者出售并买入所产生的利润均归该等权益证券的发行人所有(即非法交易的“归入权”)，发行人或任何持有权益证券的所有人均可在该等非法利润实现后的二年内以发行人的名义在任何有管辖权的法院提起诉讼。[①] 其四，根据美国的司法审判实践，在上市公司收购中，有关当事人可以依据《1934 年证券交易法》第 13 条(d)款和(e)款以及第 14 条(d)款下规定的反欺诈条款，获得明示或默示的私人诉权。相关当事人或 SEC 还可以通过申请或发布禁止令(injunction)、临时禁令(cease-and-desist)等方式，寻求在司法或监管上对违法收购行为进行矫正。[②]

值得注意的是，在美国，没有对收购人在持有相当比例受益证券时进行全面要约收购(强制性要约收购)的要求，也没有对部分要约收购作出过多的限制，[③] 收购人甚至可以发起持有低于 5%权益证券的“迷你要约”收购(“mini-tender” offers)。

二、英国的要约收购制度规则

英国证券监管制度有其自身的历史特点，它的大部分有关证券监管的制度

(接上页)可转换证券属于第 240. 13d-1(i)节所定义的类别股本证券且因此产生单独的申报义务，本节(d)(1)(ⅰ)款规定仍然适用。(2) 全国性证券交易所会员不得仅仅因下列原因而被视为其直接或者间接代表其他人所持有的证券的实际所有人：该会员是该等证券登记在册的持有人，并且根据该交易所规则，无须指令即可就有争议的事项或者可能对待表决证券的持有人权利或者特权产生实质影响的事项以外的事项进行指示表决，但是被该交易所的规则阻止，无法在无指令的情况下进行表决。(3) 在正常业务经营中根据书面抵押协议成为证券抵押权人的人员，在其采取对于宣告违约所要求的所有必要正式措施，并且确定将行使权力进行表决、指示表决，或者对该等抵押证券进行处置，或者对此处置作出指示前，不应当被视为该等抵押证券的实际所有人，前提是：(ⅰ) 抵押权人协议是出于善意，而且签署该协议的目的不是改变或者影响发行人的控制权且无此效果，也不与具有此目的或效果的任何交易相关，包括适用 13d-3(b)规则的任何交易；(ⅱ) 抵押权人是 13d-1(b)(ⅱ) 规则所述人员，包括满足该规则(G)款所述条件的人员；(ⅲ) 在违约前，抵押权人协议未向抵押权人授予：(A) 对抵押证券进行表决或者指示表决的权力；或者(B) 对抵押证券进行处置或者指示处置的权力，但是根据遵守 T 条例(《美国法规汇编》第 12 编第 220.1 节至第 220.8 节)提供信贷且抵押权人是《1934 年证券交易法》第 15 条项下注册经纪商、交易商的抵押协议所授予的该等权力除外。(4) 作为证券承销商从事业务的人员通过善意参与包销而收购《1933 年证券法》项下注册证券的，在该收购日期后 40 日届满前不应当被视为该等证券的实际所有人。

① See 15 U. S. C. § 78 p(b). 值得注意的是，美国 10%的大股东的禁售期和归入权的限制主要是基于在美国公众公司股权结构高度分散的条件下，10%可能足以充当大股东参与公司经营活动。因此，有关禁售期和归入权的设计原理是可以参照的，但是要根据不同国家和地区证券市场的不同市场结构和特点进行对应的设计。我国市场也应如此。所以，本书在禁售期与和归入权问题上的考虑是以“实际控制”标准进行设计的，详见下文第三节的论述。

② 参见〔美〕托马斯·李·哈森：《证券法》，张学安等译，中国政法大学出版社 2003 年版，548—556 页。

③ 《1934 年证券交易法》第 14(d)(1)条规定，任何针对可能超过 5%证券权益的要约收购都必须履行披露与报备手续，否则即为违法。但是，该法并没有进一步对部分要约收购进行说明，而是在程序上通过第 14(d)(6)条的“按比例接纳”(pro rata)规则间接说明收购人可以在按比例接纳的前提下进行部分要约收购。同时，依据该法第 14(d)(8)条(A)项的规定，收购人在先前 12 个日历月内对不超过 2%同类证券的收购可不适用强制性披露规则。从中可见，美国证券立法体系至少对“部分要约收购”秉承“不排斥、不限制、不禁止”原则。

散见于公司法及其判例，没有专门针对证券市场实施监管的机构，有关证券市场的监管是在市场自律监管的基础上展开的。在上市公司收购监管制度上，英国也沿袭了这种传统。上市公司收购制度中的信息披露与中小股东利益保护分别通过公司法和法院的判例法进行调整。在有关收购程序与收购规范的制定与执行监管方面，不具备行政机关地位的收购与合并小组(city panel)与相关证券交易所占据主导地位。因此，在形式上，英国收购监管制度的典型结构是要约收购(takeover bid)规则和由法院批准的协议收购安排(scheme of arrangement)，其中由法院批准的协议收购安排近年来呈现普遍的趋势。

在信息披露方面，英国《1985年公司法》(Companies Act of 1985)[①]规定，任何人在获得一个公司有投票权的股份权益超过3%时，必须在两个营业日内通知该股份的发行人，并且在以后增加和减少的数量达到或跨越每个整数百分点(不是指增持超过1%)[②]时都需要进行披露。在要约收购方面，《收购与合并城市守则》(The City Code on Takeovers and Mergers，以下简称《收购守则》)[③]中对收购程序进行了大量的规范与限制：(1) 当一个收购人与其一致行动人有兴趣收购不超过目标公司30%的表决权时，便不能就另一项可能导致其合并持有超过目标公司30%的表决权的证券进行任何形式的收购；[④](2) 当收购人与其一致行动人持有超过目标公司30%的表决权时，必须向其他股东或证券持有人提起全面要约收购；(3) 有关要约收购的信息不允许以《收购守则》规定以外的方式进行披露；(4) 要约收购方必须在市场出现影响目标公司股价的收购传闻或投机后发布要约；(5) 要约收购方的要约价格不能低于其在发布要约前的三个月购买证券的价格；(6) 如果收购人在要约期间以高于要约价格购买目标证券，则要约价格应与该购买价格持平；(7) 持股比例在30%至50%之间的持股人不可以进行任何增持行为，在收购触发点(30%)至50%之间的范围内的任何增购

---

① 英国虽于2006年修改《公司法》(即《2006年公司法》)，但《1985年公司法》仍是收购规则所适用的法律。

② 比如，从4.6%增持到5.3%，因为跨越5%这个整数百分点，所以必须进行披露。我国有学者认为的只有增持1%以上时才需披露的理解是错误的。参见陈红：《上市公司要约收购：国际规制经验与中国制度设计》，载《改革》2004年第3期。

③ 《收购守则》原先作为“仅存的纯粹的、不受监控的金融城自律的遗迹”(See Paul L Davies, Gower's Principles of Modern Company Law, 6th edition, Sweet & Maxwell, 1997, p. 774)，只是一种不具备法律效力的一系列基于自愿服从的行动指引。但是，自《2000年金融服务与市场法案》《2006年公司法》生效及英国将《欧盟收购指令》导入本国法以来，《城市守则》均被相关具有强制约束性的成文法律所援引并通过引证成为一个具有法律约束力效果的强制性规范。

④ 1980年《大宗股份买卖规制规则》(Rules Governing Substantial Acquisition of Shares, SARs)规定：“收购方及其一致行动人无论以任何形式持有目标公司超过15%或者已持有超过15%的表决权之后进一步收购以增加持有比例时，必须在获得该等表决权之日的下一个营业日向目标公司和所在交易所通报投票权持有变动情况并予以披露。在持有表决权超过15%但不满30%时，禁止收购方及其一致行动人在任何一个7天之内购买的证券超过10%。”现在，该规则已完全被《收购守则》替代。

(自由增购率)都会产生必须发出强制要约的责任。[①]

在强制要约过程中，基于防止规避全面要约规则的实践，《收购守则》也衍生出有关一致行动人的一系列认定规则。比如，在总体方向上，《收购守则》对一致行动人采取了“广纳入”的标准，规定“除非有相反的证明，否则一致行动人的定义包含一系列可被假定存在共同行动的人”。可被假定存在共同行动的一致行动人包括：(1) 共同收购方。两个主体在之前的收购中彼此独立，各自收购一家上市公司，合计持有该上市公司30%以上的有表决权股份。如果这些主体再次出现在另一家上市公司的收购中，尽管可能合计持有另一家上市公司的有表决权股份比例低于30%，若任何一方单方继续增持而使得合并计算的股份数超过30%(或者是再次共同合计持有另一家上市公司超过30%但低于50%的表决权股份)，那么这些主体将全部在另一家上市公司的收购中被视为一致行动人，即使他们不存在股权、人事或者其他方面的关联。(2) 共同采取股东行动的股东。通常，在股东大会上存在相同表决行为的股东不会被视为一致行动人。但是，在年度股东大会或临时股东大会上寻求或者威胁寻求对董事会的控制权而提出一项议案的股东与支持此项议案的股东将会被认为彼此就寻求对董事会的控制权达成了协议或谅解，由此将被认定为一致行动人。(3) 收购方与收购方的董事。(4) 关联企业。但是，关联企业协同进行的收购等同于“单方收购”(being the equivalent of a single person)。关联企业之间转让目标公司超过30%的有表决权股份可以申请豁免。(5) 员工持股计划、养老基金。(6) 如果收购方是自然人，其近亲属及其中任何一个人所设立的信托。(7) 卖方向买方出售其所拥有的部分股份，且买方购买的股份数量低于目标公司有表决权股份的30%，但是双方另行约定买方对卖方其余股份的购买权或者控制权，则买卖双方应被认定为一致行动人。[②]

总体而言，相对于美国，英国更强调对收购活动的实质管理，体现了保护中小股东利益的倾向。[③]《收购守则》主要体现了“规制哲学”的实质管理原则。比如，《收购守则》规定，一次发起的收购要约必须开放至少20天，最长不超过60天。在要约期满后，如果接受要约的证券数量未超过目标公司已发行在外的股份总额的50%，则接受要约的股东可以撤回承诺。区别于美国，在“规制哲学”的引导下，作为保护中小股东利益的机制设计，英国对部分要约收购有着更为严格的限制，除遵守“按比例接纳”规则外，收购人必须事先得到收购与合并小组的

---

① 《收购守则》在1976年曾将自由增购率定为2%(触发点在30%至50%之间时)，在1993年改为1%，在1998年更是将自由增购率限制予以废除。See The City Code on Takeovers and Mergers, Section O (Rule 36.3).

② See The City Code on Takeovers and Mergers, Section C (Definition) & Section F1 (Rule 9).

③ 参见陈红：《上市公司要约收购：国际规制经验与中国制度设计》，载《改革》2004年第3期。

同意才能宣布部分要约收购。[①] 同时,如果部分收购要约在已经宣布或作出的情况下出现要约收购失败或要约被撤销,则在部分要约收购失败或要约被撤销后的12个月内,除非得到收购与合并小组的同意,否则部分要约收购的收购人不得再以任何形式宣布要约或对目标公司进行特定的证券购买活动。[②] 此外,对于在美国监管制度下并不被特殊监管的"反向收购",《收购守则》作了专门的界定与规制,规定只有在满足相关披露要求的情况下,收购方才可以寻求以反向收购方式进行收购。

三、欧盟实践

(一)指令要求

1992年《马斯特里赫特条约》签署后,欧盟各国在证券市场监管方面也随同单一的货币政策、共同的经济政策逐渐统一起来。在从欧共体到欧盟的转变过程中,就证券市场而言,欧盟(包括先前的欧共体)一直不缺少证券准入方面的规制条约,如欧共体时期的《正式证券交易所上市证券准入条件协调指令》《正式证券交易所上市证券准入的公布上市说明书起草、审查、分发要求协调指令》,欧盟时期的《正式证券交易所上市证券准入及信息公开指令》《证券公开发售或交易公开招股说明书修改指令》等。但是,欧盟在上市公司收购方面的规制一直属于空白状态。欧盟国家对上市公司强制要约问题争论不休,主要是因为强制要约制度对控股股东的影响太大。从表面看,它向全体股东发出要约,增加了收购者的义务。但是,实际上,它禁止控制股份的单独转让。这一制度对欧洲大陆国家的影响比英国要大得多。大陆国家的公司收购主要采取大宗股份转让形式,如果采用强制要约制度,无疑会使这些国家的收购数量减少,从而影响到所在国的经济。[③] 因此,当早期的欧共体指令提案试图将强制要约收购纳入收购指令作为保护中小股东利益的方式时,以大陆法系为传统的德国、荷兰强烈反对提案内容,其他一些国家也认为强制要约收购的代价太大。这样,受制于欧盟内部大部分成员国相对不发达的收购活动以及各国法律传统上的差异,欧盟理事会直到2004年4月21日才正式通过了《欧洲议会和欧盟理事会要约收购指令》(Directive 2004/25/EC of The European Parliament and of the Council of 21 April 2004 on Takeover Bids,即Takeovers Directive,以下简称《指令》)。

首先,《指令》的保护标准是,以公司法中的保护中小股东享受大股东出让控制权溢价利益为基础,要求各成员国对取得公司控制权的人士的收购采取规制

---

① 收购与合并小组是否同意,要看部分要约收购是否构成目标公司实际控制权的转移。如果部分要约收购被认定不构成目标公司实际控制权的转移,则该等要约就可予以执行。

② See The Takeover Code, § 35.1 of Section N. Restrictions Following Offers (Rule 35).

③ 参见张舫:《公司收购法律制度研究》,法律出版社1998年版,第155页。

性措施。在此认识下,《指令》对要约收购的定义是:“收购方通过公开要约(无论属自愿性还是强制性)的方式收购目标公司具有表决权的证券,从而获得受要约公司控制权的行为。”围绕这一定义,《指令》对以下情形并不适用:(1) 没有获得控制权的协议收购。若协议收购达到各成员国规定的要约收购点,则需触发强制要约收购义务。(2) 通过证券交易所进行的未获得控制权的收购。同样,若因此触发强制要约收购临界点,需发出强制收购要约。(3) 虽以公开要约方式进行,但没有以获得目标公司控制权为目的的收购,其衡量以是否取得表决权而非证券或股份数量为标准。若没有获得表决权上的控制,则《指令》不适用于此等收购。

其次,在收购的信息披露方面,《指令》只作了一些基本的原则性指导。比如,《指令》要求各成员国国内法对收购要约的信息披露采取规制措施,制定配套规则以要求收购人及时披露要约收购的决定。《指令》对要约收购应当披露的信息内容进行了概括,各成员国应当在此基础上对要约收购文件需要包含的信息进行具体的规定。《指令》并没有要求要约收购必须获得事先审批才能公布,只是出于防止内幕交易的目的,规定要约应当尽快发布,并且通报有关监管机构。①

最后,对于强制性要约收购,《指令》规定:“各成员国应当采取必要措施保护那些控制权已经发生转移的公司的股东,这种保护措施应该通过强制要求取得公司控制权的收购人向目标公司全体证券持有人以公平合理的价格发出购买全部证券的方式作出。”②但是,《指令》没有对强制要约收购的临界点统一标准,而是由各成员国根据自身的市场情况,结合《指令》的“控制权”概念进行界定,从而赋予各成员国更大的自由裁量权。这也是为什么《指令》能够在各成员国之间达成妥协的原因之一。③除此之外,《指令》要求强制要约收购的价格是“公平合理的价格”(equitable price)。通常情况下,在强制要约发出前 6—12 个月内,收购人及其一致行动人就同类证券所支付的最高价格可被视为“公平合理的价格”。至于是否可以对强制要约收购进行豁免,《指令》仅要求遵守目标公司的注册地成员国的内国法。

---

① 有关要约文件的公开是否需要经过“事前审查”(pre-vetting),即便在欧盟成员国内部也存在争议。其根本原因在于,《指令》规定,要约收购公开前应当通知相关监管机构。因此,欧盟成员国对于此等通知的性质、意义和作用为何,在字面解释与学理解释上存在争论。参见盛学军主编:《欧盟证券法研究》,法律出版社 2005 年版,第 333—336 页。

② Directive 2004/25/EC of The European Parliament and of the Council of 21 April 2004 on Take-over Bids.

③ 在欧共体时代,《指令》提案对强制要约收购的临界点作了统一的规定:收购人在获得目标公司发行证券所代表的总表决权的 33.33%或 1/3 时,必须强制发出收购要约。《指令》也曾就公司控制权发生转移作折中规定,即各成员国出台相应的规则,要求要约收购人发出强制要约收购,或提供适当的至少是能够保护中小股东利益的其他同等水平的保护措施。See Niamh Moloney, *EC Securities Regulation*, Oxford University Press, 2002, pp. 832-833.

（二）成员国的转化

在欧盟，各成员国需要履行“转化立法”的义务，将《指令》的内容转化为内国法予以适用，有关内国法的规定也应当按照《指令》的内容与立法原意进行解释。以下分别以巴黎证券交易所、德国法兰克福证券交易所以及荷兰阿姆斯特丹证券交易所[①]所在的法国、德国和荷兰的监管制度分别作出说明。

1. 法国

取得一家法国公众公司控制权最常用的方式是，通过自愿性或强制性公开竞投要约方式收购目标证券。协议收购也为法律所许可，并成为近年来日趋流行的收购方式。除此之外，法定合并也是法国上市公司收购可被采用的方式。在法国，上市公司收购行为必须遵守《货币及金融法典》(Code monétaire et financier)、《法国商业法典》(Code de commerce)以及作为收购监管机关的金融市场管理局(Autorité des marchés financiers，AMF)所颁布的监管规则。

在收购的信息披露义务方面，法国采取进阶式的披露要求，股东有义务在五个工作日之内向公司及 AMF 披露使其占上市公司股本或投票权的 5%、10%、15%、20%、25%、33.33%、50%、66.66%、90%、95%以上或以下的交易。一旦交易超过 10%或 20%的界限，收购方必须披露其在今后 12 个月内与目标公司相关的收购意图。如果收购是以要约方式进行的，则有关收购要约的公告应该通过新闻媒体发布并将要约内容在要约发布的营业日结束之前提交 AMF。一般情况下，在 AMF 已经进行报备的收购要约均不得撤回。[②] 就要约后的增持行动而言，如果是一项以现金为对价的要约，则法律并不限制要约发布后收购方以市场价格继续增持股份，前提是收购价格不得低于要约价的 102%（以股换股不受此约束）。收购方在没有足够资金支付现金部分要约的情况下，不得开始要约收购。因此，此等要求在实践中演变为，以现金作为支付对价的要约收购通常应当得到银行的履约担保。

2. 德国

德国上市公司的收购受《收购法》(Wertpapiererwerbs-und Übernahmegesetz)、《股份公司法》(Aktiengesetz) 以及《重组法》(Umwandlungsgesetz)的调整。在实践中，取得一家德国公众公司控制权最常采用的方式是公开要约或法定合并，但是法定合并程序仅适用于国内企业之间的合并。

在信息披露方面，股东有义务在其持有目标公司表决权达到 3%、5%、

---

① 阿姆斯特丹证券交易所为泛欧证券交易所(Euronext N. V.)的一部分，现与纽约证券交易所合并为纽约—泛欧证券交易所(NYSE Euronext)。

② 除非：(1) 符合 AMF 的最低接受水平（比如，在充分摊薄的基础上持有 50%的表决权外加一股享有否决权的“金股”)；(2) 获得相关监管机关的批准；(3) 获得收购方股东的批准（在以股换股作为对价的收购中)。

10%、15%、20%、25%、30%、50%、75%的时点，向德国联邦金融监管局(BaFin)及公司作出披露。如果一项收购是基于要约收购，则在要约期间以及要约收购结果公布后的一年内增持任何股份，必须作出披露。如果收购是以要约方式作出的，则有关要约应该发给目标证券交易所在地的证券交易所和 BaFin，并通过可接受的电子媒介与互联网进行发布。在德国，强制性要约收购的起点为持有目标公司表决权达到 30%，发出要约时通常可以作出强制性的不可撤回承诺，也可以作出非强制性的不可撤回承诺。收购方可以在要约期间之前、要约期间以及要约期间之后于市场或私人交易中认购股份。然而，假如收购方在出价收购前 6 个月起至要约期间终结 12 个月内以高于要约价的价格认购股份，则必须以相同的价格向所有其他股东提出要约。不仅如此，在德国进行的公开要约的收购必须保证要约人有能力支付接受要约证券的对价，如果要约是以现金对价方式作出的，则需要独立财务顾问对现金对价的支付作出书面证明与担保。在收购涉及退市时，退市决定需要得到股东的简单多数决，并以现金方式向其他股东按企业估值所决定的公平价值支付补偿。

3. 荷兰

取得一家荷兰公众公司控制权的主要方式是公开要约，法定合并并不常见。公开要约收购受制于《金融监管法》(Wet op het financieel toezicht)、《公开收购出价法令》及随之颁布的规例(Besluit openbare biedingen Wft en aanvullende regelingen)，而荷兰金融市场管理局(AFM)则负责监管上市公司的操守并负责批准要约文件。

在荷兰，对收购人获得目标公司 30%以上表决权时并无发出强制性收购要约的要求，有关当事人只要其在公司表决权权益中达到 5%、10%、15%、20%、25%、30%、40%、50%、60%、75%和 95%以上或以下时进行披露即可，甚至持有 10%以上表决权的股东也无须披露其持股意图。如果收购是以要约方式作出，则要约公告应该通过新闻发布会形式公布，要约内容虽无须 AFM 预先审批，但要约只有在得到 AFM 批准时才可执行。与德国一样，在要约收购中，收购人必须有足够的用于支付对价的现金或其他支付能力，否则不得发起要约收购。一旦要约作出，收购方仍可以在要约期间在受监管的证券市场以正常的交易方式购入要约收购的标的证券，而且无须修订先前的要约出价。

四、我国香港地区的要约收购制度规则

百余年来，在英国法律制度的影响下，我国香港地区证券市场监管的制度和做法多跟随英国的习惯与实践。在收购监管上，尽管香港市场的结构和条件与伦敦市场有显著差异，但是英国市场的监管传统和经验显然对香港市场的监管规则设计影响至深。无论是从我国香港地区的《公司条例》《证券(权益披露)条

例》,还是《公司收购、合并及股份回购守则》[①](以下简称《收购守则》),处处都可见英国《公司法》和《收购守则》的踪影。

在我国香港地区的收购监管制度中,《公司条例》授予股东在收购后的赎回权和挤出权;《收购守则》主要规范收购的披露、程序和义务,涉及要约收购和强制收购等内容;《上市规则》包含对遵守《收购守则》的契约性要求。除《公司条例》具有法定效力外,《收购守则》仅代表香港金融市场的参与者及香港证监会就进行收购合并时可以接受的商业操守及行为标准达成的共识,没有法律效力,不能作为成文法规进行解释。但是,在意图利用香港证券市场进行有关收购及合并事宜时,收购人必须基于对《上市规则》的契约义务而对《收购守则》的内容予以遵守,否则收购人会因此而受到某种制裁与限制。[②]《收购守则》的基本目的是使收购、合并和股份购回影响的股东得到公平待遇,使属于同一类别的股东获得类似的待遇。[③]《收购守则》要求所有收购方必须及时披露足够的资料,以便股东能够掌握充分的资料,从而就收购的利弊作出决定,确保受收购、合并影响的公司股份可以在公平以及信息充分披露的市场上进行交易。与前述多数国家和地区对收购的规制原则一样,我国香港地区对收购监管的规范"仅涉及公平交易,而不涉及收购对投资者的好坏"[④]作出判断。

在收购方式监管方面,《证券及期货条例》(第 XV 部——权益披露)概括了对收购比例在 30%以下的场外协议收购和场内竞价收购的披露要求。《收购守则》主要针对要约收购进行规制:在披露方面,首次持有上市公司 5%以上股份或下降至 5%以下的权益时,收购人必须就其持有的权益向香港证券及期货事务监察委员会(SFC)进行披露;而当收购人的持股量百分比超过某个处于 5%以上的百分率整数时(如由 6.8%增至 7.1%,则意味着跨越 7%这个整数比),也应作出变动披露。

在要约收购方面,我国香港地区的要约收购规则与英国的《收购守则》大同小异。我国香港地区《收购守则》将受规制的要约定义为"包括以任何形式进行的收购及合并交易,并包括在商业效应上类似收购及合并的协议安排、部分要约及由母公司就附属公司股份作出的要约,以及(如适用)透过全面要约进行的股份回购"。根据《收购守则》,要约文件或受要约公司董事局通告(视何者适用而定)的发出人必须向 SFC 提交法定的收购披露文件。《收购守则》规定,只有当

---

① 《公司收购、合并及股份回购守则》分为"公司收购及合并守则"和"公司股份购回守则",本书仅指前者。

② 比如,《上市规则》第 14.78 条规定:"上市发行人及其董事必须遵守《收购守则》。如有违反《收购守则》,将被视作违反《上市规则》,本交易所可行使根据《上市规则》第二 A 章所载有关纪律处分的权利,处分违规的上市发行人及/或其董事。"

③ 参见郭琳广、区沛达:《香港公司证券法》,刘巍、李伟斌等译,法律出版社 1999 年版,第 322 页。

④ 何美欢:《公众公司及其股权证券》(中册),北京大学出版社 1999 年版,第 710 页。

要约人完全有理由认为其有能力和持续有能力落实有关要约时，才可公布作出有关要约的确实意图（要约收购的财务顾问对此承担责任）。要约人发布的要约必须包含《收购守则》要求的内容，所有的要约文件、要约期内发出的文件或作出的声明必须达到最高的准确程度，所提供的资料必须充分且公允地加以表达。同时，所有文件在发出之前必须呈交执行人员[①]咨询意见，在执行人员确定不会作出进一步意见之前，不可发出要约文件。要约开始后，目标公司有义务尽快公布由其发行的各类有关证券的详情以及已发行的有关证券的数量。除非执行人员同意，否则当公布作出要约的确实意图后，要约人必须继续进行该项要约。《收购守则》规定，“由有理由假定一项接触或要约正在计划中之时起计，直至公布该接触或要约或修订要约或公布讨论终止之时为止的期间”，任何有关拥有收购信息的人员不得从事标的证券的买卖；而在要约期内，除非得到执行人员的事先同意，否则要约人与其一致行动人不得出售任何受要约证券。

在要约收购规制方面，《收购守则》要求任何人（包括其一致行动人）不论是否透过一段期间内的一系列交易而取得一家公司30%以上的投票权或任何持有一家公司不少于30%但不多于50%的投票权的人（包括一致行动人）在12个日历月内增加超过2%（即自由增购率）的投票权时，必须向目标公司每类权益股本的持有人发出收购要约。[②] 强制性收购要约的对价必须以现金形式支付或附有现金选择权，而且收购对价金额不少于要约人或其一致行动人在要约期内以及在要约期间开始前6个月内为同等股份支付的最高价格。《收购守则》允许收购方发起部分要约收购，但是所有的部分要约收购都必须在满足一定条件[③]的前提下经执行人员同意后方可进行。所有的要约收购都必须遵从“按比例接纳”规则，接受每位股东应约提供的股份。最后，如果要约收购失败（包括被撤回或失效），则除非经执行人员同意，否则要约人与其一致行动人不可在要约失败后的12个月内再次提起全面要约收购。在退市方面，如果要约收购完成后的目标公司的股份拟取消在交易所的上市地位，则需要“获得亲身或委派代表出席的股东附于该等无利害关系股份的投票权至少75%的票数投票批准”，而且反对决议的票数不超过所有无利害关系股份的投票权的10%。

五、要约收购的中小股东保护

（一）强制性要约收购与强制性要约的豁免

如前所述，强制性收购是指当收购方无论以何种主动或被动方式直接或间

---

① 这是指香港证券及期货事务监察委员会企业融资部执行董事或任何获其转授权力的人，以下均以“执行人员”简称。

② 除非某人由于在无任何故意的情况下的某些错误（“无心之失”）而导致强制要约收购的责任，而且足够的投票权已在有效的时间内售予与其无关联人士。

③ 这些条件包括要约人及其一致行动人不可以因部分要约而获得目标公司30%或以上的投票权。如果要约人及其一致行动人已经持有目标公司50%以上的投票权，则部分要约不得以超过该公司投票权的75%为目标。

接持有上市公司股份达到特定数量后，不论其是否愿意继续收购，均需按照法律或者收购规则的规定向上市公司全体股东发出收购其余股东所拥有的全部股份的要约收购行为。其中，是否需要向所有股东发出要约最为主要的衡量指标是收购方的“持股数量”（包括在要约发起前有所意图的“拟持股数量”）。在英国和中国，“持股数量”的标准是发行在外的有表决权普通股的30%。但是，即便存在同样的“持股数量”指标，强制性要约收购的“触发”仍存在两种方式：一种是“到达触发”，另一种是“超出触发”。所谓“到达触发”，是指只要收购方持股“达到”持股数量标准，就必须向全体股东发出全面收购要约（如英国）；而“超出触发”不仅要求持股“达到”持股数量标准，还要求有超过持股数量的事实或者意图，才需要向全体股东发出全面收购要约（如中国）。

来源于英国实践的强制性要约收购的本质是为了防止中小股东在收购方收购成功后受到其“挤兑”而采取的一种中小股东保护措施。强制性要约收购的逻辑前提是，中小股东与原来的实际控制人之间具有一种制约的平衡（通过股价表现实现）。因此，当实际控制人发生变动时，应该在股价上给予中小股东一个新的调整机会，以视其是否退出或者选择继续持有上市公司股份。在此逻辑下，强制性要约收购不适用于所有情形。实践中，通过“要约豁免”制度，可在不会影响中小股东利益的特定情形（如“换手交易”“以股抵债”等）下豁免由收购方在触及持股数量指标时向全体股东发出全面收购要约的义务。

（二）全面要约收购成功与失败规制

在自愿性全面要约收购或者强制性全面要约收购的情形下，如果收购方在要约期限结束后所获得的有表决权股份超过目标公司发行在外的全部有表决权股份的50%，则视为该等全面要约收购获得成功。在全面要约收购成功的前提下，(1) 如果收购方获得的有表决权股份不超过目标公司发行在外的全部有表决权股份的75%，则根据全球主要证券交易所的上市规则，目标公司仍可维持上市地位，但是收购方在特定时期内（如前一次要约收购完成后的一年）的增持行为应受到限制，不得发出进一步的要约或者购买目标公司的股份。(2) 如果收购方获得的有表决权股份超过目标公司发行在外的全部有表决权股份的75%但不超过90%，则目标公司将因不符合公众持股标准而面临从公开证券交易所退市的风险。此时，如果收购方希望维持目标公司的上市资格，则需要在先前的要约收购报告书中披露采取避免退市的意图和方法，并得到挂牌证券交易所的同意。(3) 如果收购方获得的有表决权股份超过目标公司发行在外的全部有表决权股份的90%，则构成收购方对目标公司“私有化”（privation）的成功，目标公司股票需要从挂牌证券交易所摘牌退市。在此过程中，在要约收购期间没有向收购方出售股份的存续股东可以重新要求收购方以原来的要约价格受让自己所持有的目标公司股份，此为强制出售权。但是，法律也规定收购人有权选择强制收购其余未在要约期内向收购方出售目标公司股份的其他股东股份的权利,此为强制挤出权。[①]

要约是一种以确定的条件"希望和他人订立合同的意思表示"。因此,在要约收购中,收购要约的发出并不代表收购的完成,还要依托于被要约方作出承诺的约束方可达成收购交易。在要约收购中,虽存在收购成功的可能,但也面临收购失败的风险。"如果收购失败后再频繁地发生收购与反收购,势必危及市场的稳定与秩序,诱发证券欺诈与过度投机,保护股东利益的宗旨就难以实现。"[②]为此,英美法系国家对要约收购失败后多对要约人在未来特定期间内的再次要约、购买或转售进行限定。例如,英国的《收购守则》第35号规则规定,在一次要约失败后,要约人在12个月内不能再次进行类似的要约或相关的购买股份权益的活动。大陆法系的德国也通过其《证券收购法案》(WpÜG)规定,如果收购失败或BaFin禁止公布要约,收购方在一年内不得提出新的要约。美国虽然没有关于强制要约收购的制度,但是《1934年证券交易法》及SEC相应的法规通过对欺诈、操纵、欺骗等行为的禁止,从衡平法的角度禁止滥用要约收购或委托代理方式操纵股价、内幕交易等非法行为。我国虽然没有专门对要约收购的失败情形进行特别规定,但是2019年《证券法》修订前规定"收购人持有的被收购的上市公司的股票,在收购行为完成后的十二个月内不得转让"。2019年《证券法》修订后,限制期限从"十二个月"改成为"十八个月"。中国证监会依据《证券法》所颁布的《上市公司收购管理办法》也作出"发出收购要约的收购人在收购要约期限届满,不按照约定支付收购价款或者购买预受股份的,自该事实发生之日起3年内不得收购上市公司,中国证监会不受理收购人及其关联方提交的申报文件"的限制性规定。[③]

---

① 比如,欧盟的《指令》认可公司法理论上的强制挤出权和强制出售权在要约收购中的价值,规定收购人如果在要约收购中获得目标公司超过90%以上的表决权,则可以要求目标公司的剩余证券持有人以合理价格出售其所拥有的证券。同样,证券持有人也有权按照合理价格向收购方强制出售剩余证券。英国规定,收购人在获得超过标的证券总计90%以上的权益后才可以强制收购其余少数股东持有的权益,将少数股东挤出。通过协议安排进行收购的,如果可以得到持有超过75%表决权以上的多数股东的同意,则有关合并或挤出安排将约束目标公司的所有股东。法国规定,如果要约收购方获得目标证券95%以上的股份及投票权,则有权行使强制挤出权,将少数股东挤出。德国规定,如果收购人获得超过目标公司95%表决权的股份,则在要约接受期结束的三个月内,可以向法院申请要求少数股东强制转让附有表决权的剩余股份,经过法院批准的强制挤出权不需要获得股东大会的决议批准。除此之外,在任何时间,持有目标公司全部股本95%以上的股东可以要求股东大会以决议方式强制收购少数股东的股份,有关强制收购的对价补偿由法院委任的审计师在公司对这些股份价值进行自我评估的基础上审查确认。荷兰规定,在收购人获得目标公司95%以上的股份后,收购人可以强制收购其余少数股东持有的股份。此时,少数股东有权要求收购人按照公平的价格以现金支付对价,该等对价通常为原来的要约价格外加部分利息。如果收购方获得超过50%但不超过95%的股份,则收购人仍可以通过股东大会决议方式进行合法的合并,以实现强制收购少数股东股份的目的。

② 王肃元、周江洪:《上市公司收购中股东权的保护》,载《政法论坛》2000年第2期。

③ 《证券法》中的"收购完成"不是指"收购失败",而《上市公司收购管理办法》中的"不按照约定支付收购价款或者购买预受股份的"也仅指违约而非"收购失败"。

第三节 我国上市公司收购制度

一、现行上市公司收购监管制度

我国《证券法》第四章为“上市公司的收购”专章。在结构上，我国上市公司收购监管制度在本质上包含大额持股变动和控制权变动两个部分。在我国，投资者可以采取要约收购、协议收购以及其他合法方式收购上市公司。为方便理解，以下以示意图形式展示《证券法》第四章以及中国证监会所颁布的《上市公司收购管理办法》中有关上市公司收购的主要监管规则。

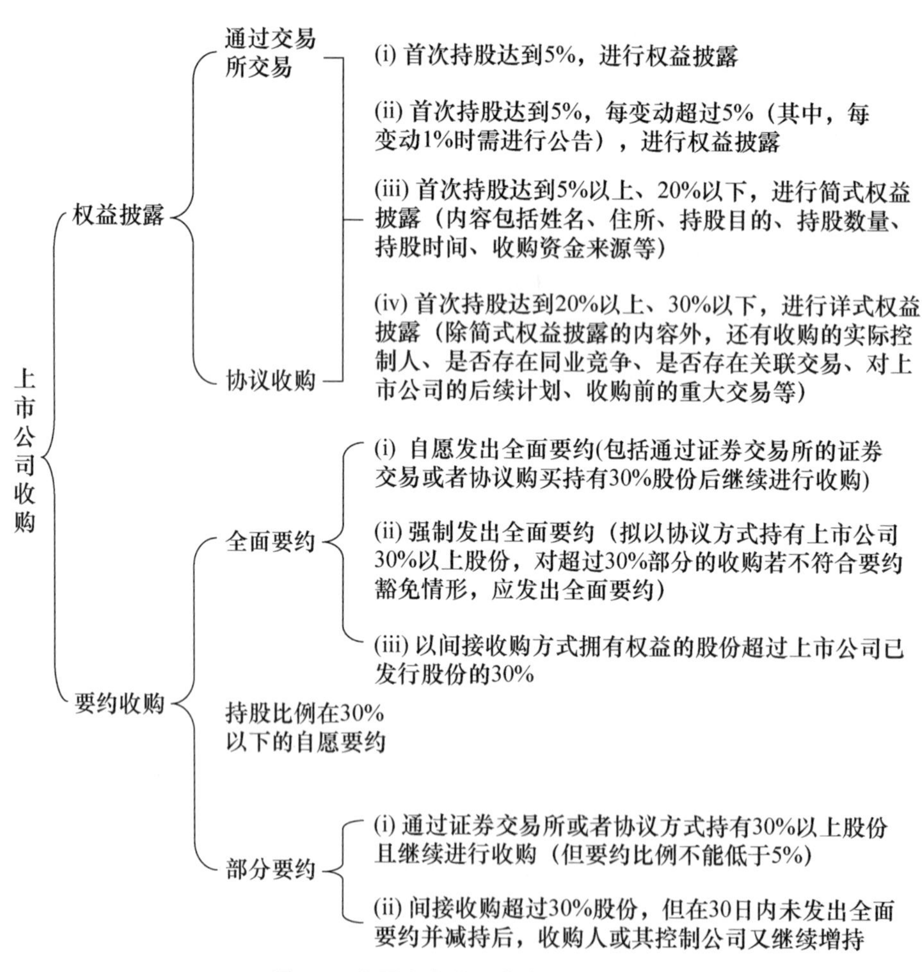

图 9-1 我国上市公司收购监管示意图

二、权益披露要求

权益披露是指特定投资者对其在一个上市公司中拥有的权益的对外公开，包括登记在其名下的股份和虽未登记在其名下但其可以实际支配表决权的股份。投资者及其一致行动人在一个上市公司中拥有的权益应当合并计算并披露。广义的权益披露包括简式权益变动报告书、详式权益变动报告书、要约收购报告书和上市公司收购报告书。因权益变动而进行的狭义的权益披露仅包括简式权益披露和详式权益披露。

（一）简式权益变动报告书的主要要求

投资者及其一致行动人不是上市公司的第一大股东或者实际控制人，其拥有权益的股份达到或者超过该公司已发行股份的5%，但未达到20%的，应当编制包括下列内容的简式权益变动报告书：

（1）投资者及其一致行动人的姓名、住所；投资者及其一致行动人为法人的，其名称、注册地及法定代表人；

（2）持股目的，是否有意在未来12个月内继续增加其在上市公司中拥有的权益；

（3）上市公司的名称、股票的种类、数量、比例；

（4）在上市公司中拥有权益的股份达到或者超过上市公司已发行股份的5%或者拥有权益的股份增减变化达到5%的时间及方式、增持股份的资金来源；

（5）在上市公司中拥有权益的股份变动的时间及方式；

（6）权益变动事实发生之日前6个月内通过证券交易所的证券交易买卖该公司股票的简要情况；

（7）中国证监会、证券交易所要求披露的其他内容。

如果收购方为上市公司第一大股东或者实际控制人，在此情形下，简式权益变动报告书应当披露投资者及其一致行动人的控股股东、实际控制人及其股权控制关系结构图。

（二）详式权益变动报告书的主要要求

投资者及其一致行动人拥有权益的股份达到或者超过一个上市公司已发行股份的20%但未超过30%的，应当编制详式权益变动报告书，除须披露简式权益变动报告书包括的信息外，还应当披露以下内容：

（1）投资者及其一致行动人的控股股东、实际控制人及其股权控制关系结构图；

（2）取得相关股份的价格、所需资金额，或者其他支付安排；

（3）投资者、一致行动人及其控股股东、实际控制人所从事的业务与上市公司的业务是否存在同业竞争或者潜在的同业竞争，是否存在持续关联交易；存在同业竞争或者持续关联交易的，是否已作出相应的安排，确保投资者、一致行动人及其关联方与上市公司之间避免同业竞争以及保持上市公司的独立性；

（4）未来12个月内对上市公司资产、业务、人员、组织结构、公司章程等进行调整的后续计划；

（5）前24个月内投资者及其一致行动人与上市公司之间的重大交易；

（6）不存在《上市公司收购管理办法》第6条规定的情形；

（7）能够按照《上市公司收购管理办法》第50条的规定提供相关文件。

前述投资者及其一致行动人为上市公司第一大股东或者实际控制人的，还应当聘请财务顾问对上述权益变动报告书所披露的内容出具核查意见，但国有股行政划转或者变更、股份转让在同一实际控制人控制的不同主体之间进行、因继承取得股份的除外。投资者及其一致行动人承诺至少3年放弃行使相关股份表决权的，可免于聘请财务顾问和提供相关证明性文件。

已披露权益变动报告书的投资者及其一致行动人在披露之日起6个月内，因拥有权益的股份变动需要再次报告、公告权益变动报告书的，可以仅就与前次报告书不同的部分作出报告、公告；自前次披露之日起超过6个月的，投资者及其一致行动人应当重新编制权益变动报告书，履行报告、公告义务。

（三）要约收购报告书的主要要求

要约收购报告书，应当载明下列事项：

（1）收购人的姓名、住所；收购人为法人的，其名称、注册地及法定代表人，与其控股股东、实际控制人之间的股权控制关系结构图；

（2）收购人关于收购的决定及收购目的，是否拟在未来12个月内继续增持；

（3）上市公司的名称、收购股份的种类；

（4）预定收购股份的数量和比例；

（5）收购价格；

（6）收购所需资金额、资金来源及资金保证，或者其他支付安排；

（7）收购要约约定的条件；

（8）收购期限；

（9）公告收购报告书时持有被收购公司的股份数量、比例；

（10）本次收购对上市公司的影响分析，包括收购人及其关联方所从事的业务与上市公司的业务是否存在同业竞争或者潜在的同业竞争，是否存在持续关联交易；存在同业竞争或者持续关联交易的，收购人是否已作出相应的安排，确保收购人及其关联方与上市公司之间避免同业竞争以及保持上市公司的独立性；

(11) 未来12个月内对上市公司资产、业务、人员、组织结构、公司章程等进行调整的后续计划；

(12) 前24个月内收购人及其关联方与上市公司之间的重大交易；

(13) 前6个月内通过证券交易所的证券交易买卖被收购公司股票的情况；

(14) 中国证监会要求披露的其他内容。

收购人发出全面要约的，应当在要约收购报告书中充分披露终止上市的风险、终止上市后收购行为完成的时间及仍持有上市公司股份的剩余股东出售其股票的其他后续安排；收购人发出以终止公司上市地位为目的的全面要约，无须披露以上第(10)项规定的内容。

(四) 上市公司收购报告书的主要要求

以协议方式收购上市公司股份超过30%，收购人拟依据《证券法》或者《上市公司收购管理办法》第62条、第63条第1款第(1)项、第(2)项、第(10)项的规定免于发出要约的，应当在与上市公司股东达成收购协议之日起3日内编制上市公司收购报告书，通知被收购公司，并公告上市公司收购报告书摘要。

上市公司收购报告书的内容除应包括要约收购报告书第(1)项至第(6)项和第(9)项至第(14)项规定的内容外，还需要披露收购协议的生效条件和付款安排。

已披露收购报告书的收购人在披露之日起6个月内，因权益变动需要再次报告、公告的，可以仅就与前次报告书不同的部分作出报告、公告；超过6个月的，应当按照规定履行报告、公告义务。

三、我国上市公司收购监管措施

(一) 预警式披露规则

预警式披露也称"大股东报告义务"，其基本含义是："当投资者直接或间接持有一家上市公司发行在外的有表决权股份达到一定比例或达到该比例后持股数量发生一定比例的增减变动时，其负有向上市公司、证券交易所及证券监管部门披露有关情况的义务。"[①]预警式披露的目标主要有两个：第一，小比例的股权变化（如达到5%或之后每变动5%或1%）本身不会造成上市公司控股权的转移，一般也不意味着将来一定会因收购发生控制权的转移。但是，基于这种变化在一定程度上暗示着进一步收购股份，进而发生控制权转移的可能性，而这种可能性会对目标证券的供求关系造成影响，也会影响目标公司资产价值的预判，因此有必要及时提醒公众注意股份交易变化的动向，让他们对可能发生的收购产

① 吴弘主编：《证券法论》，世界图书出版公司1998年版，第153页。

生合理预期。第二，交易量增大往往会引起市场价格的剧烈波动，通过预警式披露可以让公众及时了解大股东的交易行为，作为防止因收购产生的内幕交易和市场操纵的重要预防手段。① 因此，预警式披露的意义只在于通过制度方式寻求保护投资者博弈公平与鼓励公司收购行为之间的平衡。一方面，披露制度应该要求收购方尽早披露尽可能多的情况，使投资者能够掌握更加充分的信息以对证券价值作出判断；另一方面，也要确保披露制度不会导致目标证券价格变动过快，增加收购方的收购难度和收购成本。

我国目前对上市公司收购预警式披露在法律条文上呈现的是"阶梯式披露"要求，即"通过证券交易所的证券交易，投资者持有或者通过协议、其他安排与他人共同持有一个上市公司已发行的有表决权股份达到百分之五时，应当在该事实发生之日起三日内，向国务院证券监督管理机构、证券交易所作出书面报告，**通知该上市公司，并予公告**，在上述期限内不得再行买卖该上市公司的股票，但国务院证券监督管理机构规定的情形除外。投资者持有或者通过协议、其他安排与他人共同持有一个上市公司已发行的有表决权股份达到百分之五后，其所持该上市公司已发行的有表决权股份比例每增加或者减少百分之五，应当依照前款规定**进行报告和公告**，在该事实发生之日起至公告后三日内，不得再行买卖该上市公司的股票，但国务院证券监督管理机构规定的情形除外。投资者持有或者通过协议、其他安排与他人共同持有一个上市公司已发行的有表决权股份达到百分之五后，其所持该上市公司已发行的有表决权股份比例每增加或者减少百分之一，应当在该事实发生的次日**通知该上市公司，并予公告**"。

值得注意的是，如果仅从字面表述上看，法律只是要求股份达到或者每增加(或减少)5%时进行披露，并没有规定收购人不可以在一次交易中收集5%以上的股份。在交易操作的技术层面，通过协议收购，甚至在交投活跃的市场上通过一次下单，以场内集中竞价方式一次性购入超过5%的股份(或者原先已持有5%以下一定比例的股份，通过一次性交易获得5%以上的股份)是完全有可能的。换句话说，《证券法》仅规定了"阶梯式披露"要求，并没有要求可能导致超过5%股比的交易按照"购买至5%—停止收购并进行披露—以5%为限继续收购—若收购比例再次达到5%，则再次停止收购并进行披露—继续以5%为幅度进行收购"的"阶梯式收购"程序进行。但是，在实践中，一线监管部门按照英国式的"跨线标准"方式执行"阶梯式披露"，即收购方在股份变动跨越5%、10%、15%、20%、25%等整数比的"标志线"时，要遵守"一停、二看、三通过"的规定。这使得任何意图通过一次性交易直接达成股份超过5%或低于5%的某个特定

① 参见王化成、陈晋平：《上市公司收购的信息披露——披露哲学、监管思路和制度缺陷》，载《管理世界》2002年第11期。

比例的收购或出售都可能成为违法、违规事件。①

这种将“阶梯式披露”要求演化成“阶梯式收购”的监管背景来源于监管层对我国第一起恶意并购事件“宝延风波”的态度。1993年9月，深圳宝安（集团）上海公司（以下简称“深圳宝安”）对上海延中实业股份有限公司（以下简称“延中实业”）的股票进行收购。截至当年9月29日，深圳宝安及其关联公司合计持有的延中实业的股份比为10.65%。当年9月30日，通过一系列的操作，深圳宝安及其关联公司合计持有的延中实业的股份比达到17.07%。在此之前，收购方深圳宝安未作出任何披露，直至9月30日才发出持有延中实业发行在外的普通股达5%以上的简要公告。由于此前发布的《股票发行与交易管理暂行条例》中没有与“一致行动人”相关的概念，因此深宝安通过二级市场收购延中实业股票的行为是否存在违规行为在当时存在较大的争议。后来，中国证监会确认了深圳宝安购买延中实业股权行为的有效性。②“宝延风波”虽以中国证监会调解下的“股东和解”形式结案，但中国证监会基于此案将对《股票发行与交易管理暂行条例》第47条的执行限定为：“自法人直接或者间接持有一个上市公司发行在外的普通股达到5%的那一时刻起，其作出报告和停止买卖该种股票的义务随即产生。”③

（二）要约收购规则

1. 启动要约收购的条件

投资者自愿选择以要约方式收购上市公司股份的，可以向被收购公司所有股东发出收购其所持有的全部股份的要约（以下简称“全面要约”），也可以向被收购公司所有股东发出收购其所持有的部分股份的要约（以下简称“部分要约”）。通过证券交易所的证券交易，收购人持有一个上市公司的股份达到该公司已发行股份的30%时，**继续**增持股份的，应当采取要约方式进行，发出全面要约或者部分要约。采取协议收购方式的，收购人收购或者通过协议、其他安排与

---

① 比如，2008年8月20日，北京嘉利九龙商城有限公司（以下简称“嘉利九龙”）通过深圳证券交易所证券交易系统，采用大宗交易方式出售中核钛白股份1742万股，占中核钛白股份总额的9.1684%。当日，嘉利九龙通知上市公司中核钛白。8月21日，中核钛白对股东减持情况刊发公告；嘉利九龙也公布了简式权益变动报告书，公告其减持9.1684%股份的情况。但是，深圳证券交易所认为，依据《上市公司收购管理办法》第13条第2款的规定，即“投资者及其一致行动人拥有权益的股份达到一个上市公司已发行股份的5%后，通过证券交易所的证券交易，其拥有权益的股份占该上市公司已发行股份的比例每增加或者减少5%，应当依照前款规定进行报告和公告。在报告期限内和作出报告、公告后2日内，不得再行买卖上市公司的股票”，嘉利九龙在出售中核钛白股份达到5%时，在未及时刊登权益变动报告书情况下继续出售中核钛白股份，已经违反规定。因此，中国证监会对嘉利九龙予以公开谴责，并作出限制其减持其余股份3个月的处罚。

② 参见中国证券监督管理委员会：《中国上市公司并购重组发展报告》，中国经济出版社2009年版，第147页。

③ 中国证监会：《中国证监会发言人就宝安上海公司大量买入延中股票一事发表谈话（1993年10月22日）》，载《中国证券监督管理委员会公告》（1993年下册）。

他人共同收购一个上市公司已发行的有表决权股份达到30%时，继续进行收购的，应当依法向该上市公司所有股东发出收购上市公司全部或者部分股份的要约。

2. 平等对待

以要约方式进行上市公司收购的，收购人应当公平对待被收购公司的所有股东。持有同一种类股份的股东应当得到同等对待。收购要约提出的各项收购条件，适用于被收购公司的所有股东。

3. 行动限制

在要约收购期间，被收购公司董事不得辞职。除要约方式外，投资者不得在证券交易所外公开求购上市公司的股份。

4. 价格要求

收购人按照《上市公司收购管理办法》规定进行要约收购的，对同一种类股票的要约价格，不得低于要约收购提示性公告日前6个月内收购人取得该种股票所支付的最高价格。要约价格低于提示性公告日前30个交易日该种股票的每日加权平均价格的算术平均值的，收购人聘请的财务顾问应当就该种股票前6个月的交易情况进行分析，说明是否存在股价被操纵、收购人是否有未披露的一致行动人、收购人前6个月取得公司股份是否存在其他支付安排、要约价格的合理性等。

5. 对价要求

收购人可以采用现金、证券、现金与证券相结合等合法方式支付收购上市公司的价款。收购人以在证券交易所上市的债券支付收购价款的，该债券的可上市交易时间应当不少于一个月。收购人以未在证券交易所上市交易的证券支付收购价款的，必须同时提供现金方式供被收购公司的股东选择。收购人聘请的财务顾问应当说明收购人具备要约收购的能力。

收购人应当提供以下至少一项安排保证其具备要约收购的履约能力：(1) 以现金支付收购价款的，将不少于收购价款总额的20%作为履约保证金存入证券登记结算机构指定的银行；收购人以在证券交易所上市交易的证券支付收购价款的，将用于支付的全部证券交由证券登记结算机构保管，但上市公司发行新股的除外。(2) 银行对要约收购所需价款出具保函。(3) 财务顾问出具承担连带保证责任的书面承诺，明确如要约期满收购人不支付收购价款，财务顾问进行支付。

6. 要约的时间限制

收购要约约定的收购期限不得少于30日，并不得超过60日，但是出现竞争要约的除外。在收购要约约定的承诺期限内，收购人不得撤销其收购要约。

7. 交易限制

采取要约收购方式的，收购人作出公告后至收购期限届满前，不得卖出被收购公司的股票，也不得采取要约规定以外的形式和超出要约的条件买入被收购公司的股票。

8. 变更要约限制

收购人需要变更收购要约的，必须及时公告，载明具体变更事项，并通知被收购公司。变更收购要约不得存在下列情形：

（1）降低收购价格；

（2）减少预定收购股份数额；

（3）缩短收购期限；

（4）中国证监会规定的其他情形。

出现竞争要约时，发出初始要约的收购人变更收购要约距初始要约收购期限届满不足15日的，应当延长收购期限，延长后的要约期应当不少于15日，不得超过最后一个竞争要约的期满日，并按规定比例追加履约保证金；以证券支付收购价款的，应当追加相应数量的证券，交由证券登记结算机构保管。

9. 被要约人的选择权

所谓预受，是指被收购公司股东同意接受要约的初步意思表示，在要约收购期限内不可撤回之前不构成承诺。在要约收购期限届满3个交易日前，预受股东可以委托证券公司办理撤回预受要约的手续，证券登记结算机构根据预受要约股东的撤回申请解除对预受要约股票的临时保管。在要约收购期限届满前3个交易日内，预受股东不得撤回其对要约的接受。在要约收购期限内，收购人应当每日在证券交易所网站上公告已预受收购要约的股份数量。

出现竞争要约时，接受初始要约的预受股东撤回全部或者部分预受的股份，并将撤回的股份售予竞争要约人的，应当委托证券公司办理撤回预受初始要约的手续和预受竞争要约的相关手续。

10. 要约效果

收购期限届满，发出部分要约的收购人应当按照收购要约约定的条件购买被收购公司股东预受的股份，预受要约股份的数量超过预定收购数量时，收购人应当按照同等比例收购预受要约的股份；以终止被收购公司上市地位为目的的，收购人应当按照收购要约约定的条件购买被收购公司股东预受的全部股份；未取得中国证监会豁免而发出全面要约的收购人应当购买被收购公司股东预受的全部股份。

收购期限届满后3个交易日内，接受委托的证券公司应当向证券登记结算机构申请办理股份转让结算、过户登记手续，解除对超过预定收购比例的股票的临时保管；收购人应当公告本次要约收购的结果。

收购期限届满，被收购公司股权分布不符合证券交易所规定的上市交易要求，该上市公司的股票由证券交易所依法终止上市交易。在收购行为完成前，其余仍持有被收购公司股票的股东，有权在收购报告书规定的合理期限内向收购人以收购要约的同等条件出售其股票，收购人应当收购。

（三）免于要约的收购行动①

1. 免于要约的法律效果

符合《上市公司收购管理办法》第六章规定情形的收购人可以：

（1）免于以要约收购方式增持股份；

（2）存在主体资格、股份种类限制或者法律、行政法规、中国证监会规定的特殊情形的，可免于向被收购公司的所有股东发出收购要约。

不符合免于要约情形的，投资者及其一致行动人应当在30日内将其或者其控制的股东所持有的被收购公司股份减持到30%或者30%以下；拟以要约以外的方式继续增持股份的，应当发出全面要约。

2. 可免于要约的法定情形

（1）增持豁免

有下列情形之一的，收购人可以免于以要约方式**增持**股份：

① 收购人与出让人能够证明本次股份转让是在同一实际控制人控制的不同主体之间进行，未导致上市公司的实际控制人发生变化；

② 上市公司面临严重财务困难，收购人提出的挽救公司的重组方案取得该公司股东大会批准，且收购人承诺3年内不转让其在该公司中所拥有的权益；

③ 中国证监会为适应证券市场发展变化和保护投资者合法权益的需要而认定的其他情形。

（2）免于要约

有下列情形之一的，投资者可以免于发出要约：

① 经政府或者国有资产管理部门批准进行国有资产无偿划转、变更、合并，导致投资者在一个上市公司中拥有权益的股份占该公司已发行股份的比例超过30%；

② 因上市公司按照股东大会批准的确定价格向特定股东回购股份而减少股本，导致投资者在该公司中拥有权益的股份超过该公司已发行股份的30%；

③ 经上市公司股东大会非关联股东批准，投资者取得上市公司向其发行的新股，导致其在该公司拥有权益的股份超过该公司已发行股份的30%，投资者

① 2019年《证券法》修改时，把要约豁免的申请制度改为对照法条免除条件的自动免除，在法律条文上的表现就是把原来的第96条第1款最后一句“经国务院证券监督管理机构免除发出要约的除外”的表述改为“按照国务院证券监督管理机构的规定免除发出要约的除外”。

承诺3年内不转让本次向其发行的新股，且公司股东大会同意投资者免于发出要约；

④ 在一个上市公司中拥有权益的股份达到或者超过该公司已发行股份的30%的，自上述事实发生之日起一年后，每12个月内增持不超过该公司已发行的2%的股份；

⑤ 在一个上市公司中拥有权益的股份达到或者超过该公司已发行股份的50%的，继续增加其在该公司拥有的权益不影响该公司的上市地位；

⑥ 证券公司、银行等金融机构在其经营范围内依法从事承销、贷款等业务导致其持有一个上市公司已发行股份超过30%，没有实际控制该公司的行为或者意图，并且提出在合理期限内向非关联方转让相关股份的解决方案；

⑦ 因继承导致在一个上市公司中拥有权益的股份超过该公司已发行股份的30%；

⑧ 因履行约定购回式证券交易协议购回上市公司股份导致投资者在一个上市公司中拥有权益的股份超过该公司已发行股份的30%，并且能够证明标的股份的表决权在协议期间未发生转移；

⑨ 因所持优先股表决权依法恢复导致投资者在一个上市公司中拥有权益的股份超过该公司已发行股份的30%；

⑩ 中国证监会为适应证券市场发展变化和保护投资者合法权益的需要而认定的其他情形。

（四）一致行动人的认定

为了防止出现“蒙面收购”的情形，我国对上市公司收购的监管引入英国的“一致行动人”概念，将一致行动人作为统一的收购方共同进行规制。

首先，所谓“一致行动”，是指投资者通过协议、其他安排，与其他投资者共同扩大其所能够支配的一个上市公司股份表决权数量的行为或者事实。在上市公司的收购及相关股份权益变动活动中有一致行动情形的投资者，互为一致行动人。

其次，如无相反证据，投资者有下列情形之一的，为一致行动人：

(1) 投资者之间有股权控制关系；

(2) 投资者受同一主体控制；

(3) 投资者的董事、监事或者高级管理人员中的主要成员，同时在另一个投资者担任董事、监事或者高级管理人员；

(4) 投资者参股另一投资者，可以对参股公司的重大决策产生重大影响；

(5) 银行以外的其他法人、其他组织和自然人为投资者取得相关股份提供融资安排；

(6) 投资者之间存在合伙、合作、联营等其他经济利益关系；

(7) 持有投资者30%以上股份的自然人,与投资者持有同一上市公司股份;

(8) 在投资者任职的董事、监事及高级管理人员,与投资者持有同一上市公司股份;

(9) 持有投资者30%以上股份的自然人和在投资者任职的董事、监事及高级管理人员,其父母、配偶、子女及其配偶、配偶的父母、兄弟姐妹及其配偶、配偶的兄弟姐妹及其配偶等亲属,与投资者持有同一上市公司股份;

(10) 在上市公司任职的董事、监事、高级管理人员及其前项所述亲属同时持有本公司股份的,或者与其自己或者其前项所述亲属直接或者间接控制的企业同时持有本公司股份;

(11) 上市公司董事、监事、高级管理人员和员工与其所控制或者委托的法人或者其他组织持有本公司股份;

(12) 投资者之间具有其他关联关系。

一致行动人应当合并计算其所持有的股份。投资者计算其所持有的股份,应当包括登记在其名下的股份,也包括登记在其一致行动人名下的股份。投资者认为其与他人不应被视为一致行动人的,可以向中国证监会提供相反证据。

第四节 上市公司重大资产重组规则

一、重组上市(借壳上市)的监管规则

所谓重组上市(借壳上市),是指收购方通过先完成对上市公司股份的收购,在成为上市公司新的实际控制人后,将原来处于其控制下的资产或业务注入上市公司,以替代上市公司原来的资产或业务而成为上市公司新的主要资产或主要业务,由此在事实上达到收购方在非进行首次公开发行条件下完成对其原来的非上市资产进行公开发售的目的。因此,借壳上市也被业内称为“反向收购”(reverse merge 或 reverse takeover)或“后门上市”(back-door listing)。

(一)“重组上市”的认定标准

上市公司自控制权发生变更之日起36个月内,向收购人及其关联人购买资产,导致上市公司发生以下根本变化情形之一的,构成重大资产重组,**应当报经中国证监会核准**:

(1) 购买的资产总额占上市公司控制权发生变更的前一个会计年度经审计的合并财务会计报告期末资产总额的比例达到100%以上;

(2) 购买的资产在最近一个会计年度所产生的营业收入占上市公司控制权发生变更的前一个会计年度经审计的合并财务会计报告营业收入的比例达到100%以上;

（3）购买的资产净额占上市公司控制权发生变更的前一个会计年度经审计的合并财务会计报告期末净资产额的比例达到100％以上；

（4）为购买资产发行的股份占上市公司首次向收购人及其关联人购买资产的董事会决议前一个交易日的股份的比例达到100％以上；

（5）上市公司向收购人及其关联人购买资产虽未达到前述第（1）至第（4）项标准，但可能导致上市公司主营业务发生根本变化；

（6）中国证监会认定的可能导致上市公司发生根本变化的其他情形。

（二）"重组上市"的基本条件

经核准的重组上市应当符合下列规定：

（1）符合进行重大资产重组的基本条件和通过重大资产重组发行股份购买资产的要求；

（2）上市公司购买的资产对应的经营实体应当是股份有限公司或者有限责任公司，且符合《首次公开发行股票并上市管理办法》规定的其他发行条件；

（3）上市公司及其最近3年内的控股股东、实际控制人不存在因涉嫌犯罪正被司法机关立案侦查或涉嫌违法违规正被中国证监会立案调查的情形，但是涉嫌犯罪或违法违规的行为已经终止满3年，交易方案能够消除该行为可能造成的不良后果，且不影响对相关行为人追究责任的除外；

（4）上市公司及其控股股东、实际控制人最近12个月内未受到证券交易所公开谴责，不存在其他重大失信行为；

（5）本次重大资产重组不存在中国证监会认定的可能损害投资者合法权益，或者违背公开、公平、公正原则的其他情形。

在实务中，市场上会出现一些基于监管规则的指标性要求而采取的规避性措施。比如，针对控制权变更的标准，会出现在真实收购方以外的"友军"（即不体现一致行动人的第三方）作为新的实际控制人进行收购。但是，该等第三方作为新的实际控制人不向上市公司注入资产，而是与其共同进行收购的其他收购方（既不构成一致行动人，也不构成收购完成后的实际控制人）向上市公司注入资产以规避前述标准。又如，在上市公司实际控制人发生变更的情况下，上市公司增加新的主营业务，采用"双主营业务"策略，以规避主营业务变更的触发标准。2016年9月，中国证监会修改《上市公司重大资产重组管理办法》时，在第13条增加了一项即"（七）中国证监会认定的可能导致上市公司发生根本变化的其他情形"，作为借壳上市的主观标准，由此大大减小了规避借壳上市标准而绕道上市的可能。

二、上市公司重大资产重组的监管规则

上市公司重大资产重组是指上市公司及其控股或者控制的公司在日常经营

活动之外购买、出售资产或者通过其他方式进行资产交易达到规定的比例，导致上市公司的主营业务、资产、收入发生重大变化的资产交易行为。但是，上市公司按照经中国证监会核准的发行证券文件披露的募集资金用途，使用募集资金购买资产、对外投资的行为，不适用重大资产重组的监管规则。

（一）重大资产重组的构成标准

上市公司及其控股或者控制的公司购买、出售资产，达到下列标准之一的，构成重大资产重组：

（1）购买、出售的资产总额占上市公司最近一个会计年度经审计的合并财务会计报告期末资产总额的比例达到50%以上；

（2）购买、出售的资产在最近一个会计年度所产生的营业收入占上市公司同期经审计的合并财务会计报告营业收入的比例达到50%以上；

（3）购买、出售的资产净额占上市公司最近一个会计年度经审计的合并财务会计报告期末净资产额的比例达到50%以上，且超过5000万元人民币。

购买、出售资产未达到上述标准，但中国证监会发现存在可能损害上市公司或者投资者合法权益的重大问题的，可以根据审慎监管原则，责令上市公司按照《上市公司重大资产重组管理办法》的规定补充披露相关信息、暂停交易、聘请独立财务顾问或者其他证券服务机构补充核查并披露专业意见。

（二）符合重大资产重组的基本条件

上市公司实施重大资产重组，应当就本次交易符合下列要求作出充分说明，并予以披露：

（1）符合国家产业政策和有关环境保护、土地管理、反垄断等法律和行政法规的规定；

（2）不会导致上市公司不符合股票上市条件；

（3）重大资产重组所涉及的资产定价公允，不存在损害上市公司和股东合法权益的情形；

（4）重大资产重组所涉及的资产权属清晰，资产过户或者转移不存在法律障碍，相关债权债务处理合法；

（5）有利于上市公司增强持续经营能力，不存在可能导致上市公司重组后主要资产为现金或者无具体经营业务的情形；

（6）有利于上市公司在业务、资产、财务、人员、机构等方面与实际控制人及其关联人保持独立，符合中国证监会关于上市公司独立性的相关规定；

（7）有利于上市公司形成或者保持健全有效的法人治理结构。

三、上市公司重大资产重组的基本要求

在上市公司重大资产重组过程中，收购方、上市公司原实际控制人及上市公

司必须遵守以下基本要求：

（1）任何单位和个人不得利用重大资产重组损害上市公司及其股东的合法权益。

（2）有关各方必须及时、公平地披露或者提供信息，保证所披露或者提供信息的真实、准确、完整，不得有虚假记载、误导性陈述或者重大遗漏。

（3）上市公司的董事、监事和高级管理人员在重大资产重组活动中，应当诚实守信、勤勉尽责，维护公司资产的安全，保护公司和全体股东的合法权益。

（4）为重大资产重组提供服务的证券服务机构和人员，应当遵守法律、行政法规和中国证监会的有关规定，遵循本行业公认的业务标准和道德规范，严格履行职责，对其所制作、出具文件的真实性、准确性和完整性承担责任；不得教唆、协助或者伙同委托人编制或者披露存在虚假记载、误导性陈述或者重大遗漏的报告、公告文件，不得从事不正当竞争，不得利用上市公司重大资产重组谋取不正当利益。

（5）任何单位和个人对所知悉的重大资产重组信息在依法披露前负有保密义务。禁止任何单位和个人利用重大资产重组信息从事内幕交易、操纵证券市场等违法活动。

四、上市公司重大资产重组的基本程序

（一）保密制度

上市公司与交易对方就重大资产重组事宜进行初步磋商时，应当立即采取必要且充分的保密措施，制定严格有效的保密制度，限定相关敏感信息的知悉范围。

（二）尽职调查

上市公司应当聘请独立财务顾问、律师事务所以及具有相关证券业务资格的会计师事务所等证券服务机构就重大资产重组出具意见。

（三）股东大会批准

上市公司进行重大资产重组，应当由董事会依法作出决议，并提交股东大会批准。上市公司股东大会就重大资产重组作出的决议，至少应当包括下列事项：

（1）本次重大资产重组的方式、交易标的和交易对方；

（2）交易价格或者价格区间；

（3）定价方式或者定价依据；

（4）相关资产自定价基准日至交割日期间损益的归属；

（5）相关资产办理权属转移的合同义务和违约责任；

（6）决议的有效期；

（7）对董事会办理本次重大资产重组事宜的具体授权；

(8) 其他需要明确的事项。

上市公司股东大会就重大资产重组事项作出决议,必须经出席会议的股东所持表决权的2/3以上通过。交易对方已经与上市公司控股股东就受让上市公司股权或者向上市公司推荐董事达成协议或者默契,可能导致上市公司的实际控制权发生变化的,上市公司控股股东及其关联人应当回避表决。

(四) 中国证监会的核准与公告

上市公司重大资产重组构成反向收购的,应当报经中国证监会核准,由中国证监会依照法定条件和程序,对交易申请作出予以核准或者不予核准的决定。上市公司收到中国证监会就其申请作出的予以核准或者不予核准的决定后,应当在次一工作日予以公告。上市公司重大资产重组完成相关批准程序后,应当及时实施重组方案,并于实施完毕之日起3个工作日内编制实施情况报告书,向证券交易所提交书面报告,并予以公告。

五、上市公司发行股份购买资产

在上市公司重大资产重组过程中,如果涉及上市公司以发行股份方式(增发)作为向资产出售方购买资产的对价,则前述行为应当符合相关规定,并经中国证监会上市公司并购重组审核委员会审核通过后方能执行。

(一) 发行股份购买资产的条件

上市公司发行股份购买资产,应当符合下列规定:

(1) 充分说明并披露本次交易有利于提高上市公司资产质量、改善财务状况和增强持续盈利能力,有利于上市公司减少关联交易、避免同业竞争、增强独立性。

(2) 上市公司最近一年及一期财务会计报告被注册会计师出具无保留意见审计报告;被出具保留意见、否定意见或者无法表示意见的审计报告的,须经注册会计师专项核查确认,该保留意见、否定意见或者无法表示意见所涉及事项的重大影响已经消除或者将通过本次交易予以消除。

(3) 上市公司及其现任董事、高级管理人员不存在因涉嫌犯罪正被司法机关立案侦查或涉嫌违法违规正被中国证监会立案调查的情形,但是涉嫌犯罪或违法违规的行为已经终止满3年,交易方案有助于消除该行为可能造成的不良后果,且不影响对相关行为人追究责任的除外。

(4) 充分说明并披露上市公司发行股份所购买的资产为权属清晰的经营性资产,并能在约定期限内办理完毕权属转移手续。

(5) 中国证监会规定的其他条件。

(二) 发行股份购买资产中的新股定价

上市公司发行股份的价格不得低于市场参考价的90%。市场参考价为本次发行股份购买资产的董事会决议公告日前20个交易日、60个交易日或者120个交易日的公司股票交易均价之一。本次发行股份购买资产的董事会决议应当说明市场参考价的选择依据。

交易均价的计算公式为：董事会决议公告日前若干个交易日公司股票交易均价=决议公告日前若干个交易日公司股票交易总额/决议公告日前若干个交易日公司股票交易总量。

本次发行股份购买资产的董事会决议可以明确，在中国证监会核准前，上市公司的股票价格相比最初确定的发行价格发生重大变化的，董事会可以按照已经设定的调整方案对发行价格进行一次调整。

（三）新增股份的限售

特定对象以资产认购而取得的上市公司股份，自股份发行结束之日起12个月内不得转让；属于下列情形之一的，36个月内不得转让：

(1) 特定对象为上市公司控股股东、实际控制人或者其控制的关联人；

(2) 特定对象通过认购本次发行的股份取得上市公司的实际控制权；

(3) 特定对象取得本次发行的股份时，对其用于认购股份的资产持续拥有权益的时间不足12个月。

第五节　上市公司反收购制度

一、什么是反收购

反收购是指目标公司管理层为了防止公司控制权转移而采取的旨在击退敌意收购方收购本公司股权或者控制本公司的行为。随着布赖恩·伯勒和约翰·希利亚尔所著的《门口的野蛮人》(*Barbarians at the Gate*)一书的流行，人们已经习惯于将那些“不请自来”的收购者以“门口的野蛮人”指代。之所以称这些收购者为“野蛮人”，主要原因在于这些收购者在未与目标公司现有管理层沟通的情况下，通过大量受让目标公司的股份完成对目标公司投票权的控制，从而通过投票权的控制，在收购完成后对目标公司的资产、管理层、财务进行大刀阔斧的重组或者变动。在这里，有必要重新阐述一下美国资本市场抵御“门口的野蛮人”的背景和条件。在美国，“门口的野蛮人”主要是指在公司并购(merge & acquisition，简称“M&A”)中不受目标公司董事会欢迎的收购者。进一步讲，在美国，公司并购的主要形式是“合并”(merge)与“收购”(acquisition)。其中，“合并”是收购方与被收购方“合二为一”，被收购方股东所持股份注销，是美国资本市场上最常见的并购方式。“收购”又分为两种情形：一是单纯收购目标公司股份(收购完成后往往伴随着后续重组的措施)；二是对目标公司的资产收购，收购方通过资产合并、资产购买或资产出售的方式，与目标公司共同通过新的商业组织运营目标公司的资产。由此，美国市场上常见的“并购”可以分为三种形式：第一种形式是收购方单纯收购目标公司股份以持有目标公司多数股份（收购成功后通常伴随着对目标公司管理层的改组或者对目标公司主要资产的处置）；第二种形式是收购方向目标公司发出合并要约，收购方和目标公司合并组建新公司，目标公司股东获得收购方支付的现金或股份（或者是现金与股份的组合）作为收购对价；第三种形式是针对目标公司的资产出售或者资产合并进行要约，目标公司获得现金收入或者收购方的股份。

由于第一种形式的并购只涉及目标公司的股份变动，因此收购方只负有《1934 年证券交易法》项下的大额持股及变动的披露义务。收购方只需要遵守《威廉姆斯法案》（《1934 年证券交易法》第 13D 款）进行要约收购的信息披露，受让目标公司股份本身没有受到法律的限制。同时，收购方的收购无须获得目标公司股东大会的批准。目标公司董事会对于此类收购仅有建议股东“接受”或“不接受”的权利，但是无法左右股东的决定。尽管如此，美国律师仍然为第一种形式的并购在公司法中找到反收购措施的依据。比如，美国公司法对于股份的发行主要依据公司章程的约定，而不采取审批或者其他标准。经股东大会批准的公司纲要（charter）或者细则（bylaw）赋予特定情形下董事会向特定对象增发或者授予选择权的权利。由此，美国的公司法律师为客户设计了以低价向特定对象增发股份为特征的“毒丸计划”方案。目标公司董事会可以基于收购方完成收购后可能采取对目标公司存续不利的“商业判断原则”（business judgment rule，BJR）而启动增发股份、向收购方以外的特定股东赋予选择权等方式，稀释收购方所收购的股份权益。需要注意的是，目标公司董事会的反收购措施并不能直接针对收购方所收购股份的所有权限制，也不能对收购方所持有的表决权采取限制性措施。在英国，公司法早期可以通过对公司章程的规定，对大股东投票比例作出限制，现在已经取消这种限制而实施“同股同权”。目标公司董事会只能围绕股份的增量发行，稀释收购方持有的股份比例，以达到规避收购方向目标公司发起恶意并购的目的。①

第二种形式的并购由于涉及目标公司主体存续资格的变更，因此完全在公司法管辖的范畴之内。目标公司董事会有权依据自主的判断向股东出具此等合并是否有利于公司发展的意见，具有将合并事项提交股东大会表决的权利。如果董事会认为合并不利于公司发展，可以不将合并议案提交股东大会表决，希望

---

① 本书所介绍的美国反收购规制的特点主要集中于联邦证券法项下的评价。但是，各州基于保护所在大型企业或者特定行业的利益，也会有一些针对要约收购及反收购行为的特别审查程序和股东权利限制。

合并的股东只能向董事提起派生诉讼。但是，董事完全可以在无关联关系的情形下以“商业判断原则”抗辩股东的派生诉讼。因此，这种形式的并购下的反收购措施可以通过公司章程对合并的限制性条件进行设置，也可以仅仅依据董事会的决议进行合并或者否定合并。董事会所作决定也仅是基于公司经营本身，与收购方的投票权、收购比例并无关系。

第三种形式的并购如果单纯涉及公司资产处置，则目标公司董事会的权限与第二种形式的并购下的权限相似，有权以“商业判断原则”接受或者拒绝收购的要约。如果在收购方与目标公司的资产并购中涉及换股或者以收购方所支付的股份向目标公司股东分红，则目标公司董事会也有权决定是否接受此等换股或者分红的方案。因此，对于此类收购，目标公司董事会也享有较大的“防御权限”。

二、美国市场常见的反收购措施

在美国，对于敌意收购可采取的反收购措施主要包括以下几类：

（一）回购股份

目标公司董事会可能建议股东大会同意以高于收购方要约报价的方式回购目标公司股份，以使收购方无法在要约期间内获得足够多的股份而实现改选董事会的目的。

但是，目标公司回购股份是一种“伤敌一千，自损八百”的方式，类似于敌意收购的收购方产生了一个竞争性的要约，会大大损耗目标公司的现金，还有可能因回购的因素而使得收购方获利退出收购。

（二）发起反收购

如果敌意收购方也是公众公司，那么目标公司董事会也可以对收购方的股份发起要约收购活动，以获得对于收购方一定数量的股份或者获得收购方股东的支持，进而试图影响收购方现有的董事会结构。

（三）“白衣骑士”(white knight)

目标公司董事会在遇到敌意收购时，可以邀请被目标公司董事会所认可第三方对目标公司同样开展要约收购行动，以与敌意收购方开展竞争。

（四）“毒丸计划”(poison pill plan)

“毒丸计划”是美国著名的并购律师马丁·利普顿于 1982 年发明的一种反收购方案，其正式名称为“股权摊薄反收购措施”。“毒丸计划”最初的形式很简单，就是目标公司向普通股股东发行优先股，一旦公司被收购，优先股就可以转换为一定数额的收购方股票，或者可以请求公司以一定价格购回优先股。“毒丸计划”于 1985 年在美国特拉华州法院被判决合法化。

“毒丸计划”在本质上是一种“股东权利计划”(shareholder's right plan)。

当目标公司董事会决定实施股东权利计划时,巨量增加的股份(且由原股东低价认购)会大大稀释敌意收购方所持有的股份,产生如同收购方自行吞下毒丸般的效果。"毒丸计划"的本质是,目标公司管理层围绕目标公司的股份数量做文章,通过事先设定且经股东大会批准的股份发行计划(包括权利类别、发行条件、发行对象、是否可以赎回、行权触发条件等),排斥潜在的敌意收购者获得公司的控制权。由此,事先未与董事会友好协商的外来并购者可能面临的风险是:可以从外部市场获得存量股份,却因公司的增量股份不断被发行(且收购方被排除在行权主体之外)而被不断摊薄股东权益。"毒丸计划"可分为外翻式和内翻式两种类型。当收购方强行合并时,目标公司股东有权按照目标公司的章程以低于市场价的价格反向获得收购方的股份,属于"外翻式毒丸"(flip-over poison pill);而当收购方取得目标公司特定股份时(10%或20%),除收购方之外的其他所有股东都可以以半价获得目标公司的股份,属于"内翻式毒丸"(flip-in poison pill),其目的是使收购者在目标公司中的股权将被大大稀释,从而失去获取控制权的可能性。

(五)分层董事会(staggered board)

分层董事会是指在公司章程中将董事任期错开,其典型做法是:在公司章程中将董事会成员进行分组,不同组的董事有着不同任期,以使每年都有一组董事任期届满,每年也只有任期届满的董事才被改选。这样,对于目标公司董事会而言,不请自来的收购人即使控制了目标公司多数股份,也要在等待较长时间后才能完全控制董事会,从而增加收购方对于收购完成后重组目标公司的不确定性。可见,分层董事会的做法仍然是寻求在公司治理结构的框架下阻击不请自来的敌意收购者。

(六)员工持股计划(employee stock ownership plan,ESOP)

员工持股计划是指董事会给予符合授权条件(包括任职职务、任职期限、任职成效等)的目标公司员工在未来以特定价格获得公司股份的期权,员工可以在行权条件触发时以约定的价格获得特定数量的目标公司股份。其中,作为一项反收购的制约性因素,目标公司当然可以把公司实际控制人的变动或者董事会的变动作为一种触发员工持股计划的因素,向员工释放大量的目标公司股份,从而同样起到稀释敌意收购方所收购股份的作用。

(七)"金色降落伞"(golden parachute)

"金色降落伞"是指目标公司与董事或者高级管理人员在签署的服务协议中约定,如果董事或者高级管理人员被提前解除职务,则目标公司将给予这些被提前解除职务的董事或者高级管理人员巨额补偿,以此提高收购方收购成功后试图进行董事替换所可能产生的额外成本。

（八）表决权代理的争夺（proxy contest）

在美国公司法项下，公司董事会在涉及需要公司股东大会表决的事项时，可以通过向公司股东征求表决权代理（voting proxy）获得对表决事项的表决权。当然，敌意收购方同样有权利要求透过公司向股东发出同样的表决权代理通知和投票委托书，征求股东的投票委托。目标公司董事会通过表决权代理的争夺，能够在公司合并或资产收购方面阻击敌意收购方的合并或购买意图。

（九）剥离“皇冠上的明珠”

此外，目标公司董事会还可以采取“鱼死网破”的方式，剥离“皇冠上的明珠”，对外出售公司最有用的资产，从而使得目标公司对于敌意收购方不再具有吸引力。

三、对于反收购措施限度的理论解释

美国公司并购过程中的反收购措施是在公司之间的并购可能影响目标公司存续或运营的情况下，由目标公司董事会基于对公司利益的判断而采取的特定防御措施。这些反收购措施多是公司治理结构层面（如股份变动、管理层变动、资产处置）的特殊性安排，属于公司章程在公司法赋予的自治权层面进行的自我调整，属于私法自治的调整范畴。这就决定了这些反收购措施并不涉及股东持股变动披露或者收购方持有股份表决权限制等证券法强制性规定。仅在公司法层面认可公司管理层采取的反收购措施同美国法对待公司与董事的关系有极大关联，具体而言：

第一，回顾公司的发展历史，公司法律地位的独立使得公司作为法律拟制的“人”在法律人格上需要与股东进行切割。此时，董事会就替代了之前股东所充当的营业团体受托人的角色而成为公司的决策机关，其意志代表着公司的意志。因此，在公司演进的过程中，董事会的角色在公司中越来越重要，从“股东的代理人”演变为“公司的代理人”，从要求董事代表股东的利益行事到要求董事代表公司的利益行事。这一变化的过程贯穿于公司作为虚拟法人人格的强化过程之中。因此，在现代西方公司法上，董事会是代表公司的决策机关，几乎可以决定有关公司经营活动的一切事务，通过对公司经营的盈利实现股东投资的回报。由此，股东退居公司幕后，纯粹成为财务投资者和董事人选决定者，股东的投票表决权被缩小于股份变化（甚至新股发行也已经授权给董事会决定）、董事选举以及公司合并、分立、清算、解散等事项。

第二，董事会地位的强化和股东权利的弱化还与股份高度分散化的变化高度吻合。考察英美公司发展的历史，一百多年前，公众公司的股份还高度集中在发起人手中。当时，公众公司的一个重要特征是，公司的重要股东既是股东又是管理者（董事）。随着这些重要股东的死亡，他们的后代愿意继承公司的股份，却不愿意承接先人在公司中的管理职位。由此，公司的管理人员与股东开始分化。随着这些继承人对于股份的出售、转让或者再分割，欧美国家公众公司的股权越来越分散，由此导致的一个重要结果就是股东对股份的所有权与管理层对公司的经营权分离。在前述两条脉络的相互影响下，公司法上一个重要的研究领域“公司治理结构”就此产生。公司治理结构强调公司股东、董事、管理层、监事各尽职责，各尽其事，权责对应。在这样的背景下，经过各种各样真实案例的淬炼，美国各州公司法已经认可“董事会中心主义”（针对公司经营而言），强调董事会是公司意志的来源，决定有关公司经营的一切活动。同时，在“董事会中心主义”的背景下，董事会成员对公司负有忠实和注意的勤勉义务。美国上市公司收购与反收购争夺战的本质是围绕公司经营而非股东股份的争夺，目标公司已经发行的存量股份在股东之间的变动不会对反收购的措施产生影响。

第三，美国法在授权目标公司董事会采取反收购措施的同时，并不是放任董事会为所欲为，而是在确认董事不存在利益冲突的情况下，允许董事会基于商业判断原则采取公司章程允许的反收购措施，那些对董事会反收购措施不满的股东仍可以通过证明董事的利益冲突、违反董事忠实或者注意义务而要求推翻反收购措施。由此，在“公司利益判断标准”下，美国对上市公司的反收购措施在董事、收购方和既有股东之间形成了一种制约与平衡。因此，公司的收购与反收购争夺只围绕公司法展开，与任何交易所的上市规则或者证券交易法的披露规则均无直接联系。

反观我国在“宝万之争”后的一系列反收购措施，直接体现在对于收购方的持股比例与股东权利的限制方面，如意图通过修改公司章程提高上市公司收购的披露线门槛①，或者通过修改公司章程设置大额收购中的股东大会批准要求②。这类提案的问题在于，擅自在属于私法（公司法）管辖的公司章程中加入属于公法（证券法）管辖的内容（收购权利和收购后的股东权利行使）。有关股东大额持股变动的信息披露是为了保证证券市场交易的公平而采取的披露要求。此类披露的界限、范围是证券监管部门或者证券交易所结合披露的成本、利益和必要性而划定的，其目的是通过公权力的介入，保障证券市场参与者能够公平地

---

① 比如，四川雅化实业集团股份有限公司董事会2016年7月确定，修订后的公司章程新增“投资者通过证券交易所的证券交易，持有或者通过协议、其他安排与他人共同持有公司已发行的股份达到3%时，应当在该事实发生之日起3日内，向公司董事会作出书面报告，在上述期限内，不得再行买卖公司的股票。股东持有或者通过协议、其他安排与他人共同持有公司已发行的股份达到3%后，其所持公司已发行的股份比例每增加或者减少3%，应当依照前款规定进行报告”的内容。

② 比如，2016年1月，深圳证券交易所公司管理部给袁隆平农业高科技股份有限公司发函，提及在事后审核过程中关注到其公司章程规定“任何持有或者通过协议、其他安排与他人共同持有公司的股份达到公司已发行股份10%的股东，应在达到10%后3日内向公司披露其持有公司股份的信息和后续的增持公司股份计划，并向董事会请求召开临时股东大会，由股东大会审议是否同意其后续增持公司股份的计划”。

获得可能对股价产生变动的消息,防止其利用内幕信息从事不当交易,进行非法牟利。上市公司章程本身是关于公司与股东、股东与股东、公司与董事(管理层)、董事(管理层)与股东之间权利、义务的私法关系的,不应涉足证券市场的强制性信息披露的监管事项。

本书认为,就公司法与证券法的规制目的而言,二者之间的区分清晰可见。公司法和证券法在保护投资者方面所关注的重点不同,证券法保护的是作为交易者的投资者,而公司法保护的是作为公司所有者的投资者;证券法具有统一性和强制性,而公司法则呈现权利的赋予性和多样性。[①] 作为私法的公司法注重的是公司内部的权利配置,而作为公法的证券法在本质上是基于证券的内在价值和供求关系的影响而关注交易的公平性。公司法和证券法在对良好公司治理结构的要求和贡献方面有同有异。比如,在对于公司治理结构的涵摄方面,当证券监管机关试图在保护公众投资者利益的名义下通过公权力介入股东之间投票的权力配置时,[②]美国联邦法院和大多数州法院都会重申"关于股东创设公司股票类别和投票权,应属于公司治理范畴,是应由州公司法和州法院而非证券法和SEC管辖的领域"[③]。我们必须尊重公司法与证券法之间的监管边界:一方面,在证券监管理念上,要对证券监管的对象、领域、手段有清醒的认识,不能动辄使用公司法或者其他限制私权的方式进行证券法项下的监管;另一方面,在公司监管方式上,应该逐渐认识公司的本质,清楚地区分股东、董事、公司之间的关系,鼓励通过私法的救济手段而非公法的监管手段解决股东、董事、公司之间的纠纷,应让法院、公司法成为公司治理结构(包括表决权纠纷)的准据法基础。证券监管在公司治理结构方面既不应错位,也不应越位,由此形成良好的公私二元互动结构。

本章复习要点

上市公司收购的定义、特点,收购的类型、方式,我国上市公司收购制度的主要框架,不同收购临界点的披露义务、披露方式,预警式收购的表现,要约收购需要遵守的规则,一致行动人关系的认定,重组上市的标准、条件,重大资产重组的

---

① 参见〔美〕詹姆斯·帕克:《重估公司法与证券法的相异性》,薛前强译,载蒋锋、卢文道主编:《证券法苑》(第二十七卷),法律出版社2019年版,第479—537页。

② 1988年7月,SEC颁布规则19c-4,禁止所有交易所上市的股票以公司资本重组(recapitalization)的方式向公司引入双重股权结构,即完全禁止事后的双重股权。但是,这一规则很快就被华盛顿特区巡回上诉法院推翻,裁定SEC并不具备此项禁止权。

③ Voting Rights Listing Standards; Disenfranchisement Rule, 53 Fed. Reg. 26,376 (July 12, 1988) (codified as amended at 17 C. F. R. § 240. 19c-4 (2009)), invalidated by Bus. Roundtable v. SEC, 905 F. 2d 406, 417 (D. C. Cir. 1990).

标准,反收购措施的类型。

相关法律规范

《上市公司收购管理办法》《上市公司重大资产重组管理办法》《关于对四川雅化实业集团股份有限公司的关注函》(中小板关注函〔2016〕第128号)以及《关于对袁隆平农业高科技股份有限公司的关注函》(公司部关注函〔2016〕第8号)。

课外参考书目

张巍:《资本的规则》,中国法制出版社2017年版。

案例检索与思考

检索有关对于"一致行动人"认定争议的相关案例:ST新梅案(老乡关系)、游久游戏案(夫妻关系)、罗莱家纺案(亲属关系)、万科举报信案(联营关系)、ST海洋案(同居俨如配偶)等。

第十章　证券不当行为的规制

【本章导言】

根据马克思主义政治经济学，商品的价格以商品的价值为基础，并围绕供求关系而上下波动。因此，在以零和博弈为特点的证券市场中，对于商品价值和供求关系的判断同样至关重要。从历史经验来看，可能引起对于证券市场标的价值和供求关系误判的不当行为主要包括虚假陈述、内幕交易和操纵市场。这三类行为各有其特定的构成要件和表现形式，对它们的规制构成了维护证券市场公平交易秩序和环境的必备条件。我国《证券法》也以列举方式对包括虚假陈述、内幕交易和操纵市场在内的证券不当行为进行了规制。

第一节　虚假陈述及其规制

一、何谓虚假陈述

证券市场虚假陈述（misstatement）是指信息披露义务人违反证券法规定，在证券发行或者交易过程中，对可能影响证券价格的重大事件作出违背事实真相的虚假记载、误导性陈述，或者在披露信息时发生重大遗漏、不正当披露信息的行为。对于虚假陈述的规管来源于证券法对于信息披露真实、准确、完整的基本要求。

美国《1933年证券法》第11条规定，“如果注册登记表的任何部分在其生效时含有对重大事实的不实陈述，或遗漏了需要陈述的重大事实，或遗漏了为使该说明书中的陈述不致产生误导而必须陈述的重大事实，则任何购买该证券的人（除非被证明在购买该证券时已知道该不实或漏报情况）均可根据普通法或衡平法在任何有管辖权的法院起诉（要求作出虚假陈述之人承担）”[①]。第12(a)(2)条规定，前述民事责任包含有重大事实的不实陈述、遗漏了重大事实或遗漏了为在陈述时的具体情况下不致产生误导而必须说明的任何重大事实。美国《1934年证券交易法》第10条(b)款规定，“任何人直接、间接利用任何州际商业手段、

① 通过该条的描述可以发现，构成该条的违反只取决于是否存在虚假陈述的事实，而不取决于行为人的主观意图（故意或者过失）。

工具，或者利用邮递，或者利用全国证券交易所任何设施从事以下行为，均属违法……(b) 对于买卖在全国性证券交易所注册的任何证券、未进行此等注册的任何证券或者任何以证券为基础的互换协议，违反证券交易委员会为维护公共利益或者保护投资者制定的必要或者适当规则和条例，使用或者利用任何操纵、欺诈手段或者计谋”。

在我国，对于虚假陈述的规管来源于《证券法》对于信息披露的以下要求：

表 10-1 我国信息披露虚假陈述的规制法源

信息披露事项	信息披露要求
发行文件	第十九条 发行人报送的证券发行申请文件，应当充分披露投资者作出价值判断和投资决策所必需的信息，内容应当真实、准确、完整。 为证券发行出具有关文件的证券服务机构和人员，必须严格履行法定职责，保证所出具文件的真实性、准确性和完整性。
承销文件	第二十九条 证券公司承销证券，应当对公开发行募集文件的真实性、准确性、完整性进行核查。发现有虚假记载、误导性陈述或者重大遗漏的，不得进行销售活动；已经销售的，必须立即停止销售活动，并采取纠正措施。 …………
持续信息披露文件	第七十八条 发行人及法律、行政法规和国务院证券监督管理机构规定的其他信息披露义务人，应当及时依法履行信息披露义务。 信息披露义务人披露的信息，应当真实、准确、完整，简明清晰，通俗易懂，不得有虚假记载、误导性陈述或者重大遗漏。 …………
真实性保证	第八十二条 发行人的董事、高级管理人员应当对证券发行文件和定期报告签署书面确认意见。 发行人的监事会应当对董事会编制的证券发行文件和定期报告进行审核并提出书面审核意见。监事应当签署书面确认意见。 发行人的董事、监事和高级管理人员应当保证发行人及时、公平地披露信息，所披露的信息真实、准确、完整。 董事、监事和高级管理人员无法保证证券发行文件和定期报告内容的真实性、准确性、完整性或者有异议的，应当在书面确认意见中发表意见并陈述理由，发行人应当披露。发行人不予披露的，董事、监事和高级管理人员可以直接申请披露。

二、虚假陈述的行政责任

（一）信息披露违法行为认定

信息披露义务人在信息披露文件中对所披露内容进行不真实记载，包括发生业务收入不入账、虚构业务收入入账、不按照相关规定进行会计核算和编制财务会计报告，以及其他在信息披露中记载的事实与真实情况不符的，应当认定构成所披露的信息有虚假记载的信息披露违法行为。

信息披露义务人在信息披露文件中或者通过其他信息发布渠道、载体，作出不完整、不准确陈述，致使或者可能致使投资者对其投资行为发生错误判断的，应当认定构成所披露的信息有误导性陈述的信息披露违法行为。

信息披露义务人在信息披露文件中未按照法律、行政法规、规章和规范性文件以及证券交易所业务规则关于重大事件或者重要事项信息披露要求披露信息，遗漏重大事项的，应当认定构成所披露的信息有重大遗漏的信息披露违法行为。

（二）信息披露义务人信息披露违法的责任认定

信息披露义务人行为构成信息披露违法的，应当根据其违法行为的客观方面和主观方面等综合审查认定其责任。

1. 客观方面

认定信息披露违法行为的客观方面通常要考虑以下情形：

（1）违法披露信息（包括重大差错更正信息）中虚增或者虚减资产、营业收入及净利润的数额及其占当期所披露数的比重，是否因此资不抵债，是否因此发生盈亏变化，是否因此满足证券发行、股权激励计划实施、利润承诺条件，是否因此避免被特别处理；是否因此满足取消特别处理要求，是否因此满足恢复上市交易条件等；

（2）未按照规定披露的重大担保、诉讼、仲裁、关联交易以及其他重大事项所涉及的数额及其占公司最近一期经审计总资产、净资产、营业收入的比重，未按照规定及时披露信息时间长短等；

（3）信息披露违法所涉及事项对投资者投资判断的影响大小；

（4）信息披露违法后果，包括是否导致欺诈发行、欺诈上市、骗取重大资产重组许可、收购要约豁免、暂停上市、终止上市，给上市公司、股东、债权人或者其他人造成直接损失数额大小，以及未按照规定披露信息造成该公司证券交易的异动程度等；

（5）信息披露违法的次数，是否多次提供虚假或者隐瞒重要事实的财务会计报告，或者多次对依法应当披露的其他重要信息不按照规定披露；

（6）社会影响的恶劣程度；

（7）其他需要考虑的情形。

2. 主观方面

认定信息披露违法行为的主观方面通常要考虑以下情形：

（1）信息披露义务人为单位的，在单位内部是否存在违法共谋。信息披露违法所涉及的具体事项是否是经董事会、公司办公会等会议研究决定或者由负责人员决定实施的，是否只是单位内部个人行为造成的；

（2）信息披露义务人的主观状态。信息披露违法是否是故意的欺诈行为，是否是不够谨慎、疏忽大意的过失行为；

(3) 信息披露违法行为发生后的态度。公司董事、监事、高级管理人员知道信息披露违法后是否继续掩饰,是否采取适当措施进行补救;

(4) 与证券监管机关的配合程度。当发现信息披露违法后,公司董事、监事、高级管理人员是否向中国证监会报告,是否在调查中积极配合,是否对调查机关欺诈、隐瞒,是否有干扰、阻碍调查情况;

(5) 其他需要考虑的情形。

3. 其他违法行为引起信息披露义务人信息披露违法

其他违法行为引起信息披露义务人信息披露违法的,通常综合考虑以下情形认定责任:

(1) 信息披露义务人是否存在过错,有无实施信息披露违法行为的故意,是否存在信息披露违法的过失;

(2) 信息披露义务人是否因违法行为直接获益或者以其他方式获取利益,是否因违法行为止损或者避损,公司投资者是否因该项违法行为遭受重大损失;

(3) 信息披露违法责任是否能被其他违法行为责任吸收,认定其他违法行为行政责任、刑事责任是否能更好体现对违法行为的惩处;

(4) 其他需要考虑的情形。

以上所称"其他违法行为",包括上市公司的董事、监事、高级管理人员违背对公司的忠实义务,利用职务便利,操纵上市公司从事损害公司利益行为;上市公司的控股股东或者实际控制人,指使上市公司董事、监事、高级管理人员从事损害公司利益行为;上市公司董事、监事、高级管理人员和持股5%以上股东违法买卖公司股票行为;公司工作人员挪用资金、职务侵占等行为;配合证券市场内幕交易、操纵市场以及其他可能致使信息披露义务人信息披露违法的行为。

(三) 虚假陈述的行政责任

信息披露义务人报送的报告或者披露的信息有虚假记载、误导性陈述或者重大遗漏的,责令改正,给予警告,并处以100万元以上1000万元以下的罚款;对直接负责的主管人员和其他直接责任人员给予警告,并处以50万元以上500万元以下的罚款。发行人的控股股东、实际控制人组织、指使从事上述违法行为,或者隐瞒相关事项导致发生上述情形的,处以100万元以上1000万元以下的罚款;对直接负责的主管人员和其他直接责任人员,处以50万元以上500万元以下的罚款。

证券公司及其主要股东、实际控制人违反规定,未报送、提供信息和资料,或者报送、提供的信息和资料有虚假记载、误导性陈述或者重大遗漏的,责令改正,给予警告,并处以100万元以下的罚款;情节严重的,并处撤销相关业务许可。对直接负责的主管人员和其他直接责任人员,给予警告,并处以50万元以下的罚款。

证券服务机构违反规定,未勤勉尽责,所制作、出具的文件有虚假记载、误导性陈述或者重大遗漏的，责令改正，没收业务收入，并处以业务收入一倍以上十倍以下的罚款，没有业务收入或者业务收入不足50万元的，处以50万元以上500万元以下的罚款；情节严重的，并处暂停或者禁止从事证券服务业务。对直接负责的主管人员和其他直接责任人员给予警告，并处以20万元以上200万元以下的罚款。

三、虚假陈述的民事责任

依据2019年修订后的《证券法》，信息披露义务人未按照规定披露信息，或者公告的证券发行文件、定期报告、临时报告及其他信息披露资料存在虚假记载、误导性陈述或者重大遗漏，致使投资者在证券交易中遭受损失的，信息披露义务人应当承担赔偿责任；发行人的控股股东、实际控制人、董事、监事、高级管理人员和其他直接责任人员以及保荐人、承销的证券公司及其直接责任人员，应当与发行人承担连带赔偿责任，但是能够证明自己没有过错的除外。[①]

除《证券法》外，《最高人民法院关于审理证券市场因虚假陈述引发的民事赔偿案件的若干规定》也是在证券虚假陈述规制中非常关键的一个司法考量因素。

表10-2　《最高人民法院关于审理证券市场因虚假陈述引发的民事赔偿案件的若干规定》关于虚假陈述的主要规定

赔偿要素	主要规定
适格原告	投资人，是指在证券市场上从事证券认购和交易的自然人、法人或者其他组织。证券市场，是指发行人向社会公开募集股份的发行市场，通过证券交易所报价系统进行证券交易的市场，证券公司代办股份转让市场以及国家批准设立的其他证券市场。
除外适用	因下列交易发生的民事诉讼，不适用本规定：(一)在国家批准设立的证券市场以外进行的交易；(二)在国家批准设立的证券市场上通过协议转让方式进行的交易。
诉讼时效	投资者对虚假陈述行为人提起民事赔偿的诉讼时效期间，适用《民法通则》第一百三十五条[②]的规定，根据下列不同情况分别起算：(一)中国证券监督管理委员会或其派出机构公布对虚假陈述行为人作出处罚决定之日；(二)中华人民共和国财政部、其他行政机关以及有权作出行政处罚的机构公布对虚假陈述行为人作出处罚决定之日；(三)虚假陈述行为人未受行政处罚，但已被人民法院认定有罪的，作出刑事判决生效之日。 因同一虚假陈述行为，对不同虚假陈述行为人作出两个以上行政处罚；或者既有行政处罚，又有刑事处罚的，以最先作出的行政处罚决定公告之日或者作出的刑事判决生效之日，为诉讼时效起算之日。

① 2019年修订的《证券法》相较于修订前的一个归责变化是，将实际控制人承担责任方式由原来的“过错责任”转变为更严格的“过错推定”责任，即在《证券法》修订之前，发行人、上市公司、中介机构与董事、监事、高级管理人员承担的是严格责任的归责原则；而控股股东、实际控制人采用的是过错责任原则，只有被证明有过错才需要承担连带赔偿责任。

② 《民法典》自2021年1月1日起施行后，《民法通则》同时废止，该条规定于《民法典》第188条第1款，诉讼时效期间由二年改为三年。

（续表）

赔偿要素	主要规定
被告	虚假陈述证券民事赔偿案件的被告，应当是虚假陈述行为人，包括：（一）发起人、控股股东等实际控制人；（二）发行人或者上市公司；（三）证券承销商；（四）证券上市推荐人；（五）会计师事务所、律师事务所、资产评估机构等专业中介服务机构；（六）上述（二）、（三）、（四）项所涉单位中负有责任的董事、监事和经理等高级管理人员以及（五）项中直接责任人；（七）其他作出虚假陈述的机构或者自然人。
诉讼方式	本规定所涉证券民事赔偿案件的原告可以选择单独诉讼或者共同诉讼方式提起诉讼。多个原告因同一虚假陈述事实对相同被告提起的诉讼，既有单独诉讼也有共同诉讼的，人民法院可以通知提起单独诉讼的原告参加共同诉讼。多个原告因同一虚假陈述事实对相同被告同时提起两个以上共同诉讼的，人民法院可以将其合并为一个共同诉讼。[①]
因果关系的认定	投资者具有以下情形的，人民法院应当认定虚假陈述与损害结果之间存在因果关系：（一）投资者所投资的是与虚假陈述直接关联的证券；（二）投资者在虚假陈述实施日及以后，至揭露日或者更正日之前买入该证券；（三）投资者在虚假陈述揭露日或者更正日及以后，因卖出该证券发生亏损，或者因持续持有该证券而产生亏损。 被告举证证明原告具有以下情形的，人民法院应当认定虚假陈述与损害结果之间不存在因果关系：（一）在虚假陈述揭露日或者更正日之前已经卖出证券；（二）在虚假陈述揭露日或者更正日及以后进行的投资；（三）明知虚假陈述存在而进行的投资；（四）损失或者部分损失是由证券市场系统风险等其他因素所导致；[②]（五）属于恶意投资、操纵证券价格的。 本规定所指的虚假陈述实施日，是指作出虚假陈述或者发生虚假陈述之日。虚假陈述揭露日，是指虚假陈述在全国范围发行或者播放的报刊、电台、电视台等媒体上，首次被公开揭露之日。虚假陈述更正日，是指虚假陈述行为人在中国证券监督管理委员会指定披露证券市场信息的媒体上，自行公告更正虚假陈述并按规定履行停牌手续之日。

① 2019年修订的《证券法》第90条将此等诉讼升格为法定的“代表人诉讼”，同时规定在投资者保护机构代表投资者进行的代表人诉讼中采用“默示加入、明示退出”的新诉讼方式，类似于美国的证券集团诉讼。为此，上海、南京、杭州等地的中级人民法院陆续出台了有关证券虚假陈述的代表人诉讼规则。

② 比如，在“大智慧虚假陈述民事赔偿案”中，上海法院就考虑了2015年股市波动的系统风险，在损失额中酌情扣除30%的系统风险因素，即以全部投资差额损失的70%作为大智慧公司应当赔偿的投资者差额损失。

（续表）

赔偿要素	主要规定
损失认定	虚假陈述行为人在证券发行市场虚假陈述，导致投资者损失的，投资者有权要求虚假陈述行为人按本规定第三十条赔偿损失；导致证券被停止发行的，投资者有权要求返还和赔偿所缴股款及银行同期活期存款利率的利息。 虚假陈述行为人在证券交易市场承担民事赔偿责任的范围，以投资者因虚假陈述而实际发生的损失为限。投资者实际损失包括：（一）投资差额损失；（二）投资差额损失部分的佣金和印花税。前款所涉资金利息，自买入至卖出证券日或者基准日，按银行同期活期存款利率计算。 投资者在基准日及以前卖出证券的，其投资差额损失，以买入证券平均价格与实际卖出证券平均价格之差，乘以投资者所持证券数量计算。 投资者在基准日之后卖出或者仍持有证券的，其投资差额损失，以买入证券平均价格与虚假陈述揭露日或者更正日起至基准日期间，每个交易日收盘价的平均价格之差，乘以投资者所持证券数量计算。 投资差额损失计算的基准日，是指虚假陈述揭露或者更正后，为将投资者应获赔偿限定在虚假陈述所造成的损失范围内，确定损失计算的合理期间而规定的截止日期。基准日分别按下列情况确定：（一）揭露日或者更正日起，至被虚假陈述影响的证券累计成交量达到其可流通部分100%之日。但通过大宗交易协议转让的证券成交量不予计算。（二）按前项规定在开庭审理前尚不能确定的，则以揭露日或者更正日后第30个交易日为基准日。（三）已经退出证券交易市场的，以摘牌日前一交易日为基准日。（四）已经停止证券交易的，可以停牌日前一交易日为基准日；恢复交易的，可以本条第（一）项规定确定基准日。 投资者持股期间基于股东身份取得的收益，包括红利、红股、公积金转增所得的股份以及投资者持股期间出资购买的配股、增发股和转配股，不得冲抵虚假陈述行为人的赔偿金额。

在证券虚假陈述民事责任诉讼中，原本依据2002年1月15日发布的《最高人民法院关于受理证券市场因虚假陈述引发的民事侵权纠纷案件有关问题的通知》。最高人民法院根据当时的社会、经济和司法执行环境，对证券虚假陈述民事责任诉讼设了一个前置条件，即“人民法院受理的虚假陈述民事赔偿案件，其虚假陈述行为，须经中国证券监督管理委员会及其派出机构调查并作出生效处罚决定。当事人依据查处结果作为提起民事诉讼事实依据的，人民法院方予依法受理”。随着各地法院对于虚假陈述民事责任纠纷案件处理数量的增多，在2015年发布的《最高人民法院关于当前商事审判工作中的若干具体问题》中，最高人民法院表达了拟撤销诉讼前置条件的考虑，即“根据立案登记司法解释规定，因虚假陈述、内幕交易和市场操纵行为引发的民事赔偿案件，立案受理时不再以监管部门的行政处罚和生效的刑事判决认定为前置条件”。成都、上海等地

的法院在某些案件中事实上也曾放开限制，对于证券违法行为不作需要在行政处罚、刑事处罚处理结果出来后才可对民事赔偿纠纷予以受理的诉讼前置程序要求。[①]

关于虚假陈述的刑事责任，将在第十二章第四节进行阐述，此处不作赘述。

第二节 内幕交易及其规制

一、何谓内幕交易

内幕交易(insider trading)已被广泛认可的概念是，内幕人员在掌握实质性非公开信息的情况下从事买卖证券的行为。“实质性”(materiality)、“非公开”(non-public)和“是否存在义务”已经成为判定内幕交易的三大特征。对于内幕交易对市场的影响，经济学界已多有研究，尽管存在认为内幕交易可以促进交易活跃的支持派，但是从主流理论与监管实践来看，主张对内幕交易进行规制的人远比赞成内幕交易的人多得多。反对内幕交易的学者主要从以下三方面论证内幕交易的危害：(1) 内幕交易会阻延内幕信息的公开时间，从而影响市场交易者所作商业决策的妥当性，并破坏证券市场定价形成的科学性，因此损害到证券市场对资源配置的有效性；(2) 内幕交易会损害市场信心，大大增加证券市场的投资风险，提高投资成本，导致市场上的普通投资者对上市公司的诚信度以及市场交易的公正性产生怀疑，进而导致市场信心缺失，交易萎缩，破坏证券市场对社会经济发展的反射、评价能力；(3) 内幕信息应该被视为公司的经营财产，内幕人士只能依照合同获得报酬，而不能将公司财产据为已有。[②]

二、美国内幕交易监管的理论与实践

(一)“内幕交易”的成文法源

为了在古老的“邮件欺诈法”之外，赋予联邦更有效的法律武器以打击日益

① 依据自2020年7月31日起施行的《最高人民法院关于证券纠纷代表人诉讼若干问题的规定》第5条的规定，如果按照“特别代表人诉讼适用有前置程序的案件，普通诉讼程序适用无前置程序的案件”的理解，则意味着自2002以来一直需要遵守的证券纠纷类诉讼的前置程序要求将被以“新法替代旧法”的方式予以废除。在实践中，深圳市中级人民法院也有案例支持基层人民法院不以行政处罚或者刑事处罚作为民事责任的前置程序。

② See Ernst Maug, Insider Trading Legislation and Corporate Governance, Duke University, March 25, 1999. 类似的评述可参见杨亮：《内幕交易论》，北京大学出版社2001年版，第24—28页。

猖獗的证券欺诈行为，美国《1934年证券交易法》增加了第10条(b)款这一补充规定："对于买卖在全国性证券交易所注册的任何证券、未进行此等注册的任何证券或者任何以证券为基础的互换协议，违反证券交易委员会为维护公共利益或者保护投资者制定的必要或者适当规则和条例，使用或者利用任何操纵、欺诈手段或者计谋"。由于第10条(b)款不具备独立可操作性，因此SEC于1942年制定了规则10b-5。规则10b-5的具体规定如下：

§ 240.10b-5 Employment of manipulative and deceptive devices.

It shall be unlawful for any person, directly or indirectly, by the use of any means or instrumentality of interstate commerce, or of the mails or of any facility of any national securities exchange,

任何人(直接或间接利用州际商务工具、邮件或全国性证券交易所设备之人)在买卖上市或非上市有价证券时，不得直接或间接地实施下列各行为：

(a) To employ any device, scheme, or artifice to defraud,

利用任何方法、手段或诡计从事欺诈行为，

(b) To make any untrue statement of a material fact or to omit to state a material fact necessary in order to make the statements made, in the light of the circumstances under which they were made, not misleading, or

对重要事实作不实陈述，或省略某些重要事实陈述，以致在当时之情境下，能使他人产生误导之效果，或者

(c) To engage in any act, practice, or course of business which operates or would operate as a fraud or deceit upon any person, inconnection with the purchase or sale of any security.

在买卖证券中，从事任何会对他人产生欺诈或欺诈之情事的行为、业务、商业活动等。

图10-1　SEC依据美国《1934年证券交易法》授权而制定的规则10b-5

(二)"内幕交易"的判例法源

尽管美国《1934年证券交易法》和SEC的规则10b-5以成文法的形式列出了应被惩戒的证券违法交易行为类型，但前述法条本身所使用的诸如"操纵""欺诈""计谋"等描述都是非常主观和抽象的，由此又引出了美国法项下对于内幕交易规制的判例法基础。

1. 内幕交易规制的"传统规制理论"：SEC v. Texas Gulf Sulphur Co.案

内幕交易规制的传统规制理论是法院基于对美国《1934年证券交易法》第10条(b)款和SEC所制定的规则10b-5的成文法解读而在SEC v. Texas Gulf Sulphur Co.案中得到确立的。法院认为，公司内部人(如董事或高管)利用其先于社会公众而知道的关于公司重大、非公开信息进行公司股票证券交易的行为

违反了《1934年证券交易法》第10条(b)款和SEC制定的规则10b-5。传统规制理论认为,占有或知道公司机密信息的内部人与公司及公司股东之间存在一种信任和保密的关系。由于存在这种信义关系,占有公司重大、非公开信息的内部人有义务披露或弃绝交易公司的股票。但是,与此同时,美国最高法院通过这个案例也表达了这样一种观点:并不是所有占有公司重大、非公开信息且参与市场交易的主体都负有不得进行相关证券交易的一般义务,必须看其与公司是否构成了信义义务的关系。如果没有这种信义义务的存在,则不存在欺诈或者计谋的基础。由此,美国最高法院限定了可以构成内幕交易责任的主体范围,即只有对交易对方负有信任和保密义务(如公司高管与股东之间)而需承担披露义务的人才可能构成内幕交易主体。

2. 内幕交易规制中的"泄密者—受密者"关系理论:Dirks v. SEC案

传统规制理论在某种意义上只能限制那些与公司存在直接关系的内部人士,对于公司以外的人很难直接用这一理论将其纳入"内幕交易"的范围。因此,美国法院基于SEC监管实践的需要,又把内幕交易规制的理由从传统的公司与内幕信息知情人之间存在"委托—代理"关系上升到内幕信息知情人之间存在"泄密者—受密者"关系。这集中体现在Dirks v. SEC案中。"泄密者—受密者"关系理论聚焦于占有重大、非公开信息的公司内部人(insider)并没有从事与内幕信息相关的股票交易行为,而是把内幕信息泄密式地告知了公司外部人(outsider),并由这些公司外部人在内幕信息公开以前进行证券交易。此时,如果法院认定公司外部人基于与公司内部人之间的关系(如夫妻关系、生意合作伙伴关系)知道或者应当知道其从公司内部人处所获得的消息是内部消息,则基于法院对公司内部人对于公司外部人之依赖关系中的信义关系的转介,公司内部人对于公司的信义义务延及公司外部人,由此构成内幕交易的违法标准。

需要注意的是,判断公司内部人是否违反其对公司的信义义务的一个重要前提条件是:公司内部人是否直接或间接地从其泄密行为中获得了任何个人利益。如果公司内部人作为泄密者并没有因违反对公司的信义义务而获得个人利益,[①]则泄密者不违反信义义务;而如果泄密者不违反信义义务,则基于受密者的义务衍生于泄密者的义务,受密者无须承担披露或弃绝交易的义务。换句话说,并不是所有保密信息的接收人(受密者)只要从公司内部人那处获取了内幕信息,就不得再进行相关的证券交易。受密者承担法律责任的

① 值得注意的是,在这里,即便只是夫妻或者情侣之间为了获得对方的好感或信任而泄露了所在公司未公开的信息,在本质上也构成公司内部人从泄露内幕信息中获得了个人利益。

前提是：第一，公司内部人作为泄露者违反了信义义务；第二，公司外部人作为受密人知道或者应当知道公司内部人违反了信义义务；第三，公司外部人与公司内部人之间存在特定的关系，并且这种关系包含公司外部人需要对公司内部人进行保密的某种义务；第四，公司内部人泄露内幕信息是为了获得某种个人利益；第五，公司外部人利用从公司内部人处获得的非公开信息进行了交易。

3. 内幕交易规制的“盗用理论”：United States v. O'Hagan 案

虽然“泄密者—受密者”关系理论扩大了内幕交易规制主体的范围，但是仍不能满足在美国证券监管实践中出现的有关利用非公开信息“抢跑”的行为。因此，为了在更大范围内打击这些有损于其他未知内幕信息投资者利益的行为，美国法院又通过衡平法上的解释，将内幕交易规制理论扩展至“盗用理论”。“盗用理论”的本质是将内幕信息视为目标公司所独有的财产，未经财产所有权人同意利用这些财产就侵犯了公司和公司股东的权益。“盗用理论”的目的是扩大内幕交易责任主体的适用范围，使其不再局限于公司内部人，扩大至对公司或公司股东不负有任何信义义务或其他义务的某些特定的外部人。美国最高法院在 United States v. O'Hagan 案中承认了该理论。在该案中，O'Hagan 是一家律所的合伙人，他所在的律所担任收购方对于当地一家公司进行要约收购的法律顾问。O'Hagen 本人并未参与该项目，却在知悉了这个消息后，先后购买了被收购公司 5000 股股票和 2500 个认购期权。在收购方公布收购消息后，他将股票和期权统统卖出，获利 430 多万美元。在该案中，美国最高法院强调信息持有人与信息来源（该案中的律所和客户）之间的信任关系，盗用者基于与信息来源之间的信任关系而获得内幕信息，对后者负有信义义务，应当保守秘密或者仅将所获得的内幕信息用于后者指定或同意的用途，而擅自将内幕信息用于个人股票交易违背了信义义务，构成对信息来源的欺诈。

4. “泄密者—受密者”关系理论的限缩解释：SEC v. Newman 案

2014 年 12 月 10 日，美国联邦第二巡回上诉法院三名法官对纽约南区联邦地区法院于 2012 年年底对两名对冲基金经理 Todd Newman 和 Anthony Chiasson 作出的构成“内幕交易罪”的判决予以改判，驳回曼哈顿联邦检察官的起诉。上诉法院的理由是，检方在该案初审中给予陪审团错误的指示，并且在排除一切合理怀疑的证明标准下，未能提供充分的证据证明内部人获取的任何个人利益足以构成“泄密人责任”（tipper liability）；即便检方能证明内部人获得了个人利益，公诉方也未能提供任何证据证明被告在主观上知道其所从事的涉案证券交易所依赖的信息来源于内部人，并且知道这些内部人违反了他们对于公司的信义义务。在某种意义上,该案的这一判决对“泄密者—受密者”关系理论提出了更高的证据证明标准的要求。

(三) 对美国内幕交易规制理论的简要评述

第一,美国法院并没有支持所有从泄密者处获得内幕消息的受密者都必然违反《1934年证券交易法》第10条(b)款和SEC规则10b-5的成文法规定这一观点,判断是否违法的核心还是看受密者有没有违反任何一种形式的义务,无论是公司内部人与公司之间还是公司内部人与公司外部人之间的义务。从SEC v. Newman案来看,美国法院从受密者有没有故意、过失知道或者应当知道泄密者具有对公司的信义义务角度,判断受密者是否也会连带产生对公司内幕信息进行保密的信义义务。

第二,从前述案例可以看到,美国法院在判定是否构成内幕交易时,是从内幕交易人是否对公司负有信义义务的角度出发的。因此,在很大程度上,美国内幕交易保护理论的出发点在于保护公司的财产,是从对公司进行保护的角度,而非从证券法作为保护证券市场交易者公平性的经济法角度进行保护。

第三,美国关于内幕交易的法律责任中虽然规定了民事责任,但是投资者其实没有动力提起私人证券诉讼(因为要分摊其他投资者的损失),律师也没有动力发起集团诉讼(因为收益太小)。依据《1934年证券交易法》第20A条,赔偿只是以内幕交易者的利润为限。同时,该条明确了SEC可以追缴内幕交易者的利润。不论是私人的集团诉讼还是SEC的民事诉讼,如果内幕交易产生的利润或者避免的损失已经被收缴,也就不存在重复赔偿的问题,内幕交易会产生只能单一指向利润归入权的有限赔偿。因此,相较虚假陈述,在内幕交易的民事追责方面,美国投资者提起私人集团诉讼的热情并不那么高。美国内幕交易的法律责任更多是依靠司法部、SEC的行政诉讼和刑事诉讼措施,其中在行政诉讼方面主要是归入权(disgorgement)的行使和三倍民事罚金(civil penalty)的执行。

三、我国内幕交易的监管

与美国的判例法源不同,作为成文法系国家,我国内幕交易的监管与规制取决于对内幕交易的构成要件的认定,其中包括对内幕交易的主体要件(内幕信息知情人)、客体要件(未公开信息)和行为要件(利用未公开信息从事交易)三要素的认定方式。

（一）我国内幕交易的法定要件

表 10-3　我国内幕交易认定的法定要件

法源	主体要件	客体要件	行为要件
《证券法》（2019 年 12 月 28 日修订通过）	第五十一条　证券交易内幕信息的知情人包括： （一）发行人及其董事、监事、高级管理人员； （二）持有公司百分之五以上股份的股东及其董事、监事、高级管理人员，公司的实际控制人及其董事、监事、高级管理人员； （三）发行人控股或者实际控制的公司及其董事、监事、高级管理人员； （四）由于所任公司职务或者因与公司业务往来可以获取公司有关内幕信息的人员； （五）上市公司收购人或者重大资产交易方及其控股股东、实际控制人、董事、监事和高级管理人员； （六）因职务、工作可以获取内幕信息的证券交易场所、证券公司、证券登记结算机构、证券服务机构的有关人员； （七）因职责、工作可以获取内幕信息的证券监督管理机构工作人员； （八）因法定职责对证券的发行、交易或者对上市公司及其收购、重大资产交易进行管理可以获取内幕信息的有关主管部门、监管机构的工作人员； （九）国务院证券监督管理机构规定的可以获取内幕信息的其他人员。	第五十二条　证券交易活动中，涉及发行人的经营、财务或者对该发行人证券的市场价格有重大影响的尚未公开的信息，为内幕信息。 本法第八十条第二款、第八十一条第二款所列重大事件属于内幕信息。① （一）公司的经营方针和经营范围的重大变化； （二）公司的重大投资行为，公司在一年内购买、出售重大资产超过公司资产总额百分之三十，或者公司营业用主要资产的抵押、质押、出售或者报废一次超过该资产的百分之三十； （三）公司订立重要合同、提供重大担保或者从事关联交易，可能对公司的资产、负债、权益和经营成果产生重要影响； （四）公司发生重大债务和未能清偿到期重大债务的违约情况； （五）公司发生重大亏损或者重大损失； （六）公司生产经营的外部条件发生的重大变化； （七）公司的董事、三分之一以上监事或者经理发生变动，董事长或者经理无法履行职责； （八）持有公司百分之五以上股份的股东或者实际控制人持有股份或者控制公司的情况发生较大变化，公司的实际控制人及其控制的其他企业从事与公司相同或者相似业务的情况发生较大变化； （九）公司分配股利、增资的计划，公司股权结构的重要变化，公司减资、合并、分立、解散及申请破产的决定，或者依法进入破产程序、被责令关闭； （十）涉及公司的重大诉讼、仲裁，股东大会、董事会决议被依法撤销或者宣告无效； （十一）公司涉嫌犯罪被依法立案调查，公司的控股股东、实际控制人、董事、监事、高级管理人员涉嫌犯罪被依法采取强制措施； （十二）国务院证券监督管理机构规定的其他事项。	第五十条　禁止证券交易内幕信息的知情人和非法获取内幕信息的人利用内幕信息从事证券交易活动。 第五十三条　证券交易内幕信息的知情人和非法获取内幕信息的人，在内幕信息公开前，不得买卖该公司的证券，或者泄露该信息，或者建议他人买卖该证券。 持有或者通过协议、其他安排与他人共同持有公司百分之五以上股份的自然人、法人、非法人组织收购上市公司的股份，本法另有规定的，适用其规定。 …………

① 此处仅援引《证券法》第 80 条第 2 款对股票交易价格可能产生较大影响的重大事件。

（二）我国内幕交易认定的监管实践

依据中国证监会2007年发布的《证券市场内幕交易行为认定指引（试行）》，我国对于内幕交易的认定还曾存在一个更为细化的行政监管认定标准。

表10-4 我国内幕交易的行政认定标准

内幕信息知情人员的 行政界定标准	内幕信息的 行政界定标准	内幕交易行为的 行政界定标准
（一）《证券法》[①]第七十四条第（一）项至第（六）项规定的证券交易内幕信息的知情人； （二）中国证监会根据《证券法》第七十四条第（七）项授权而规定的其他证券交易内幕信息知情人，包括： 1. 发行人、上市公司； 2. 发行人、上市公司的控股股东、实际控制人控制的其他公司及其董事、监事、高级管理人员； 3. 上市公司并购重组参与方及其有关人员； 4. 因履行工作职责获取内幕信息的人； 5. 本条第（一）项及本项所规定的自然人的配偶； （三）前述第（一）项、第（二）项所规定的自然人的父母、子女及其他因亲属关系获取内幕信息的人； （四）利用骗取、套取、偷听、监听或者私下交易等非法手段获取内幕信息的人； （五）通过其他途径获取内幕信息的人。	（一）《证券法》第六十七条第二款所列重大事件； （二）《证券法》第七十五条第二款第（二）项至第（七）项所列信息； （三）中国证监会根据《证券法》第六十七条第二款第（十二）项授权而规定的可能对上市公司证券交易价格产生较大影响的其他重大事件。	（一）以本人名义，直接或委托他人买卖证券； （二）以他人名义买卖证券；具有下列情形之一的，可认定为以他人名义买卖证券： 1. 直接或间接提供证券或资金给他人购买证券，且该他人所持有证券之利益或损失，全部或部分归属于本人； 2. 对他人所持有的证券具有管理、使用和处分的权益； （三）为他人买卖或建议他人买卖证券； （四）**以明示或暗示的方式向他人泄露内幕信息。** 内幕信息知情人，在内幕信息敏感期内有本指引第十三条所列行为的，应认定构成内幕交易，除非其有足额证据证明自己并不知悉有关内幕信息。

（三）"内幕信息敏感期"及其规制

在行政监管方面，2007年，中国证监会在行政执法过程中引入"内幕交易敏感期"概念。《证券市场内幕交易行为认定指引（试行）》第10条规定："从内幕信息开始形成之日起，至内幕信息公开或者该信息对证券的交易价格不再有显著影响时止，为内幕信息的价格敏感期。"在中国证监会历年的监管实践中，内幕交易敏感期以"影响内幕信息形成的动议、筹划、决策或者执行人员，其动议、筹划、

---

① 这里的《证券法》是指2005年10月27日修订通过的《证券法》。

决策或者执行初始时间，应当认定为内幕信息的形成之时”作为标准。[①]

在刑事方面，自2012年6月1日起施行的《最高人民法院、最高人民检察院关于办理内幕交易、泄露内幕信息刑事案件具体应用法律若干问题的解释》（以下简称《内幕交易司法解释》）第5条借鉴中国证监会的行政监管经验，规定：“本解释所称‘内幕信息敏感期’是指内幕信息自形成至公开的期间。证券法第六十七条第二款所列‘重大事件’的发生时间，第七十五条规定的‘计划’‘方案’以及期货交易管理条例第八十五条第十一项规定的‘政策’‘决定’等的形成时间，应当认定为内幕信息的形成之时。影响内幕信息形成的动议、筹划、决策或者执行人员，其动议、筹划、决策或者执行初始时间，应当认定为内幕信息的形成之时。内幕信息的公开，是指内幕信息在国务院证券、期货监督管理机构指定的报刊、网站等媒体披露。”

由此，在内幕信息敏感期内从事或者明示、暗示他人从事或者泄露内幕信息导致他人从事与该内幕信息有关的证券、期货交易，具有下列情形之一的，应当认定为《刑法》第180条第1款规定的“情节严重”：(1) 证券交易成交额在50万元以上的；(2) 期货交易占用保证金数额在30万元以上的；(3) 获利或者避免损失数额在15万元以上的；(4) 3次以上的；(5) 具有其他严重情节的。在内幕信息敏感期内从事或者明示、暗示他人从事或者泄露内幕信息导致他人从事与该内幕信息有关的证券、期货交易，具有下列情形之一的，应当认定为《刑法》第180条第1款规定的“情节特别严重”：(1) 证券交易成交额在250万元以上的；(2) 期货交易占用保证金数额在150万元以上的；(3) 获利或者避免损失数额在75万元以上的；(4) 具有其他特别严重情节的。

（四）我国内幕交易监管的短板

任何实质性影响特定证券价格的未公开的信息都是内幕信息。但是，对于可实质性影响证券价格的信息范围，在理论上存在争议，主要集中于信息范围的狭义与广义之分。持狭义论的观点认为，内幕信息只应来源于证券发行人或其关联方，如证券发行主体以及相应的中介机构，即本书所称“内部内幕信息”。持广义论的观点则认为，既然是内幕信息，就“应包括所有可影响特定证券价格的未公开的信息，包括源于其他证券发行人（如上市公司以外的其他公司）的未公开的重要信息”[②]。我们将内部信息之外的其他未公开的重要信息称为“外部内幕信息”。对内幕信息进行界定的意义在于，这可能直接影响到对利用未公开的信息从事交易行为“合法与非法”“罪与非罪”的界定。比如，英国内幕交易监管

---

① 前述标准在相关行政诉讼案件中得到人民法院的支持。比如，北京市第一中级人民法院审理的马祥峰诉中国证监会案的判决[(2017)京01行初24号行政判决书]和北京市高级人民法院审理的苏嘉鸿诉中国证监会案的判决[(2018)京行终445号行政判决书]都表达了类似的观点。

② 张宗新：《证券市场内幕操纵与监管控制》，中国金融出版社2007年版，第15页。

的前提是，行为人必须存在对具备法定要件的内幕信息的使用或利用，否则对内幕交易的监管无从谈起。美国并没有对何谓“内幕交易”进行确切的定义，只是通过不断的司法实践，以衡平法基础上的“法院造法”形式与时俱进地确定内幕信息的范围与种类。所以，几乎在美国法院每个经典的内幕交易判例中，内幕信息的范围、使用以及禁止内幕交易的条件都处于动态发展过程之中。

在我国，《证券法》对内幕信息采取概括与列举相结合的定义方式。在概括式定义中，我国《证券法》仅笼统地规定“证券交易活动中，涉及发行人的经营、财务或者对该发行人证券的市场价格有重大影响的尚未公开的信息，为内幕信息”（第 52 条），同时列举了总共 12 种情形的内幕信息范围（第 80 条），其中包括“国务院证券监督管理机构规定的其他事项”。但是，在概括式定义中存在“涉及发行人”“对该发行人”等定语的前提下，即使有对国务院证券监督管理机构自由认定“内幕信息”的授权，从逻辑上看，“其他事项”也仅限于与特定公司或该公司证券有关的消息，而不包括与特定公司或该公司证券以外的其他内幕消息。可见，我国《证券法》对内幕交易的定义在法定要件上采纳了狭义的内部信息理论，没有将更为广义的包括政策消息等可对证券市场价格、指数产生影响的外部内幕信息的使用归入被禁止的内幕交易之中。我国这种将概括与列举并列的定义方式看上去似乎发挥了后发国家在制度先进性上的后发优势，弥补了英美等国对内幕信息定义不足的缺点。但是，事实上，这种定义方式存在较大的缺陷。

与发达国家不同，我国证券市场是一个以政府政策为导向的证券市场，除了发行人本身的信息可以影响价格外，政府政策的变化（外部消息）不仅会影响市场整体指数的走势，还会对个股的价格产生巨大的影响。这里以 2001 年 B 股对境内投资者开放政策公布前后的股价波动为例。2001 年 2 月 19 日，中国证监会新闻发言人称：“对于 B 股市场及其相关政策问题，中国证监会会同有关部门已进行了较长时间的研究，并考虑过多种可能的方案。经过几轮研究，各方面的意见逐渐接近。前不久，中国证监会将有关方案上报国务院，并于 19 日上午 11 点接到国务院关于开放 B 股的批复。”在当日上午 9 点 40 分，深圳 B 股市场就开始发生异动。上午 10 点，上海 B 股市场也开始发生异动。当日下午 1 点一开市，沪深两地证券交易所宣布：“因有重要消息即将公布，根据有关法律、法规规定，本所决定，B 股暂停交易半天。”当日收盘后，中国证监会就公布了“允许境内居民交易 B 股”的决定。在这之前，“北京等地的营业部 B 股资金暗流涌动”[①]。这一切都说明“有人泄露了机密”[②]。在 B 股对内开放消息公布后，B 股股指虽在 67 个交易日内飙升了 200%，但在 3 个月之后，市场又陷入一片死寂

① 马腾：《B 股综合征：“比扛麻袋更方便”?》，载《21 世纪经济报道》2001 年 11 月 19 日第 13 版。
② 梅声扬：《股民质疑：谁走漏了 B 股开放消息?》，载《中国青年报》2001 年 2 月 21 日第 2 版。

之中。到2005年7月21日，B股股指已经从241点缩水到50点，千亿元人民币流通市值灰飞烟灭，B股流通股市值缩水70%。[①] 因此，是否有人利用B股政策牟利成为2001年证券市场的“最大悬案”。可见，在我国证券市场，能够影响股价的不仅仅是上市公司内部的内幕消息。鉴于政府在产业政策调整、宏观调控措施、市场开放、银根松紧、税收变化方面的政策调整与证券市场个股股价的关联度较高，我国证券市场中的外部信息不仅可能影响对证券市场宏观供求关系预期的判断，在大多数情况下也会对个股的股价、走势与供求关系产生重大的影响。因此，只将发行人的内部信息归入内幕信息的范围，而未将一些尚未公布、公开的国家政策或政策草案纳入内幕信息的范围，不符合我国证券市场主体利用未公开的信息从事内幕交易、损害交易对手利益的现实特点，明显给利用内幕信息从事不公平交易的市场主体进行违法交易留下了可钻的漏洞。

第三节　操纵市场及其规制

一、何谓操纵市场

所谓操纵市场，是指行为人以某种特定的方式人为制造并不真实存在的交数量、成交价格、成交趋势，以欺骗交易对手参与交易，最终为自己牟利的行为。

如前所述，当证券发行完成后进入二级市场时，在报价驱动的集中式交易市场，证券交易的对手是平等的买方与卖方，双方在价格规律的作用下各自判断标的证券的价格趋势并在特定价位上达成交易价格。此时，如果有人通过资金优势、信息优势或者持股优势故意制造原本并不存在的交易需求（如左手转右手的自买自卖），就会对不知情的其他投资者（包括潜在投资者）造成标的证券供求变化的误导，使得其他投资者（包括潜在投资者）作出错误的购买或出售证券的投资决定，而操纵者通过向这些受到误导的投资者出售或购买证券的反向行为谋取不法利益。

二、操纵市场行为的主要类型

（一）不转移所有权的自买自卖

不转移所有权的自买自卖是以自己为交易对手，利用市场交易规则分别进行卖出与买入的报价，利用证券市场“净额交割”的特点，制造虚假的成交信息，误导投资者对证券供求关系的判断。不转移所有权的自买自卖与证券交割清算系统有密切的联系。在实现一级清算分级保管的清算模式中，由于投资者的证券登记在经纪商或交易商名下，因此只要保证其账户当天买入与卖出证券数量相当，操纵者无须实际转移证券所有权，却在交易行情系统中虚增了该等交易

---

① 参见李中东：《B股暮钟》，载《证券市场周刊》2005年第34期。

量。在我国证券市场发展早期,不转移所有权的自买自卖是操纵市场的一种方式。但是,随着中央登记的证券账户开户模式的推行,在投资者进行交易时,中央登记结算系统的信息实时反映账户持有的可交易证券情况,在单一结算账户下,不转移所有权的自买自卖在技术上已经受到严格限制。

（二）洗盘

现代证券市场股价的供求关系及交易信息通常通过表格或曲线形式表现,投资者通过对曲线图的技术判断了解交易信息并预测未来价格走势。洗盘就是操纵者通过一系列的交易,使市场形成一种操纵者意图形成的交易数据,通过这种数据向投资者传达错误的供求信息,并最终利用这种错误的信息误导投资者进行交易。洗盘造成大量的筹码被机构主力战略性地锁定,从而导致市场内的浮动筹码大量减少,使筹码进一步集中。洗盘的问题不在于交易的过程,而在于交易的目的。因此,针对洗盘,只有结合其出售时的行为才能认定。

（三）对倒

对倒又称“对敲”,是在不转移所有权的自买自卖基础上衍生的一种自我控制的操纵方式,其本质仍是一种不以真实交易为目的,而以合谋或蓄意的方式造成市场实际存在成交数量或成交价格的假象,从而误导投资者的判断,为其后续低价买入或高价卖出制造机会。对倒可以分为合谋的对倒和自我的对倒。合谋的对倒是指交易双方作为法律上不存在关联关系的非关联方,通过事先的约定,利用交易规则,在相同的时间段(通常存在于以时间优先、报价优先为驱动的交易市场),以相同或近似的价格从事方向相反的交易。自我的对倒类似于不转移所有权的自买自卖。不同的是,这类交易发生在存在关联关系的关联方之间,各关联方通过自己的账户从事证券交易,在形式上也符合证券所有权进行真实转移的外在要求。但是,由于交易双方各自的关联关系,因此这种交易具有欺骗市场其他主体交易意图的隐蔽性。

（四）控盘交易

控盘交易是指利用各种非法手段收购目标证券(但不履行法定的披露或收购义务),在以非法手段集中持有目标公司大量证券后(“吸筹”),通过少量的自我交易制造虚假的供求关系与供求价格,引诱其他投资者根据操纵者人为制造的价格行情买入证券,市场操纵者再以其操纵的价格高位抛售证券而获取非法利益。

（五）制造虚假交易量或价格

制造虚假交易量或价格是指意图操纵者利用交易规则,在短时间内突然加大买入或卖出的数量或价格,意图通过这种突然放大的买盘或卖盘信息诱导其他投资者进行跟风交易,从而为其后续的炒作或出货作准备。制造虚假交易量或价格的目的在于拉盘或砸盘。一个典型是,利用竞价交易的规则,进行虚假的买单或者卖单的报价,并在市场价格接近其报单价格时予以撤单,以此蛊惑其他投资者错误理解股价变化的趋势而进行交易。

（六）利用现货市场的卖空规则操纵股价

在当前主流的证券市场上，各国证券监管机关一般都允许市场主体利用对于市场行情的判断从事买空或卖空交易。[①] 投资者可以在未真实持有标的证券的情况下卖出标的证券，等到证券价格下降时再以低价买入而平仓获利。卖空交易原本是作为套利工具，旨在平衡市场在对标的证券价格走势具有不同观点情况下的交易行为。但是，由于卖空意味着对价格走势的看淡，如果故意利用卖空机制打压股价进行"吸筹"活动，或通过沽空现货市场谋求在期货市场的利益，就会构成不公平的操纵市场行为。需要注意的是，卖空操纵需要与为了规避风险而进行的卖空和现货同时反向操作的套期保值区分开来。

（七）利用股指的买空卖空影响现货指标股的股价

一般来说，股指期货本身应是现货市场的对冲工具。但是，在国际金融衍生市场中，股指往往成为投资者套利的工具。由于期货市场是以保证金交易为基础的杠杆型交易，因此股指期货的走势会直接影响现货股指的趋势，特别是构成指标股的股价。因此，在证券市场，不乏利用股指期货买空卖空进行跨市场操纵的投资者。这类操纵者由于跨市场交易，本身面临的交易风险也很大，而一旦成功，获利也很大。

（八）利用虚假消息进行炒作

操纵市场的另一种手段是利用新闻媒体、网络或者自媒体的公众传播效果，故意散布虚假消息，混淆公众视听，浑水摸鱼，诱使不明真相的投资者从事虚拟消息制造者所希望的交易并由此从中牟取私利。

（九）为增发或大宗交易拉升二级市场股价

此种操纵市场的行为主要是控股股东或上市公司利用各种手段，通过对二级市场股价的拉升，提高其可能进行的股份发行行为，以获得额外的发行收入。

（十）锁定股价承诺

通常，承销商对股价稳定的承诺也构成一种市场操纵，因为它也是人为控制、操纵市场价格的行为。但是，考虑到此种锁定可以通过公开披露、预先公告

---

① 以美国为例，卖空可以分为融券卖空与裸卖空。融券卖空是指卖方从证券经纪商或证券所有人处借入证券后卖出，卖方在到期日前向借方偿还同等数量的证券的行为。融券卖空在交割日发生真实交割。裸卖空(naked short selling)是指卖空方在还没有落实借入证券安排的情况下，只是依据证券买卖日与实际交割清算日之间(通常为3个工作日)的差距凭空卖出不曾持有或未安排借入的证券，且在实际交割清算日仍未能向买方交付卖出证券的行为。法律规定裸卖空最迟在交割延迟期(通常为交割日后的13个清算日)内完成实物交割，否则将因交割失败(fail to deliver)而受到卖空限制。为防止卖空机制放大投资者对市场信心的非正常恐慌，早在1938年，由SEC颁布的规则10a-1就赋予SEC在向下波动的市场中限制卖空的权力。2008年金融危机爆发后，对于那些不以交割为目的却可以影响股价变动的裸卖空，无论是监管层还是立法者都开始倾向于将其定性为"欺诈"(fraud)与"操纵"(manipulation)行为进行治罪。

的方式为市场所知晓，因此在国外，锁定股价的操纵行为通常可以引用“安全港”原则避免操纵指责。锁定股价最为常见的“安全港”机制是“绿鞋”机制，即承销商在发行结束后一段时间内，可以为股价稳定的需要而额外发行或自行购买相应的股份，通过对供求关系的调节，维持股价的稳定性。但是，实施“绿鞋”机制必须公开披露方式、时间、价格区间、数量上下限等信息。

三、我国对操纵市场的认定与监管

现有法域的证券法律对“市场操纵”存在概括式、列举式、混合式几种认定方式。概括式是只说明在符合哪些要件的情况下可以构成市场操纵，而特定行为是否构成市场操纵则由法定机关按照法律规定的要件进行判定，法律不根据市场情况一一列出具体的操纵行为，如美国《1934 年证券交易法》。列举式是在法例中一一列举哪些行为可以构成操纵行为，将每一个操纵行为具体列入法律之中，法定机关只能按照法例中所列举的行为模式认定是否存在操纵行为，如原《日本证券交易法》和我国香港地区的《证券及期货条例》。混合式是在法例中只笼统规定禁止市场操纵行为，法律本身并未对操纵行为的构成要件或者具体的操纵行为进行界定，有关构成要件及行为列举交由附属的法例或条例进行界定，以回避因法律制定的滞后性和僵化而跟不上监管实践，如英国《2000 年金融服务与市场法案》与《市场行为指引》的关系。

我国在认定市场操纵的立法上多有反复，概括式、列举式、混合式的立法模式在每个阶段上都曾出现。1993 年《禁止证券欺诈行为暂行办法》第 8 条以列举方式将以下行为认定为操纵市场行为：“（一）通过合谋或者集中资金操纵证券市场价格；（二）以散布谣言等手段影响证券发行、交易；（三）为制造证券的虚假价格，与他人串通，进行不转移证券所有权的虚买虚卖；（四）出售或者要约出售其并不持有的证券，扰乱证券市场秩序；（五）以抬高或者压低证券交易价格为目的，连续交易某种证券；（六）利用职务之便，人为地压低或者抬高证券价格；（七）其他操纵市场的行为。”

1996 年《中国证券监督管理委员会关于严禁操纵证券市场行为的通知》（以下简称《通知》）则以混合式对操纵行为作出认定。首先，《通知》将操纵行为界定为“任何单位和个人以获取利益或者减少损失为目的，利用其资金、信息等优势操纵市场，影响证券市场价格，诱导投资者在不了解事实真相的情况下作出证券投资决定，扰乱证券市场秩序”。其次，《通知》一一列举了构成操纵市场的行为，包括：“1. 通过合谋或者集中资金操纵证券市场价格；2. 以散布谣言、传播虚假信息等手段影响证券发行、交易；3. 为制造证券的虚假价格，与他人串通，进行不转移证券所有权的虚买虚卖；4. 以自己的不同账户在相同的时间内进行价格和数量相近、方向相反的交易；5. 出售或者要约出售其并不持有的证券，扰乱证券市场秩序;6. 以抬高或者压低证券交易价格为目的,连续交易某种证券;7. 利用职务便利,人为地压低或者抬高证券价格;8. 证券投资咨询机构及股评人士利用媒介及其他传播手段制造和传播虚假信息,扰乱市场正常运行;9. 上市公司买卖或与他人串通买卖本公司的股票;10. 中国证监会认定的其他操纵市场的行为。”

1999 年《证券法》第 71 条又以要件归纳的概括式界定操纵行为的类型,包括:“(一) 通过单独或者合谋,集中资金优势、持股优势或者利用信息优势联合或者连续买卖,操纵证券交易价格;(二) 与他人串通,以事先约定的时间、价格和方式相互进行证券交易或者相互买卖并不持有的证券,影响证券交易价格或者证券交易量;(三) 以自己为交易对象,进行不转移所有权的自买自卖,影响证券交易价格或者证券交易量;(四) 以其他方法操纵证券交易价格。”[①]2007 年 3 月,作为对这些要件的具体补充,中国证监会《证券市场操纵行为认定指引(试行)》再次以列举式将《证券法》规定的操纵市场要件细化为“连续交易操纵”“约定交易操纵”“洗售操纵”“蛊惑交易操纵”“抢帽子交易操纵”“虚假申报操纵”“特定时间的价格或价值操纵”“尾市交易操纵”等市场操纵的具体表现形式。[②]

2019 年修订的《证券法》在总结《证券市场操纵行为认定指引(试行)》的基础上,以列举式将对操纵证券市场行为的认定标准之范围进一步扩大,具体如表 10-5 所示:

表 10-5　新旧《证券法》对操纵证券市场行为的认定标准

2019 年修订之前的《证券法》	2019 年修订之后的《证券法》
第七十七条　禁止任何人以下列手段操纵证券市场: (一) 单独或者通过合谋,集中资金优势、持股优势或者利用信息优势联合或者连续买卖,操纵证券交易价格或者证券交易量; (二) 与他人串通,以事先约定的时间、价格和方式相互进行证券交易,影响证券交易价格或者证券交易量; (三) 在自己实际控制的账户之间进行证券交易,影响证券交易价格或者证券交易量; (四) 以其他手段操纵证券市场。	第五十五条　禁止任何人以下列手段操纵证券市场,影响或者意图影响证券交易价格或者证券交易量: (一) 单独或者通过合谋,集中资金优势、持股优势或者利用信息优势联合或者连续买卖; (二) 与他人串通,以事先约定的时间、价格和方式相互进行证券交易; (三) 在自己实际控制的账户之间进行证券交易; (四) 不以成交为目的,频繁或者大量申报并撤销申报; (五) 利用虚假或者不确定的重大信息,诱导投资者进行证券交易; (六) 对证券、发行人公开作出评价、预测或者投资建议,并进行反向证券交易; (七) 利用在其他相关市场的活动操纵证券市场; (八) 操纵证券市场的其他手段。

① 在这方面,2005 年《证券法》与 1999 年《证券法》相比,不同之处只在于取消了通过操纵行为“获取不正当利益或者转嫁风险”的主观要件,代之以客观要件的标准。

② 参见《证券市场操纵行为认定指引(试行)》第三章。

第四节 其他不当交易行为的规制

一、禁止利用非公开信息从事证券交易("老鼠仓")

由于内幕交易的法定构成要件是以"涉及发行人的经营、财务或者对该发行人证券的市场价格有重大影响的尚未公开的信息"为前提的,因此在证券交易实践中,会出现一些特定人员基于私利而利用不构成内幕信息的非公开信息从事交易,损害特定主体利益的情形。对此,我国法律以"利用非公开信息从事交易"的名义进行规制。

我国《证券法》早先并未对这种在内幕交易以外的"利用非公开信息从事交易"的行为进行规制。2009 年《刑法修正案(七)》根据当时的证券监管工作经验,在《刑法》第 180 条增加一款作为第 4 款,规定:"证券交易所、期货交易所、证券公司、期货经纪公司、基金管理公司、商业银行、保险公司等金融机构的从业人员以及有关监管部门或者行业协会的工作人员,利用因职务便利获取的内幕信息以外的其他未公开的信息,违反规定,从事与该信息相关的证券、期货交易活动,或者明示、暗示他人从事相关交易活动,情节严重的,依照第一款的规定处罚。"2019 年修订的《证券法》吸收了前述刑事立法的经验,第 54 条规定:"禁止证券交易场所、证券公司、证券登记结算机构、证券服务机构和其他金融机构的从业人员、有关监管部门或者行业协会的工作人员,利用因职务便利获取的内幕信息以外的其他未公开的信息,违反规定,从事与该信息相关的证券交易活动,或者明示、暗示他人从事相关交易活动。利用未公开信息进行交易给投资者造成损失的,应当依法承担赔偿责任。"这样,就将特定主体"利用非公开信息从事交易"的行为纳入民事、行政和刑事全覆盖监管的范围。

二、禁止编制虚假信息

禁止任何单位和个人编造、传播虚假信息或者误导性信息,扰乱证券市场。禁止证券交易场所、证券公司、证券登记结算机构、证券服务机构及其从业人员,证券业协会、证券监督管理机构及其工作人员,在证券交易活动中作出虚假陈述或者信息误导。各种传播媒介传播证券市场信息必须真实、客观,禁止误导。传播媒介及其从事证券市场信息报道的工作人员不得从事与其工作职责发生利益冲突的证券买卖。编造、传播虚假信息或者误导性信息,扰乱证券市场,给投资者造成损失的,应当依法承担赔偿责任。

三、禁止特定欺诈行为

我国《证券法》第 57 条第 1 款规定:"禁止证券公司及其从业人员从事下列

损害客户利益的行为:(一) 违背客户的委托为其买卖证券;(二) 不在规定时间内向客户提供交易的确认文件;(三) 未经客户的委托,擅自为客户买卖证券,或者假借客户的名义买卖证券;(四) 为牟取佣金收入,诱使客户进行不必要的证券买卖;(五) 其他违背客户真实意思表示,损害客户利益的行为。”

四、禁止出借账户与非法配资

为了防止规避上市公司收购的监管以及操纵市场行为,我国《证券法》禁止法人非法利用他人账户从事证券交易,第 58 条规定:“任何单位和个人不得违反规定,出借自己的证券账户或者借用他人的证券账户从事证券交易。”

在经历了 2015 年的股市大波动后,中国证监会严厉打击证券市场的“场外配资”活动,通过“开正门、堵后门”的方式,依法拓宽资金入市渠道,禁止资金违规入市,并禁止投资者违规利用财政资金、银行信贷资金买卖证券。

本章复习要点

虚假陈述的定义、民事责任,内幕交易的定义、构成要件,内幕信息敏感期,操纵市场的定义、主要方式,“老鼠仓”的构成要件。

课外参考书目

1. 李国光主编:《最高人民法院关于审理证券市场虚假陈述案件司法解释的理解与适用》,人民法院出版社 2003 年版。

2. 郑顺炎:《证券内幕交易规制的本土化研究》,北京大学出版社 2002 年版。

3. 杨亮:《内幕交易论》,北京大学出版社 2001 年版。

4. 郑彧:《从“结果主义”转向“行为主义”——论连续交易型市场操纵的认定》,载蒋锋、卢文道主编:《证券法苑》(第二十六卷),法律出版社 2019 年版。

案例检索与思考

检索“光大乌龙指”内幕交易案(事实、争议与认定)。

第十一章　证券交易涉及的其他主体

【本章导言】

在一个公开、有序的证券市场中，除了存在发行人、投资者之外，作为外部监管主体的证券监管机关、作为提供有组织交易场所的证券交易所、作为提供高效所有权与资金过户服务的证券结算机构、作为弥补信息不对称的信任机制的证券中介机构都是证券市场重要的参与主体和基本要素。证券监管机关、证券交易所、证券结算机构和证券中介机构各司其职、各尽其力，与发行人、投资者共同构建了资本市场不可或缺的“生态圈”。

第一节　证券监管机关

一、境外视野

（一）美国的做法

基于对在1929年股灾之前“买者自负”的市场环境中，买方更容易在博弈过程中受欺诈、误导和隐瞒而得不到保护的认识，美国国会在发布了由费迪南德·皮科拉主导的对股票市场的调查报告后，选择了以信息披露为核心的《1933年证券法》和《1934年证券交易法》作为对完善市场公平交易的制度回应。通过这两部证券市场基本法律，国会以立法确立了“卖者自负”的法定责任，体现了对公平、诚信地进行证券交易的要求。在围绕信息披露的真实性与有效性的立法理念下，考虑到市场内部各主体基于利益冲突的原因，都不适合充当市场主体信息披露的监管载体，在经济危机时期上台的美国第32任总统富兰克林·罗斯福接受了凯恩斯主义关于国家干预经济的立场，对证券市场一直坚持“当充分暴露在公众审查之下的时候，银行家们在道德上的不法行为就会得到遏制”[①]的观点，他将其所热衷的一种行政机构监管机制引入《1933年证券法》。原本按照罗斯福的设想，这个可以行使证券监管权限的行政机构只要由联邦贸易委员会和

---

① 〔美〕乔尔·塞利格曼：《华尔街变迁史——证券交易委员会及现代公司融资制度的演化进程》（修订版），田风辉译，经济科学出版社2004年版，第41页。

联邦储备委员会充当即可,以罗斯福为主导的新政派并没有想过要单独设立类似证券交易委员会的机构行使监管权限。但是,在围绕推进证券市场监管的改革过程中,特别是在向国会提交表决《1934年证券交易法》的过程中,“国会感到让联邦贸易委员会继续超负荷承担新的管理职责是不可能的”[①]。于是,作为国会反对派与改革派互相斗争的结果,一个全新的行政机构——美国证券交易委员会(SEC)作为一个意外的妥协产物而被写入《1934年证券交易法》,[②]并替代联邦贸易委员会和联邦储备委员会接管对证券交易信息披露的监管权力。

为实施这种法定的信息披露监管职责,在随后的七十多年间,SEC逐步根据《1933年证券法》和《1934年证券交易法》的授权,制定了一系列细化信息披露内容与程序所需要的法令与规则,并先后依据这些法令与规则颁布了一整套的信息披露注册表格(如S系列表格、F系列表格等)和公开披露系统,如EDGAR(Electronic Data Gathering, Analysis, and Retrieval)系统以及2009年左右上线的IDEA(Interactive Data Electronic Applications)系统。通过这些法令、规则、注册表格和公开披露系统,SEC行使着对信息披露的政府监管职责,并通过这种与市场有关的重要信息的披露监管行使着对市场公平交易和避免投资者遭受欺诈的保护职能。由于SEC本身的目标在于保护投资者,维护公平、有序、有效的市场,因此在美国证券法律体系中并没有赋予SEC对证券上市审批、证券产品设计的审批权。这些由市场决定的事情交由市场组织者、参与者、交易者自行决定,政府不作干预。无论市场游戏规则如何被创设,政府都要为保护交易对方而通过贯彻“披露原则”促使那些参与市场游戏的主体披露法定的信息,并间接地规制市场主体做出非法或者令人尴尬的行为。

(二) 我国香港地区的经验

在我国香港地区,买卖公司股票的历史可追溯至百年之前,香港证券经纪协会早在1891年就已经成立(1941年改名为“香港股票交易所”)。[③] 20世纪70年代之前,香港当局奉行对经济的消极不干预政策,加上受英国对证券市场进行自律性监管的影响,对证券市场的监管采取由市场自我调节的监管政策。但是,随着1973—1974年股市的震荡以及内幕交易丑闻的频发,香港当局为保护投资者而被迫采取一系列措施监管股市。为此,香港颁布了《证券条例》《商品交易条例》和《公司收购及合并守则》,并建立起相应的证券事务监察委员会、商品交易

① 〔美〕托马斯·李·哈森:《证券法》,张学安等译,中国政法大学出版社2003年版,第6页。

② 参见〔美〕乔尔·塞利格曼:《华尔街变迁史——证券交易委员会及现代公司融资制度的演化进程》(修订版),田风辉译,经济科学出版社2004年版,第97页。

③ See Robert Fell, *Crisis and Change: The Maturing of Hong Kong's Financial Markets*, Longman Group (Far East), 1992, p. 36.

事务监察委员会以及相应的监理专员办事处。[①] 1989 年,为进一步适应证券市场的监管需要,香港立法局依据《戴维森报告》的建议,通过了《证券及期货事务监察委员会条例》。该条例正式指出,证券监管的目标是"使市场有足够的流通量,并公平、有秩序和有效率地运作;控制和减低交易系统风险,避免市场失灵和适当地管理风险,以确保一个市场的危机不致影响其他的金融范畴;保护投资者;促进一个有利于投资和经济增长的经济环境的设立"。为此,一个独立的法定监管机构——香港证券及期货事务监察委员会(简称"香港证监会",SFC)于1989 年 5 月 1 日成立。

在 SFC 建立后的很长一段时间内,从监管分工的实践而言,作为证券上市及交易撮合主体的各交易所仍承担着对证券监管的更多监管权限。1991 年 11 月,SFC 与香港联交所签订谅解备忘录,把对上市规则的日常管理以及监管上市公司的直接责任移交给了香港联交所。因此,香港的交易所(1997 年前以香港联交所为主)承载多项监管职能,更多地承担一个类似于俱乐部的自律性组织的管理职能,而香港证监会只承担对交易所、金融中介人、监管投资产品的销售、收购及合并活动的监管职责。为弥补自律组织监管的不足,1999 年 3 月,香港财政司公布了香港证券与期货市场的全面市场改革计划,在完成香港联交所、香港期货交易所有限公司和香港中央结算有限公司的合并后,交易所对券商监管的工作正式移交香港证监会。[②] 2003 年 4 月 1 日,两部在香港证券历史上具有重要意义的法规《证券及期货条例》和《证券及期货(在证券市场上市)规则》同时生效。这两部法规重新确定了证监会与交易所对上市及上市公司信息披露的"双重存档"制,由此重新构建了香港证券市场"双重监管"的主要制度框架。

总体上,我国香港地区的证券监管遵从"自行规管"和"轻度监管"的监管方式,如同《戴维森报告》所阐述的:"我们仍推荐采用一个以从业人员为本的自行规管制度,这是能够实现我们为香港订下的目标的最佳途径。我们作出这个决定则希望极力避免以严厉的法定制度约束证券市场,这样的一个制度很容易会使市场过分受到反应缓慢或运作不灵的管制方式限制……我们不能单单因为有人不当地使用或严重滥用这个制度而完全将它摒弃。"[③]因此,我国香港地区的证券监管仍是以自律性为主,监管机构只对专业机构的资格准入、信息披露等少部分市场行为实现直接的监管,其他方面的监管多通过对交易所与专业机构的监管实现间接的监管。我国香港地区的证券监管在很大程度上借鉴了英国的传统,没有综合性的证券法例进行统筹监管,调节证券市场的各种规定及监管要求

① 参见郭琳广、区沛达:《香港公司证券法》,刘巍、李伟斌等编译,法律出版社 1999 年版,第 3 页。

② 参见卢彦铮、徐可、季敏华、郭琼:《香港新舞步》,载《财经》2007 年第 13 期。

③ Davison Report (27 May1988), Securities Regulation in Hong Kong, Securities and Future Commission, 2002, p. 48.

散见于《公司条例》《收购与合并守则》《证券(权益披露)条例》《证券(内幕交易)条例》[1]以及交易所上市规则之中,而且监管手段多为警戒、谴责等道德监管手段,行政或法定监管的约束力较弱,缺乏通过罚款、刑事追责等法律手段进行证券监管活动的历史传统。

(三)日本的特点

日本证券交易来源于明治初年的大米商品交易。在第二次世界大战(以下简称“二战”)前,由于证券交易是以股票的投机买卖为中心的,因此对证券市场的管理主要以对流通市场和流通业者进行规范为中心。在1941年移交大藏省管理之前,证券市场的监管机构是农畜务省和工商省。[2] 二战后,日本建立起一种以利率限制、业务活动领域限制以及国内外金融市场的分离为主要内容,并以间接融资优势为主要特征的限制性金融体制。[3] 在证券监管领域,日本参照美国的证券监管模式,成立了证券交易委员会,作为证券行政的中枢机关。[4] 1948年,日本模仿美国证券法体制制定了《证券交易法》[5],该法成为证券法制的核心法律。在监管主体层面,作为金融业行政主管机关的大藏省不仅负责对包括证券业在内的整个金融业的监管,还承担起对金融机构的经营进行限制、管理、监督和检查的职责。大藏省既是金融体系中的政策制定者,又是政策执行者,还是政策实施的监管者。

在日本,证券市场作为“应该被保持和强化的重要的国家财产”的观念影响深远,[6]通过管制使资金流向政府优先支持的相关产业是政府控制证券市场以实现其政策意图的基本手段之一。20世纪80年代前,日本的证券监管可以说处于政府高度管制的“过度规制”(excessive regulation)状态。这种过度监管又与日本作为西方发达国家融入金融自由一体化的进程格格不入,导致证券监管的难度越来越难,成本越来越高。1991年由日本四大证券公司主导的“证券舞弊案”[7]更是激化了市场及投资者对政府证券过度监管的责难。在这种情况下,1992年,

---

① 《证券(权益披露)条例》《证券(内幕交易)条例》于2002年3月被《证券及期货条例》替代。

② 参见贺智华主编:《海外证券市场》,经济日报出版社2002年版,第141页。

③ 参见王刚、牛天雪:《战后日本金融体制模式研究》,载《东北亚论坛》1999年第1期。

④ 该委员会于1948年成为在大藏大臣管辖下独立的行政官厅。证券交易委员会在1952年的行政机构改革中被撤销,由其管理的事项交给了大藏省理财局内的证券课(即后来的证券局)负责。

⑤ 2006年,该法被合并为《金融商品交易法》。

⑥ 参见孙翠雯:《日本证券市场的法律监管》,载《学习时报》2005年2月28日。

⑦ 该案的起因是,野村、山一、日兴、大和这四家当时日本最大的证券公司对大宗投资者的投资损失给予私下补偿,而这几家证券公司给予这种补偿的理由竟然可以援引大藏省证券局对《日本证券交易法》第50条第3款内容所提供的指引意见。这一事件公开后,引起轩然大波,公众纷纷指责证券公司对特定客户进行损失补偿损害了证券市场的公正性和投资者对证券市场的依赖。证券公司则将责任指向大藏省的“行政指导”,而大藏省事实上无须对这种所谓的“行政指导”承担责任。在此背景下,日本对证券监管体制进行了“洗牌”。参见朱新力、金伟峰、唐明良:《行政法学》,清华大学出版社2005年版,第290—291页。

日本大藏省不得不重设证券交易监督委员会，作为分管有关证券交易以及金融期货交易的监督机构。随后，为适应国际金融业发展的趋势，提高日本金融机构的国际竞争力，增强东京国际金融市场的地位，日本政府对金融体制进行了放松管制、加速金融自由化、重组金融机构等多方面的改革。[①] 1998 年，证券监管部门从大藏省独立出来，成为总理府直接管辖的金融监督厅。2000 年 7 月，在金融监督厅的基础上，日本成立了金融厅，承接了原来大藏省对证券市场进行检查、监督和审批备案的全部职能。2001 年 1 月，金融厅升格为内阁府的外设局，成为日本金融监管的最高机构，独立行使、全面负责金融业的监管。至此，日本金融监管有了组织上和制度上的保证。

日本证券市场监管还是习惯于政府采取的行政指导方法，这也决定了其特点是一种"护航式"的监管，即"在监管机构的护卫下，以航速最慢的船只即效率最差的金融机构为标准，制定各种市场管制措施，维持不破产神话"[②]。具体来说，从金融市场的游戏规则到市场参与者的行为规范，都在受监管之列。金融服务的价格和金融机构的日常经营活动也由一只高高在上的"看得见的手"操纵。[③] 政府的行政指导凌驾于法律之上，政府事先划定的游戏范围成为一种软约束：虽能与管制对象进行充分协商，但缺乏统一的规范，从而使管制存在不透明性和无规则性。[④] 日本证券监管的特点有两面性：一方面，在经济高速增长时期，证券机构的资金来源短缺，它们在权衡服从政府指导的利弊后往往会选择服从。所以，监管当局的行政命令易于贯彻，监管效率由此得以体现。另一方面，在证券机构的资金短缺问题得到缓解，监管当局对经营机构的奖励意义逐步减缓之后，当局监管的效果就会大打折扣。[⑤]

二、中国历程

在 20 世纪 90 年代之前，我国证券市场处于萌芽阶段，由于市场组织体系没有形成，因此证券市场没有建立集中统一的监管体系。当时，证券市场集中监管结构体现为，在中国人民银行等部门的宏观指导下，由证券发行地及交易地所在地的地方人民政府（或对口的主管部委）及中国人民银行的省级分行负责证券发

---

① 参见魏君贤：《放松规制加强监管——日本金融大爆炸中的证券监管变革》，载《金融法苑》1999 年第 12—13 期合刊。

② 朱海洋、高远：《日本证券市场监管体制的变革——对发展我国证券市场的启示》，载《世界经济情况》2007 年第 5 期。

③ 参见孙翠雯：《日本证券市场的法律监管》，载《学习时报》2005 年 2 月 28 日。

④ 参见胡坚、钱宥妮：《政府在日本金融制度演化中的作用》，载《北京行政学院学报》2006 年第 3 期。

⑤ 参见郄永忠、潘晓文：《"护送船队"监管防线利弊参半——日本证券监管对中国的启示》，载《日本研究》2004 年第 1 期。

行与交易的具体管理工作。[①] 比如，1990 年发布的《上海市证券交易管理办法》第 4 条规定："本市的证券主管机关是中国人民银行上海市分行。日常工作由中国人民银行上海市分行金融行政管理处负责。"第 72 条规定："证券主管机关负责管理、监督、指导、协调本市证券市场活动。"深圳、福建、四川等股票发行及认购活跃的省市通过类似的地方性规定，赋予地方政府对股票发行、交易进行监督与管理的权力。

1992 年 12 月 17 日，针对因深圳"8 · 10 股票认购证事件"[②]引发的问题，国务院发布《国务院关于进一步加强证券市场宏观管理的通知》，决定成立国务院证券委员会(以下简称"证券委")和中国证监会。其间，监管体制形成"多驾马车"并列监管的局面：国家计委根据证券委的计划建议进行综合平衡，编制证券计划；中国人民银行负责审批和归口管理证券机构；财政部归口管理注册会计师和会计师事务所；国家体改委负责拟订股份制试点的法规并组织协调有关试点工作；上海、深圳证券交易所由当地政府归口管理；企业的股份制试点，地方企业由省级或计划单列市人民政府授权的部门会同企业主管部门共同负责审批。证券委作为国家对全国证券市场进行统一宏观管理的主管机构，负责组织拟订有关证券市场的法律、法规草案；研究制定有关证券市场的方针政策和规章；制定证券市场发展规划和提出计划建议；指导、协调、监督和检查各地区、各有关部门与证券市场有关的各项工作，审核设立新的证券交易所并转报国务院批准。同时，证券委的另一项重要职能是归口管理中国证监会。

从 1992 年成立至 1998 年，中国证监会只是证券委的监管执行机构，并不是法定的证券市场监管机关，它在行政序列上不属于行政机关，只是按事业单位编制进行管理。此时，中国证监会的主要职责是：根据证券委的授权，拟订有关证券市场管理的规则；对证券经营机构从事证券业务，特别是股票自营业务进行监管；依法对有价证券的发行和交易以及对向社会公开发行股票的公司实施监管；对境内企业向境外发行股票实施监管；会同有关部门进行证券统计，研究分析证券市场形势并及时向证券委报告工作，提出建议；负责从事与证券业务有关的会计师事务所的资格审定。由于中国证监会只是国务院证券委的执行机关，不是法定的独立行政机关，因此它没有单独的行政执法权，其对上市申请所作的批复或对要约收购的豁免在法理上属于证券委行政职能的转授权，而非基于法律或行政法规的直接授权。不仅如此，行政处罚权也是由证券委以《国务院证券委员

---

① 参见马庆泉主编：《中国证券史(1978—1998)》，中信出版社 2003 年版，第 92 页。

② 20 世纪 90 年代，股票认购证是股票发行的一种方式。1992 年 8 月 10 日，"1992 股票认购证"在深圳发售，这也是该年最后一次摇号。当时，预发认购表 500 万张，每张 100 元，每人凭身份证可购表 10 张，中签率为 10%，时称有"百万人争购"，不到半天一抢而空。因发售认购表的组织工作不严，存在少数工作人员私分认购表的现象，数万名没有买到股票认购证的人走上街头，史称"8 · 10 股票认购证事件"。

会关于授权中国证券监督管理委员会查处证券违法违章行为的通知》的方式转授权中国证监会行使的。[①]

为改变中国证监会具体行使监管权限却又缺失独立法律地位的现实问题，1997年11月，中共中央召开的全国金融工作会议决定对证券市场监管体制进行改革，随后发布的《中共中央国务院关于深化金融改革，整顿金融秩序，防范金融风险的通知》要求建立全国统一的证券、期货监管体系，理顺中央和地方监管部门的关系。据此，为充实证券业监管力量，中国证监会在部分中心城市派出机构，对地方证券监管部门实行中央和地方双重领导、以中央为主的管理体制。1998年8月，国务院批准了《证券监管机构体制改革方案》。同年9月30日国务院办公厅以发布《中国证券监督管理委员会职能配置、内设机构和人员编制规定》的形式将中国证监会纳入国务院直属的正部级事业单位序列，[②]要求国务院证券委员会的职能和中国人民银行履行的证券业监管职能划归中国证监会，并要求地方政府将原归属地方管理的地方证券监管机关移交给中国证监会进行垂直管理。由此，中国证监会作为全国证券期货市场主管部门的法律地位得以依法确立。

三、中国证监会的基本职责

依据《证券法》的规定，中国证监会作为国务院证券监督管理机构，依法对证券市场实行监督管理，维护证券市场公开、公平、公正，防范系统性风险，维护投资者合法权益，促进证券市场健康发展。中国证监会在对证券市场实施监督管理中履行下列职责：

（1）依法制定有关证券市场监督管理的规章、规则，并依法进行审批、核准、注册，办理备案；

（2）依法对证券的发行、上市、交易、登记、存管、结算等行为，进行监督管理；

---

① 但是，由于当时从事证券业务的证券公司被归为从事金融业务活动的金融机构而归属中国人民银行管理，因此中国证监会在授权查处相关违法行为而需要作出撤销当事单位的证券经营业务许可处罚的，应当在与中国人民银行总行协商后进行处理。

② 早在1994年1月，国务院就发布《国务院关于中国证券监督管理委员会列入国务院直属事业单位序列的通知》（国发〔1994〕2号），将中国证监会纳入国务院事业单位。但是，此时的事业单位与1998年后的事业单位的性质与法律地位不同。1998年3月国务院发布的《国务院关于机构设置的通知》突破了1997年《国务院行政机构设置和编制管理条例》第6条原确定的国务院的基本组织框架（包括国务院办公厅、国务院组成部门、国务院直属机构、国务院办事机构、国务院组成部门管理的国家行政机构和国务院议事协调机构），将国务院直属事业单位纳入国务院下属的行政机关序列。所以，从法理上说，这些直属事业单位在1998年后才作为一个特殊的行政机关而得以存续。当时被纳入行政机关序列的国务院直属事业单位有中国科学院、新华通讯社、中国证监会等。根据上述事业机关性质的演变历史，中国证监会作为证券市场行政主管机关行使监管权是在1998年之后，在此之前只是证券委的执行机构。

（3）依法对证券发行人、证券公司、证券服务机构、证券交易场所、证券登记结算机构的证券业务活动，进行监督管理；

（4）依法制定从事证券业务人员的行为准则，并监督实施；

（5）依法监督检查证券发行、上市、交易的信息披露；

（6）依法对证券业协会的自律管理活动进行指导和监督；

（7）依法监测并防范、处置证券市场风险；

（8）依法开展投资者教育；

（9）依法对证券违法行为进行查处；

（10）法律、行政法规规定的其他职责。

为此，中国证监会在履行监管职责的过程中，有权采取下列措施：

（1）对证券发行人、证券公司、证券服务机构、证券交易场所、证券登记结算机构进行现场检查；

（2）进入涉嫌违法行为发生场所调查取证；

（3）询问当事人和与被调查事件有关的单位和个人，要求其对与被调查事件有关的事项作出说明；或者要求其按照指定的方式报送与被调查事件有关的文件和资料；

（4）查阅、复制与被调查事件有关的财产权登记、通信记录等文件和资料；

（5）查阅、复制当事人和与被调查事件有关的单位和个人的证券交易记录、登记过户记录、财务会计资料及其他相关文件和资料；对可能被转移、隐匿或者毁损的文件和资料，可以予以封存、扣押；

（6）查询当事人和与被调查事件有关的单位和个人的资金账户、证券账户、银行账户以及其他具有支付、托管、结算等功能的账户信息，可以对有关文件和资料进行复制；对有证据证明已经或者可能转移或者隐匿违法资金、证券等涉案财产或者隐匿、伪造、毁损重要证据的，经国务院证券监督管理机构主要负责人或者其授权的其他负责人批准，可以冻结或者查封，期限为六个月；因特殊原因需要延长的，每次延长期限不得超过三个月，冻结、查封期限最长不得超过二年；

（7）在调查操纵证券市场、内幕交易等重大证券违法行为时，经国务院证券监督管理机构主要负责人或者其授权的其他负责人批准，可以限制被调查的当事人的证券买卖，但限制的期限不得超过三个月；案情复杂的，可以延长三个月；

（8）通知出境入境管理机关依法阻止涉嫌违法人员、涉嫌违法单位的主管人员和其他直接责任人员出境。

为防范证券市场风险，维护市场秩序，中国证监会可以采取并不处于《中华人民共和国行政处罚法》范围内的责令改正、监管谈话、出具警示函等行政监管措施。

第二节 证券交易所

一、境外证券交易所及其发展

根据《韦氏法律词典》(*Merriam-Webster's Dictionary of Law*),证券交易所实际上是在一个有组织的系统中为证券的买卖提供一个竞价市场的交易场所。根据美国《1934 年证券交易法》的定义,证券交易所包括有形的市场(场所)和无形的交易机制(设施)。

(一) 美国证券交易所的发展:以纽约证券交易所(New York Stock Exchange,NYSE)为例

1971 年之前,纽约证券交易所只是一个依据《1934 年证券交易法》在美国证券交易委员会登记注册的全国性证券交易组织。纽约证券交易所一直沿用以各经纪商之间互助合作为基础的会员参与模式。作为一个会员组织,它并没有依据任何法律向政府机关申请注册为法人组织。纽约证券交易所"以私人会员协会的身份进行操作,交易所一直以像私人俱乐部一样的方式处理交易所的事务"[①],每个会员要单独或共同对交易承担责任。1971 年,为了使交易所的组织结构、规章制度以及交易程序能够更好地适应现代技术的发展,更好地为社会公众和金融机构服务,纽约证券交易所根据前联邦储备委员会主席威廉·迈克切斯尼·马丁的有关改革建议,重组成为纽约州一家非营利组织并进行了注册,由此结束了原先由 33 人组成的管理委员会制度,取而代之的是由 10 名公众董事组成的董事会对交易所行使管理权。从法律角度来看,这样重组的好处是使交易所成为独立的法人,避免被会员要求索赔。[②]

(二) 欧洲证券交易所的发展:以伦敦证券交易所(London Stock Exchange,LSE)为例

伦敦证券交易所的历史可追溯至 17 世纪的伦敦咖啡馆。作为会员制度的交易所,从成立之时起,伦敦证券交易所的组织结构就一直比较稳定,没有发生太大的变化,完全起到自律的作用。伦敦证券交易所制定的上市规则与交易规则被会员及上市公司严格遵守,因此一直被视为证券市场自律管理的典范。这种情况一直到 20 世纪 80 年代金融"大爆炸"(big bang)后发生了改变。首先,伦敦证券交易所开放交易所的会员权,允许现有会员以外的人士或机构成为会员,取消了最低佣金制度。其次,更大程度的改革是,伦敦证券交易所将原先的俱乐部形式变更为依据《1985 年公司法》注册成立的私人有限责任公司。但是,

---

① 王森、齐莲英主编:《美国证券市场:制度、运作与监管》,经济科学出版社 2002 年版,第 46 页。

② 参见刘振亚主编:《美国股票市场》,经济科学出版社 2001 年版,第 29 页。

即使注册为公司,伦敦证券交易所也没有改变由会员控制的治理结构。[①] 直至2000年,作为自律组织模范的伦敦证券交易所将其上市审批职能移交金融服务局(FSA)。[②] 同年,伦敦证券交易所的股东投票决定将交易所转变为一家公共公司,公司的股票通过场外市场进行交易。2001年7月,作为一个股份公司,伦敦证券交易所在自己设立的交易场所成功上市。

（三）中国香港地区证券交易所的发展

中国香港地区的证券交易最早见于19世纪中叶。然而,直到1891年香港经纪协会成立时,香港始有正式的证券交易市场。1947年,香港经纪商会(原来的香港经纪协会)与香港股份商会(1921年注册成立)合并成为香港证券交易所。二战后,随着香港经济快速发展,为满足投资的需要,香港远东交易所、香港金银证券交易所、九龙证券交易所分别于1969年、1971年、1972年成立。这四家交易所被戏称为"四会"。1980年,在加强市场监管和合并"四会"的压力下,香港联交所依据《公司条例》注册成立。1986年,香港联交所正式承接原先四个交易所的功能,开始独立运营。香港联交所虽采用公司形式,但其实质为互助性组织。[③] 即交易所本身虽由股东设立,但只有成为交易所的会员才有资格进入场内进行交易。当时,公司制的香港联交所只是一个不派息的非营利机构。[④] 1999年,根据特区政府对香港证券及期货市场全面的改革方案,香港联交所与香港期货交易所有限公司实行股份化,并与香港中央结算有限公司合并,由单一控股公司香港交易所拥有。三家公司成为香港交易所有限公司的子公司。2000年6月27日,香港交易所在香港联交所上市,从此成为一个能够以营利和派息为目的的营利性组织。

（四）中国台湾地区证券交易所的发展

中国台湾地区证券交易所的设立和发展与大陆证券交易所的建立和发展有相似之处,也有其独特的地方。相似之处在于,台湾地区证券市场的发展建立在当局主导的基础之上,而非由市场主导。1959年,台湾当局为实现其所订立的经济计划,开始倡导居民储蓄投资,强调建立健全的资本市场。1960年,台湾证券管理委员会设立,台湾当局开始着手推动证券市场的建立。为配合当局的发展需要,台湾地区金融、企业机构共同出资,于1960年10月23日成立台湾证券交易所。台湾证券交易所作为一个依据"公司法"成立的民营的公司组织,其组织性质为公司制法人,最高决策机构为股东大会,下设董事会和监察人。1968

① See W. A. Thomas, *The Big Bang*, Philip Allan Publishers Limited, 1986, pp. 152-162.

② See FSA, 1999/2000 Annual Report, at 6.

③ 参见于绪刚:《交易所非互助化及其对自律的影响》,北京大学出版社2001年版,第29—30页。

④ 参见陈共、周升业、吴晓求主编:《海外证券市场》(第三版·第七分册),中国财政经济出版社2000年版,第380页。

年通过的台湾地区“证券交易法”允许证券交易所以会员形态存续。[①] 但是，台湾证券交易所作为台湾地区唯一一个进行场内集中交易的交易所的事实决定了其组织形式是公司制，而非会员制。

（五）澳大利亚和新加坡证券交易所的公司化过程

澳大利亚证券交易所（ASX）是全球第一家实行公司制改革并公开上市的证券交易所。在1998年实行公司制改革之前，ASX一直实行会员制，共有606名会员，其中公司会员86名，个人会员520名。ASX的公司制改革不涉及合并、新股发行和引入其他所有者等事项，只是向原有会员平均分配股权。实行公司制改革后的第一天，ASX的股票即可在ASX挂牌报价交易。

新加坡政府在1999年通过了《交易所改制和合并法》后，新加坡证券交易所（SES）和新加坡国际金融期货交易所（Simex）这两个会员制交易所合并而成新加坡交易所（SGX）。1999年12月1日，两交易所股份注销，转为SGX的全资子公司。SGX向SES、Simex的股东和席位持有人发行SGX的新股予以补偿，以换得对两交易所的完全控股。在两交易所的改制与合并完成后，SGX在2000年进行了首次公开发行并上市交易。

二、对证券交易所的准入监管

（一）美国的经验

正如美国《1934年证券交易法》第2条所阐述之理由，在证券交易所和场外交易市场进行的证券交易通常会涉及社会公共利益，因此必须消除全国证券市场系统、全国证券交易结算和清算系统以及相关证券和资金保障系统等机制存在的各种障碍并健全此类机制，必须对这种交易及其相关做法和事项（包括公司高级管理人员、董事和主要证券持有人进行的交易）进行监管和控制，以保护州际商业、国家信用和联邦税权，保护全国银行系统和联邦储备系统并使之更加有效，确保维护该交易市场的公平和诚实。为此，美国对全国性证券交易所的监管也采取市场准入的准则主义监管方式。具体而言：

(1) 证券交易所按照《1934年证券交易法》第6条规定的以下条款和条件，并按照第19(a)条的规定，可以以证券交易委员会通过规则（包含交易所规则）规定的形式，向证券交易委员会提交注册申请书以及证券交易委员会通过规则规定的对公共利益或者保护投资者必要或适当的其他类似信息和文件，注册为全国性证券交易所：

---

① 中国台湾地区“证券交易法”第11条规定：“本法所称证券交易所，谓依本法之规定，设置场所及设备，以供给有价证券集中交易市场为目的之法人。”第94条规定：“证券交易所之组织，分会员制及公司制。”

（2）经证券交易委员会认定符合以下条件的交易所，方可申请注册成为全国性证券交易所：

① 证券交易所的组织形式和能力符合执行《1934 年证券交易法》的目的，能够遵守[除证券交易委员会依照《1934 年证券交易法》第 17(d)条或者第 19(g)(2)条颁布的规则或者命令外]并能够强制其会员以及与其会员关联的人遵守《1934 年证券交易法》及其项下的规则、条例以及交易所规则。

② 在符合《1934 年证券交易法》第 6(c)条规定的情况下，交易所规则规定，任何注册经纪商、交易商或者与注册经纪商或交易商存在关联的自然人均可成为交易所会员，而且任何人均可以与该会员具有关联关系。

③ 交易所规则确保其会员代表在选择交易所董事和管理交易所事务中的公平性，规定应当有一个以上的董事为发行人和投资者的代表，并且不得与交易所会员、经纪商或者交易商有关联关系。

④ 交易所规则规定，在使用交易所设施的会员、发行人和其他人之间公平分摊合理的会员费、费用和其他收费。

⑤ 制定相关交易所规则，旨在防止欺骗、操纵行为和做法，促进公正、公平的交易原则，推动从事证券交易监管、清算、结算以及相关信息处理的利害关系人之间的合作与协调，消除自由、开放市场和全国性市场系统机制存在的阻碍并完善该机制，从总体上保护投资者和公共利益；不允许在客户、发行人、经纪商或者交易商之间形成不公平的歧视，也不得借助《1934 年证券交易法》授予的权力监管与该法目的或者交易所管理无关的事务。

（二）中国的做法

我国《证券法》对于证券交易所的设立作了如下的准入性规定：

第一，证券交易所、国务院批准的其他全国性证券交易场所为证券集中交易提供场所和设施，组织和监督证券交易，实行自律管理，依法登记，取得法人资格。证券交易所、国务院批准的其他全国性证券交易场所的设立、变更和解散由国务院决定。国务院批准的其他全国性证券交易场所的组织机构、管理办法等，由国务院规定。证券交易所、国务院批准的其他全国性证券交易场所可以根据证券品种、行业特点、公司规模等因素设立不同的市场层次。按照国务院规定设立的区域性股权市场为非公开发行证券的发行、转让提供场所和设施，具体管理办法由国务院规定。

第二，证券交易所履行自律管理职能，应当遵守社会公共利益优先原则，维护市场的公平、有序、透明。设立证券交易所必须制定章程。证券交易所章程的制定和修改，必须经国务院证券监督管理机构批准。

第三，证券交易所必须在其名称中标明证券交易所字样。其他任何单位或者个人不得使用证券交易所或者近似的名称。

第四,进入实行会员制的证券交易所参与集中交易的,必须是证券交易所的会员。证券交易所不得允许非会员直接参与股票的集中交易。实行会员制的证券交易所设理事会、监事会。证券交易所设总经理一人,由国务院证券监督管理机构任免。

第五,证券交易所依照法律、行政法规和国务院证券监督管理机构的规定,制定上市规则、交易规则、会员管理规则和其他有关业务规则,并报国务院证券监督管理机构批准。在证券交易所从事证券交易,应当遵守证券交易所依法制定的业务规则。违反业务规则的,由证券交易所给予纪律处分或者采取其他自律管理措施。

第六,证券交易所应当为组织公平的集中交易提供保障,实时公布证券交易即时行情,并按交易日制作证券市场行情表,予以公布。因不可抗力、意外事件、重大技术故障、重大人为差错等突发性事件而影响证券交易正常进行时,为维护证券交易正常秩序和市场公平,证券交易所可以按照业务规则采取技术性停牌、临时停市等处置措施,并应当及时向国务院证券监督管理机构报告。因以上规定的突发性事件导致证券交易结果出现重大异常,按交易结果进行交收将对证券交易正常秩序和市场公平造成重大影响的,证券交易所按照业务规则可以采取取消交易、通知证券登记结算机构暂缓交收等措施,并应当及时向国务院证券监督管理机构报告并公告。

三、证券交易所的组织形式:互助式的会员制与非互助式的公司制

(一)互助式的会员制证券交易所及其产生的背景

会员制证券交易所是由会员自愿出资共同组成的一种非营利性的证券交易机构。会员制证券交易所的最大特征在于:(1)组织的所有权、控制权与其产品或服务的使用权相联系;(2)组织通常不以营利为目的;(3)实行会员集体决策机制,一般为一人一票。在会员制证券交易所中,不管会员资产规模或影响能力的大小,每一会员均享有平等的投票权,会员与会员、会员与交易所之间紧密联系,互相维系。以会员制作为证券交易所的组织形态有其历史必然性。早期的证券交易源自交易者的自发性,但是因为信息不对称问题,产生了通过提供交易中介服务而盈利的商人——证券经纪商。这些经纪商为了从提高交易的次数与数量中获取佣金,希望有一个自己能够置身其中的统一、集中的交易市场,以把来自各地的股票交易意愿通过集中的市场达成买卖,并通过此种服务获取佣金收入。为此,彼此有这些愿望的证券经纪商自发地聚集到一起,将各自所持有的交易信息互相交流、报价并达成交易。这种开始时还是偶发的、不定期的,类似于集市的交易慢慢演变成为一个定点、定时交易的证券交易所。在证券交易所的建立过程中,之所以选择会员制这种组织形态,是基于以下两方面的原因:第一,会员制证券交易所适应了交易非自动化的需要。由于证券交易所在成立之初只能通过会员经纪商之间的相互报价进行交易,投资者不能直接达成交易,也

没有渠道知悉有关交易的信息，因此只有依靠分散于各地的经纪商将分散的信息与交易集中到一个有组织的市场进行交易。在当时的条件下，能够起到联系、约束彼此没有产权联系的交易商的纽带作用的，只有那些能够以会员形式聚拢这些经纪商的证券交易所。[①] 第二，证券交易所成立的初衷仅是为经纪商提供一个交易的平台，而不是经纪商们以证券交易所本身作为谋利工具。会员制的组织方式是纯粹的人合组织，靠的是基于会员之间的信任而搭建起来的交易平台。在这个过程中，各会员无须对证券交易所的设立投入成本（出资），经纪商的利益只通过各自的经纪服务业务而不是证券交易所本身的盈利实现。以非营利性为目的的会员制已经能够满足经纪商们这种松散地联结彼此交易的需要，并且类似俱乐部会员的关系可以将通过证券交易所的撮合服务所产生的经纪业务的利益限定于经纪商之间。因此，这些会员之间能够形成固定的利益集团，这些利益集团具有组织和管理相关市场所需要的信息。为自身利益，这些会员有动力组织起来，组成一个集中的市场进行交易，以免受到能获取垄断利润的垄断者的剥削。[②] 这就产生了以“一人一票”为特点的、平等的会员制度，这种制度依赖于会员之间的关系与联系（包括通过会员与投资者的联结）。

（二）非互助式的公司制证券交易所及其产生的背景

公司制证券交易所是由股东出资，以股份有限公司或者有限责任公司形式出现的法人，可以分为营利性公司与非营利性公司。公司制证券交易所是由投资者入股建立起来的，其资本源于股东的出资，资本限额必须符合法律的规定。公司制证券交易所出现的原因在于，20世纪90年代后，随着全球金融市场一体化和电子化交易技术的迅猛发展，证券交易所面临的竞争日趋激烈，所处的市场环境发生了巨大变化。这些变化成为促成证券交易所治理结构变革的市场大背景，具体而言：其一，资本市场全球化打破了原有的市场格局，加剧了传统证券交易所之间的竞争，交易所的垄断地位受到严重挑战。随着区域一体化程度不断加强，区域内主要证券交易所为争夺地区中心市场地位而激烈竞争，交易所相对稳定和垄断的市场环境被日趋激烈的竞争取代，一国或地区的交易所之间、不同国家或地区的交易所之间的竞争日趋白热化。各个证券交易所互相争夺目标客户，打破了交易所原先地域性的垄断地位。此时，会员制证券交易所不再因其垄断性而显得具有稀缺性。其二，交易自动化使证券交易所失去了采取会员制的必要性。会员制是技术不发达的产物，适应了交易大厅的需要。在自动化市场，进入市场没有任何技术障碍，投资者可在任何地方买卖任何一家上市公司的股票。投资者直接交易的成本较低，从而减少了对金融中介的需求。在这种背景下，迅速崛起

① 参见屠光绍主编：《证券交易所：现实与挑战》，上海人民出版社2000年版，第30页。

② 参见齐绍洲：《欧盟证券市场一体化》，武汉大学出版社2002年版，第187页。

的另类交易系统(alternative trading system,ATS)的发展对传统的会员制证券交易所构成了巨大的威胁。在证券交易所没有充足资金提高交易速度与效率的情况下,许多投资者转而投向另类交易系统的怀抱。其三,公司制证券交易所在融资与决策上的优势使其可以采取更为有效、灵活的措施,根据市场的变化情况作出合理、迅速的调整与决策,以最大限度地保证交易的安全与迅捷。即公司制证券交易所以其对交易环境和市场的专业化知识以及对市场异常现象的快速反应,为证券市场参与者提供灵活、方便的服务,而这恰恰是会员制证券交易所不能比拟的。由于公司制证券交易所投资者可以自由地从交易服务中获取利益,而且在所有权、经营权方面无须依赖于会员或参与者,因此构成了非互助式的法人组织。

由于目前世界上不少国家和地区的证券交易所的组织形态及其变化中出现了明显的公司化倾向,因此在研究我国证券交易所的发展方向及选择时,国内有不少学者极力主张我国证券交易所应朝着公司化方向进行改革。但是,由于国情与发展过程的不同,我国证券交易所不可能完全沿着其他国家和地区证券交易所曾经的发展轨迹运行。我国证券交易所的设立、发展及定位有着特殊的背景,在考虑其法律性质重塑时,既要分析、借鉴国际化的趋势,更重要的是,也要依据我国现有的状况进行改革。

第三节 证券结算机构

一、证券登记[①]

现代证券市场已经实现了无纸化交易,证券交易中不再存在实物证券的交割。那么,如何体现谁是证券的所有人以及所有人的变更?统一、集中的证券登记机制正是为了解决此等问题而产生的证券交易服务机构。证券登记也是连接证券发行人与证券持有人的重要纽带。证券发行人通过证券登记掌握证券持有人名册,并依据证券持有人名册向证券持有人派发股利、送股、配股等。证券持有人可以以证券登记的结果为凭证,向证券发行人主张行使所有人权利。

从本质上看,证券登记业务是受发行人委托并服务于发行人的。除了已上市证券发行人外,证券发行人还包括拟上市证券发行人和非上市证券发行人。根据证券流通环节的不同,证券登记服务分为初始登记、变更登记、退出登记以及其他登记相关服务。证券初始登记包括股票首次公开发行登记、权证发行登记、基金募集登记和扩募登记、企业债券和公司债券发行登记、记账式国债发行登记以及股票增发登记和配股登记等。

① 本节内容主要来源于中国证券登记结算有限责任公司(以下简称"中国结算")的介绍材料。

对于在交易所挂牌交易的证券，证券变更登记包括集中交易过户登记、非集中交易过户登记和其他变更登记。其中，最常见的变更登记方式为集中交易过户登记，即中国结算根据交易所集中交易达成后证券所有人变更情况，修改持有人名册。对于在交易所终止上市的证券，中国结算将为证券发行人办理交易所市场的退出登记手续。其他登记相关服务包括证券持有人名册查询、权益派发、网络投票服务等。

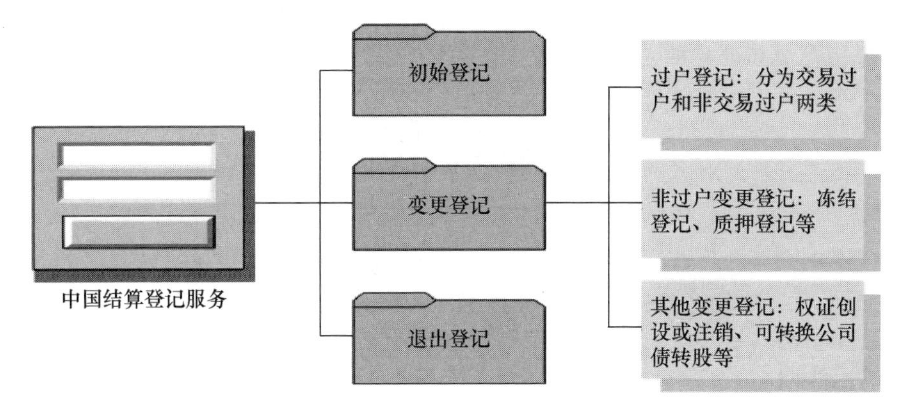

图 11-1　我国证券结算的登记类型

二、证券结算

证券结算服务是证券交易成交后的一种服务。结算过程实际上就是交易双方确定和交付钱或券的过程。通过证券结算环节，买者得其券，卖者得其钱。结

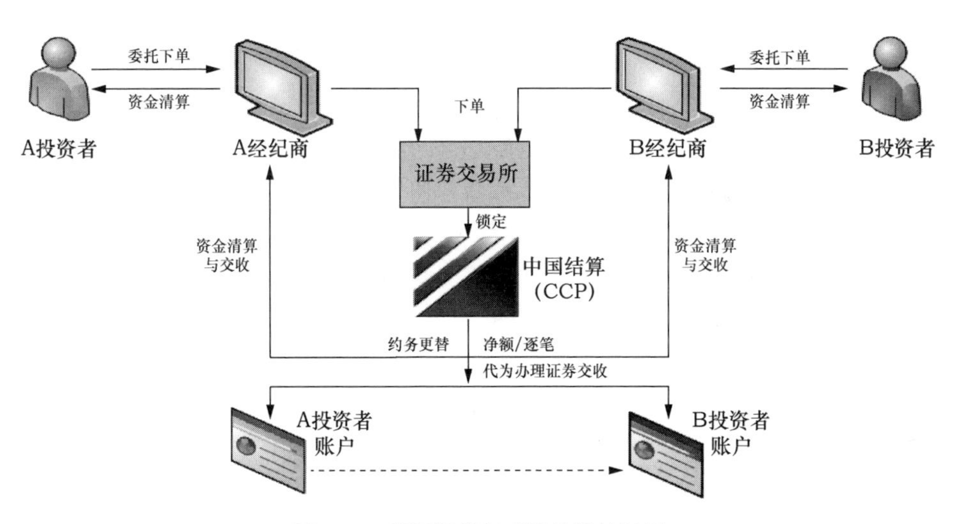

图 11-2　我国证券(A 股)结算的过程

算服务包括清算(settlement)和交收(delivery)两个环节。清算是指根据证券成交结果,计算交易双方在结算日应收应付的证券数额和资金数额的过程。交收是指根据清算结果,组织交易双方进行证券交付和资金支付的过程。

在实践中,中国结算按照分级结算原则进行证券结算(如图 11-3 所示)。所谓分级结算原则,是指中国结算不直接参与普通投资者的证券结算服务,而是负责办理与结算参与人(证券公司、托管银行和其他机构)之间的集中清算交收,完成证券和资金的一级清算交收;由结算参与人负责办理与其客户之间的清算交收,进行资金和证券的二级清算交收,并委托中国结算代为划拨证券。

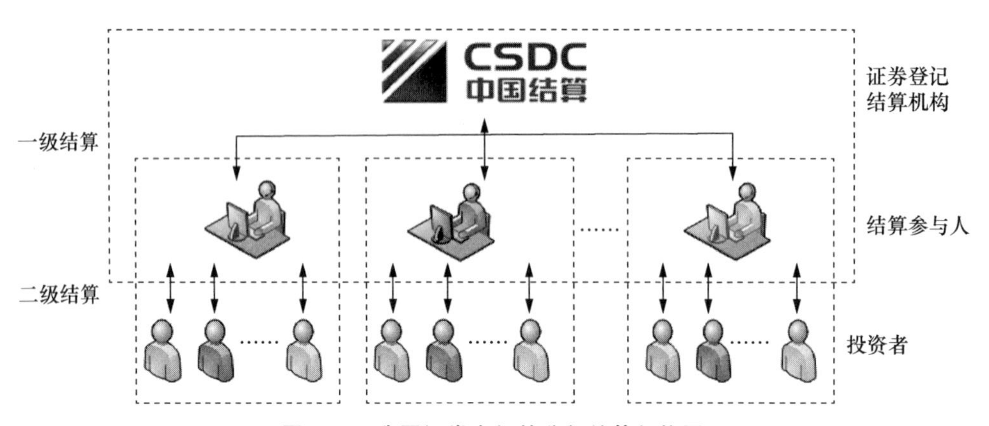

图 11-3 我国证券市场的分级结算架构图

中国结算将交收分为非担保交收和担保交收。非担保交收是指按照全额逐笔方式完成结算参与人之间的证券和资金的交收。任何一方结算参与人发生违约,另一方结算参与人自行承担对手方违约风险,交收过程宣布终止,由双方自行解决,中国结算不承担违约责任。目前采取非担保交收的证券交易包括一级市场发行交易、买断式回购购回交易和权证行权交易等。担保交收是指按照多边净额方式组织完成与每个结算参与人的证券和资金交收。在此过程中,中国结算不再仅仅作为市场组织者,而是充当共同中央对手方(central counter party,CCP)角色,成为买方的卖方和卖方的买方,承担担保交收责任。任何一方结算参与人违约,结算机构仍将履行对未违约结算参与人的交收义务。目前采用担保交收的证券交易涵盖了 A 股、B 股、封闭式基金和债券的绝大部分二级市场交易、开放式基金申购赎回交易等。

三、我国证券市场中的证券结算规则

(一) 净额结算、银货对付(delivery versus payment,DVP)原则

在担保交收中,中国结算采取净额结算的方式,对各结算参与人的应收应付证券、资金进行冲抵轧差,计算出应收应付资金、证券的净额。当结算参与人交

付其应付的资金或证券时，中国结算给付其相应的证券或资金，也就是俗称的“一手交钱，一手交货”。

（二）中央对手方原则

在结算过程中，中国结算介入证券交易中成为所有买方和卖方的共同交收对手，并保证交收顺利完成。中央对手方原则有助于简化结算过程，提高效率。同时，中国结算根据结算业务规则集中管理市场中的对手方信用风险，有利于控制和降低市场整体风险水平。以图 11-4 为例，市场有 10 名参与人，他们相互之间有 45 个对手方关系；如果由中国结算充当共同对手方，则只需要 10 个对手方关系，对手方关系减少 78%。

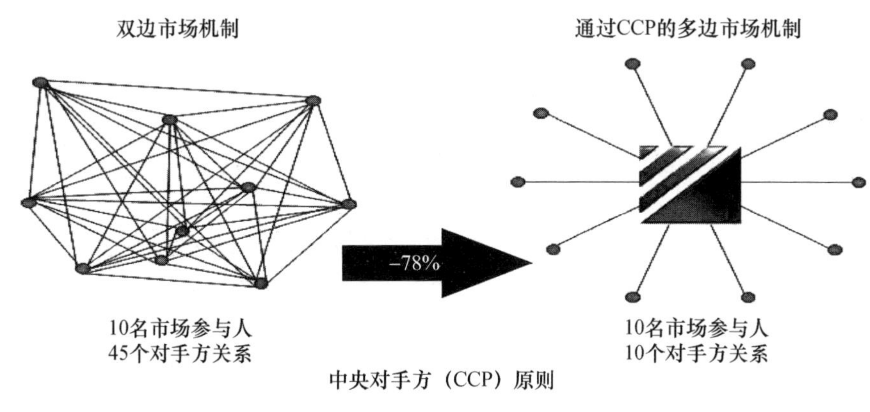

图 11-4　中央对手方简化交易主体关系示意图

（三）中央对手方机制的交收保证

证券登记结算机构作为中央对手方提供证券结算服务的，是结算参与人共同的清算交收对手，进行净额结算，为证券交易提供集中履约保障。在证券交易所或者国务院批准的其他全国性证券交易场所交易的证券，应当全部存管在证券登记结算机构。证券登记结算机构不得挪用客户的证券。

证券登记结算机构为证券交易提供净额结算服务时，应当要求结算参与人按照货银对付的原则，足额交付证券和资金，并提供交收担保。在交收完成之前，任何人不得动用用于交收的证券、资金和担保物。结算参与人未按时履行交收义务的，证券登记结算机构有权按照业务规则处理以上所述财产。

证券登记结算机构按照业务规则收取的各类结算资金和证券，必须存放于专门的清算交收账户，只能按业务规则用于已成交的证券交易的清算交收，不得被强制执行。

第四节 证券中介机构

一、证券公司

在美国,证券中介服务商分为证券经纪商(broker)和证券交易商(dealer)。根据美国《1934年证券交易法》的界定,证券经纪商是指"以为他人实施证券交易为业的任何人";而证券交易商是指那些通过经纪商或者以其他方式为自身从事证券(不包括以证券为基础的互换,但是与非合格合约参与者达成的或者为了非合格合约参与者达成的以证券为基础的互换除外)买卖业务的人。所以,从美国市场的视角和监管而言,第一,证券经纪商与证券交易商不同;第二,证券经纪人和证券交易商可以指自然人,也可以是法人。但是,在我国,证券经纪商和证券交易商已经合二为一,并称"证券公司"。我国证券公司的业务在经许可的经营范围内可以分为经纪业务和自营业务。

(一) 我国证券公司的准入

设立证券公司,应当经国务院证券监督管理机构批准;未经国务院证券监督管理机构批准,任何单位和个人不得以证券公司名义开展证券业务活动。依据《证券法》的规定,在我国设立证券公司,应当具备下列条件:(1) 有符合法律、行政法规规定的公司章程;(2) 主要股东及公司的实际控制人具有良好的财务状况和诚信记录,最近三年无重大违法违规记录;(3) 有符合《证券法》规定的公司注册资本;(4) 董事、监事、高级管理人员、从业人员符合《证券法》规定的条件;(5) 有完善的风险管理与内部控制制度;(6) 有合格的经营场所、业务设施和信息技术系统;(7) 法律、行政法规和经国务院批准的国务院证券监督管理机构规定的其他条件。

在我国,证券公司必须在其名称中标明证券有限责任公司或者证券股份有限公司字样。此外,原先证券行业因属于金融行业而被列为《外商投资产业指导目录》中的"限制类"行业。因此,外资虽可通过合资、并购方式与我国境内企业共同设立外商投资的证券公司,但此类证券公司的外资持股比例(通常外资不能超过50%)和合资公司的业务(仅限于投资银行业务)都会受到相应的限制。2019年7月20日,国务院金融稳定发展委员会办公室发布了11条金融改革措施,将原定于2021年取消证券公司、基金管理公司和期货公司外资股比限制的时点提前到2020年。截至2020年6月30日,高盛高华、摩根士丹利华鑫证券、野村东方国际证券、摩根大通证券(中国)、汇丰前海、瑞信方正等7家外资股东以控股51%的方式在我国境内设立由外资控股的合资券商。

(二) 我国证券公司的经营范围

经国务院证券监督管理机构核准,取得经营证券业务许可证,证券公司可以经营下列部分或者全部证券业务：(1) 证券经纪；(2) 证券投资咨询；(3) 与证券交易、证券投资活动有关的财务顾问；(4) 证券承销与保荐；(5) 证券融资融券；(6) 证券做市交易；(7) 证券自营；(8) 其他证券业务。

证券公司经营证券资产管理业务的，应当符合《证券投资基金法》等法律、行政法规的规定。除证券公司外，任何单位和个人不得从事证券承销、证券保荐、证券经纪和证券融资融券业务。证券公司从事证券融资融券业务，应当采取措施，严格防范和控制风险，不得违反规定向客户出借资金或者证券。

（三）我国证券公司的资本监管指标

1. 注册资本的要求

证券公司经营证券经纪、证券投资咨询、与证券交易和证券投资活动有关的财务顾问业务的，注册资本最低限额为人民币 5000 万元；经营证券承销和保荐、证券融资融券、证券做市交易、证券自营以及其他证券业务的，注册资本最低限额为人民币 1 亿元；经营证券承销和保荐、证券融资融券、证券做市交易、证券自营以及其他证券业务中两项以上的，注册资本最低限额为人民币 5 亿元。证券公司的注册资本应当是实缴资本。国务院证券监督管理机构根据审慎监管原则和各项业务的风险程度，可以调整注册资本最低限额，但不得少于以上规定的限额。

2. 净资本的风控要求

净资本是指根据证券公司的业务范围和公司资产负债的流动性特点，在净资产的基础上对资产负债等项目和有关业务进行风险调整后得出的综合性风险控制指标。证券公司净资本由核心净资本和附属净资本构成。其中：核心净资本＝净资产－资产项目的风险调整－或有负债的风险调整－/＋中国证监会认定或核准的其他调整项目。附属净资本＝长期次级债×规定比例－/＋中国证监会认定或核准的其他调整项目。

证券公司必须持续符合下列风险控制指标标准：(1) 风险覆盖率不得低于 100%；(2) 资本杠杆率不得低于 8%；(3) 流动性覆盖率不得低于 100%；(4) 净稳定资金率不得低于 100%。其中：风险覆盖率＝净资本/各项风险资本准备之和×100%；资本杠杆率＝核心净资本/表内外资产总额×100%；流动性覆盖率＝优质流动性资产/未来 30 天现金净流出量×100%；净稳定资金率＝可用稳定资金/所需稳定资金×100%。

证券公司经营证券自营业务、为客户提供融资或融券服务的，应当符合中国证监会对该项业务的风险控制指标标准。

（四）对证券公司的行为监管

行为监管是指监管机构为了保护消费者的安全权、知悉权、选择权、公平交易权、索赔权等各项合法权益，制定公平交易、反欺诈误导、个人隐私信息保护、充分信息披露、消费争端解决、反不正当竞争、弱势群体保护、广告行为、合同规范、债务催收等规定或指引，要求金融机构必须遵照执行。监管机构通过定期对金融机构保护消费者的总体情况组织现场检查、评估、披露和处置，以保证金融市场公开透明，维护金融消费者的信心。[①] 与审慎监管相比，行为监管主要关注金融机构的具体业务行为问题及其市场影响。行为监管的核心目标是，保障并增强所有金融消费者的信心，维护金融市场有序竞争。与审慎监管相比，行为监管更强调主动干预，重视信息透明度监管，推动风险监管关口前移。我国证券公司行为监管的构成框架如表 11-1 所示：

表 11-1 我国证券公司行为监管的构成框架

监管内容	法律规范
公司治理结构	《证券公司治理准则》
内部风险控制	《证券公司内部控制指引》
客户资金监管	《关于进一步加强证券公司客户交易结算资金监管的通知》
股东资格	《关于证券公司变更持有 5%以下股权的股东有关事项的通知》
合规管理	《证券公司合规管理试行规定》
经纪人及经纪业务管理	《证券经纪人管理暂行规定》《关于加强证券经纪业务管理的规定》
分类监管	《证券公司分类监管规定》
证券研究报告	《发布证券研究报告暂行规定》
自营业务	《关于证券公司证券自营业务投资范围及有关事项的规定》
保荐业务	《关于进一步加强保荐业务监管有关问题的意见》
定向资产管理业务	《证券公司定向资产管理业务实施细则》
代销金融产品	《证券公司代销金融产品管理规定》
资产证券化业务	《证券公司资产证券化业务管理规定》
集合资产管理业务	《证券公司集合资产管理业务实施细则》
融资融券业务	《证券公司融资融券业务管理办法》

二、其他中介服务机构

鉴于以强制性信息披露为特点的证券监管的目的在于解决交易主体间对有关标的证券内在价值判断的信息不对称问题，发行人对外所披露信息的真实、准确、有效、完整就成为强制性信息披露发挥其根本效能的决定性因素。经过百余年的市场选择，一种以专业机构的审核和意见为主的信息披露真实性保障方式呈现在公众投资者面前。专业机构的审核和意见在某种程度上是对发行人对外

① 参见王华庆：《论行为监管与审慎监管的关系》，载《中国银行业》2014 年第 5 期。

进行信息披露的逻辑真实性的一种基本假设，由此减少了交易双方围绕信息披露所呈现的发行人价值的谈判成本。在此过程中，以会计师为主的审计机构、律师事务所、资产评估师、财务顾问等就成为证券市场重要的中介服务机构。以审计机构为例，会计师事务所作为审计机构负责对发行人的财务报表进行审核，并依据可适用的会计准则（如美国的《美国通用会计准则》、中国的《企业会计准则》）对企业的财务报表发表意见。通常，审计机构对企业会计报表进行审计后给出的意见包括“无保留意见”“保留意见”“否定意见”和“无法表示意见”四种情形，分别代表了审计机构对于企业财务报表的基本意见。对于一些主要的证券交易所而言，“否定意见”和“无法表示意见”的审计报告意味着发行人财务报表的失真性，由此会产生发行人申请上市交易的证券被证券交易所摘牌的退市风险。律师事务所、资产评估机构等其他专业机构则对信息披露文件中重大的法律、资产价值问题给出专业的意见，说明发行人设立、存续、产权、业务、经营等事项的合法性，以便投资者更好地理解和判断发行人信息披露的内容和价值。

我国对于审计机构、资产评估机构、律师事务所从事证券业务原先一直有着特定的准入门槛。2002 年，中国证监会和司法部率先在律师从事证券法律业务方面降低管制门槛，取消律师及律师事务所从事证券法律业务资格的资质要求。2019 年国务院金融稳定发展委员会办公室发布的 11 条金融改革措施也明确指出，“出台会计师事务所从事证券服务业务备案管理办法，取消会计师事务所从事证券服务业务资质审批”。为此，2019 年《证券法》修订时，将原先“投资咨询机构、财务顾问机构、资信评级机构、资产评估机构、会计师事务所从事证券服务业务，必须经国务院证券监督管理机构和有关主管部门批准”的要求修改为“会计师事务所、律师事务所以及从事证券投资咨询、资产评估、资信评级、财务顾问、信息技术系统服务的证券服务机构，应当勤勉尽责、恪尽职守，按照相关业务规则为证券的交易及相关活动提供服务”。尽管如此，这并不代表着证券监管机关放任中介服务机构“野蛮生长”。比如，中国证监会在 2019 年《证券法》修订后就颁布《证券服务机构从事证券服务业务备案管理规定（征求意见稿）》，要求会计师事务所、律师事务所以及从事资产评估、资信评级、财务顾问、信息技术系统服务的证券服务机构从事证券服务业务，应当向中国证监会备案。2020 年 6 月 10 日，财政部发布《会计师事务所质量评估和分级分类办法（征求意见稿）》，拟将会计师事务所按执业能力、业务规模、人力资源构成情况、内部管理情况、运行情况、信息化建设水平与安全水平、接受监管有关情况进行分级分类，从高到低依次为 A+、A、B、C、D 五类。该办法虽然没有明确限制会计师事务所的业务范围，但是要求“A 类会计师事务所评估得分应在 85 分以上，专业人才规模较为雄厚，风险承担能力较强，质量管理体系健全，具备较强的专业胜任能力。一般具有承担上市公司、中型金融机构、中央企业所属二级单位审计业务的能力。其中，A⁺类会计师事务所评估得分应在95分以上，一般具备较强国际服务能力，具有承担上市公司、大型金融机构、中央企业集团公司等企业审计业务的能力”，由此在某种意义上体现了相关主管部门在中介机构准入机制“放管服”背景下的监管思路。

我国在司法实践中一直遵循合同法和侵权行为法的基本理论体系，证券法律责任的法源并没有抛离契约理论和侵权理论而单独存在。契约理论和侵权理论是传统民法中对受损害人进行补救的理论本源。但是，证券发行和交易中信息披露的法定义务主体是发行人，按照民事主体理论，中介机构与投资者不存在直接的关联性，只与发行人之间存在聘用关系，其所提供的文件为整个发行文件的一部分，对外是以发行人的名义作出的。所以，无论根据大陆法系传统的民法理论还是英美法系的判例，这些中介机构与投资者均不构成合同关系。根据侵权理论的归责原则，中介机构信息披露的瑕疵是透过发行人向投资者作出，它们之间只是一种间接的关系。如果说中介机构信息披露对投资者造成侵权，那么也只是一个远因而非近因，因此并不能构成侵权法上的责任。从某种意义而言，合同法和侵权行为法并不是中介机构在证券业务中因不尽职而承担法律责任的理论之源。我国现行《证券法》第163条有关中介机构法律责任的规定是：“证券服务机构为证券的发行、上市、交易等证券业务活动制作、出具审计报告及其他鉴证报告、资产评估报告、财务顾问报告、资信评级报告或者法律意见书等文件，应当勤勉尽责，对所依据的文件资料内容的真实性、准确性、完整性进行核查和验证。其制作、出具的文件有虚假记载、误导性陈述或者重大遗漏，给他人造成损失的，应当与委托人承担连带赔偿责任，但是能够证明自己没有过错的除外。”此种立法例采用的是基于发行人过错的连带责任，更类似于中介机构对发行人信息披露真实的担保责任，而非对信息披露的直接责任。连带责任意味着，如果发行人已经全额赔偿投资者的损失，那么中介机构无须再对投资者承担赔偿责任了。在此问题上，本书认为，在中介机构的法律责任上，可以引入经济法的“国家干预”理论，即之所以要对中介机构进行规制并要求其承担法律责任，是为了实现国家的某些经济政策运行目标（在这里体现为证券市场的运行目标）。国家为了实现保证证券市场健康运行这一目标，必须满足保护投资者投资利益的需要。所以，中介机构对投资者的法律责任就变为一种法定责任，它不适用合同法上的对应当事人之间的权利义务关系，也不适用侵权行为法上的侵权行为与损害结果的因果关系，而只强调中介机构的行为违法与否，只要中介机构违反了证券法及其相关配套法规的规定而给投资者带来实质性的投资损失，就要依法承担责任。实际上，这是通过立法方式明确规定不实陈述的民事责任的具体制度与适用，而不再通过合同法或侵权法进行一次次的演绎推导，[①]即中介机构承担信息披露瑕疵的法定责任主义。此外，在增加中介机构责任的同时，应当通过一些制度的安排转移中介机构因失职而要承担的赔偿风险，通过责任保险机制或风险基金、风险准备金机制筹集起来的资金弥补投资者的损失，一旦出现投资者的诉争，可以有效地保证对投资者赔偿的实现。

本章复习要点

证券交易所的地位、证券结算的流程和基本规则、证券公司的资本监管指标要求、证券中介机构的作用和法律责任。

课外参考书目

1. 郑彧：《我国证券交易所法律性质之重塑——兼论证券交易所互助化与非互助化的取舍》，载《法商研究》2008 年第 6 期。

2. 〔美〕乔尔·塞利格曼：《华尔街变迁史——证券交易委员会及现代公司融资制度的演化进程》(修订版)，田风辉译，经济科学出版社 2004 年版。

3. 郑彧：《中美证券法中中介机构信息披露法律责任的比较研究——兼评我国〈证券法〉第 63、161 条之缺陷》，载顾功耘主编：《公司法律评论》(2001 年卷)，上海人民出版社 2001 年版。

① 参见齐斌：《证券市场信息披露法律监管》，法律出版社 2000 年版，第 265 页，

第十二章　证券法律责任

【本章导言】

证券市场的意义在于提供一个更低成本、更高效率的交易场所。在零和博弈的市场特征下，除了通过市场参与者"用脚投票"、证券监管机关进行外部监管以矫正不公平市场行为之外，基于交易行为的涉众性，对证券市场的违法违规行为还需进行比普通财产侵权行为更为严厉的惩罚，只有这样才能增加违法者的成本，从而抑制行为人采取不法行为的冲动与意图。本章主要围绕中美两国具体的法定条款，对两国的证券法律责任进行一个框架性的介绍。

第一节　证券法律责任的意义

制度变迁具有建立新偏好的目的。[①] 一组制度既会影响市场和合作制度的发展，又会反过来影响不同群体获取政治权力以及改变游戏规则的能力。[②] 因此，制度对权利的设定与偏好会对市场参与者的成本产生影响，并间接影响市场参与者的行为决定。监管的预期结果将反映在消费者和企业利益集团对监管过程的参与性上，最终被选择的监管政策将反映消费者和企业对市场均衡结果的关心。[③] 为最大限度地实现制度设计的目标，在选择和实施任何监管制度时，监管者都必须了解市场参与者对市场竞争的期望与选择，了解市场参与者为了实现自身利益可能做什么以及对违反制度后果所持的预期态度与可能的选择，并根据这些判断制订相应的预案与措施以落实监管政策的执行。这也是监管者贴近市场、理解市场规律的一个重要体现。

在此背景下，对市场主体而言，对博弈秩序及规则的遵守取决于在博弈过程中对违法成本与违法收益的比较，因为违法成本将构成博弈成本的一个重要组

---

① 参见〔美〕A.爱伦·斯密德：《财产、权力和公共选择——对法和经济学的进一步思考》，黄祖辉、蒋文华、郭红东、宝贡敏译，上海三联书店、上海人民出版社2006年版，第301页。

② See Louis D. Brandeis, *Other People's Money and How the Bankers Use It*, Frederick A. Stokes Company, 1914, p. 27.

③ 参见〔美〕丹尼尔·F.史普博：《管制与市场》，余晖、何帆、钱家骏、周维富译，格致出版社、上海三联书店、上海人民出版社2008年版，第11页。

成部分。如果一个监管体系总存在违法收益高于违法成本的可能,则无论这类监管制度表面上如何完善,其监管的象征意义都要远大于其存在的实质意义。对于我国证券市场这样一个“新兴+转轨”的证券市场而言,证券市场有效监管制度的价值在于,通过一系列的监管措施和惩罚手段,使市场主体能够对违法成本进行有效的评估,并通过评估结果自主引导市场主体的行动决策。在整个制度的选择与设计过程中,如果不存在相应的民事、行政或刑事制度对违法行为进行惩处或施加处罚,则任何监管制度都会因成为“没有牙齿的老虎”而被市场主体架空。因此,对违反监管措施的惩罚必须能够触及行为人在博弈过程中的“成本—收益”判断,并能够通过公正、有威慑力的裁决放大对违法行为的惩罚效应,加大对违法行为的处罚力度,从而起到震慑的作用。因此,就行政或审判系统的架构而言,监管措施远非名义上的禁止和罚款就能了事。[①] 除了准入的禁令和罚款之外,高额的民事赔偿与严厉的刑事责任对于有效的监管体系而言都是必要的。高额的民事赔偿措施将直接加大违法者的经济成本,严厉的刑事责任则是严重违法后果所要面对的机会成本的损失,这两种措施都可以加大法律责任对市场行为者的约束力,进而形成证券市场参与主体对法律及市场规则的认同与遵守的习惯与传统。

各国和地区对证券违法行为的规制通常都包括行政处罚、经济赔偿和刑事制裁。与人们对民事责任似乎更有利于打击证券违法行为的主观印象不同,在大多数国家和地区,行政监管机关进行的行政处罚(包括属于行政程序的民事罚金)和司法机关进行的刑事制裁反而是对证券违法行为最有效的两种规制方式。主要原因有三:第一,民事责任的前提是权利人需要对其因受到证券交易的欺诈而受到的损失承担举证责任,其中包括证明原告在违法行为存在期间从事交易的时间证据、主体(合适原告)证据、损失证据等。第二,行政处罚和刑事制裁都属于外部监管的范围,符合在尊重市场自由博弈的状态下保障交易公平性的监管需求特性,并可减少博弈主体以“一对一”的方式进行维权的成本和不经济性。第三,在零和博弈的市场特征下,外部监管的直接作用不在于保护单个投资者的利益,监管的价值在于对交易公平秩序的保护。所以,只要是破坏公平博弈的行为,就可因其违法性而被归责。以行政或刑事方式对证券违法行为追究法律责任可以不像民事责任那样讲究交易主体之间的交易匹配关系、损失存在事实,以及违法行为与损失结果之间是否存在因果关系等责任要件的约束,相关行政或刑事监管措施(如行政处罚、民事罚金、刑事制裁)只要基于对交易行为违法性的事实认定即可作出(视为对交易秩序的影响),而无须基于私益权利受到侵害的

---

① 参见〔美〕A. 爱伦·斯密德:《财产、权力和公共选择——对法和经济学的进一步思考》,黄祖辉、蒋文华、郭红东、宝贡敏译,上海三联书店、上海人民出版社2006年版,第402页。

原因。因此,通过行政和刑事的追诉手段更能增加潜在违法行为人对违法后果的成本预期,更加容易通过"成本—收益"的预判效果引导知法、守法、尊法的效果。

第二节 证券民事责任

一、美国法项下的民事责任

(一) 美国《1933年证券法》第11条"因虚假注册表所应承担的民事责任"

"(a)如果注册登记表的任何部分在其生效时含有对重大事实的不实陈述,或遗漏了需要陈述的重大事实,或遗漏了为使该说明书中的陈述不致产生误导而必须陈述的重大事实,则任何购买该证券的人(除非被证明在购买该证券时已知道该不实或漏报情况)均可根据普通法或衡平法在任何有管辖权的法院起诉下列人员:(1) 签署该注册登记表的每一个人;(2) 在发行人申报注册登记表中与其被指称责任有关的部分时,担任发行人董事(或履行类似职能的人)或合伙人的每一个人;(3) 经其同意在注册登记表中被列名为或将成为董事、履行类似职能的人或合伙人的每一个人;(4) 每一个会计师、工程师、评估师或依职业有权编制报表的任何人、经其同意被列名曾准备或验证注册登记表的任何部分,或者被列名曾准备或验证注册登记表所使用的任何报告或估值的人,但前述人员对于该注册登记表、报告或估值中的陈述责任仅限于其准备或验证之部分;(5) 与该证券有关的每一承销商:若相关人员在发行人已经作出其证券持有人可普遍获得的、涵盖自注册登记表生效之日起至少12个月期间的损益表后才购买(发行人)的证券的,则本章项下的请求赔偿权应以提供下列证明为条件:证明该人是在信赖注册登记表中的不实陈述,或在信赖该注册登记表但不了解其漏报的情况下而购买该证券的,这种信赖无须证明其阅读过注册登记表即可成立。

....

"(e)(a)款项下授权的诉讼可以是为了依据以下方式所计算的损害赔偿金,即代表以购买涉诉证券所支付的金额(不超过该证券向公众发售的价格)与下列三种价格之间的差额:(1) 提起诉讼时证券的价值;或(2) 诉讼前在市场上处置该证券时所依据的价格;或(3) 诉讼后、判决前在市场上处置该证券时所依据的价格。适用第(3)种情况时要求所计算的损害赔偿金低于(原告)因购买证券支付的金额(不超过该证券向公众发售的价格)与提起诉讼时所持证券价值之间的差额。但是,若被告能证明该赔偿的任何或所有部分并非因注册登记表中相关责任部分陈述不真实、漏报被要求陈述的重大事实或漏报使其中的陈述不致误导而必须陈述的重大事实所导致的该证券的贬值所引起,则对(原告诉请的)部分或所有损失不应予以赔偿。在任何情况下，承销商(除非其已知情，以承销商身份从发行人处直接或间接获得好处，而且所有其他处于类似地位的承销商并未按其各自在承销中的利益比例分享这一好处)在(a)款授权的任何诉讼中或因任何诉讼而承担的责任，不应超出其承销并向公众分销之证券的公开发售总价款。在依据该目或任何其他目所提起的诉讼中，法院可酌情要求承销商承担该诉讼费用，包括合理的律师费。同时，若法院对一方诉讼当事人作出不利判决，则在根据另一方诉讼当事人的请求认为该诉讼或辩护并无实质依据时，可以以有利于胜诉请求当事人的方式确定该费用(无论此前是否曾要求以此方式承担诉讼费用)，所确定的费用金额应足以补偿请求当事人在该诉讼中发生的合理费用。该诉讼费用将按照审理法院诉讼费的惯常审定方式进行核定。……

“(g) 在任何情况下，本条项下的赔偿额不应超过涉诉证券的公开发售价。”

(二)《1933 年证券法》第 12 条“与招股说明书和通信有关的民事责任”

“(a) 任何人：(1) 违反第 5 条的规定，发售或销售证券；或者(2) 通过邮递或州际商业中的任何传输、通信的方式或手段，以包含重大事实的不实陈述、遗漏了为确保陈述不会产生误导的重大事实(购买人不知道此等不实或者遗漏)的招股说明书或口头交流，发售或销售证券(无论其是否获得第 3 章各项规定的豁免，但基于(a)款第(2)项和第(14)项的规定所获得的豁免除外)，并且前述人员不能在证明不知道或者在尽合理注意义务后仍不知道此等不实或者遗漏时，根据(b)款，应对从其手中购买该证券的人承担赔偿责任。该等购买人可在任何具有合法管辖权的法院提起普通法或衡平法之诉，请求赔偿的范围为其在竞买证券时为该证券支付的对价及其利息与其所获得的任何收入的差额；若购买人不再持有该证券，则可请求赔偿其损失。

“(b) 损失的诉因：在前述(a)款第(2)项规定的诉讼中，若发售或销售该证券的人证明依据前述(a)款第(2)项要求的补偿并不是基于其被指控的招股说明书或口头交流中存在不实、遗漏陈述重大或者确保陈述不会产生误导的重大事实所造成的证券贬值，则根据具体情况，对该等部分或金额不应予以赔偿。”

(三)《1934 年证券交易法》第 18 条“误导性陈述责任”

“(a) 任何人在依据本法或者其项下的任何规则、条例报备的申请书、报告或者文件中进行或者致使进行任何陈述，或者在第 15 条(d)款规定的注册说明书中作出任何承诺，该陈述或者说明书根据作出陈述或者说明时的具体情况，在任何重大事实方面是虚假或者具有误导性的，该人员应当对(不知道该陈述是虚假或者具有误导性的)依赖该陈述说明，按受该说明影响的价格购买或者出售证券的任何人因该依赖遭受的损害承担责任。但是，若该人员能证明其出于善意且不知道该陈述是虚假或者具有误导性的，则不承担责任。寻求强制执行上述责任的人，可以向任何有管辖权的法院提起普通法或者衡平法之诉。

“(b) 根据本条负责支付的每一个人，如同契约之诉一样，可以从任何一经参加原诉讼即应当承担同一支付责任的人员处追回责任分担款项。

“(c) 要求强制执行本条项下任何责任的诉讼，应当在发现构成诉因的事实后一年内提起，并且应当在该诉因发生后三年内提起，否则法院将不予支持。”

(四)《1934年证券交易法》第20A条“对内幕交易之同时交易人的责任”

“(a) 基于同时交易的私人诉讼权：任何人在拥有重大非公开信息时，因买入或者卖出证券而违反本法和其项下规则、条例的，在任何有管辖权法院提起的诉讼中，应当对在作为上述违法对象的证券买卖时买入（违法的原因是卖出证券）或者卖出（违法的原因是买入证券）同类证券的任何人承担责任。

“(b) 责任限制：(1) 同时交易的诉讼仅限于所获得的利润或者避免的损失。前述本条(a)款规定的损害赔偿总额，不得超过在作为违法对象的交易中所获得的利润或者避免的损失。(2) 以返还非法所得抵消责任。根据本条(a)款对任何人规定收取的赔偿总额，可以按照在本法第21条(d)款下提起的有关相同交易的诉讼中应证券交易委员会请求获得的法院令，对该人罚没的金额（如有）予以减少。(3) 控制人的责任。任何人不应仅仅因雇用了承担本条项下责任的其他人员而承担本条项下的责任，但是控制人在本条项下的责任应当适用本法第20条(a)款的规定。”

二、中国法项下的民事责任

(一) 违法发行证券的民事责任

国务院证券监督管理机构或者国务院授权的部门对已作出的证券发行注册的决定，发现不符合法定条件或者法定程序，尚未发行证券的，应当予以撤销，停止发行。已经发行尚未上市的，撤销发行注册决定，发行人应当按照发行价并加算银行同期存款利息返还证券持有人；发行人的控股股东、实际控制人以及保荐人，应当与发行人承担连带责任，但是能够证明自己没有过错的除外。股票的发行人在招股说明书等证券发行文件中隐瞒重要事实或者编造重大虚假内容，已经发行并上市的，国务院证券监督管理机构可以责令发行人回购证券，或者责令负有责任的控股股东、实际控制人买回证券。

(二) 证券公司承销证券的民事责任

证券公司承销证券，应当对公开发行募集文件的真实性、准确性、完整性进行核查。发现有虚假记载、误导性陈述或者重大遗漏的，不得进行销售活动；已经销售的，必须立即停止销售活动，并采取纠正措施。证券公司承销证券，不得有下列行为：(1) 进行虚假的或者误导投资者的广告宣传或者其他宣传推介活动；(2) 以不正当竞争手段招揽承销业务；(3) 其他违反证券承销业务规定的行为。证券公司有以上所列行为，给其他证券承销机构或者投资者造成损失的，应当依法承担赔偿责任。

（三）非法交易行为的民事责任

证券交易内幕信息的知情人和非法获取内幕信息的人，在内幕信息公开前，不得买卖该公司的证券，或者泄露该信息，或者建议他人买卖该证券。内幕交易行为给投资者造成损失的，应当依法承担赔偿责任。

禁止证券交易场所、证券公司、证券登记结算机构、证券服务机构和其他金融机构的从业人员、有关监管部门或者行业协会的工作人员，利用因职务便利获取的内幕信息以外的其他未公开的信息，违反规定，从事与该信息相关的证券交易活动，或者明示、暗示他人从事相关交易活动。利用未公开信息进行交易给投资者造成损失的，应当依法承担赔偿责任。

禁止任何人以下列手段操纵证券市场，影响或者意图影响证券交易价格或者证券交易量：(1) 单独或者通过合谋，集中资金优势、持股优势或者利用信息优势联合或者连续买卖；(2) 与他人串通，以事先约定的时间、价格和方式相互进行证券交易；(3) 在自己实际控制的账户之间进行证券交易；(4) 不以成交为目的，频繁或者大量申报并撤销申报；(5) 利用虚假或者不确定的重大信息，诱导投资者进行证券交易；(6) 对证券、发行人公开作出评价、预测或者投资建议，并进行反向证券交易；(7) 利用在其他相关市场的活动操纵证券市场；(8) 操纵证券市场的其他手段。操纵证券市场行为给投资者造成损失的，应当依法承担赔偿责任。

（四）扰乱证券市场秩序的民事责任

禁止任何单位和个人编造、传播虚假信息或者误导性信息，扰乱证券市场。编造、传播虚假信息或者误导性信息，扰乱证券市场，给投资者造成损失的，应当依法承担赔偿责任。

（五）证券公司违规代理的民事责任

禁止证券公司及其从业人员从事下列损害客户利益的行为：(1) 违背客户的委托为其买卖证券；(2) 不在规定时间内向客户提供交易的确认文件；(3) 未经客户的委托，擅自为客户买卖证券，或者假借客户的名义买卖证券；(4) 为牟取佣金收入，诱使客户进行不必要的证券买卖；(5) 其他违背客户真实意思表示，损害客户利益的行为。违反以上规定给客户造成损失的，应当依法承担赔偿责任。

（六）控股股东违反公开承诺的民事责任

发行人及其控股股东、实际控制人、董事、监事、高级管理人员等作出公开承诺的，应当披露。不履行承诺给投资者造成损失的，应当依法承担赔偿责任。

（七）违反信息披露义务的民事责任

信息披露义务人未按照规定披露信息，或者公告的证券发行文件、定期报告、临时报告及其他信息披露资料存在虚假记载、误导性陈述或者重大遗漏，致使投资者在证券交易中遭受损失的，信息披露义务人应当承担赔偿责任；发行人的控股股东、实际控制人、董事、监事、高级管理人员和其他直接责任人员以及保荐人、承销的证券公司及其直接责任人员，应当与发行人承担连带赔偿责任，但是能够证明自己没有过错的除外。

（八）证券服务机构的民事责任

证券服务机构为证券的发行、上市、交易等证券业务活动制作、出具审计报告及其他鉴证报告、资产评估报告、财务顾问报告、资信评级报告或者法律意见书等文件，应当勤勉尽责，对所依据的文件资料内容的真实性、准确性、完整性进行核查和验证。其制作、出具的文件有虚假记载、误导性陈述或者重大遗漏，给他人造成损失的，应当与委托人承担连带赔偿责任，但是能够证明自己没有过错的除外。

第三节　证券行政责任

一、美国法项下的行政责任

（一）《1933 年证券法》第 20 条“对违法行为的禁令和检控”

“(a) 无论是否曾接到投诉，证券交易委员会若认为某人已经违反或即将违反本法规定或根据本法授权制定的任何条例或规则，则可酌情决定要求或允许该人在宣誓后，就与违法事项有关的、委员会认为予以调查符合公共利益的所有事实和情况提交书面说明，并可对该事实进行调查。

…………

“(d) 民事诉讼中的经济处罚：(1) 证券交易委员会的权力。在发现任何人违反本法、本法项下规定或规则，或证券交易委员会根据本法第 8A 条发布的制止令时，除该行为属于《1934 年证券交易法》第 21A 条应被处以罚款的违法行为外，证券交易委员会可在美国任何地区法院提起诉讼，要求对该违法者给予民事罚款处罚。法院在适当说明依据和理由后，有权对该违法者给予民事罚款处罚。……”

（二）《1934 年证券交易法》第 21 条“调查；违法禁令和对犯罪的检控”

“(a)(1)证券交易委员会可以酌情决定进行其认为必要的调查，以确定任何人是否已经违反、正在违反或者将要违反本法、本法项下的规则、条例，是否已经违反、正在违反或者将要违反该人员是会员、会员关联人或者该人就其以前作为会员关联人时的任何作为、做法或者不作为与会员关联时所在全国性证券交易所或者注册证券业协会规则，该人员是参与者或者就其作为参与者时的任何行为、做法或者不作为以前是参与者所在注册结算机构规则，该人员是注册会计师事务所、与该注册会计师事务所关联的人员或者就其作为该事务所关联人时的任何作为、做法或者不作为以前是与该事务所关联的人员所在公众公司会计监察委员会规则，或者市政证券规则制定委员会规则的任何规定，并且可以要求或者允许任何人就与待调查的问题有关的所有事实和情况向证券交易委员会提交其决定的书面、宣誓或者其他形式的说明。证券交易委员会有权自行裁量是否公布任何与该违法行为有关的信息，并且有权自行裁量是否对其认为必要或者适当的任何事实、条件、做法或者事项展开调查，以协助执行该任何规定、制定本法项下的规则和条例或者获取作为与本法所涉事项有关的进一步立法建议依据的信息。……”

（三）《1934 年证券交易法》第 21A 条(a)款“内幕交易的民事处罚”

“(1) 证券交易委员会被授权采取的司法行动。证券交易委员会无论何时认为任何人因利用其拥有的与全国性证券交易所设施或者通过该设施进行的交易有关的重大非公开信息，或者从经纪商、交易商或者通过经纪商、交易商获得的重大非公开信息，买入或者卖出证券、基于证券互换协议而违反本法或者其项下的规则、条例的任何规定，或者因传播该相关信息而违反任何该规定，而在上述任何情况下该交易并非证券(证券标准化期权或者证券期货产品除外)发行人公开发行组成部分的，证券交易委员会：(A)可以在美国地区法院起诉，寻求由上述违法行为人支付民事罚款，而法院有权处以民事罚款；(B)除本条(b)款第(1)项规定外，在美国地区法院起诉，寻求在发生违法行为时直接、间接控制上述违法行为人的人员支付民事罚款，而法院有权处以该民事罚款。

“(2) 对违法行为人的罚款金额。对上述违法行为人处以罚款的金额应当由法院根据具体事实和情况确定，但是不得超过因该违法购买、出售证券或者信息传播行为而获得的利润或者所避免的损失的三倍。

“(3) 对控制人的罚款金额。对上述违法行为发生时直接、间接控制上述违法行为人的任何人处以罚款的金额，应当由法院根据具体事实和情况确定，但是不得超过 100 万美元或者因该被控制人的违法行为而获得的利润或者所避免的损失的三倍。上述被控制人的违法行为是因传播信息而造成的，仅就本项而言，因违法行为获得的利润或者所避免的损失应当被视为只限于该被控制人的传播对象所获得的利润或者所避免的损失。”

（四）《1933 年证券法》和《1934 年证券交易法》项下的民事罚款

在美国证券法的行政责任中，有一个非常有特色的制度，那就是由作为行政监管机关的 SEC 对违反《1933 年证券法》或者《1934 年证券交易法》的行为作出民事罚款。在该制度下，SEC 有权根据“每一次(违法)行为或因疏忽导致的(违法)不作为”(each act or omission of violation of the securities laws)向违法主体征收民事罚款(但是,此等民事罚款受限于法定的上限额要求,参见表 12-1 的说明)。由于是按照每一次违法行为计算民事罚款的金额,因此在具体执法过程中不可避免地会在是否按照人数、时间跨度、行为过程、文件数目等计算上发生争论。[1]

表 12-1 美国证券法项下民事罚款的类型化列表

美国法典援引号	民事罚款的描述		金额[2]
	行为类型	主体类型	
15 U. S. C. 77h-1(g)[《1933 年证券法》第 8A 条(g)款]	层级 1(普通违法)	自然人	8824
		非自然人	88248
	层级 2(欺诈、操纵等)	自然人(欺诈)	88248
		非自然人(欺诈)	441240
	层级 3(造成他人重大损失或引起自身重大获利)	自然人(因欺诈而对他人造成重大损失或引起自身重大获利)	176496
		非自然人(因欺诈而对他人造成重大损失或引起自身重大获利)	853062
15 U. S. C. 77t(d)[《1933 年证券法》第 20 条(d)款]	层级 1(普通违法)	自然人	9639
		非自然人	96384
	层级 2(欺诈、操纵等)	自然人(欺诈)	96384
		非自然人(欺诈)	481920
	层级 3(造成他人重大损失或引起自身重大获利)	自然人(因欺诈而对他人造成重大损失或自身重大获利)	192768
		非自然人(因欺诈而对他人造成重大损失或引起自身重大获利)	963837
15 U. S. C. 78u(d)(3)[《1934 年证券交易法》第 21 条(d)(3)款]	层级 1(普通违法)	自然人	9639
		非自然人	96384
	层级 2(欺诈、操纵等)	自然人(欺诈)	96384
		非自然人(欺诈)	481920
	层级 3(造成他人重大损失或引起自身重大获利)	自然人(因欺诈而对他人造成重大损失或引起自身重大获利)	192768
		非自然人(因欺诈而对他人造成重大损失或引起自身重大获利)	963837
15 U. S. C. 78u-1(a)(3)[《1934 年证券交易法》第 21A 条(a)(3)款]	内幕交易——实际控制人		2140973

① 有关此等争论,可参见颜欣:《证券法中的罚款制度:中美比较研究》,载北京大学金融法研究中心主办:《金融法苑》(2016·总第九十二辑),中国金融出版社 2016 年版,第 50—67 页。

② 该列金额是可被 SEC 调整的金额,具体为截至 2020 年 6 月 30 日所适用的金额,货币单位为"美元"。有关该等金额的变化,可参见 SEC 网站不时发布的新闻通稿,网址为:https://www.sec.gov/files/civil-penalties-inflation-adjustments.pdf。

（续表）

美国法典援引号	民事罚款的描述		金额
	行为类型	主体类型	
15 U. S. C. 78u-2［《1934 年证券交易法》第 21B 条］	层级 1（普通违法）	自然人	9639
		非自然人	96384
	层级 2（欺诈、操纵等）	自然人（欺诈）	96384
		非自然人（欺诈）	481920
	层级 3（引起他人重大损失或自身重大获利）	自然人（欺诈而对他人造成重大损失或自身重大获利）	192768
		非自然人（欺诈而对他人造成重大损失或自身重大获利）	963837
15 U. S. C. 78ff（b）［《1934 年证券交易法》第 32 条（b）款］	未能注册信息文件与注册报告		569
15 U. S. C. 78ff（c）（1）（B）［《1934 年证券交易法》第 32 条（c）（1）（B）款］	境外贿赂行为——任何发行人		21410
15 U. S. C. 78ff（c）（2）（B）［《1934 年证券交易法》第 32 条（c）（2）（B）款］	境外贿赂行为——任何发行人的代理或者股东		21410
15 U. S. C. 80a-9（d）［《1940 年投资公司法》第 9 条（d）款］	层级 1（普通违法）	自然人	9639
		非自然人①	96384
	层级 2（欺诈、操纵等）	自然人（欺诈）	96384
		非自然人（欺诈）	481920
	层级 3（造成他人重大损失或引起自身重大获利）	自然人（因欺诈而对他人造成重大损失或引起自身重大获利）	192768
		非自然人（因欺诈而对他人造成重大损失或引起自身重大获利）	963837
15 U. S. C. 80a-41（e）［《1940 年投资公司法》第 42 条（e）款］	层级 1（普通违法）	自然人	9639
		非自然人	96384
	层级 2（欺诈、操纵等）	自然人（欺诈）	96384
		非自然人（欺诈）	481920
	层级 3（造成他人重大损失或引起自身重大获利）	自然人（因欺诈而对他人造成重大损失或引起自身重大获利）	192768
		非自然人（因欺诈而对他人造成重大损失或引起自身重大获利）	963837

①　非自然人主要是指除自然人以外具有法律上的权利、义务的拟制的人，包括普通公司、LLC 等组织形式。

（续表）

<table>
<tr><th rowspan="2">美国法典援引号</th><th colspan="2">民事罚款的描述</th><th rowspan="2">金额</th></tr>
<tr><th>行为类型</th><th>主体类型</th></tr>
<tr><td rowspan="6">15 U.S.C. 80b-3(i)[《1940 年投资顾问法》第 203 条(i)款]</td><td rowspan="2">层级 1(普通违法)</td><td>自然人</td><td>9639</td></tr>
<tr><td>非自然人</td><td>96384</td></tr>
<tr><td rowspan="2">层级 2(欺诈、操纵等)</td><td>自然人(欺诈)</td><td>96384</td></tr>
<tr><td>非自然人(欺诈)</td><td>481920</td></tr>
<tr><td rowspan="2">层级 3(造成他人重大损失或引起自身重大获利)</td><td>自然人(因欺诈而对他人造成重大损失或引起自身重大获利)</td><td>192768</td></tr>
<tr><td>非自然人(因欺诈而对他人造成重大损失或引起自身重大获利)</td><td>963837</td></tr>
<tr><td rowspan="6">15 U.S.C. 80b-9(e)[《1940 年投资顾问法》第 209 条(e)款]</td><td rowspan="2">层级 1(普通违法)</td><td>自然人</td><td>9639</td></tr>
<tr><td>非自然人</td><td>96384</td></tr>
<tr><td rowspan="2">层级 2(欺诈、操纵等)</td><td>自然人(欺诈)</td><td>96384</td></tr>
<tr><td>非自然人(欺诈)</td><td>481920</td></tr>
<tr><td rowspan="2">层级 3(造成他人重大损失或引起自身重大获利)</td><td>自然人(因欺诈而对他人造成重大损失或引起自身重大获利)</td><td>192768</td></tr>
<tr><td>非自然人(因欺诈而对他人造成重大损失或引起自身重大获利)</td><td>963837</td></tr>
<tr><td rowspan="2">15 U.S.C. 7215(c)(4)(D)(i)[《2002 年萨班斯-奥克斯利法案》第 105 条 (c)(4)(D)(i)款]</td><td colspan="2">针对自然人</td><td>141943</td></tr>
<tr><td colspan="2">针对其他“人”</td><td>2838885</td></tr>
<tr><td rowspan="2">15 U.S.C. 7215(c)(4)(D)(ii)[《2002 年萨班斯-奥克斯利法案》第 105 条(c)(4)(D)(ii)款]</td><td colspan="2">针对自然人</td><td>1064582</td></tr>
<tr><td colspan="2">针对非自然人</td><td>21291632</td></tr>
</table>

二、中国法项下的行政责任

（一）擅自公开或变相公开发行证券的行政责任

擅自公开或者变相公开发行证券的，责令停止发行，退还所募资金并加算银行同期存款利息，处以非法所募资金金额 5%以上 50%以下的罚款；对擅自公开或者变相公开发行证券设立的公司，由依法履行监督管理职责的机构或者部门会同县级以上地方人民政府予以取缔。对直接负责的主管人员和其他直接责任人员给予警告，并处以 50 万元以上 500 万元以下的罚款。

（二）违法发行证券的行政责任

发行人在其公告的证券发行文件中隐瞒重要事实或者编造重大虚假内容，尚未发行证券的，处以200万元以上2000万元以下的罚款；已经发行证券的，处以非法所募资金金额10%以上1倍以下的罚款。对直接负责的主管人员和其他直接责任人员，处以100万元以上1000万元以下的罚款。

发行人的控股股东、实际控制人组织、指使从事以上违法行为的，没收违法所得，并处以违法所得10%以上1倍以下的罚款；没有违法所得或者违法所得不足2000万元的，处以200万元以上2000万元以下的罚款。对直接负责的主管人员和其他直接责任人员，处以100万元以上1000万元以下的罚款。

（三）保荐人的行政责任

保荐人出具有虚假记载、误导性陈述或者重大遗漏的保荐书，或者不履行其他法定职责的，责令改正，给予警告，没收业务收入，并处以业务收入1倍以上10倍以下的罚款；没有业务收入或者业务收入不足100万元的，处以100万元以上1000万元以下的罚款；情节严重的，并处暂停或者撤销保荐业务许可。对直接负责的主管人员和其他直接责任人员给予警告，并处以50万元以上500万元以下的罚款。

（四）证券公司违法承销的行政责任

证券公司承销或者销售擅自公开发行或者变相公开发行的证券的，责令停止承销或者销售，没收违法所得，并处以违法所得1倍以上10倍以下的罚款；没有违法所得或者违法所得不足100万元的，处以100万元以上1000万元以下的罚款；情节严重的，并处暂停或者撤销相关业务许可。给投资者造成损失的，应当与发行人承担连带赔偿责任。对直接负责的主管人员和其他直接责任人员给予警告，并处以50万元以上500万元以下的罚款。

证券公司承销证券违反《证券法》第29条规定的，责令改正，给予警告，没收违法所得，可以并处50万元以上500万元以下的罚款；情节严重的，暂停或者撤销相关业务许可。对直接负责的主管人员和其他直接责任人员给予警告，可以并处20万元以上200万元以下的罚款；情节严重的，并处以50万元以上500万元以下的罚款。

（五）擅自改变募资用途的行政责任

发行人擅自改变公开发行证券所募集资金的用途的，责令改正，处以50万元以上500万元以下的罚款；对直接负责的主管人员和其他直接责任人员给予警告，并处以10万元以上100万元以下的罚款。

发行人的控股股东、实际控制人从事或者组织、指使从事以上违法行为的，给予警告，并处以50万元以上500万元以下的罚款；对直接负责的主管人员和其他直接责任人员，处以10万元以上100万元以下的罚款。

(六) 违反限售规定的行政责任

违反《证券法》第 36 条的规定,在限制转让期内转让证券,或者转让股票不符合法律、行政法规和国务院证券监督管理机构规定的,责令改正,给予警告,没收违法所得,并处以买卖证券等值以下的罚款。

(七) 代持交易的行政责任

法律、行政法规规定禁止参与股票交易的人员,违反《证券法》第 40 条的规定,直接或者以化名、借他人名义持有、买卖股票或者其他具有股权性质的证券的,责令依法处理非法持有的股票、其他具有股权性质的证券,没收违法所得,并处以买卖证券等值以下的罚款;属于国家工作人员的,还应当依法给予处分。

(八) 归入权交易的行政责任

上市公司、股票在国务院批准的其他全国性证券交易场所交易的公司的董事、监事、高级管理人员、持有该公司 5%以上股份的股东,违反《证券法》第 44 条的规定,买卖该公司股票或者其他具有股权性质的证券的,给予警告,并处以 10 万元以上 100 万元以下的罚款。

(九) 违反程序化交易的行政责任

违反《证券法》第 45 条的规定,采取程序化交易影响证券交易所系统安全或者正常交易秩序的,责令改正,并处以 50 万元以上 500 万元以下的罚款。对直接负责的主管人员和其他直接责任人员给予警告,并处以 10 万元以上 100 万元以下的罚款。

(十) 内幕交易的行政责任

证券交易内幕信息的知情人或者非法获取内幕信息的人违法从事内幕交易的,责令依法处理非法持有的证券,没收违法所得,并处以违法所得 1 倍以上 10 倍以下的罚款;没有违法所得或者违法所得不足 50 万元的,处以 50 万元以上 500 万元以下的罚款。单位从事内幕交易的,还应当对直接负责的主管人员和其他直接责任人员给予警告,并处以 20 万元以上 200 万元以下的罚款。国务院证券监督管理机构工作人员从事内幕交易的,从重处罚。利用未公开信息进行交易的,依照以上规定处罚。

(十一) 操纵市场的行政责任

操纵证券市场的,责令依法处理其非法持有的证券,没收违法所得,并处以违法所得一倍以上十倍以下的罚款;没有违法所得或者违法所得不足 100 万元的,处以 100 万元以上 1000 万元以下的罚款。单位操纵证券市场的,还应当对直接负责的主管人员和其他直接责任人员给予警告,并处以 50 万元以上 500 万元以下的罚款。

(十二) 编造、传播虚假信息的行政责任

编造、传播虚假信息或者误导性信息,扰乱证券市场的,没收违法所得,并处以违法所得一倍以上十倍以下的罚款；没有违法所得或者违法所得不足20万元的，处以20万元以上200万元以下的罚款。

在证券交易活动中作出虚假陈述或者信息误导的，责令改正，处以20万元以上200万元以下的罚款；属于国家工作人员的，还应当依法给予处分。

传播媒介及其从事证券市场信息报道的工作人员违反《证券法》第56条第3款的规定，从事与其工作职责发生利益冲突的证券买卖的，没收违法所得，并处以买卖证券等值以下的罚款。

（十三）证券公司及从业人员背信的行政责任

证券公司及其从业人员违反《证券法》第57条的规定，有损害客户利益的行为的，给予警告，没收违法所得，并处以违法所得1倍以上10倍以下的罚款；没有违法所得或者违法所得不足10万元的，处以10万元以上100万元以下的罚款；情节严重的，暂停或者撤销相关业务许可。

（十四）出借账户的行政责任

违反《证券法》第58条的规定，出借自己的证券账户或者借用他人的证券账户从事证券交易的，责令改正，给予警告，可以处50万元以下的罚款。

（十五）违法收购的行政责任

收购人未按照《证券法》规定履行上市公司收购的公告、发出收购要约义务的，责令改正，给予警告，并处以50万元以上500万元以下的罚款。对直接负责的主管人员和其他直接责任人员给予警告，并处以20万元以上200万元以下的罚款。

收购人及其控股股东、实际控制人利用上市公司收购，给被收购公司及其股东造成损失的，应当依法承担赔偿责任。

（十六）信息披露违法的行政责任

信息披露义务人未按照《证券法》规定报送有关报告或者履行信息披露义务的，责令改正，给予警告，并处以50万元以上500万元以下的罚款；对直接负责的主管人员和其他直接责任人员给予警告，并处以20万元以上200万元以下的罚款。发行人的控股股东、实际控制人组织、指使从事上述违法行为，或者隐瞒相关事项导致发生上述情形的，处以50万元以上500万元以下的罚款；对直接负责的主管人员和其他直接责任人员，处以20万元以上200万元以下的罚款。

信息披露义务人报送的报告或者披露的信息有虚假记载、误导性陈述或者重大遗漏的，责令改正，给予警告，并处以100万元以上1000万元以下的罚款；对直接负责的主管人员和其他直接责任人员给予警告，并处以50万元以上500万元以下的罚款。发行人的控股股东、实际控制人组织、指使从事上述违法行为，或者隐瞒相关事项导致发生上述情形的，处以100万元以上1000万元以下的罚款；对直接负责的主管人员和其他直接责任人员，处以50万元以上500万元以下的罚款。

此外,基于执法成本与执法效果之间的平衡考虑,《证券法》在第 171 条第 1 款还引入一个类似于美国证券执法上的“行政和解”机制:“国务院证券监督管理机构对涉嫌证券违法的单位或者个人进行调查期间,被调查的当事人书面申请,承诺在国务院证券监督管理机构认可的期限内纠正涉嫌违法行为,赔偿有关投资者损失,消除损害或者不良影响的,国务院证券监督管理机构可以决定中止调查。被调查的当事人履行承诺的,国务院证券监督管理机构可以决定终止调查;被调查的当事人未履行承诺或者有国务院规定的其他情形的,应当恢复调查。具体办法由国务院规定。”

第四节 证券刑事责任

一、美国法项下的刑事责任

(一)《1933 年证券法》第 20 条(b)款“对违法行为的禁令和检控”

“无论何时,只要证券交易委员会认为任何人正在进行或将会进行违反或可能违反本法的规定、根据本法授权所制定的任何条例或规则的任何行为或做法,可酌情决定在美国任一地区法院或其任何准州的美国法院提起诉讼以禁止这种行为或做法。受理法院在经适当说明依据和理由后,应当签发永久或临时禁令或限制性命令,不准保释。证券交易委员会可将能够获得的有关该行为或做法的证据转交司法部长,司法部长可根据本法酌情决定提起必要的刑事诉讼。此类刑事诉讼可在招股说明书或证券的指控始发地或者在该招股说明书或证券的接受地提起。”

(二)《1933 年证券法》第 24 条“处罚”条款

“任何人若故意违反本法任何条款或证券交易委员会根据本法授权颁布的规章,或在根据本法申报的注册登记表中故意对任何重大事实作出不实陈述,或漏报要求在其中陈述的任何重大事实,或漏报为使其中的陈述不致误导而必须陈述的重大事实,一经定罪,即应单处不超过 10000 美元的罚金或不超过 5 年的监禁,或并处罚金和监禁。”

(三)《1934 年证券交易法》第 32 条“处罚”条款

“(a) 任何人蓄意违反本法(本法第 30A 条除外)或者其项下任何规则、条例的任何规定,并且该违规属于违法行为或者本法各条款要求遵守上述规定的;或者任何人在依据本法或者其项下任何规则、条例提交的任何申请、报告或者文件中,或者在本法第 15 条(d)款规定的或者自律组织就申请会员资格、申请参与权或者申请与其会员建立关联关系规定的注册说明书中所包含的任何承诺中蓄意或者以知情方式作出或者致使作出与任何重大事实有关的虚假或者误导性陈述的，一旦定罪，即应处以不超过500万美元的罚金或者判处不超过20年的监禁，或者两罚并处。上述人员不是非自然人的，应当被处以不超过2500万美元的罚金。但是，任何人员能证明其违反任何规则或者条例时对该规则或者条例并不知情的，不应因违反该规则或者条例而被判处本条项下的监禁。

“(b) 任何发行人未报备本法第15条(d)款或者其项下任何规则、条例要求的信息、文件或者报告的，该未报备的情况每延续一天，该发行人应当缴纳100美元的罚金。该罚金应当代替本条(a)款项下因该未报备所要求的材料而可能处以的任何刑事处罚，该罚金应当上交国库，并且应当以国家名义在民事诉讼中进行追缴。

“(c) (1)(A)任何发行人违反本法第30A条(a)款或者(g)款的，应当被处以不超过200万美元的罚金；……(2)(A)发行人的任何高级管理人员、董事、员工、代理人或者代表发行人行事的股票持有人蓄意违反本法第30A条(a)款或者(g)款的，应当被处以不超过10万美元的罚金或者判处不超过5年的监禁，或者两罚并处。……”

二、中国法项下的刑事责任

在我国，证券犯罪的刑事责任体现在《刑法》及其修正案中。截至2021年6月30日，需要受到刑事惩处的证券犯罪分布于《刑法》第179—182条。

(一) 擅自发行股票、公司、企业债券罪

第179条规定：“未经国家有关主管部门批准，擅自发行股票或者公司、企业债券，数额巨大、后果严重或者有其他严重情节的，处五年以下有期徒刑或者拘役，并处或者单处非法募集资金金额百分之一以上百分之五以下罚金。单位犯前款罪的，对单位判处罚金，并对其直接负责的主管人员和其他直接责任人员，处五年以下有期徒刑或者拘役。”

(二) 内幕交易、泄露内幕信息罪

第180条第1—3款规定：“证券、期货交易内幕信息的知情人员或者非法获取证券、期货交易内幕信息的人员，在涉及证券的发行，证券、期货交易或者其他对证券、期货交易价格有重大影响的信息尚未公开前，买入或者卖出该证券，或者从事与该内幕信息有关的期货交易，或者泄露该信息，或者明示、暗示他人从事上述交易活动，情节严重的，处五年以下有期徒刑或者拘役，并处或者单处违法所得一倍以上五倍以下罚金；情节特别严重的，处五年以上十年以下有期徒刑，并处违法所得一倍以上五倍以下罚金。单位犯前款罪的，对单位判处罚金，并对其直接负责的主管人员和其他直接责任人员，处五年以下有期徒刑或者拘役。内幕信息、知情人员的范围，依照法律、行政法规的规定确定。”

（三）利用未公开信息交易罪

第180条第4款规定："证券交易所、期货交易所、证券公司、期货经纪公司、基金管理公司、商业银行、保险公司等金融机构的从业人员以及有关监管部门或者行业协会的工作人员，利用因职务便利获取的内幕信息以外的其他未公开的信息，违反规定，从事与该信息相关的证券、期货交易活动，或者明示、暗示他人从事相关交易活动，情节严重的，依照第一款的规定处罚。"

（四）编造并传播证券、期货交易虚假信息罪

第181条第1款规定："编造并且传播影响证券、期货交易的虚假信息，扰乱证券、期货交易市场，造成严重后果的，处五年以下有期徒刑或者拘役，并处或者单处一万元以上十万元以下罚金。"

（五）诱骗投资者买卖证券、期货合约罪

第181条第2款规定："证券交易所、期货交易所、证券公司、期货经纪公司的从业人员，证券业协会、期货业协会或者证券期货监督管理部门的工作人员，故意提供虚假信息或者伪造、变造、销毁交易记录，诱骗投资者买卖证券、期货合约，造成严重后果的，处五年以下有期徒刑或者拘役，并处或者单处一万元以上十万元以下罚金；情节特别恶劣的，处五年以上十年以下有期徒刑，并处二万元以上二十万元以下罚金。"第181条第3款规定："单位犯前两款罪的，对单位判处罚金，并对其直接负责的主管人员和其他直接责任人员，处五年以下有期徒刑或者拘役。"

（六）操纵证券、期货市场罪

第182条规定："有下列情形之一，操纵证券、期货市场，影响证券、期货价格或者证券、期货交易量，情节严重的，处五年以下有期徒刑或者拘役，并处或者单处罚金；情节特别严重的，处五年以上十年以下有期徒刑，并处罚金：（一）单独或者合谋，集中资金优势、持股或者持仓优势或者利用信息优势联合或者连续买卖的；（二）与他人串通，以事先约定的时间、价格和方式相互进行证券、期货交易的；（三）在自己实际控制的账户之间进行证券交易，或者以自己为交易对象，自买自卖期货合约的；（四）不以成交为目的，频繁或者大量申报买入、卖出证券、期货合约并撤销申报的；（五）利用虚假或者不确定的重大信息，诱导投资者进行证券、期货交易的；（六）对证券、证券发行人、期货交易标的公开作出评价、预测或者投资建议，同时进行反向证券交易或者相关期货交易的；（七）以其他方法操纵证券、期货市场的。单位犯前款罪的，对单位判处罚金，并对其直接负责的主管人员和其他直接责任人员，依照前款的规定处罚。"

在各界将《公司法》和《刑法》联动修改的呼声越来越高的背景下，2020年12月26日，第十三届全国人民代表大会常务委员会第二十四次会议通过《刑法修正案（十一）》，从六方面对《刑法》进行完善，共修改补充30条，其中很重要的一

个修改就是完善破坏金融秩序犯罪规定，包括提高欺诈发行股票、债券罪和违规披露、不披露重要信息罪的刑罚，明确控股股东、实际控制人的刑事责任，提高资本市场违法违规成本等内容。比如，将《刑法》第160条修改为："在招股说明书、认股书、公司、企业债券募集办法等发行文件中隐瞒重要事实或者编造重大虚假内容，发行股票或者公司、企业债券、存托凭证或者国务院依法认定的其他证券，数额巨大、后果严重或者有其他严重情节的，处五年以下有期徒刑或者拘役，并处或者单处罚金；数额特别巨大、后果特别严重或者有其他特别严重情节的，处五年以上有期徒刑，并处罚金。控股股东、实际控制人组织、指使实施前款行为的，处五年以下有期徒刑或者拘役，并处或者单处非法募集资金金额百分之二十以上一倍以下罚金；数额特别巨大、后果特别严重或者有其他特别严重情节的，处五年以上有期徒刑，并处非法募集资金金额百分之二十以上一倍以下罚金。单位犯前两款罪的，对单位判处非法募集资金金额百分之二十以上一倍以下罚金，并对其直接负责的主管人员和其他直接责任人员，依照第一款的规定处罚。"将《刑法》第161条修改为："依法负有信息披露义务的公司、企业向股东和社会公众提供虚假的或者隐瞒重要事实的财务会计报告，或者对依法应当披露的其他重要信息不按照规定披露，严重损害股东或者其他人利益，或者有其他严重情节的，对其直接负责的主管人员和其他直接责任人员，处五年以下有期徒刑或者拘役，并处或者单处罚金；情节特别严重的，处五年以上十年以下有期徒刑，并处罚金。前款规定的公司、企业的控股股东、实际控制人实施或者组织、指使实施前款行为的，或者隐瞒相关事项导致前款规定的情形发生的，依照前款的规定处罚。犯前款罪的控股股东、实际控制人是单位的，对单位判处罚金，并对其直接负责的主管人员和其他直接责任人员，依照第一款的规定处罚。"

第五节　投资者的特殊保护

一、美国的私人证券诉讼(集团诉讼)

美国《1933年证券法》第27条和《1934年证券交易法》第21D条规定了私人证券诉讼（集团诉讼）的基本规则，现以《1933年证券法》第27条(a)款的规定为例进行说明。

"(a) 私人集团诉讼

"(1) 一般规定：本目的各项规定适用于本法项下按照《联邦民事诉讼规则》的规定作为集团诉讼原告提起的私人集团诉讼。

"(2) 与起诉书一起提交的证明包括：

"(A) 总体上，每一寻求充当集团代表人的原告应当提供一份经宣誓的证明，该证明应当由原告本人签名并与起诉书一起提交。同时，该证明应当：（ⅰ）声明原告已审查过起诉书并已授权提交该起诉书；（ⅱ）声明原告并非依原告律师的指示购买涉诉证券，也并非为参加本法项下的私人诉讼而购买涉诉证券；（ⅲ）声明原告愿意充当集团代表人，包括必要时在庭审前及庭审时宣誓作证；（ⅳ）列明原告在起诉书指定的集团期间对起诉所涉证券进行的所有交易；（ⅴ）指出在原告签署证明之日前3年内提起的本法项下原告曾寻求担任或曾担任过诉讼集团的代表当事人的任何其他诉讼；（ⅵ）声明原告不会因担任集团代表人而接受其在胜诉案件中应分得比例之外的任何付款，但法院根据第(4)款规定判令或批准的除外。

…………

"(3) 首席原告的任命

"(A) 对集团成员的提前通知：（ⅰ）一般规定：在提交起诉书后20日内，原告应在广泛发行的全国性商业出版物或通讯社发布公告，以告知潜在集团(诉讼)的成员：（Ⅰ）诉讼已受理未立案的事实、诉讼的请求以及潜在集团(诉讼)的期限；以及（Ⅱ）在公告发布后60日内，潜在集团(诉讼)的任何成员可请求法院将其作为潜在集团(诉讼)的首席原告。（ⅱ）多项诉讼：若一项以上针对依据法案所赋予的相同或类似权利而主张的集团诉讼已被提起，则只有最先提交诉讼的原告才被要求根据以上（ⅰ）子款的要求发布公告。（ⅲ）联邦规则可能要求的其他通告：除（ⅰ）子款要求的通告外，依据《联邦民事诉讼规则》还可能要求发布其他公告。

"(B) 首席原告的任命：（ⅰ）一般规定：在根据上述(A)（ⅰ）子款的规定发布公告之日后90日内，法院应考虑潜在的集团成员因公告而提出的任何动议，包括起诉书中未单独列为原告的集团成员提出的动议。根据本子款的规定，法院还应从其认为最有能力代表集团成员利益的潜在原告集团成员中指定一名或一名以上的成员(以下简称"最胜任原告")担任首席原告。（ⅱ）合并诉讼：若已代表集团就本法项下基本相同的一项或多项请求提起多项诉讼，且有当事人为预审或审理之目的寻求合并该等诉讼，则在对合并动议作出决定之前，法院不得作出（ⅰ）子款要求的决定。作出上述合并决定后，法院应尽快指定最胜任原告担任本子款规定的合并诉讼的首席原告。

"(4) 原告获得的赔偿：集团的代表人在最终判决或和解中被判给或分得的份额，其每股平均额应与集团其他所有成员在最终判决或和解中被判给或分得的份额中的每股平均额相等。本款任何规定均不得被解释为限制给予代表集团的代表人与代表职责直接相关的合理成本和费用(包括工资损失)。

"(5) 对非公开存档和解的限制：集团诉讼的任何和解协议的条款和约定不应进行非公开存档，除非经和解的一方动议，法院可以要求对和解协议中有正当理由显示需要非公开存档的部分进行非公开存档。基于本款目的，正当理由只有在公开和解协议的某一条款或规定会对和解任何一方造成直接及实质损害时才得以存在。

“(6) 律师费和开支的支付限制：法院判给原告集团律师的律师费和开支总额不得超过向该集团实际支付的任何赔偿金与判决前利息总额的合理比例。

“(7) 向集团成员披露和解条款：向集团公布的或以其他方式散发的任何拟订或最终的和解协议，应包括各项(必要)的声明以及以概要形式显示声明中所含信息的封面。……”

二、中国投资者保护的特别安排

2019年修订的《证券法》以新增第六章“投资者保护”的方式作了专项规定。

(一) 投资者适当性管理

证券公司向投资者销售证券、提供服务时，应当按照规定充分了解投资者的基本情况、财产状况、金融资产状况、投资知识和经验、专业能力等相关信息；如实说明证券、服务的重要内容，充分揭示投资风险；销售、提供与投资者上述状况相匹配的证券、服务。

投资者在购买证券或者接受服务时，应当按照证券公司明示的要求提供以上所列真实信息。拒绝提供或者未按照要求提供信息的，证券公司应当告知其后果，并按照规定拒绝向其销售证券、提供服务。

证券公司违反规定导致投资者损失的，应当承担相应的赔偿责任。普通投资者与证券公司发生纠纷的，证券公司应当证明其行为符合法律、行政法规以及国务院证券监督管理机构的规定，不存在误导、欺诈等情形。证券公司不能证明的，应当承担相应的赔偿责任。

(二) 股东权利行使

上市公司董事会、独立董事、持有1%以上有表决权股份的股东或者依照法律、行政法规或者国务院证券监督管理机构的规定设立的投资者保护机构(以下简称“投资者保护机构”)，可以作为征集人，自行或者委托证券公司、证券服务机构，公开请求上市公司股东委托其代为出席股东大会，并代为行使提案权、表决权等股东权利。

依照以上规定征集股东权利的，征集人应当披露征集文件，上市公司应当予以配合。

禁止以有偿或者变相有偿的方式公开征集股东权利。

公开征集股东权利违反法律、行政法规或者国务院证券监督管理机构有关规定，导致上市公司或者其股东遭受损失的，应当依法承担赔偿责任。

（三）现金分红政策

上市公司应当在章程中明确分配现金股利的具体安排和决策程序，依法保障股东的资产收益权。

上市公司当年税后利润，在弥补亏损及提取法定公积金后有盈余的，应当按照公司章程的规定分配现金股利。

（四）公司债券持有人利益保护

公开发行公司债券的，应当设立债券持有人会议，并应当在募集说明书中说明债券持有人会议的召集程序、会议规则和其他重要事项。

公开发行公司债券的，发行人应当为债券持有人聘请债券受托管理人，并订立债券受托管理协议。受托管理人应当由本次发行的承销机构或者其他经国务院证券监督管理机构认可的机构担任，债券持有人会议可以决议变更债券受托管理人。债券受托管理人应当勤勉尽责，公正履行受托管理职责，不得损害债券持有人利益。

债券发行人未能按期兑付债券本息的，债券受托管理人可以接受全部或者部分债券持有人的委托，以自己名义代表债券持有人提起、参加民事诉讼或者清算程序。

（五）先行赔付制度

发行人因欺诈发行、虚假陈述或者其他重大违法行为给投资者造成损失的，发行人的控股股东、实际控制人、相关的证券公司可以委托投资者保护机构，就赔偿事宜与受到损失的投资者达成协议，予以先行赔付。先行赔付后，可以依法向发行人以及其他连带责任人追偿。

（六）先行调解与支持诉讼

投资者与发行人、证券公司等发生纠纷的，双方可以向投资者保护机构申请调解。普通投资者与证券公司发生证券业务纠纷，普通投资者提出调解请求的，证券公司不得拒绝。

投资者保护机构对损害投资者利益的行为，可以依法支持投资者向人民法院提起诉讼。

发行人的董事、监事、高级管理人员执行公司职务时违反法律、行政法规或者公司章程的规定给公司造成损失，发行人的控股股东、实际控制人等侵犯公司合法权益给公司造成损失，投资者保护机构持有该公司股份的，可以为公司的利益以自己的名义向人民法院提起诉讼，持股比例和持股期限不受《公司法》规定的限制。

（七）代表人诉讼

投资者提起虚假陈述等证券民事赔偿诉讼时，诉讼标的是同一种类，且当事人一方人数众多的，可以依法推选代表人进行诉讼。

对按照以上规定提起的诉讼，可能存在有相同诉讼请求的其他众多投资者的，人民法院可以发出公告，说明该诉讼请求的案件情况，通知投资者在一定期间向人民法院登记。人民法院作出的判决、裁定，对参加登记的投资者发生效力。[①]

投资者保护机构受 50 名以上投资者委托，可以作为代表人参加诉讼，并为经证券登记结算机构确认的权利人依照以上规定向人民法院登记，但投资者明确表示不愿意参加该诉讼的除外。

2020 年 7 月 31 日，最高人民法院和中国证监会分别发布了《最高人民法院关于证券纠纷代表人诉讼若干问题的规定》（以下简称《若干规定》）和《关于做好投资者保护机构参加证券纠纷特别代表人诉讼相关工作的通知》（以下简称《工作通知》），中证中小投资者服务中心有限责任公司（以下简称“投服中心”）随即也发布了《中证中小投资者服务中心特别代表人诉讼业务规则（试行）》（以下简称《业务规则》）。这些规定、通知、规则在本质上都是在为《证券法》第 95 条规定的“代表人诉讼”提供制度供给。

《若干规定》明确了普通代表人诉讼和特别代表人诉讼之分，对于普通代表人诉讼，因循传统民事诉讼法下进行权利登记后才能被纳入原告范围的“明示加入、默示退出”方式；而对于由投服中心等投资者保护机构所参与的特别代表人诉讼，则可以切换到《证券法》第 95 条第 3 款项下的“默示加入、明示退出”规则。《若干规定》开宗明义地规定“证券纠纷代表人诉讼包括因证券市场虚假陈述、内幕交易、操纵市场等行为引发的普通代表人诉讼和特别代表人诉讼”，从而平息了《证券法》第 95 条第 1 款“投资者提起虚假陈述等证券民事赔偿诉讼时”中的“等”是“等外等”还是“等内等”的理解争议，由此锁定了证券代表人纠纷的主要案由。此外，如果结合《若干规定》第 5 条的文义解释路径（即代表人诉讼适用有前置程序的案件，普通诉讼程序适用无前置程序的案件），也就意味着自 2002 以来一直需要予以遵守的证券纠纷类诉讼的前置程序要求被以“新法替代旧法”的方式废除。《若干规定》对《证券法》第 95 条第 3 款采用了“限缩解释”的方法，将该款所规定的由“投资者保护机构受五十名以上投资者委托，可以作为代表人参加诉讼”限定于普通代表人诉讼程序已经启动条件下的“参与诉讼”方式，而非之前学界、业界热议的由投资者保护机构接受投资者委托后直接起诉的“发起式诉讼”。鉴于《证券法》第 95 条第 3 款规定的代表人诉讼采用的是“默示同意、明示退出”规则，《若干规定》对于特别代表人诉讼明确了“专属管辖”原则，即由涉诉证券集中交易的证券交易所、国务院批准的其他全国性证券交易场所所在地的中级人民法院或者专门人民法院管辖，这有利于特别代表人诉讼案件高效、有

① 这就是业内俗称的“默示加入、明示同意”的代表人诉讼制度。

序、快速地审理。无论是《若干规定》第7条还是《业务规则》第10条第4项，都引入诉讼法上的“诉讼契约”理论，以解决原来司法实践中涉及证券纠纷的代表人诉讼是否应该受限于《民事诉讼法》第53条规定的“代表人变更、放弃诉讼请求或者承认对方当事人的诉讼请求，进行和解，必须经被代表的当事人同意”（当然，同时赋予原告在调解、上诉决定中的退出权）这一问题，从而大大提升了证券纠纷代表人诉讼的效率。《若干规定》第39条规定，“特别代表人诉讼案件不预交案件受理费”。第40条规定：“投资者保护机构作为代表人在诉讼中申请财产保全的，人民法院可以不要求提供担保。”这样，就大大降低了投资者保护机构参与特别代表人诉讼、支持公益类诉讼的成本。《若干规定》第29条规定，“符合权利人范围但未参加登记的投资者提起诉讼，且主张的事实和理由与代表人诉讼生效判决、裁定所认定的案件基本事实和法律适用相同的，人民法院审查具体诉讼请求后，裁定适用已经生效的判决、裁定”。这样，就在司法解释层面对先前已经由投服中心和上海金融法院共同推动的示范诉讼制度予以肯定和提升，将大大有利于这一制度的推广和执行。

本章复习要点

证券法律责任的作用、证券民事责任的规则设计、证券行政责任的方式、投资者适当性管理、示范诉讼、先行赔付和代表诉讼（集团诉讼）。

课外参考书目

1. 颜欣：《证券法中的罚款制度：中美比较研究》，载北京大学金融法研究中心主办：《金融法苑》（2016・总第九十二辑），中国金融出版社2016年版。

2. 赵万一主编：《证券交易中的民事责任制度研究》，法律出版社2008年版。

3. 曹里加：《证券执法体系比较研究》，北京大学出版社2008年版。

4. 江海昌编著：《刑法应用一本通》（第八版），中国检察出版社2019年版。

后　记

《证券法要义》一书马上要付梓出版了，我内心的激动和紧张的心情其实比要在权威刊物上刊发文章有过之而无不及。因为期刊文章只是针对某一个问题呈现自己的观点和论证过程，并不一定期待取得读者的共识，但教材的意义却大不相同，其准确性、实用性和最终的教学效果需要接受学生和同行的双重检验，由此难免让人产生"丑媳妇要见公婆"般的紧张感。

从1992年听广播里的行情播报和股评开始对证券市场产生兴趣，到1995年进入华东政法学院经济法系开始有意识地学习证券法，再到本科毕业后从事境外证券法律服务工作，以至2011年入职高校从事证券法的教学和研究工作，不知不觉间我对于证券法的跟踪与研习已有近三十载，可以说跟新中国证券市场的发展历程几乎同步。在早期的证券法学习和执业过程中，我曾深深受惠于顾功耘老师、叶林老师、吴弘老师、周友苏老师等前辈所编写的证券法教材；而从事本科教学工作后，彭冰老师、朱锦清老师所编写的证券法教材的体例和范式也深深地影响了我。

尽管受益于这些前辈老师所编写的优秀教材，但当自己真正开展证券法的教学活动时，我仍然感觉已有的证券法教材使用起来并不是很顺手，其中的原因并非这些教材不好，而是自己总想融入一些在过往证券法律服务中对于教材的期盼和念想，特别是在内心深处，一直希望能够围绕在早期证券法律服务过程中作为"菜鸟律师"的体会，寻思本科证券法教学的提升和应对。从这一因素来看，我在备课的过程中还是感觉现有的主流教材过于偏重对证券法基础理论的介绍，结合证券市场实践和监管规则的介绍相对较少。虽然这样编排的好处在于能够凝练证券法的主要概念和理论知识，但其缺点是并不能最为直观地呈现我国证券市场的运行体系和基本特点，无法帮助学生迅速、全面地了解证券市场的基本规则体系，不利于学生将课堂所学的知识直接运用到未来与证券相关的法律实践活动之中。

正是在这样的背景下，从2011—2012学年第一学期教授"比较证券法"开始，我就琢磨着如何结合自己的执业经历，使证券法的课程内容能够贴近市场实践、贴近生活规律、贴近规则要求，让学生能够将原本存在着距离感的证券法知识听得进去、学得明白。为此，无论是一开始的“比较证券法”课程还是后来的“证券法”课程，我一直在“边上课、边改进”的过程中不断对课程讲义进行修改、打磨和润色。我于2011年12月完成讲义的初稿，并在随后两年的“证券法”课程中依据课堂教学情况对部分内容进行了微调；2015—2016年，我在美国宾夕法尼亚大学访学，访学结束归国之前，我根据访学期间的学习体会对讲义进行了第一次大幅修订，并且更新了大部分的课堂案例；2019年12月修订的《证券法》颁布之后，我又根据新《证券法》的内容对讲义进行了第二次大规模的修订，并在随后的学期中就新的讲义进行了教学验证，课堂效果和课程评价令我信心大增，由此才促成集结出版讲义的决心。

需要说明的是，由于本书的主要内容来自课程讲义，因此在写作风格上难免存在一些口语化的现象。另外，基于本科教材的定位考虑，本书的内容多为“是什么”的介绍，较少涉及“为什么”的解释，因此有关证券监管规则所涉及的争论或者背后的原理在本书中并没有展开具体的介绍。相反，在“以面带点”的初衷下，我希望本书在对证券市场制度进行全面介绍的基础上也能同时预埋下进行证券法理论研习的线索，并且通过课外参考书目、案例检索与思考的建议照顾到在课程之外进行自学拓展的可能。

本书的出版需要特别感谢以下三位“贵人”：首先，必须感谢我硕士、博士期间的导师顾功耘教授。在顾老师门下六年的学习使我在公司法、证券法学习方面打下扎实的理论基础。我始终不敢忘记顾老师一再强调的“理论联系实践”要求。因此，无论是讲义的最初准备还是最后的集结出版，我都小心翼翼地把它作为学生向老师的汇报之作。其次，需要感谢我的师兄、华东政法大学国际金融法律学院的创始院长罗培新教授。感谢罗老师当年承受着一定的外界质疑而把当时还在做律师的我和纪海龙老师一并召进学院，并安放在教学岗从事一线的教学工作。这样的安排不仅使我们俩能够从从容容地服务于教学的主线，而且确实体会到了教学相长的乐趣，实现了教学与科研的良好互动。最后，还得感谢我本科、硕士、博士就读的母校华东政法大学。本书的出版离不开母校对于本科教学的重视和资助。享有“法学教育的东方明珠”美誉的华东政法大学一直是我国证券法教学和科研的重镇，为我国证券市场培养了一大批优秀的法律人才。作为从韬奋园走出的一员，我也希望通过本书认真延续前辈老师们所建立起的这种优秀教学传统，同时实现为祖国培养出更多证券法律人才的教材编写目标。

最后，诚挚地欢迎广大读者、师友和同仁对本书提出宝贵的意见，我的联系方式是 zhengyu@ecupl. edu. cn。谢谢！

郑　彧
二〇二一年八月于上海